쿠팡
마켓플레이스로
상위노출하라

쿠팡 마켓플레이스로 상위노출 하라

펴낸날	2022년 04월 15일 1판 1쇄
	2023년 09월 25일 개정판 1쇄

지은이	김도균
펴낸이	정병철
펴낸곳	도서출판 휴먼하우스

등 록	2004년 12월 17일(제313-2004-000289호)
주 소	서울시 마포구 토정로 222 한국출판콘텐츠센터 420호
전 화	02)324-4578
팩 스	02)324-4560
이메일	humanhouse@naver.com

Copyright ⓒ 김도균 2023, *Printed in Korea*.

ISBN 979-11-85455-30-3 13000

coupang marketplace
무조건 상위노출, 그래야 산다!

쿠팡 coupang
마켓플레이스로
상위노출 하라

김도균 지음

**최신
개정판**

쿠팡 마켓플레이스에 답이 있다
지금 당장 쿠팡 하라!

온라인 사업의 핵심은 선택과 집중!

늦은 출발은 오히려 빠른 시작이었다.

저자는 40대 중반의 나이에 남들보다 한참 늦게 난생처음 접해보는 E-커머스의 세계에 뛰어들었다. 전자상거래에 관해 특별한 경력이나 지식이 없었지만, 인생 후반전의 미래 먹거리를 준비해야 한다는 생각에 무작정 시작한 것이다.

주변에서는 많은 만류가 있었다. 하지만 저자는 앞으로의 돈의 흐름은 온라인에 있다고 판단하였고, 사업 초기 우여곡절 끝에 혼자 시작한 개인 사업은 이제 수십 명의 직원과 함께 하는 법인 회사로 거듭나게 되었다.

저자가 생판 모르는 전자상거래 사업에서 이렇게 빠른 시간에 남들보다 빨리 자리를 잡을 수 있었던 가장 큰 이유는 '선택'과 '집중'에 있다.

온라인 사업에 있어서 선택의 핵심은 '내 물건을 사줄 고객이 어느 장소에 많이 모여있는가'이다.

전자상거래는 판매자와 소비자가 오프라인에서 서로 얼굴을 맞대고 거래하는 대면(Contact) 사업이 온라인을 통해 비대면(Untact)으로 거래하는 것으로 사업 형태가 바뀐 것일 뿐, '사람이 모이는 곳에 돈이 있다'는 유통의 본질에는 변함이 없다.

전자상거래 사업에는 오프라인과 달리 무수히 많은 방향과 방법 그리고 정보가 있지만 선택과 집중만이 성공의 핵심 포인트이다.

온라인 사업은 제품과 판매 플랫폼에 집착하지 않고, 내 물건을 사줄 고객의 이동 경로를 따라, 고객이 기꺼이 돈을 지불하고 사줄 만한 물건을 끊임없이 발굴하여 판매에 집중하는 것이 성공의 핵심이다. 그것을 충실히 이행했기에 저자는 성공을 거둘 수 있었다.

세계 최대의 온라인 쇼핑몰 아마존닷컴의 성공 비결은 1994년 창업 이후부터 적용한 '성장 플라이휠(Growth Flywheel)'에 있다. 아마존의 CEO인 제프 베이조스가 모든 사업의 초석으로 삼은 것은, 고객 경험에서 출발해 고객에게 다양한 선택 기회를 제공하는 것을 최우선으로 하는 '고객에게 집착하기'였다.

저자는 후배 초보 입문 셀러들에게 항상 하는 말이 있다.

"고객에게 팔지 말고 사게 해야 한다."

판다는 것은 판매자의 입장에서 하는 일방통행 판매 사고방식이고, 사게 한다는 것은 고객 입장에서의 쌍방향 판매 사고방식이다.

지금의 고객들은 정보통신기술(ICT, Information and Communication Technology)의 눈부신 발달로 인해 인류 역사상 가장 똑똑한 소비자(Consumer)가 되었다.

똑똑한 소비자는 판매자가 기획해서 파는 '비검색 쇼핑'이 아니라 번거롭지만 본인이 사고 싶은 상품을 검색해서 찾는 '검색 쇼핑'을 즐겨한다.

온라인 셀러는 비대면 방식의 전자상거래를 통해 고객에게 필요한 물건을 판매하는 직업이기에, 판매하는 셀러의 시각이 아니라 구매하는 소비자의 시각에서 사업을 해야 성공할 수 있다.

모바일 시대, 고객에게 '팔지 않고 사게 하는' 온라인 사업의 성공 핵심은 오직 고객 입장에서 트렌드와 트래픽을 보는 안목을 가지는 것이다.

트렌드와 트래픽은 고객이 좋아하는 아이템에 고객이 몰린다는 뜻이다. 현재 대한민국 전자상거래의 최고 트렌드와 트래픽은 오직 고객의 최적 쇼핑을 위해 개발된 검색엔진과 '로켓배송'을 장착한 쿠팡이다.

쿠팡, 판매자와 고객을 연결하다

지난 5년 동안 쿠팡 판매자로 활동하면서 느낀 점은, 쿠팡은 온라인 유통의 본질인 '고객이 원하는 좋은 제품을 빨리 배송한다'는 단순한 논리를 정확히 알고 실천한 유일한 플랫폼이라는 것이다.

2010년 소셜커머스로 온라인 사업을 시작한 쿠팡은 초기에 잦은 시련을 겪으면서도 '로켓배송'이라는 현존 최고의 물류 시스템을 만들어내어 대한민국 전자상거래의 판도를 바꾸어놓았다.

오픈마켓은 플랫폼 관리자, 물건을 판매하는 판매자, 물건을 구매하는 소비자, 이렇게 3개의 축으로 이루어져 있는데, 쿠팡은 가장 큰 축인 소비자의 이익 중심을 기반으로 만들어진 로켓배송, 로켓와우 멤버십 제도, 쿠팡 반품 시스템의 서비스를 통해 기존 고객을 지속적으로 만족시키고 있다. 그러면서 쿠팡플레이, 쿠팡이츠, 쿠팡라이브 등 신사업 진출을 통해 신규 회원을 모집하여, 유통 플랫폼에 있어서 가장 중요한 소비자 유입을 만들어내는 데 아낌없이 투자하고 있다. 쿠팡은 이렇게 3개의 축이 모두 이익을 볼 수 있는 선순환 고리를 만들어낸 유일한 오픈마켓이라 할 수 있다.

쿠팡의 데이터에 기반한 최적의 검색 플랫폼과 대한민국 쇼핑 모바일앱 1위의 유입자 수, 거기에 다양한 서비스가 더해지면서 쿠팡은 명실상부 대한민국 1등 쇼핑 플랫폼으로 자리잡았다. 이런 최고의 플랫폼 쿠팡에서, 고객이 원하는 아이템을 보는 안목을 가진 온라인 셀러는 누구나 사업을 성공하리라 의심치 않는다.

바람을 읽고, 파도를 살피고

이 책은 저자가 쿠팡에서 실제로 판매를 하면서 체득한 핵심 노하우를 여러분과 공유하는 책이다. 저자는 네이버쇼핑과는 또 다른 쿠팡만의 로직을 깨치기 위해 5년 동안 부단히 판매를 하면서 시행착오도 겪었고, 많은 것을 배우고 습득하였다.

온라인에서는 어제의 진리가 오늘은 아닐 수 있으며 어제 통했던 로직이 오늘은 먹히지 않을 수 있다. 또 판매자마다의 컨디션에 따라 다를 수도 있다. 그렇기에 판매자 여러분은 끊임없이 노력하고 공부해야 한다. 하지만 분명한 것은 지금은 쿠팡 마켓플레이스가 답이라는 사실이다.

바람을 읽고, 파도를 살피고, 지금 그물을 펼쳐라.

지금이 바로 쿠팡을 할 때이다. It's coupang time!

김도균

* 저자의 카페에 가입하시면
　쿠팡과 스마트스토어에 관한 다양한 정보와 혜택을 만날 수 있습니다.
* 쿠팡/스마트스토어의 최신 정보와 변경 및 수정사항은 저자의 카페에 업데이트됩니다.

차례 □□ Contents

머리말   4

첫째 마당

쿠팡 상위노출을 위한 이륙 로직 – SEO

3장   상위노출의 준비 - 아이템 찾기   91

둘째
마당

쿠팡
상위노출을 위한
비행 로직 - **인기도**

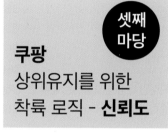

셋째 마당

쿠팡
상위유지를 위한
착륙 로직 – **신뢰도**

13장 로켓배송과 로켓그로스 진행하기 399

14장   쿠팡 아이템위너 파헤치기   455

15장   쿠팡 마켓플레이스 성공을 위한 4계명   471

준비
마당

쿠팡
누구나 성공할 수 있다

1장

쿠팡 플랫폼
이해하기

01 쿠팡, 온라인 시장을 선도하다

1 쿠팡 없이 어떻게 살았을까?

돌이켜보니 필자는 5여 년 전에 쿠팡에서 '로켓배송'과 '마켓플레이스' 판매자로 활동한 이래 지금까지 하루 일상의 절반 가량을 쿠팡 플랫폼 속에서 살아가고 있다.

아침은 '쿠팡이츠' 배달앱으로 시킨 모닝커피와 로켓배송으로 시킨 과일로 하루를 시작하고, 출근 후에는 쿠팡 마켓플레이스와 쿠팡 로켓 판매자로 활동하며 수익을 창출하고 있다. 점심과 저녁은 쿠팡이츠에서 주문한 음식으로 해결하고, 업무가 끝나면 '쿠팡플레이'를 보면서 휴식을 취한다. 쿠팡 플랫폼 속에서 생계유지를 위한 먹거리, 입을 거리를 해결하고 판매자로 사업을 하면서 돈을 벌고 있다. 그뿐만 아니라 이제는 여가생활까지도 쿠팡 플랫폼에서 즐기고 있다.

이렇게 쿠팡에 젖어 든 필자의 삶을 보면서 쿠팡의 창업자 김범석 의장이 "쿠팡 없이 어떻게 살았을까" 하는 얘기를 왜 했는지 알 것 같다. 이제 쿠팡은 우리 삶의 라이프 스타일을 지배하고 있다.

'쿠팡 없이 못 사는 삶'을 실현하기 위해 쿠팡은 2014년 한국의 고객들이 처음 경험하는 '로켓배송' 서비스를 시작하였다. 오늘 주문하면 내일 도착하는 획기적인 서비스였다. 그 후 '로켓와우'(쿠팡 무료혜택 멤버십), '로켓프레시'(신선식품 배송), '로켓직구'(해외구매대행), '쿠팡이츠'(배달앱), '쿠팡플레이'(OTT), '쿠팡라이브'(라이브커머스), '쿠팡로지스틱스'(3자 물류), '쿠팡페이'(핀테크), '로켓그로스'(쿠팡풀필먼트서비스) 등등 다양한 서비스를 시행하고 있다.

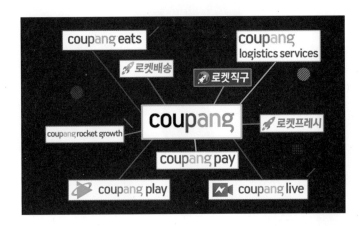

쿠팡은 2010년 8월 회사 설립 이후, 단 한 번도 흑자를 내지 못한 적자 기업임에도 불구하고 미래의 기업가치를 인정받아 2021년 미국 뉴욕증권거래소 증시에 시가총액 100조 원을 넘기며 '상장 대박'을 터트렸다. 이것은 당시 국내 기준으로도 코스피 시가총액 2위인 SK하이닉스, 3위인 LG화학은 물론 경쟁 상대인 네이버의 시가총액을 단숨에 뛰어넘는 수치였다.

김범석 의장은 CNBC와의 인터뷰에서 쿠팡을 '한국의 아마존'이라고 소개하였다. 김 의장의 말처럼 쿠팡은 많은 면에서 미국의 아마존을 닮아 있다. 쿠팡은 아마존이 '플라이휠' 전략으로 계획된 적자를 감수하며 세계 최대 전자상거래 플랫폼을 구축한 것을 롤 모델 삼아, 뉴욕상장으로 조달한 5조 원의 자금을 2025년까지 전국 모든 지역에 쿠팡 물류센터를 구축하는 데에 투자하고 있다. (2023년 현재 전국 30개 지역에 100여 개의 물류센터를 갖추고 있다.)

2018년 일본 소프트뱅크 손정의 회장이 쿠팡에 20억 달러를 투자하는 안목을 보면서도 많은 전문가는 쿠팡을 '밑 빠진 독에 물 붓기' 같은 무리한 투자를 하는 상식 밖의 회사라고 평가절하했다. '시장이 원하면 무조건 가치 있게 시작하고, 실수는 나중에 고쳐가며 새로운 시장을 창조해나간다'는 시대를 앞서가는 쿠팡의 신전략을 이해하지 못하고, 사람들은 여러 이유를 대며 쿠팡은 조만간 망할 것이라고 하였다. 저자도 2019년에 쿠팡 판매를 시작할 때 쿠팡에 대한 시장의 안 좋은 평가로 인해 불안한 마음을 가졌던 것이 사실이다. 하지만 쿠팡은 세상 사람들의 걱정에 아랑곳하지 않고 묵묵히 자신의 길을 가면서 전문가들의 우려가 틀렸다는 것을 증명하고 있다.

쿠팡의 2022년 매출액은 26조 5917억 원으로 신세계(약 30조 4602억 원)에 이어 2위를 차지하였고, 영업이익은 2022년 3분기부터 흑자로 돌아서며 계속해서 이어가고 있다.

연도	사업	내용
2014년	로켓배송	주문 다음날 배송, 새벽배송의 신호탄
2018년	로켓프레시	신선함을 배송하는 로켓프레시
	쿠팡파트너스	광고배너를 걸어 매출이 발생하면 커미션을 주는 시스템
	로켓와우	무료배송, 무료반품, 쿠팡플레이 무료 시청 쿠팡멤버십 구독회원제
2019년	쿠팡이츠	식음료 사전배달 서비스
2020년	C.에비뉴	직매입 패션 편집숍
	쿠팡페이	간편결제 서비스 '쿠페이'
	로켓제휴	마켓플레이스 입점 판매자 풀필먼트 서비스
	로켓설치	전문기사 가구, 가전 하루만에 배송 및 설치
	훅(Hooq) 인수	싱가포르 OTT 서비스 업체 훅(Hooq) 인수
2021년	쿠팡플레이	영화와 국내외 TV콘텐츠를 무제한으로 스트리밍해 감상할수 있는 서비스
	제트배송	로켓배송의 일종이며, 로켓와우 회원이 아니어도 당일, 새벽배송 가능
	로켓직구	해외에서 판매 중인 물품을 대리 구매해주는 서비스
	쿠팡플렉스	더욱더 빠르게 더욱더 저렴하게를 모토로 자기 차량을 이용해서 하는 본격 쿠팡 택배 아르바이트
2022년	로켓그로스	제트배송 명칭 변경, 물류 인프라 활용한 3PL사업 본격화

쿠팡 사업 프로세스

2 쿠팡은 아시아의 아마존

저자는 쿠팡의 무서운 성장 비결을 세계 최고의 전자상거래 플랫폼 아마존의 '플라이휠(Flywheel)' 전략을 철저히 따라서 이행한 것에서 찾고 있다.

아마존의 최고경영자 제프 베이조스(Jeff Bezos)는 2001년 7월 닷컴 버블 붕괴로 인해 위기에 빠졌을 때 세계에서 가장 영향력 있는 경영의 구루(Guru)이자 경영의 바이블이라 불리는《좋은 기업을 넘어 위대한 기업으로》의 저자인 짐 콜린스의 자문을 받았다. 이후 기업의 성공 핵심은 '플라이휠 효과'를 통한 선순환에 있다는 것을 깨달은 베이조스는 지금의 거대한 아마존 제국을 건설했다.

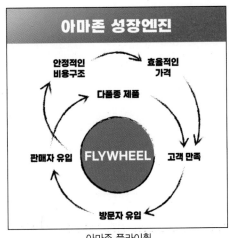

아마존 플라이휠

아마존 사업 성장의 비결인 '플라이휠' 이론은 저비용 구조와 낮은 가격을 통해 고객에게 훌륭한 고객 경험을 전달하고, 훌륭한 고객 경험은 플랫폼의 트래픽 증가로 이어져 새로운 판매자들을 끌어들여 새로운 상품을 공급하므로, 고객 경험의 질이 향상되는 선순환을 만들어낸다는 것이다.

플라이휠의 핵심을 간략히 말하면, 고객 중심적 사고방식을 통해 끊임없이 고객에게 서비스하면 충성고객이 생기고, 충성고객은 새로운 플랫폼을 끊임없이 만들어내는 원동력이 된다는 것이다.

아마존의 성공은 20년 동안 당장의 이익에 집착하지 않고 오직 고객 이익을 위해 아마존의 플라이휠을 꾸준히 작동시킨 결과라 할 수 있다. 저자도 사업하는 사람의 입장에서 볼 때 눈앞의 이익에 급급하지 않고 20년 동안 한길을 걸어온 제프 베이조스의 신념과 정진이 참 대단하다는 생각이 든다.

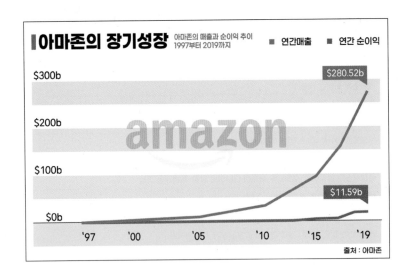

아마존을 벤치마킹한 쿠팡을 지금까지 성장하게 한 핵심 서비스는 2014년에 시작한 '로켓배송'과 2019년에 시작(2018년 10월 서비스 개시 후 2019년 6월까지는 무료 체험기간)한 '로켓와우' 멤버십 제도이다.

2014년 매출액 3485억 원에 불과하던 쿠팡은 로켓배송을 통한 새벽배송이라는 파격적인 서비스를 시작하였다. 인구밀도가 높은 우리나라의 특성을 잘 파악하여 쿠팡이 직매입하여 배송하는 로켓배송 서비스는 정말 '신의 한 수'가 아니라 할 수 없었다. 로켓배송에 힘입어 이듬해 쿠팡은 매출액 1조 1338억 원으로 전년 대비 3배 이상의 성과를 올리면서 업계를 놀라게 하였다. 그야말로 온라인 시장의 판도를 바꾸는 신호탄을 쏘아올린 것이다.

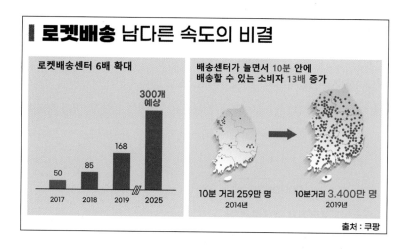

아마존의 성공비결이 플라이휠을 통한 '고객 묶기'에 있다고 본다면, 2019년에 시작한 쿠팡의 로켓와우 멤버십 제도는 당일 새벽배송과 무료반품의 서비스를 경험한 회원들이 웬만해선 이탈하지 않게 하는 이른바 '자물쇠 효과'를 가져왔다. 쿠팡은 지속적으로 쿠팡 플랫폼에서 온라인 쇼핑을 즐길 수 있는 이점을 주면서 활성 고객 수와 유료 멤버십 회원을 늘리고 있다.

현재 쿠팡의 수익모델은 직매입을 통한 로켓배송 상품의 매출과 멤버십 서비스를 통한 로켓와우 클럽 회원들의 수수료, 쿠팡 마켓플레이스 셀러의 판매수수료와 광고비가 주를 이루고 있다. 여기에 더해 앞으로는 쿠팡 플라이휠 작동으로 끊임없이 생기는 고객의 트래픽을 활용한 '로켓그로스', '쿠팡플레이', '쿠팡라이브', '쿠팡이츠' 등 자사 플랫폼과 연계한 서비스를 통해 쿠팡은 폭발적인 성장을 할 것이라 기대된다.

02 쿠팡 마켓플레이스를 해야 하는 이유

1 좌스스 우쿠팡으로 비행하라

지금 우리나라 온라인 마켓플레이스의 대세는 '네이버쇼핑'과 '쿠팡'이다. 그동안 조용히 온라인 쇼핑 시장을 키우고 있던 네이버의 '샵N'은 2014년에 '스토어팜'으로 이름을 바꾸면서 본격적으로 시장 장악에 나섰다. 국내 최대 포털 이용자를 기반으로 한 스토어팜은 2018년 2월 '스마트스토어'로 이름을 바꾸면서 다시 한 번 비약적인 발전을 하면서 지금에 이르고 있다.

그동안 사람들은 쿠팡은 물건을 '구매'하는 곳이지 '판매'하는 곳이라는 생각을 하지 못했다. 그것은 쿠팡의 태생이 공동구매 방식의 '소셜커머스 마켓'인 탓도 있을 것이다. 2010년 출시하여 '최저가'와 '빠른 배송' 전략으로 이커머스 시장에 돌풍을 일으켰던 쿠팡은 또한 그로 인해 불어나는 적자를 감당하지 못하고 한때 침체기에 접어들었다. 계속 불어나는 누적 적자로 끝 모를 침체기에 빠져

들던 쿠팡은 2015년 오픈마켓 형태로 사업 형태를 전환하게 된다. 그러면서도 계속해서 로켓배송과 물류시스템에 투자해온 쿠팡은 그 투자가 결실을 맺으면서 급속도로 성장하고 있다.

이 책의 독자 여러분은 쿠팡에서 처음 온라인 판매를 하는 사람도 있겠지만, 대부분이 이미 네이버쇼핑이나 11번가, G마켓, 개인 쇼핑몰 등에서 판매를 해본 경험이 있거나 하고 있는 사람일 것이다.

저자가 스마트스토어 판매에 관한 책인《네이버쇼핑 스마트스토어로 상위노출 하라》를 집필하던 시기인 2019년에는 저자도 스마트스토어에 주력하였다. 그러면서 시장 테스트 겸 간간이 쿠팡에도 물건을 올렸는데, 쿠팡에서 놀라운 성과를 경험하였다. 그래서 차츰차츰 쿠팡에서의 판매 비중을 늘리게 되었고, 지금은 스마트스토어와 쿠팡의 비중을 반반으로 하고 있다. 특별한 경우가 아니면 대부분의 상품을 스마트스토어와 쿠팡에 동시에 올리고 있으며, 상품 기획 단계에서부터 두 플랫폼을 염두에 두고 일을 진행한다.

온라인 셀러에게는 판매 플랫폼을 늘리는 게 그렇게 어려운 일이 아니다. 오프라인에서는 매장을 하나 더 오픈하려면 그에 따르는 임대료, 인테리어 비용, 인력 등 준비해야 할 것들이 많지만, 오픈마켓에서는 그냥 입점만 하면 된다. 상품명이나 이미지, 상세페이지 등 상품정보만 해당 플랫폼에 맞게 전략적으로 수정하면 된다. 그러니 지금 잘 팔리고 있다고 해서 그 플랫폼만을 고집할 이유가 없다. 그것은 어쩌면 어리석은 짓이다. 한 마켓에서 100만 원어치를 판다면 두 마켓에서는 200만 원어치는 팔 수 있으니 말이다.

그리고 시장 환경은 더구나 인터넷 시장은 너무나 빠르게 변하기 때문에 판매 채널을 다양화할 필요가 있다. '달걀을 한 바구니에 담지 말라'는 말이 있듯이 판매 채널을 다양화하는 것은 수익 채널을 확대하는 것도 있지만, 판매 플랫폼의 변화에 따른 매출 감소나 판매자의 계정정지 등에 따른 리스크를 분산시키는 측면도 있다.

그래서 마땅히 판매자 여러분은 시장을 다각화해야 한다. 지금 스마트스토어에서 판매를 하고 있다면 당장 쿠팡에도 상품을 등록하기 바란다. 쿠팡에서 온라인 판매를 처음으로 시작하는 사람이라면 스마트스토어에서도 판매를 하기 바란다. 그렇게 '좌스스 우쿠팡'의 날개를 달고 부의 왕국을 향해 쉼 없이 비행하기를 바란다.

2 쿠팡은 지금 '물 반 고기 반'

스마트스토어에서의 판매 경험에 비추어보면 지금의 쿠팡은 2017년~2018년의 스마트스토어와 매우 흡사하다. 그 시절 스마트스토어에 입점한 사람들은 경쟁자가 많지 않았기에 조금만 노력하면 판매가 일어났고, 대박을 터뜨린 사람도 많았다. 지금의 쿠팡이 딱 그때의 스마트스토어와 같다.

저자는 지금의 쿠팡을 '물 반 고기 반'이라고 이야기한다. 국내 최대 쇼핑앱 플랫폼이라는 이름이 무색할 정도로 판매자 수만 놓고 본다면 네이버쇼핑과는 비교가 되지 않을 정도로 적지만, 매출액은 네이버를 넘어서고 있다. 2023년 8월 현재 네이버의 월간 검색량을 보면 '스마트스토어'가 93만 건, '네이버쇼핑'이 94만 건인데 반해 '쿠팡'은 1000만 건에 가깝다. 그만큼 사람들이 쿠팡에 관심이 많고 이용을 많이 하고 있다는 증거이다. 고객들의 검색량은 많고 판매자 수가 적으면 좋은 시장이다.

쿠팡은 지금 먼저 뛰어들어 그물을 펼치는 사람이 고기를 잡는다. 저자의 경우 현재 스마트스토어와 쿠팡의 매출액이 거의 비슷하다. 저자의 교육생들도 거의 이러하고, 쿠팡이 잘된다는 셀러들도 많다. 그것은 스마트스토어보다 쿠팡의 경쟁률이 낮기 때문이다. 대부분의 키워드에서 쿠팡이 스마트스토어보다 판매상품 수가 적다.

많은 판매자가 지금 쿠팡으로 몰려들고 있다. 시장은 선점하는 사람이 성공한다.

3 쿠팡 판매 성공, 상위노출 로직이 정답

온라인 쇼핑에서 '랭킹 로직'의 시작은 미국의 '아마존'이다. 우리나라에서는 네이버쇼핑에 이어 쿠팡이 랭킹 로직을 따르고 있다. 온라인 사업은 랭킹 로직일 때만 셀러들이 돈을 벌 수 있는 구조이다. 네이버와 쿠팡 외의 다른 플랫폼들은 주로 광고나 행사로 판매를 일으키는 '디스플레이 로직'이라고 보면 된다. 이런 플랫폼에서는 광고나 딜 등 판촉행사를 통해 플랫폼에 의해서 상품을 노출시키고 판매를 해야 된다. 따라서 소규모 셀러들이 성공하기는 쉽지 않다. 이런 플랫폼에서는 검색으로 물건을 사는 사람의 비중이 얼마 되지 않는다.

반면 네이버와 쿠팡은 고객의 70%~80%가 검색으로 상품을 구매한다. 쿠팡은 고객이 검색을 하면 쿠팡 로직에 의해 상품을 노출시켜준다. 즉 쿠팡 로직에 맞게 상품을 등록하여 고객의 검색에 상위 랭크가 될 수 있게만 하면 판매가 된다는 것이다. 그렇기에 랭킹 로직에서는 개인 셀러도 얼마든지 자신의 노력에 의해 성공을 거둘 수 있다.

네이버와 달리 쿠팡에서의 검색어는 모두 상품성 키워드이다. 네이버의 검색어는 정보성, 상품성, 다의성 키워드가 혼재하지만 쿠팡에서의 검색어는 전부 상품을 구매하기 위한 상품성 키워드이다. 그만큼 셀러에게 쿠팡의 검색어는 중요한 것이다.

쿠팡은 공정하게 기회가 주어진다. 이제 갓 진입한 셀러라도 동일한 조건에서 기존의 판매자와 경쟁하면서 판매할 수 있다. 또한 새로 등록한 상품에 최신성 점수를 주어 노출 상승을 유도해주고 있다. 랭킹 로직의 최정점에 있는 쿠팡은 셀러에게 분명 돈을 벌 수 있는 기회의 플랫폼이다.

언택트 시대 쇼핑 트렌드는 쿠팡 모바일 앱

이커머스 사업의 승패는 충성고객을 모시는 것에 달려 있다. 쿠팡은 대한민국 전체 오픈마켓 중에서 압도적인 점수로 브랜드 평판 1위를 차지하고 있다. 이것은 쿠팡이 그동안 전국에 구축해놓은 물류창고를 통한 로켓배송이라는 하드웨어 시스템과 최첨단 모바일 앱을 기반으로 한 쇼핑 검색 알고리즘이라는 소프트웨어 시스템에 투자한 결과이다.

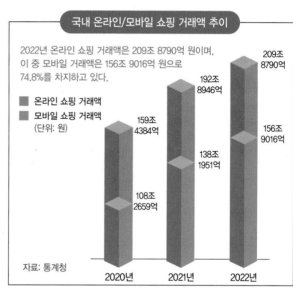

2007년 아이폰의 출시는 모바일의 대중화를 열었고, 이것은 사람들의 시간과 공간의 개념을 바꾸어놓았다. 스마트폰을 통해 소비자들은 그 어느 때보다 정보 습득이 빨라지게 되었고, 습득한 정보들이 SNS를 통해 빠르게 공유되면서 기존 쇼핑 방식의 판도가 바뀌게 되었다.

모바일이 대중화되기 전 정보가 부족한 소비자는 판매자가 기획해놓은 대로 '비검색 영역'에서 물건을 구매하는 패턴이 주를 이루었지만, 고객이 접할 수 있는 정보가 다양해진 모바일 시대에는 소비자가 주체가 되는 '검색 영역'에서의 쇼핑의 비중이 확대되었다. 또 2014년을 기점으로 공인인증서 등을 이용한 복잡한 절차 없이 결제할 수 있는 간편결제 서비스가 확대되면서 고객은 모바일을 통해 손쉽게 결제할 수 있게 되었다.

앞으로 소비자가 100% 주체가 되는 스마트 시대의 온라인 시장은 모바일 앱 충성고객과 물류 서비스를 선점하지 않고서는 성공하기 어렵다고 봐야 한다. 그 정점에 쿠팡이 있다.

국내 애플리케이션을 활용해 쇼핑하는 사용자 수가 3500만 명을 넘어섰다. 전체 한국인 중 70%

가 앱으로 쇼핑한다는 의미이다.

쿠팡 앱은 국내 쇼핑앱 가운데 이용률이 1위이다. 2023년 2분기 기준, 쿠팡의 활성 고객 수는 1971만 명에 달한다. 이는 대한민국 인구의 거의 절반이 한번이라도 쿠팡에서 제품을 구매했다는 뜻이다. 쿠팡 앱을 통한 모바일 결제 비율은 90%가 된다. 그만큼 모바일 시대의 이커머스 시장에 최적화된 플랫폼이 쿠팡이다. 우리나라 온라인 시장의 70%가 모바일 결제로 이루어지고 있는데, 이렇게 모바일에 최적화된 쿠팡은 그만큼 판매가 잘될 수밖에 없다.

5 대한민국 NO. 1, 쉽고 빠른 판매 쇼핑 플랫폼

1) 오픈마켓, 저성장의 늪에 빠지다

앞으로의 온라인 시장은 누구나 사고팔 수 있는 오픈마켓 '종합몰'과 누구나 사고팔 수 없는 자사 '전문몰'로 시장이 양분되어 갈 것이다. 대부분의 초보 입문 온라인 셀러들은 경험이 없기 때문에 오픈마켓으로 사업을 시작하지만, 현재 누구나 사고팔 수 있는 오픈마켓에서의 성공 가능성은 갈수록 낮아지고 있다. 그 이유는 크게 3가지로 볼 수 있다.

첫째, 판매자 수와 구매자 수의 불균형이다.

고령화와 저출산, 저성장으로 인해 소비자 수의 증가 속도는 그대로인데, 2015년 모바일 간편결제 시스템과 2020년 코로나 팬데믹으로 인해 온라인 시장의 판매자 수는 급증하고 있다. 온라인 쇼핑에서 구매자와 판매자의 트래픽의 균형이 갈수록 무너지고 있는 것이다. 대한민국 대표 오픈마켓인 네이버쇼핑에 입점해 있는 스토어가 5년 전만 하더라도 6만 개가 채 되지 않았는데 2023년에는 50만 개를 넘어섰다. 현재의 오픈마켓 상황은 한마디로 말해 사는 사람보다 파는 사람이 많은 가분수 시장이 되어 가고 있다.

둘째, 쇼핑 플랫폼의 확장성의 한계이다. 대표적인 오픈마켓인 지마켓, 11번가, 티몬, 위메프 등은 모바일 시대에 뒤처진 플랫폼을 고수하고 있다. 소비자는 모바일에서 검색으로 구매를 하는데 이들 플랫폼은 이런 소비자의 트렌드를 따라가지 못하고 아직도 웹 기반에 머물고 있다.

이커머스 쇼핑 공간은 '비검색 영역'과 '검색 영역'으로 나누어진다.

지금은 소비자의 70% 이상이 PC보다 모바일 앱에서, 판매자가 기획해서 판매하는 '비검색 영역'보다는 원하는 키워드로 검색해서 '검색 영역'에서 구매하는 개인 맞춤 쇼핑을 하고 있다.

쿠팡의 비검색 화면 예시

[비검색 영역]

비검색 영역은 검색을 하지 않아도 나타나는 화면으로, 주로 플랫폼의 메인화면이다. 이 영역에는 기획전, 이벤트, 광고 상품 등이 전시된다.

검색 시 쿠팡 알고리즘에 의해 보여지는 '이 상품을 검색한 다른 분들이 함께 본 상품', '같이 보면 좋은 상품' 등도 비검색 영역이다.

쿠팡의 검색 화면 예시

[검색 영역]

검색 영역은 유저가 특정 키워드로 검색을 했을 때 나타나는 화면으로, 검색결과 페이지 등을 말한다.

오픈마켓의 구성 요소는 '플랫폼'과 '판매자'와 '소비자'이다. 오픈마켓이 선순환의 성장을 하기 위해서는 이 3자가 모두 이익이 나야 한다. 그러려면 오픈마켓이 소비자 트렌드를 캐치하여, 모바일 앱을 기반으로 하는 '검색 알고리즘' 솔루션으로 쇼핑 플랫폼을 구축하여 판매자의 성장을 도와야 한다. 그런데 국내의 기존 오픈마켓들은 그러지를 못했다. 오직 자기들의 이익만을 위해 플랫폼을 '비검색 기획전'과 '쇼핑 검색 광고 영역' 위주로 운영하며 판매자의 생존을 위협하고 있다.

대부분의 오픈마켓은 '비검색 화면'에서는 최저가 기획전을 통해 판매자에게 불리한 판매 방식을 아직도 고수하고 있고, '검색 화면'에서는 광고와 어뷰징으로 판매자들이 상위노출 경쟁을 할 수밖에 없도록 하고 있다. 그나마 검색 화면 쇼핑의 강점을 가지고 신선하게 출발한 네이버쇼핑마저도 지금은 웹브라우저 방식의 기술적 한계로 인해, 후발 주자가 아무리 좋은 제품을 가지고 있어도 막대한 금전을 쓰지 않으면 상위노출을 할 수 없는 구조가 되고 있다. 판매자에게 전혀 도움이 안 되는 '가격비교 카탈로그' 상위노출 정책으로 인해 어뷰징이 난무하여 초보 셀러의 판매 진입장벽이 높아졌고, 판매자의 수익창출 구조도 무너지고 있는 실정이다.

종합몰의 성격을 가지고 있는 오픈마켓의 주체는 플랫폼도 아니고, 좋은 제품을 찾아서 언제라도 떠나는 고객도 아니다. 오픈마켓의 주체는 개미처럼 끊임없이 고객이 원하는 물건을 소싱해오는 판매자가 되어야 한다. 판매자가 오픈마켓 판매수익으로 얻은 자금으로 품질 좋은 제품을 기획하고 개발해야 소비자가 온다는 간단한 논리를 플랫폼 사업자들이 모르는 것 같아 참으로 안타깝다.

셋째, 모바일 앱을 통한 전문몰의 비약적인 성공이다.

요즘 연령층이 낮은 MZ세대 사이에 '무신사', '오늘의 집', '지그재그', '브랜디', '마켓컬리', '당근마켓', '번개장터' 등의 인기가 핫하다. 이러한 쇼핑 플랫폼들의 공통점은 특정 카테고리에 집중하는 '버티컬 커머스(Vertical Commerce Platform, 전문몰)'를 지향한다는 것이다.

요즘의 소비자들은 질 낮은 최저가 제품보다는 비싸더라도 각자의 취향에 맞는 기준을 정해 두고 구매의사를 반영한다. 기존 종합몰인 오픈마켓의 고객들 중에서 젊은 MZ세대를 중심으로 가격에 상관없이 개성 있고 품질 좋은 전문몰로 이동하고 있다. 이러한 모바일 트렌드를 오픈마켓이 따라가지 못한다면 전문몰로 이탈하는 고객들을 최저가와 빠른 배송만으로는 잡아두지 못할 것이다.

2) 초보 셀러의 성공 등용문, 쿠팡

쿠팡은 2015년부터 셀러 판매 툴인 마켓플레이스를 오픈하여, 대한민국 종합몰 오픈마켓 중 독보적인 고객 맞춤 모바일 앱 알고리즘을 통해 누구나 쉽게 물건을 팔 수 있도록 하였다.

쿠팡은 그 어떤 종합 오픈몰보다 판매자를 위한 완벽한 플랫폼을 완성해나가고 있다. 쿠팡 앱을 통해 구매 가능성이 있는 고객에게 내 상품이 자동 매칭으로 노출되기 때문에 상품등록 시 고객의 사용자 선호도가 높은 키워드 위주로 상품명과 검색어 입력만 잘해도 판매가 잘되도록 설계되어 있다. 또 새로 등록한 상품은 최신성 점수를 주어 판매 확률을 높여주고 있다.

다음 화면은 필자의 쿠팡 상위노출 제품 중 하나인 '피부재생 크림'이다. 신규상품인데도 쿠팡 알고리즘이 좋아하는 '적합도'와 '인기도' 점수에 의해, 쿠팡 랭킹에 베네핏(benefit)을 주고 있는 '로켓와우' 제품과 리뷰 개수가 많은 상품보다도 상위노출이 잘되어 월 수천만 원의 매출이 나오고 있다.

이와 같이 쿠팡은 최신 제품이라도 사용자 선호도에 맞는 알고리즘에 적합하면 공정하게 쿠팡 랭킹을 운영하여 상위노출을 시켜주고 있다. 쿠팡은 그 어떤 플랫폼보다도 초보 셀러가 신제품을 등록하여 수익을 내기에 최적화된 쇼핑 플랫폼이다.

　신규 제품이 최신성 로직에 의해 판매가 된 이후에도 쿠팡 앱은 고객의 구매 데이터를 분석하여 맞춤 상품을 제안하면서 고객들의 재구매를 유도한다. 맞춤 상품 알고리즘은 내 상품을 구매할 가능성이 있는 고객에게 내 상품을 자동 매칭으로 노출해주어 재구매 가능성을 높게 해준다.

쿠팡의 맞춤 쇼핑 제안

3) 외부 채널을 통한 판매 서비스

쿠팡은 제휴마케팅인 '쿠팡 파트너스'를 통해 판매자의 상품을 쿠팡 자체 앱 고객뿐만 아니라 외부 사이트에서도 홍보할 수 있게 해준다. 쿠팡에서 비용을 지불하면서 적극적인 외부 유료 광고를 집행해주고 있는 셈이다. 이처럼 쿠팡은 판매자들의 든든한 지원군 역할을 해주고 있기에 판매자는 좋은 제품을 발굴하는 데만 집중하면 된다.

4) 쇼핑 플랫폼 충성고객 1등, 쿠팡

이커머스 전쟁에서 승자가 되기 위해선 '품질 좋은 상품'과 '빠른 배송 서비스' 그리고 '충성고객 확보'가 관건이다.

쿠팡의 재구매율은 73% 정도로 쿠팡은 충성고객이 많다. 쿠팡에서 물건을 사는 사람들은 쿠팡에서만 사는 경우가 많다는 뜻이다.

2019년에 론칭한 '쿠팡와우' 멤버십 제도는 무료배송 무료반품 서비스, 신선식품을 새벽에 배송하는 로켓 새벽배송, 와우 회원 전용할인, 정기적으로 필요 상품을 배송받을 수 있는 쿠팡 정기배송, 온라인 동영상 서비스 쿠팡플레이 무료이용 혜택 등 다양한 고객 편의 시스템으로 단기간에 멤버십 이용자를 크게 늘렸다. 쿠팡은 2023년 2분기 기준, 1971만 명의 활성 소비자와 1100만이 넘는 멤버십 회원 충성고객이 있다. 멤버십 고객은 일반고객보다 구매 횟수가 4배가 높은 충성고객이다.

"사람이 모이는 곳에 돈이 모인다."라는 말이 있듯이 물건을 팔아야 하는 셀러에게 쿠팡 마켓플레이스는 내 물건을 사줄 고객이 넘치는 최고의 이커머스 플랫폼이다.

쿠팡 멤버십 해택

coupang

월 4,990원

+ 무료 로켓배송
+ 30일 무료반품
+ 무료 새벽배송
+ 무료 당일발송
+ 로켓프레시 무료배송
+ 무료 비디오 스트리밍
+ 무료 로켓직구 배송
+ 와우 멤버십 할인

쿠팡와우 멤버십 혜택

03 쿠팡 판매방식 이해하기

1 쿠팡과 아마존 플랫폼 비교

아마존에서 판매를 해본 사람이라면 쿠팡이 아마존 플랫폼과 너무나 닮았다는 것을 알 수 있을 것이다. 다음의 표를 보면 왜 쿠팡을 '한국의 아마존'이라 부르는지를 알 수 있다.

구분	쿠팡	아마존
오픈마켓 판매 시스템	쿠팡 마켓플레이스 • 같은 상품은 하나의 상품페이지를 운영 • '다른 판매자 보기'를 클릭하여 타 판매자를 볼 수 있다.	아마존 마켓플레이스 • 같은 상품은 하나의 상품페이지를 운영 • New (X) from을 클릭하여 다른 판매자를 볼 수 있다.
직매입 판매 시스템	로켓배송 상품 (쿠팡에서 직접 매입하여 판매, 배송하는 상품)	Ship from and sold by Amazon (아마존에서 직접 매입하여 판매, 배송하는 상품)
멤버십 제도	로켓와우 멤버십 (월 4990원, 로켓 무료배송, 새벽배송)	아마존 프라임 멤버십 (월 $14.99, 2일 내 무료배송)
풀필먼트(Fullfillment) – 창고 및 배송 관리 대행. 판매자의 상품을 물류창고에 보관하고 있다가 주문이 들어오면 포장과 배송, 반품, 교환, CS 응대를 해주는 시스템	• 쿠팡풀필먼트서비스(CFS, Coupang Fulfillment Services) • 로켓그로스: 판매자가 로켓 물류센터에 상품을 입고하면 판매, 배송, CS를 쿠팡이 진행	• 아마존 풀필먼트(FBA, Fulfillment by Amazon) • sold by XXX and fulfilled by Amazon (XXX 판매자가 판매하고, 아마존에서 제품 포장 및 배송하는 상품)

> **TIP** **쿠팡 용어**
>
> 쿠팡 마켓플레이스: 판매자가 직접 입점하여 상품을 판매하고 배송하는 쿠팡의 오픈마켓 판매 방식.
> 로켓배송: 쿠팡이 판매자로부터 물건을 매입하여 판매, 배송하는 쿠팡 직매입 판매 방식.
> 　　　　오늘 주문하면 내일 도착하는 쿠팡의 빠른배송 시스템. 쿠팡 물류센터에서 직배송하는 상품으로 '로켓배송' 배지가 붙는다.
> 로켓그로스: 판매자가 쿠팡 물류센터에 상품을 입고하면 쿠팡에서 배송, 반품, 교환, CS 응대 등 전반적인 판매활동을 진행한다. 로켓그로스 상품은 쿠팡에서 로켓배송을 진행하며, '판매자로켓' 배지가 붙는다.
> 로켓와우: 월 4990원 멤버십 제도. 로켓 무료배송과 새벽배송(오늘 24시 전에 주문하면 다음날 아침 7시까지 배송해주는 서비스), 쿠팡플레이 시청 혜택.
> 로켓프레시: 신선식품을 새벽에 배송해주는 서비스.

쿠팡은 아이템마켓이다. '아이템마켓'은 같은 상품을 여러 판매자가 한 페이지에서 판매하는 장터이다. 아이템마켓에서 판매 페이지를 차지한 판매자의 상품을 '아이템위너'라고 한다. 이는 아마존의 '바이박스(Buy box)'를 벤치마킹한 것이다.

[쿠팡] 현재 이 상품은 로켓배송 상품이 아이템위너이다. [다른 판매자 보기]를 클릭하면 이 상품을 파는 다른 판매자를 볼 수 있다. 여기서 다른 판매자의 상품을 구매하고 싶으면 판매자를 선택하면 판매자의 상품페이지로 변경되고 구매를 할 수 있다.

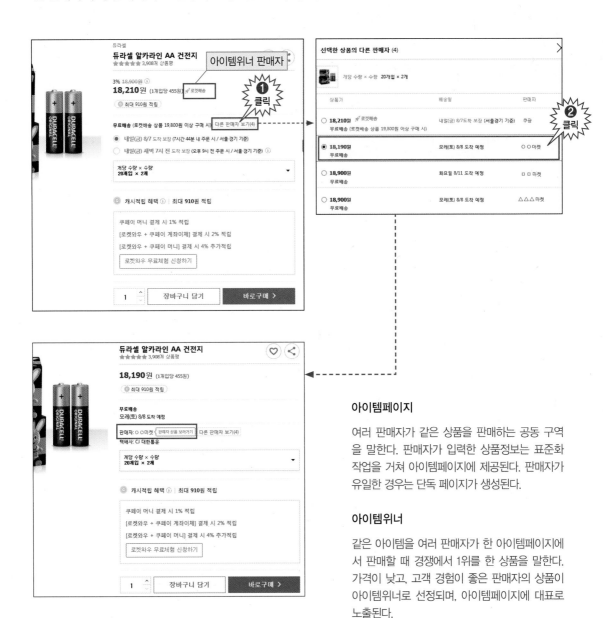

아이템페이지

여러 판매자가 같은 상품을 판매하는 공동 구역을 말한다. 판매자가 입력한 상품정보는 표준화 작업을 거쳐 아이템페이지에 제공된다. 판매자가 유일한 경우는 단독 페이지가 생성된다.

아이템위너

같은 아이템을 여러 판매자가 한 아이템페이지에서 판매할 때 경쟁에서 1위를 한 상품을 말한다. 가격이 낮고, 고객 경험이 좋은 판매자의 상품이 아이템위너로 선정되며, 아이템페이지에 대표로 노출된다.

[아마존] 아래 상품은 '아마존에서 직접 판매(Ships from and sold by Amazon.com)'가 아이템위너이다. 'Other Sellers on Amazon'의 '6 new'를 클릭하면 이 상품의 다른 판매자를 볼 수 있다.

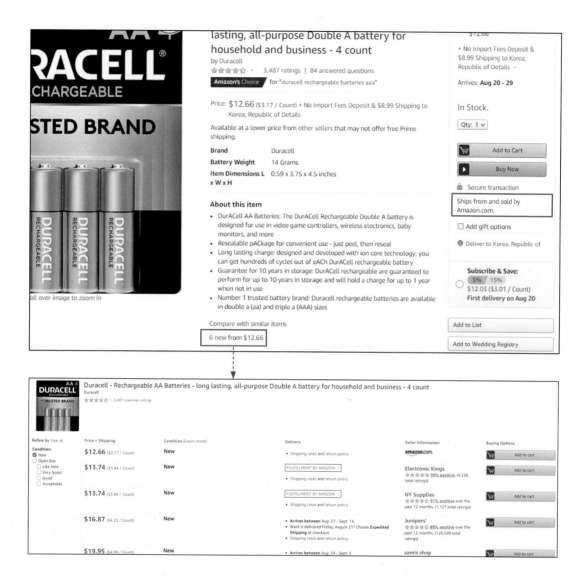

여기서 원하는 판매자의 **Add to Cart**를 선택하여 상품을 구매할 수 있다.

하지만 쿠팡이나 아마존이나 이런 식으로 구매하는 사람은 별로 없을 것이다. 그냥 아이템페이지에서 '바로 구매'나 'Add to Cart' 버튼을 클릭하면 시스템에서 선정해놓은 아이템위너의 좋은 상품을 구매할 수 있기 때문이다. 그렇기 때문에 쿠팡에서는 아이템위너가 되어야 판매가 일어난다.

이상의 비교에서 보듯이 쿠팡은 미국 아마존을 많은 부분에서 벤치마킹했다고 볼 수 있다. 같은 상품을 하나의 페이지에서 관리하는 아이템마켓 판매 방식과 직매입 판매 시스템인 로켓배송, 멤버십 제도 등 많은 부분이 아마존과 비슷하다. 그래서 쿠팡을 '한국의 아마존'이라고 한다.

2 쿠팡의 판매 방식

쿠팡에서 셀러들이 상품을 판매하는 방법은 '마켓플레이스', '로켓배송', '로켓그로스' 3가지 방식이 있다. 쿠팡은 검색 랭킹에서 마켓플레이스, 로켓배송, 로켓그로스 상품이 상위노출 경쟁을 통해 고객에게 물건을 판매하는 방식이다.

① **마켓플레이스 판매 방식:** 판매자가 직접 쿠팡 판매 플랫폼인 WING에 입점해 상품을 판매하고 배송하는 오픈마켓 판매 방식을 말한다. '아이템마켓'이라고도 한다.

가격, 배송, 마케팅 등 상품에 대한 모든 관리를 판매자가 직접 핸들링할 수 있고, 수수료가 싼 장점이 있다.

② **로켓배송 판매 방식:** 쿠팡에서 판매자의 상품을 매입하여 쿠팡 창고에 보관하면서 판매, 배송하는 방법으로, '쿠팡 직매입 판매 시스템'이다. 로켓배송은 판매자가 쿠팡이 되는 셈이고, 판매자인 여러분은 공급자가 되는 방식이다.

로켓배송에 입점하면 판매 가능성이 높아지고, 재고관리와 배송, 교환, 반품, CS를 쿠팡에서 모두 진행하기에 판매자는 부담이 줄게 되는 장점이 있다. 상품이 '로켓배송' 배지와 함께 노출된다.

소비자에게 제공하는 최저가 보장 제도에 맞추는 가격 설정 때문에 순이익의 비율은 낮아지는 단점이 있다.

③ **로켓그로스 판매 방식:** 판매자가 상품을 쿠팡 물류센터에 입고시키면 쿠팡에서 배송, 반품, 교환, CS 응대 등을 진행한다. 물류 서비스 요금(입출고요금, 보관요금, 배송요금 등)을 부담해야 한다.

상품의 모든 결정권을 쿠팡이 소유하는 로켓배송과는 달리 재고수량과 가격을 판매자가 직접 관리할 수 있다. 배송 및 CS 처리는 쿠팡에서 해주기 때문에 판매자는 판매에만 집중할 수 있다는 장점이 있다. '판매자로켓' 배지와 함께 노출되며 로켓배송 필터로도 노출된다.

	🚀 로켓배송	coupang marketplace
도착날짜	내일	판매자 지정
무조건 무료배송	와우회원	판매자 설정
무료반품	와우회원	판매자 설정
쿠팡 책정가	✓	✕
배송	쿠팡	판매자

로켓배송과 마켓플레이스 차이점　　　　　　　　　(출처: 쿠팡)

1) 마켓플레이스

　판매자가 직접 입점해 상품을 판매하고 배송하는 오픈마켓이다. 오픈마켓, 아이템마켓으로도 불린다. 가격, 배송 등 상품에 대한 모든 관리를 판매자가 직접 할 수 있다.

　우리가 흔히 알고 있는 오픈마켓 시스템으로, 쿠팡은 판매자에게 쿠팡 마켓플레이스라는 온라인 장터를 빌려주고 판매수수료를 받는다. 판매자는 쿠팡에 상품을 등록하고 주문이 들어오면 직접 택배회사를 이용하여 상품을 배송하고 쿠팡으로부터 수수료를 제외한 금액을 정산받는다.

　그런데 쿠팡의 마켓플레이스는 11번가, G마켓 등 일반 오픈마켓과 다른 점이 있다. 바로 '아이템마켓'이라는 것이다. 일반 오픈마켓은 같은 상품이라도 판매자마다 상품페이지가 있어, 판매자는 자신의 상품을 검색 상위에 노출시키려고 여러 가지 판매전략을 펼친다. 타 오픈마켓이 이렇게 판매자 단위로 상품페이지가 관리되는 데 반해, 쿠팡은 같은 상품이면 하나의 상품페이지를 공유하게 된다. 즉 아이템 단위로 상품페이지가 관리되는 것이다.(상품 판매자가 나 혼자일 경우 단독 페이지가 생성된다.)

　물론 내가 판매할 상품이 기존의 상품과 같다 하더라도 상품명과 이미지를 다르게 하여 아이템페이지에 묶이지 않게 등록할 수도 있지만, 내 상품이 브랜드 등록이 되어 있지 않다면 다른 판매자가 내 상품페이지에 묶어서 등록하는 것을 막을 길은 없다. 예를 들어 내가 'ABC 치약'이라는 제품을 판매하고 있는데, 나와 같은 'ABC 치약'을 판매하는 사람이 내가 만들어놓은 상품에 '나도 팔아요' 하고 숟가락을 올려놓을 수 있다. 그러면서 '더 싸게 팔아요'라고 할 수도 있다. 그러면 나보다 그 판매자가 아이템위너가 되어 내가 만들어놓은 상품페이지를 차지하게 된다. 그러면 고객이 상품 상세페이지에서 '구매하기'(바로 구매) 버튼을 누르면 내 상품이 아니라 그 판매자의 상품이 팔리는 것이다. 스튜디오를 빌리고 모델컷도 찍고 하면서 내가 상품페이지를 다 만들어 놓았는데, 뒤에 들어온 사람이 나보다 더 잘 파는 것이다.

　네이버쇼핑도 같은 제품은 판매자가 전략적으로 '카탈로그 매칭'을 요청하거나 네이버쇼핑에서 알아서 묶기도 하지만, 쿠팡은 상품등록 시에 판매자가 쉽게 묶어서 등록할 수 있다.

　이 아이템위너 시스템은 구매자의 입장에서는 참 편리한 시스템이다. 쿠팡에서 같은 제품을 하나의 상품페이지에 잘 정리하여 가격이나 판매자 신뢰도 등 가장 좋은 조건의 상품을 쉽게 구매할 수 있도록 해놓았기 때문이다. 기존 오픈마켓에서는 조금이라도 좋은 조건의 상품을 구매하기 위해서 여러 판매자의 상품을 이리저리 비교해봐야 하는데, 쿠팡은 그런 품을 팔 필요가 없다.

　여러 판매자의 상품이 한 페이지에서 관리되다 보니 가격이나 조건 등이 판매자마다 차이가 있기 마련이다. 한 아이템에서 가장 좋은 조건을 제공하는 판매자가 상품페이지를 차지하게 되는데 그것이 '아이템위너'이다. 나머지 판매자는 상품페이지에 있는 '이 상품의 모든 판매자'(모바일), '다른 판매자 보기'(PC)를 클릭해야 나타난다.

　따라서 판매자의 입장에서 보면 아이템위너가 되지 못하면 판매를 기대하기 어렵고, 내 상품과 같은 상품을 판매하는 사람이 언제든지 상품을 묶어 아이템위너를 넘보게 될지 모른다는 불안감에 마음 졸여야 한다. 물론 나만 판매할 수 있는 제품이라면 이런 걱정을 하지 않아도 된다. 실제로 쿠팡 셀러들이 가장 많이 털어놓는 고충이 아이템위너 문제이다.

2) 로켓배송

쿠팡이 다른 오픈마켓과 차별되는 또 하나는 바로 '로켓배송'이다.

로켓배송은 쿠팡에서 직매입하여 판매하는 방식으로, 판매자가 쿠팡에 상품을 납품하면 판매 관리부터 배송, 고객 응대까지 쿠팡이 직접 진행한다. 즉 쿠팡이 판매자가 되는 셈이다.

쿠팡 플랫폼에서 개인 셀러들에게 마켓플레이스를 열어줬지만 여기서 자기들도 로켓배송이라는 이름으로 판매를 하고 있는 것이다. 즉 개인 셀러들에게는 로켓배송이라는 강력한 적이 있는 것이다. 이러한 점을 셀러들은 인지하고 있어야 한다. 생각해보라. 쿠팡 입장에서 보면 셀러에게 판매수수료(평균 10.8%)를 받는 게 나을지 아니면 로켓배송으로 직접 판매하는 것이 나을지를. 당연히 로켓배송으로 인한 이익이 많을 것이다. 그래서 로켓배송 상품을 플랫폼 차원에서 상위노출시켜 주고 있다. 일반상품이 이 로켓배송을 뚫고 상위로 올라가기란 쉽지 않다.

다음은 쿠팡에서 '양산'을 검색했을 때의 결과 화면이다.

모두 다 로켓배송 상품이고, 1위 상품은 판매처가 4곳, 2위 상품은 8곳, 3위 상품은 단독으로 판매하고 있음을 알 수 있다.

1위 제품을 클릭한 상세페이지이다. 로켓배송 상품이다. 여기서 고객이 **바로 구매** 버튼을 클릭하면 바로 이 판매자(쿠팡)의 상품이 구매된다. 고객들은 대부분 이렇게 구매를 한다.

그런데 여기에서 **다른 판매자 보기**를 클릭하면 이 제품을 판매하는 다른 판매자를 볼 수 있다. 이렇게 다른 판매자를 선택해서 구매를 하는 사람도 있을 수 있겠으나 과연 이런 사람이 몇이나 될까? 가격도 비싸고, 로켓배송도 아닌데 굳이 다른 판매자의 상품을 선택할 이유가 없을 것이다. 그러니 판매자가 여럿일 때 로켓배송이 아니면 좋은 판매를 기대하기 어렵다.

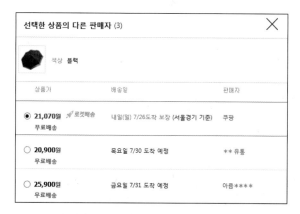

로켓배송은 쿠팡 측에서 판매자에게 제안해올 수도 있고, 판매자가 요청할 수도 있다. 판매자의 요청에 의한 경우 심사를 거쳐 제안이 거절될 수도 있다. 몇 년 전만 해도 별 어려움 없이 쿠팡의 직매입 시스템인 로켓배송을 이용할 수 있었지만, 점점 더 조건이 까다로워지고 있는 실정이다. 로켓배송은 쿠팡 입장에서 보면 만일 판매가 잘되지 않는다면 재고와 물류에 대한 리스크를 100% 떠안아야 하기 때문이다.

판매자의 입장에서 로켓배송은 장단점이 있다. 장점은 판매가 대량으로 일어나고, 상품을 쿠팡 물류센터에 보내주기만 하면 된다는 것이다. 다른 것은 신경 쓸 필요 없이 쿠팡으로부터 정산만 받으면 된다. 쿠팡 구매자는 로켓배송 상품을 선호한다. 쿠팡 전체 매출의 90% 정도가 로켓배송 상품에서 일어난다. 이것은 달리 말하면 판매를 하기 위해서는 로켓배송을 해야 한다는 뜻이기도 하다.

그런데 로켓배송은 쿠팡에서 판매자(공급자)의 상품을 매입하는 것이기 때문에 당연히 매입 단가가 낮아진다. 판매자의 입장에서는 대량으로 판매하고, 배송 등 기타 판매에 관한 일들을 신경 쓰지 않아도 된다는 장점이 있지만, 건당 마진이 줄어든다는 단점을 감수해야 한다. 아이템마켓에서 10,000원에 판매자가 직접 판매하는 상품이라면 로켓배송으로 쿠팡 측에 7,000원에 넘겨야 할지도 모른다.(쿠팡 로켓배송 시 공급가는 보통 소매가의 60~70% 정도를 요구한다.) 또 마켓플레이스 판매에 비해 로켓배송은 정산 기일이 길다는 단점도 있다. 이러한 것을 잘 고려하여 어떤 것이 판매자 자신한테 유리한지를 고민한 후에 로켓배송 여부를 결정해야 한다.

로켓배송은 쿠팡 입장에서도 양날의 칼 같은 존재이다. 지금의 쿠팡을 키운 것은 로켓배송이라고 해도 과언이 아니다. 하지만 로켓 상품을 계속해서 늘릴 수는 없는 일이다. 상품을 보관할 창고와 인력, 재고관리 등 많은 부담이 따르기 때문이다. 그래서 쿠팡에서는 로켓배송을 위한 직매입 상품을 줄이면서 로켓배송과 아이템마켓을 결합한 형태라고 할 수 있는 '로켓그로스' 판매 방식을 내놓았다.

3) 로켓그로스

로켓그로스는 판매자가 재고, 가격 등 판매관리를 하고, 보관과 배송, 고객 응대는 쿠팡이 관리해 주는 방식이다. 마켓플레이스에 입점한 판매자는 로켓그로스를 이용할 수 있는데, 고객은 로켓배송과 동일한 수준의 빠른 배송으로 상품을 받아볼 수 있다.

'판매자로켓' 배지와 함께 노출되며 로켓배송 필터로도 노출된다.(2023년 3월 새로운 로켓그로스를 론칭한 후 '제트배송'의 명칭을 '판매자로켓'으로 변경하였다. 2023년 9월 30일부터는 로켓그로스 배지 종류를 '로켓배송' 배지와 '판매자로켓' 배지에서 '판매자로켓' 배지로 일원화하였다.)

로켓그로스 상품이라도 '판매자로켓' 배지의 부착여부는 가격경쟁력이나 쿠팡정책준수 여부 등에 따라 결정된다.

판매자가 상품 입고생성을 요청하여 쿠팡 승인이 나면 쿠팡 물류센터로 상품을 입고시키고, 보관, 포장, 배송, CS 등은 쿠팡풀필먼트서비스로 진행하는 판매 방식이다.

판매자는 보관료와 배송비 등 서비스 이용료를 지불해야 한다.

****** 무지 체크 잠옷 파자마 상의 하의 파우치 세트 6종
15% ~~18,900~~
15,900원 🚀판매자로켓
내일(토) 2/5 도착 보장
★★★★☆ (34)

******* 긴팔 잠옷 파자마 상하 세트 10종
11% ~~16,900~~
15,000원 🚀판매자로켓
내일(토) 2/5 도착 보장
★★★★☆ (403)

2장

쿠팡 마켓플레이스 입성하기

01 쿠팡 판매자 회원이 되기 위한 준비

　　　　　　　　쿠팡에 입점해 판매를 하기 위해서는 기본적으로 '사업자등록
증'과 '통신판매업신고증'이 있어야 한다. 이 외에 '사업자계좌 통장'과 '인감증명서'도 경우에 따라
서는 필요할 수도 있다.

1 　사업자등록증 발급받기

　쿠팡에서 온라인 판매를 하기 위한 사업자등록은 사업장이 없어도 신청할 수 있다. '통신판매업'
은 사무실 없이 집에서도 사업자등록이 가능하기 때문이다.

　사업을 하는 사람이면 누구나 사업자등록증을 내고 해야 한다. 사업자등록증은 사업 사실을 세무
서에 알리고 사업자에 관한 정보를 세무관서의 대장에 수록하는 절차로, 이를 하고 나서 받는 것이
사업자등록증이다. 사업자등록증은 관할세무서에서 신청하여 등록할 수도 있고, 국세청 홈택스 사
이트에서 온라인으로 신청 및 교부를 받을 수 있다. 홈택스에서 신청하기 위해서는 공인인증서가 있
어야 하니 미리 준비하도록 한다.

1. 국세청 홈택스(https://www.hometax.go.kr/)에 들어간 후 **로그인**을 클릭한 후 공인인증서로 로그인
을 한다.(먼저 회원가입이 되어 있어야 한다.)

2. 로그인 후 **신청/제출 → 사업자등록신청/정정 등 → 사업자등록신청(개인)**을 클릭한다.

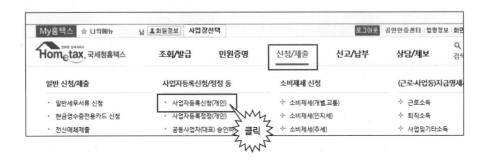

3. [인적사항 입력]에서 상호명과 전화번호, 사업장 소재지를 입력한다.

4. [업종 선택] 항목에서 **전체업종 내려받기**를 클릭하면 '업종분류코드'를 확인할 수 있다. 쿠팡, 스마트스토어 등에서 상품을 소매로 판매하는 사업은 '업태'는 '도매 및 소매업'(무점포 소매업), '세분류'는 '통신판매업'(코드 525101), '세세분류(업종)'는 '전자상거래 소매업'이다. 제조사에서 통신판매를 하고자 하는 사람은 업종코드가 다르니 유의하기 바란다. **업종 입력/수정** 버튼을 클릭한다.

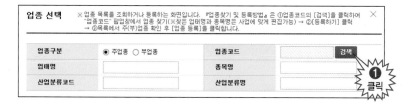

5. '업종코드'의 **검색**을 클릭하여, '업종코드'에 업종코드를 입력하고 **조회하기**를 클릭한다.

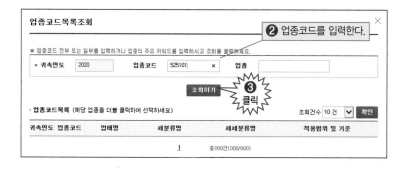

6. 그러면 아래로 업종코드 목록이 나타난다. 원하는 목록을 더블클릭하면 업종코드가 입력된다. **등록하기**를 클릭한다.

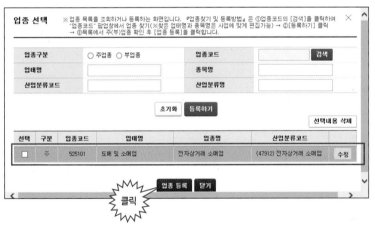

업종코드목록조회

■ 업종코드 전부 또는 일부를 입력하거나 업종의 주요 키워드를 입력하시고 조회를 클릭하세요.

| * 귀속연도 | 2020 | 업종코드 | 525101 | 업종 | |

조회하기

・업종코드목록 (해당 업종을 더블 클릭하여 선택하세요)　　　조회건수 10 건　확인

귀속연도	업종코드	업태명	세분류명	세세분류명	적용범위 및 기준
2019	525101	도매 및 소매업	통신 판매업	전자상거래 소매업	*일반 대중을 대상으로 온라인 통…

1　　총1건(1/1)

업종 선택　※ 업종 목록을 조회하거나 등록하는 화면입니다. 『업종찾기 및 등록방법』은 ①업종코드의 [검색]을 클릭하여 "업종코드" 팝업창에서 업종 찾기(※찾은 업태명과 종목명은 사업에 맞게 편집가능) → ②[등록하기] 클릭 → ③목록에서 주(부)업종 확인 후 [업종 등록]을 클릭합니다.

업종구분	● 주업종 ○ 부업종	업종코드	525101　검색
업태명	도매 및 소매업	종목명	전자상거래 소매업
산업분류코드	47912	산업분류명	전자상거래 소매업

초기화　등록하기

7. 그러면 아래로 업종코드와 업태명(도매 및 소매업), 업종명(전자상거래 소매업), 산업분류코드가 나타난다. 확인 후 **업종 등록**을 클릭한다.

업종 선택　※ 업종 목록을 조회하거나 등록하는 화면입니다. 『업종찾기 및 등록방법』은 ①업종코드의 [검색]을 클릭하여 "업종코드" 팝업창에서 업종 찾기(※찾은 업태명과 종목명은 사업에 맞게 편집가능) → ②[등록하기] 클릭 → ③목록에서 주(부)업종 확인 후 [업종 등록]을 클릭합니다.

업종구분	○ 주업종 ○ 부업종	업종코드	검색
업태명		종목명	
산업분류코드		산업분류명	

초기화　등록하기

선택내용 삭제

선택	구분	업종코드	업태명	업종명	산업분류코드	
☐	주	525101	도매 및 소매업	전자상거래 소매업	(47912) 전자상거래 소매업	수정

업종 등록　닫기

8. 업종이 선택되었다. '사업장정보 추가입력'은 입력하지 않아도 된다.

◎ 업종 선택　　　☞ 전체업종 내려받기　업종 입력/수정　선택내용 삭제

선택	업종구분	업종코드	업태명	업종명	산업분류코드	제출서류	
☐	주	525101	도매 및 소매업	전자상거래 소매업	(47912) 전자상거래 소매업	[확인하기]	수정

◎ 사업장정보 추가입력

・선택한 업종이 영위하고 하는 사업 내용을 정확하게 반영하지 못하는 경우에는, 실제 영위하고자 하는 사업에 대한 설명을 추가 입력하시기 바랍니다.

사업설명	

9. [사업장 정보]를 입력한다. ＊ 표시가 된 필수 입력사항은 반드시 입력해야 하고 나머지는 입력하지 않아도 무방하다. [사업자 유형 선택]은 일반, 간이, 면세 등을 선택하면 된다.

10. [선택사항]은 해당사항이 있으면 입력하고 그렇지 않으면 그대로 진행하면 된다. 설정 후 **저장 후 다음** 버튼을 클릭한다.

11. '제출서류선택' 팝업에서 **파일찾기**를 클릭하여 필요 서류를 업로드한다. 제출할 서류가 없다면 그냥 **다음**을 클릭한다.(통신판매업의 경우 집에서 한다면 임대차계약서 사본을 제출하지 않아도 된다.)

그러면 '증빙서류 첨부 안내' 창이 뜬다. 무시하고 **다음**을 클릭한다.

12. '최종확인' 창이다. **제출서류 확인하기**를 클릭하여 서류를 확인한다.(사업자등록 신청서를 출력할 수 있다.) 이상이 없으면 '확인하였습니다'에 체크한 후 **신청서 제출하기**를 클릭한다.

13. '신청서를 제출하시겠습니까?'의 **확인**을 클릭하면 사업자등록 신청이 완료된다.

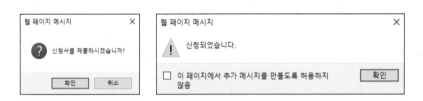

14. 접수가 완료되었다. '민원접수번호'를 클릭하면 접수증을 확인 및 출력할 수 있다. 사업자등록증 수령 시 수령인의 신분증 및 접수증을 가지고 가면 된다. 처리 예정 기한은 3일 정도이다.

2 통신판매업 신고하기

쿠팡 마켓플레이스에 입점하려면 '통신판매업신고'를 해야 한다. 통신판매업신고는 전기통신매체, 광고물 등을 통해 소비자와 직접 상거래가 이루어지는 통신판매업을 하고자 하는 경우 반드시 신고해야 한다. 그런데 ① 직전년도 동안 거래 횟수가 50회 미만이거나 ② 부가가치세법 제2조 제4호의 간이과세자인 경우는 통신판매업 신고를 하지 않아도 된다.

쿠팡에서 판매를 하기 위해서는 통신판매업 신고는 필수이다. 통신판매업 신고는 '각 시, 군, 구청 지역경제과'를 방문하여 신청하거나 '민원24'를 통해 온라인으로 신청할 수 있다.

통신판매업 신고를 하기 위해서는 ① **사업자등록증**과 ② **구매안전서비스 이용 확인증**이 있어야 한다. '구매안전서비스 이용 확인증'이 없는 사람은 먼저 '02 쿠팡 마켓플레이스에 입점하기'를 따라 하면서 '구매안전서비스 이용 확인증'을 다운로드하고 통신판매업 신고를 하면 된다.(스마트스토어 사업자 판매자의 경우 스마트스토어센터 판매자정보 메뉴에서 다운로드할 수 있다.)

1. 정부24(http://www.gov.kr) 홈페이지 검색창에서 '통신판매업신고'를 검색한 후 '통신판매업신고-시,군,구'의 **발급하기** 버튼을 클릭한다. '회원 신청하기'와 '비회원 신청하기'가 있다. **회원 신청하기**를 클릭하였다.

2. 로그인을 한다. 여기서는 **공동·금융 인증서**를 클릭하여 진행하였다.(먼저 회원가입을 하고 공인인증서를 등록해야 한다.) '비회원 로그인'도 이름, 주민등록번호, 연락처 등을 입력하고 진행할 수 있다.

3. [업체정보]와 [대표자 정보]를 입력한다.

4. [판매 정보]를 선택해준다. 판매방식, 취급품목을 선택하고, 인터넷 도메인 이름을 입력한다. '호스트서버 소재지'는 오픈마켓을 통한 판매의 경우 작성할 필요가 없다.

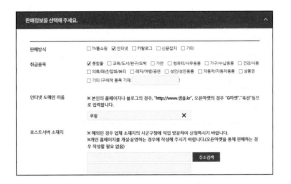

5. [구비서류] 제출방법에서 '파일첨부'를 선택하고 첨부란을 더블클릭하여 '구매안전서비스 이용 확인증'을 업로드한다.

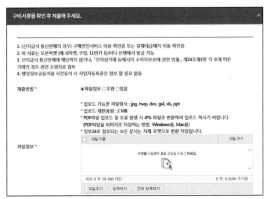

6. [신고증 수령방법]은 '온라인발급(본인출력)'과 '방문수령' 중에서 선택할 수 있다. [행정정보공동이용 사전동의]에는 사업자등록증명이 선택되어져 있다. 그대로 둔다.(동의하지 않을 시에는 파일을 첨부해야 한다.) **민원신청하기** 버튼을 클릭하면 신청이 완료된다.

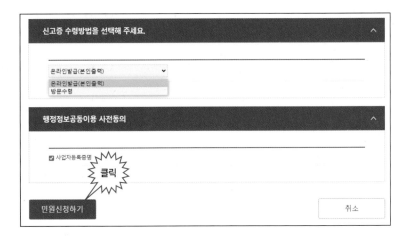

7. 확인을 클릭하면 신청이 완료된다. 수령방법을 '온라인발급(본인출력)'으로 한 경우 사이트에서 출력할 수 있고, '방문수령'을 한 경우 신고증 수령기관으로 가서 신분증을 제시한 후 수령하면 된다.

통신판매업신고를 하게 되면 등록 면허세를 내야 한다.(등록 면허세는 인구 비례에 따라 금액이 다르다. 서울의 경우 4만 원이 조금 넘는다.)

02 쿠팡 마켓플레이스 입점하기

쿠팡 마켓플레이스에 회원가입을 하는 방법은 정말 너무나 간단하다. 회원가입을 완료하면 쿠팡 판매관리시스템인 '쿠팡 WING'에 들어가게 되는데, 여기서 '사업자 인증하기'를 통해 '판매자 회원가입'까지 완료하면 쿠팡에서 판매 활동을 할 수 있다.

사업자 인증을 하기 위해서는 **'사업자등록증'**과 **'통신판매업업신고증'**이 필요하다. 통신판매업신고를 하기 위해서는 '구매안전서비스이용확인증'이 필요한데 아직 통신판매업신고를 하지 못한 사람은 '사업자 인증하기' 진행 중에 '구매안전서비스이용확인증'을 다운로드할 수 있다. 이를 이용하여 통신판매업신고를 하면 된다.

쿠팡 마켓플레이스에 입점하는 절차는 다음과 같다.

쿠팡 마켓플레이스	→	쿠팡 WING	→	쿠팡	→	판매자 회원 입점
• 회원가입		• 사업자 인증하기 – 사업자등록증, 통신판매업신고증 첨부		• 심사		• 판매 활동 시작

> **TIP** + **쿠팡 판매자 입점 전 준비사항**
>
> - 사업자등록증(필수)
> - 통신판매신고증('구매안전서비스 이용 확인증'이 있어야 발급 가능)
> - 대표자 / 사업자 명의 통장 사본(개인사업자이면서 공동대표인 경우만 해당)
> - 개인 / 법인 인감증명서(개인사업자이면서 공동대표인 경우만 해당)
> - 채권포기확약서(개인사업자이면서 공동대표인 경우만 해당)

1. 쿠팡 마켓플레이스(https://marketplace.coupangcorp.com/s/)에서 **판매자 가입하기**를 클릭한다.

2. 아이디, 비밀번호, 이름, 이메일을 입력하고, 핸드폰번호 입력 후 **인증요청** 버튼을 클릭하여 인증을 한다. 그리고 **약관 동의하고 가입하기** 버튼을 클릭하면 쿠팡 회원가입이 완료된다.

3. 쿠팡 회원가입이 완료되면서 쿠팡 WING 화면이 나온다. 여기서 바로 상품등록을 할 수는 있지만 아직 판매자 회원가입이 완료되지 않았기 때문에 상품이 노출되지는 않는다. 판매자 회원가입을 하기 위해 **사업자 인증하기** 버튼을 클릭한다.

4. 사업자등록번호를 입력하고 **인증하기**를 클릭한다. 그리고 대표자명, 상호, 사업장 주소를 입력한다.(➡ 통신판매업신고를 한 경우는 **7**번으로 간다.)

5. [통신판매업신고를 하지 않은 경우] 아직 통신판매업신고를 하지 않은 사람은 대표자명, 상호, 사업장 주소를 입력한 후 **임시저장**을 클릭한다.

6. 그러면 '통신판매업신고번호' 아래에 '구매안전서비스 이용 확인증 다운로드' 버튼과 통신판매업 '신청하러가기' 버튼이 생긴다. **구매안전서비스 이용 확인증 다운로드** 버튼을 클릭하여 파일을 다운로드하여 저장한다.(구매안전서비스 이용 확인증은 통신판매업 신고를 할 때 필요하다.)

그리고 통신판매업 신고를 하기 위해 **신청하러가기** 버튼을 클릭하여 '정부24' 사이트로 가서 통신판매업 신청을 진행한다.

7. [통신판매업신고를 한 경우] 통신판매업신고를 완료했다면 통신판매업신고번호, 입점 담당자명, 정산계좌를 입력하고 **인증하기**를 클릭하여 인증 후 **첨부하기**를 클릭하여 통장사본을 첨부한다.

8. 그리고 '서류첨부'에서 **첨부하기** 버튼을 클릭하여 사업자등록증과 통신판매업신고증을 첨부한 후 **제출하기** 버튼을 클릭하면 판매자 회원가입 신청이 완료된다.

03 쿠팡 알고 판매하자

1 쿠팡과 네이버쇼핑 비교

지금 국내 온라인 쇼핑에서 가장 핫한 플랫폼을 꼽으라면 단연 '쿠팡'과 '네이버쇼핑'일 것이다. 이 두 쇼핑 플랫폼은 온라인 판매자라면 꼭 입점해야 할 곳이다. 그만큼 매출도 잘 나오고, 수수료도 저렴하고, 누구나 쉽게 입점할 수 있는 플랫폼이다. 또 알고리즘 로직으로 움직이기 때문에 초보 셀러들도 광고를 하지 않고도 상위노출을 노려볼 수 있는 곳이다.

현재 네이버쇼핑(스마트스토어)에서 판매하고 있는 많은 셀러들이 쿠팡에도 입점해 판매하고 있고, 그 수는 점점 늘어나고 있다. 쿠팡과 네이버쇼핑에서 동시에 판매를 하려면, 일면 비슷한 면도 있지만 전혀 다른 이들 플랫폼의 특성을 알아야 한다.

쿠팡 앱 화면

네이버쇼핑 모바일 화면

다음은 쿠팡과 네이버쇼핑에서 판매를 해보면서 느낀 플랫폼의 주요 특성이다.(플랫폼 정책에 따라 바뀔 수 있다.) 참고하길 바란다.

항목	쿠팡	네이버쇼핑(스마트스토어)
입점 조건	• 사업자등록증이 있어야 한다. • 통신판매업신고증이 있어야 한다.	'개인 판매자'는 사업자등록증이 없어도 된다.
상위노출 주요 요소	• 상품 정보 충실도(적합도) • 검색 정확도(적합도) • 판매 실적(인기도) • 사용자 선호도(인기도) • 최신성	• 적합도(상품명, 카테고리, 제조사, 속성, 태그) • 인기도(판매점수, 구매평 수, 찜수, 클릭수, 최신성) • 신뢰도(상품명 SEO, 이미지 SEO, 고객혜택, 네이버쇼핑 페널티)
상위노출을 위한 리뷰 수	쿠팡에서 고객의 리뷰 수는 상위노출의 중요 요소 중 하나이다.	네이버쇼핑에서 고객의 리뷰 수는 상위노출의 중요 요소 중 하나이다.
상위노출을 위한 찜 수	영향이 없다.	영향이 없다.
카탈로그 매칭	• 카탈로그 원부가 없어도 묶을 수 있다. • 상품등록 시 상품번호를 넣고 기존 상품에 묶어서 등록할 수 있다. • 옵션을 다르게 구성해도 찢어져 묶일 수 있다.	• 카탈로그 원부가 있는 상품에만 묶을 수 있다. • 옵션 구성이 다르면 못 묶는다.
상품명 작성 포인트	• 키워드(단어)를 띄어 쓰는 게 유리하다. • 키워드를 최대한 많이 넣어준다. • 동일한 키워드를 적절히 중복해서 쓴다	• 키워드(단어)를 붙여 쓰는 게 유리하다. • 50자 이내로 상품명을 작성한다. • 카테고리 내 쇼핑인사이트 키워드를 사용하라.
상품가격	쿠팡은 가격보다 품질이 셀링포인트이다.	네이버는 품질보다 가격이 셀링포인트이다.
검색어(태그)	• 노출에 반영된다. 사용한 모든 키워드를 끌고 올라간다. • 랭킹 로직에 영향을 준다. • 가능하면 20개 모두를 입력한다. • 키워드 상품명과 태그에 중복해서 써도 된다. • 고객에게 보이지 않는다. (전략적으로 사용할 수 있다.) • 등록 후 수정해도 된다.	• 노출에 반영되지 않는다. 상품이 많이 판매되어야 노출에 반영된다. • 랭킹 로직에 영향 없다. • 10개까지 입력 가능하다. • 상품명에 쓴 키워드 태그에 쓸 필요 없다. • 상세페이지에서 '관련 태그'로 노출된다. • 등록 후 수정해도 된다.
묶인 판매자	'다른 판매자 보기'를 클릭해야 볼 수 있다.	'쇼핑몰별 최저가'에 노출된다.
무료배송	무료배송 설정이 상위노출에 영향을 준다.	경쟁자, 상대지수에 따라 유무료 배송을 설정한다.
고객 결제금액	판매가격이 고객 결제금액	할인가격이 고객 결제금액
등록상품 삭제 방법	판매중지를 걸고 난 다음에 삭제 가능	바로 삭제 가능
경쟁자 판매량 예측	수동으로 체크. 스마트스토어 상품을 보고 예측한다.	배송건수로 예측할 수 있다.
키워드와 카테고리	한 키워드에 여러 카테고리가 매칭될 수 있다.	한 키워드에 한 카테고리만 지정할 수 있다.(반드시 카테고리 내 키워드만 상품명에 설정해야 한다.)

2 알아야 할 쿠팡 용어들

다음의 쿠팡 용어들은 쿠팡에서 판매 활동을 하면서 자주 접하게 되는 것들이다. 읽어보고 정확한 뜻을 숙지하기 바란다.(쿠팡 WING → 도움말 → 이용안내 → 용어정리를 클릭하면 나온다.)

구분	용어	정의	동의어
입점	판매자콜센터	쿠팡 판매자가 정보 안내, 상담 서비스를 받을 수 있는 콜센터. – 전화(☎1600–9879) / 채팅 / 온라인문의	파트너 지원센터, 파트너 콜센터
	판매관리시스템 WING (WING)	판매자가 쿠팡에 상품을 등록하고 판매를 관리할 수 있는 시스템이다.	파트너 어드민, 판매자 어드민, 판매자 시스템, 파트너 시스템
	판매자코드	판매자를 식별하고 구분짓기 위해 쿠팡이 판매자에게 부여하는 9자리 고유 번호이다.(예: A00012345, C00012345)	업체코드, 판매자ID, 업체ID, 거래처ID
	로그인ID (사용자계정)	쿠팡에 입점할 때 문자, 숫자, 기호를 조합해 만드는 ID로 판매관리시스템 WING에 로그인할 때 사용한다.	사용자ID
	판매수수료	전자상거래 플랫폼 및 서비스를 이용하는 대가로 쿠팡에 납부하는 수수료이다. 상품이 속한 카테고리를 기준으로 수수료율이 달라진다.	판매대행수수료, 판매 수수료, 서비스이용료
	판매자서비스이용료	판매자의 월 매출이 100만 원 이상일 경우 이용료 5만 원을 매월 부과한다. 단, 가전/컴퓨터/디지털 카테고리 상품은 월 매출이 500만 원 이상일 경우 이용료 5만 원을 매월 부과한다. (VAT는 별도이다.)	판매자 서비스이용료, 서버운영수수료
	상품상세페이지	상품목록페이지에서 대표이미지 섬네일을 클릭했을 때 열리는 페이지로 대표이미지와 상세설명으로 구성된다.	PDP(Product detail page)
	상품목록페이지	카테고리를 선택해 검색된 상품들의 목록이 보이는 페이지이다.	PLP(Product list page)
	검색결과페이지	검색어로 검색된 상품들의 목록이 보이는 페이지이다.	SRP(Search result page)
쿠팡정책	마켓플레이스	여러 판매자가 같은 상품을 한 페이지에서 파는 장터이다.	마켓플레이스, 오픈마켓, 아이템 마켓
	아이템페이지	쿠팡에서는 동일한 상품에 대해서 하나의 상품페이지로 상품이 노출된다. 여러 판매자가 동일 상품을 판매할 경우 내부 기준에 따라 선정된 아이템위너 판매자의 상품이 대표로 노출되며, 이러한 상품페이지를 아이템페이지라고 한다.	SDP(Single detail page), 아이템 페이지
	아이템위너	여러 판매자가 같은 상품을 팔 때 가장 좋은 고객 경험을 주는 판매자의 상품을 아이템위너로 선정하여 대표로 노출한다. 가격, 배송, 판매자점수 등 다양한 조건에 따라 아이템위너를 실시간으로 선정한다.	바이박스(Buy box)
	판매자점수	판매자가 제공하는 고객 경험을 측정해 점수로 나타낸 지표. 지난 7일, 30일간의 모든 주문과 고객 문의를 측정해 주문이행, 정시출고완료, 정시배송완료, 24시간 내 답변, 총 4가지 평가 항목별 판매자점수를 산정한다. 판매자점수 측정기준 등은 변동될 수 있다.	판매자 평점, 판매자 점수
	브랜드샵	패션 카테고리에서 같은 브랜드(또는 같은 판매자)의 상품을 모아 보여주는 방식이다. 판매자는 자신이 파는 브랜드의 여러 패션 상품을 한번에 보여줄 수 있고, 고객은 필터를 통해 원하는 상품을 손쉽게 찾을 수 있다.	패션마이샵, 브랜드샵, 브랜드숍, 샵인샵, 숍인숍

구분	용어	정의	동의어
쿠팡 상품정보	쿠팡상품정보	쿠팡에 상품을 등록할 때 입력하는 정보이다. – 고객이 내 상품을 더 잘 찾게 하는 정보: 카테고리, 상품명, 검색어, 구매옵션, 검색옵션 – 고객이 내 상품을 더 사고 싶게 만드는 정보: 대표이미지, 상세설명 쿠팡은 모든 쿠팡상품정보를 꾸준히 모니터링, 수정, 개선해 쿠팡에 등록된 모든 쿠팡상품정보의 질을 관리한다.	카탈로그(Catalog)
	카테고리	쿠팡에 등록된 상품을 고객이 찾기 쉽게 분류하는 기준이다. 상품과 맞지 않는 카테고리에 등록할 경우, 적정 카테고리로 이동될 수 있으며, 최종 카테고리에 맞는 판매 수수료가 부과된다.	
	등록상품명	쿠팡에 상품을 등록할 때 판매자가 자유롭게 입력하는 상품명이다. 발주서에 사용되는 상품명으로, 고객에게 보이지 않는다. 관리하기 편한 이름으로 설정하면 된다.	벤더 인벤토리 네임 (Vender inventory name)
	노출상품명 (상품명)	실제 판매 페이지에 노출되는 상품명이다. '브랜드명 + 제품명'으로 구성하여 쿠팡에서 노출하고자 하는 상품명을 입력한다. (상품등록 후 쿠팡 기준에 맞게 변경될 수 있다.)	상품명, 타이틀, Product 명
	검색어	쿠팡에서 판매자의 상품이 더 잘 검색되도록 등록하는 상품 관련 단어이다.	검색태그, 검색 키워드, 키워드
	옵션	고객이 상품을 구매할 때 선택하는 옵션이다.	노출속성, 구매옵션
	검색필터	고객이 상품 검색 시, 필터로 사용되는 옵션이다.	비노출속성, 검색옵션
	상품이미지	상품이미지는 PC와 모바일에 노출되는 '대표이미지'와 '추가이미지' 2가지로 나뉜다.	대표이미지, 추가이미지
	상세설명	상품상세페이지에서 상품의 특장점을 소개하는 글과 이미지이다.	상세 설명, 상품 설명, 콘텐츠, 컨텐츠
상품등록	상품	쿠팡 기준에 맞춰 분류한 상품 단위이다. (예: 나이키 레볼루션 R2345)	제품, 프로덕트(Product)
	아이템	상품을 옵션과 검색필터로 분류한 상품 단위이다. (예: 나이키 레볼루션 R2345 레드 220)	
	옵션 (벤더아이템)	아이템을 판매자별로 분류한, 쿠팡에서 실제로 판매되는 상품 단위이다.[예: (A판매자의) 나이키 레볼루션 R2345 레드 220]	
	옵션ID	벤더아이템에 부여되는 고유 번호이다.	벤더아이템ID (Vender item ID)
	옵션명	옵션의 이름이다. 상품명과 옵션 / 검색필터의 값을 조합해 만든다.(예: 나이키 레볼루션 R2345 레드 220)	벤더아이템명 (Vender item name)
	등록상품ID	판매자가 등록한 상품 단위를 기준으로 부여하는 고유 번호이다.	벤더 인벤토리 ID(Vender inventory ID), 업체상품ID
	노출상품ID	쿠팡 기준에 맞춰 분류한 상품 단위를 기준으로 부여하는 고유 번호이다.	프로덕트 아이디(Product ID), 쿠팡상품번호
	출고지	판매자가 상품을 내보내는 곳이다.	출고처
	반품지	판매자가 반품된 상품을 회수하는 곳이다.	반품처, 반송지, 회수지
	인당최대구매수량/ 기간	고객 1명이 최대로 구매할 수 있는 수량과 기준이 되는 기간이다. (예: 3개/2일 = 2일간 최대 3개 구매 가능)	인당최대구매수량 인당최대구매기간

구분	용어	정의	동의어
상품등록	추가정보요청메시지	고객이 원하는 문구를 삽입하는 주문제작 상품의 경우, 고객에게 주문 추가 메시지를 입력을 요청하는 문구를 등록할 수 있다. 판매자가 상품을 등록할 때 직접 입력하거나 선택할 수 있다. (예: 화환에 넣을 문구를 입력하세요.)	주문 추가 메시지
	상품인증정보	「전기용품 및 생활용품 안전관리법」에 따른 생활용품, 어린이용품, 전기용품 등 일부 카테고리 상품을 온라인에서 판매할 때 필수로 게시해야 하는 안전인증 관련 정보이다. 법령을 준수하여 안전인증 관련 정보를 입력해야 한다. 인증정보유형, 인증번호를 입력하면 상품상세페이지에 인증마크와 함께 표시한다. 인증·신고 등 정보 입력에 관련 모든 책임은 판매자에게 있으며, 허위 정보 입력 시 판매중지 될 수 있다.	
배송	묶음배송	고객이 같은 판매자의 여러 상품을 한번에 구매했을 때 하나로 포장해 배송하는 서비스이다.(동일 주문번호). 고객이 같은 판매자의 여러 상품을 나누어 구매했을 때 하나로 포장해 배송하는 서비스이다.(다른 주문번호).	합포장 합배송
	분리배송	고객이 같은 판매자의 여러 상품을 한번에 구매했지만 판매자의 사유로 상품을 각기 나눠 배송하는 서비스이다.	
	운송장	상품의 운송 내용을 기재한 문서이다.	송장. 운송장
	운송장번호	상품의 배송현황을 관리하기 위해 택배사가 부여한 번호이다.	송장. 송장번호
	기본배송비	고객에게 상품을 배송할 때 발생하는 택배비용(편도)이다. 조건부 무료배송, 유료배송일 때에만 입력한다.	일반배송료 일반배송비
	초도배송비	무료배송, 조건부 무료배송 상품(조건 금액 충족)을 고객이 무료로 구매했을 때, 판매자가 부담한 배송비이다. 무료로 배송된 상품을 반품할 때 발생하는 배송비로, 무료배송일 때에만 입력한다.(= 무료배송의 기본배송비)	초도반품배송비 초도배송비(편도)
	반품배송비	고객이 주문한 상품을 반품 / 교환 시, 회수할 때 발생하는 배송비로 반품/교환 사유를 제공한 자가 부담한다.	반품배송비(편도)
	도서산간추가배송비	제주 및 도서산간 지역에 배송할 때 고객에게 추가로 부과하는 배송비이다.	도서산간 추가 배송비
	발주서	주문 및 배송에 관한 정보를 담은 문서이다. 내려받아 주문내역을 확인하고 운송장번호를 작성해 업로드할 때 사용한다.	발주서
	회수운송장	회수되는 반품/교환 상품의 운송 내용을 기재한 문서이다.	반송장, 반품 송장, 회수 송장
	회수운송장번호	회수되는 반품 / 교환 상품의 배송현황을 관리하기 위해 택배사가 부여한 번호이다.	반송장 번호
	출고소요기간	주문이 접수될 때부터 상품을 발송할 때까지 걸리는 기간을 일 단위로 표시한 단위이다.	출고리드타임, 기준출고일, 출고기준일
	배송소요기간	상품을 발송할 때부터 배송이 완료될 때까지 걸리는 기간을 일 단위로 표시한 단위이다.	배송리드타임
	배송예정일	고객이 상품을 수령할 것으로 예상되는 날짜이다. 결제완료일을 기준으로 출고소요기간과 배송소요기간을 더해 계산한다.	도착예정일, 배송예정일, 도달예정일, 주문시 발송예정일

3 수수료

쿠팡의 수수료는 카테고리에 따라 다른데 판매가격의 4~10.9% 정도이다. 상품가격에서 모든 할인이 적용되어 고객이 실제로 결제한 금액을 기준으로 수수료가 적용된다. 쿠팡의 수수료는 부가세 (VAT) 별도 금액이다. 배송비에는 수수료 3%를 부과한다.(VAT 별도)

판매자는 이러한 수수료에 대한 개념을 알고 있어야 판매 마진을 계산할 수 있다. 수수료에 대한 부분을 간과하고 마진을 계산하다 보면 앞으로 팔고 뒤로 밑지는 결과를 초래하기도 한다.

1) 쿠팡 수수료 정책의 특징

① 쿠팡은 네이버 매출연동 수수료가 없다.

쿠팡에 등록한 상품은 자동으로 네이버쇼핑의 검색에도 노출되어 판매된다. 이렇게 네이버 통합검색이나 네이버쇼핑의 검색을 통한 판매일 경우라도 쿠팡 상품은 매출연동 수수료를 내지 않아도 된다. 스마트스토어나 타 오픈마켓의 상품이라면 이 경우 매출연동 수수료 2%가 부과된다.

② 마이샵 다이렉트 링크를 통한 판매 시는 3.5%이다.

쿠팡에 가입하고 상품등록을 하면 나만의 스토어인 '마이샵'이 생긴다. 쿠팡 WING에서 **마이샵 →마이샵기획전 관리**를 클릭하면 나의 '마이샵 URL'을 알 수 있다.

이 URL을 블로그나 페이스북, 인스타그램 등에 노출시켜 고객이 이 링크를 타고 들어와 24시간 내에 상품을 구매하면 카테고리 판매수수료는 부과되지 않는다. 이 경우는 판매금액의 3.5%(부가세 별도)를 마이샵 운용료로 내면 된다. 만일 링크를 타고 들어왔더라도 고객이 24시간이 지난 후에 구매를 하면 카테고리의 판매수수료율이 적용되고, 마이샵 운용료는 부과되지 않는다.

SNS를 이용하여 마이샵 URL을 널리 홍보하여 판매를 일으킨다면 수수료를 절감할 수 있다.

2) 쿠팡 수수료율

쿠팡 수수료율은 쿠팡 WING 상단의 **도움말**을 클릭하여 '판매수수료'를 검색하여 선택한 후 '카테고리별 수수료 자세히 보기'를 클릭하면 자세한 요율표를 확인할 수 있다.

■ 쿠팡 수수료율표(※ 수수료율은 변경될 수 있으니 정확한 수수료율은 쿠팡 WING에서 확인하기 바란다.)

(2019년 11월 25일 기준)

대분류	중분류	소분류	기준 수수료
가전디지털	기본 수수료	–	7.8%
	게임	성인용게임(19)	6.8%
		휴대용게임	6.8%
		PC게임	6.8%
		TV/비디오게임	6.8%
	냉난방가전	냉난방에어컨	5.8%
	냉방가전	멀티형에어컨	5.8%
		벽걸이형에어컨	5.8%
		스탠드형에어컨	5.8%
		이동식 스탠드형에어컨	5.8%
	카메라/카메라용품	기타카메라	6%
		디지털카메라	5.8%
		초소형/히든카메라	6%
		카메라렌즈	5.8%
		캠코더/비디오카메라	6%
		DSLR/SLR카메라	5.8%
	태블릿PC/액세서리	태블릿PC	5%
	생활가전	냉장고	5.8%
		세탁기	5.8%
	빔/스크린	빔/프로젝터	5.8%
	영상가전	영상액세서리	5.8%
		TV	5.8%
		VTR/DVD플레이어	5.8%
	컴퓨터/게임	컴퓨터	5%
	컴퓨터주변기기	3D프린터	5.8%
		기타프린터	5.8%
		레이져복합기	5.8%
		레이져프린터	5.8%
		모니터	4.5%
		복사기	5.8%
		스캐너	5.8%
		잉크젯복합기	5.8%
		잉크젯프린터	5.8%
		포토프린터	5.8%

대분류	중분류	소분류	기준 수수료
가전디지털	컴퓨터주변기기	마우스 / 키보드	6.5%
		유무선공유기	6.5%
		태블릿 / 노트북악세사리	6.4%
		기타	6.4%
가구 / 홈인테리어	기본 수수료	–	10.8%
도서	기본 수수료	–	10.8%
음반	기본 수수료	–	10.8%
문구 / 사무용품	기본 수수료	–	10.8%
	문구 / 팬시용품	광학용품	8.8%
	사무용지류	포토전용지	7.8%
출산 / 유아	기본 수수료	–	10%
	기저귀 / 물티슈	기저귀크림 / 파우더	9.8%
	영유아물티슈	영유아물티슈	8.2%
	영유아식품	–	7.8%
	분유	유아분유	6.4%
	기저귀	배변훈련팬티	6.4%
		수영장기저귀	6.4%
		일회용기저귀	6.4%
		천기저귀	6.4%
스포츠 / 레저용품	기본 수수료	–	10.8%
	골프용품	골프거리측정기 / GPS	7.6%
		골프클럽	7.6%
		골프풀세트	7.6%
	자전거용품	성인용자전거	7.6%
		아동용자전거	7.6%
	스포츠의류	–	10.5%
	스포츠신발	–	10.5%
뷰티	기본 수수료	–	9.6%
생활용품	기본 수수료	–	7.8%
	의료위생 / 보조용품	금연용품(19)	10.8%
		기타금연 / 흡연용품	10.8%
		환자보조용품	10%
		흡연용품(19)	10.8%
	공구 / 철물 / DIY	건전지 / 충전기	10.8%
		건축 / 도장재료	10.8%

쿠팡 플랫폼

쿠팡 입성하기 | 아이템 | 상위노출 SEO | 상품명 | 상세페이지 | 상품등록 | 인기도 | 광고 세팅 | 프로모션 세팅 | 상품등록 후 할 일 | 운영 꿀팁 | 로켓배송과 로켓그로스 | 아이템위너 | 상위 4개명

대분류	중분류	소분류	기준 수수료
생활용품	공구 / 철물	가스부품	10.8%
		공구세트	10.8%
		공구함	10.8%
		기타공구및철물용품	10.8%
		대공용품	10.8%
		목장갑	10.8%
		보호복 / 작업복	10.8%
		수공구	10.8%
		수도부품	10.8%
		안전용품	10.8%
		자물쇠 / 보조키 / 도어락	10.8%
		철물용품	10.8%
		측적용공구	10.8%
	조명 / 배선 / 전기코드류	손전등	10.8%
		전구	10.8%
		전선 / 브라켓	10.8%
		LED패널	10.8%
	방향 / 탈취 / 살충제	모기퇴치용품	10%
	수납 / 정리잡화	기타가정용품	10.8%
		수납 / 정리용품	10.8%
		압축팩 / 커버	10.8%
		옷걸이 / 벽걸이	10.8%
	안전용품	가정 / 생활안전용품	10.8%
		안전사고방지용품	10.8%
	청소 / 세탁 / 욕실용품	–	10.8%
	해충퇴치용품	살충 / 방충용품	10%
	성인용품(19)	–	9.6%
	의료위생 / 보조용품	전자담배(19)	10.8%
식품	기본 수수료	–	10.6%
	영양제	유아건강식품	7.6%
	채소류	감자 / 고구마	7.0%
	신선식품	쌀 / 잡곡류	5.8%
	면 / 라면	–	10.9%
완구 / 취미	기본 수수료	–	10.8%
	RC완구	RC드론 / 쿼드콥터	7.8%

대분류	중분류	소분류	기준 수수료
자동차용품	기본 수수료	–	10%
	차량정비용품	타이어용품	9.6%
		휠/휠악세서리	9.6%
	차량용전자기기	경보기/스마트키	7.8%
		스마트기기용품	7.8%
		차량용음향기기	7.8%
		후방카메라/감지기	7.8%
	오토바이용품	–	7.6%
	방향제/디퓨저	차량용방향제	7.8%
	공기청정/방향/탈취	세정제/세정티슈	7.8%
		탈취제/세정제	7.8%
	차량가전용품	내비게이션	6.8%
		블랙박스	6.8%
		하이패스	6.8%
주방용품	기본 수수료	–	10.8%
	조리보조도구	제면기	7.8%
패션	기본 수수료	–	10.5%
	쥬얼리	순금/골드바/돌반지	4%
	패션의류	–	10.5%
	패션잡화	–	10.5%
반려/애완용품	기본 수수료	–	10.8%

4 판매자서비스이용료

'판매자서비스이용료'는 쿠팡이 판매자의 판매 활동을 돕기 위해 제공하는 각종 서비스에 대한 대가로 부과하는 금액이다.(월 매출이 100만 원이 넘는 판매자는 이 금액도 감안하여 상품 마진을 계산해야 한다.)

- 부과 단위: 판매자 단위로 부과
- 매출 기준: 판매자 월 매출 100만 원 이상 [월 매출은 쿠팡 WING→정산→매출내역→월별 매출(구매확정)내역 기준]
  (단, 가전/컴퓨터/디지털의 경우 월 매출 500만 원 이상인 경우)
  (단, 매출금액 집계 시 배송비는 미포함)
- 부과 기준: 월 매출이 매출 기준 초과 시 매월 부과
- 판매자서비스이용료: 5만 원(부가가치세 별도)/판매자
- 정산 방법: 정산 차감
- 정산 차감 시점: 월정산 – 월정산 지급 시점
  　　　　　　　　 주정산 – 최종액 지급 시점

일반 카테고리 상품과 가전/컴퓨터/디지털 카테고리 상품을 함께 파는 판매자에게는 한 카테고리가 월 매출 기준을 넘으면 5만 원(VAT 별도)을 부과한다. 단, 두 카테고리 월 매출이 모두 기준을 넘어도 5만 원(VAT 별도)만 부과한다.

5 정산 시스템

쿠팡의 정산은 구매확정일을 기준으로 '주정산'과 '월정산'으로 받을 수 있다. 구매확정일은 고객이 상품 수령 후 직접 구매확정을 해주는 날이거나, 고객이 구매확정을 해주지 않으면 배송완료일로부터 7일(주말과 공휴일 포함)이 되는 날이다. 이 구매확정일을 기준으로 주정산과 월정산을 산정한다. 주정산과 월정산은 판매자가 선택할 수 있는데, 상품마다 다르게 설정할 수는 없다.

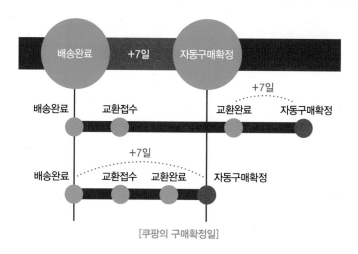

[쿠팡의 구매확정일]

1) 주정산과 월정산

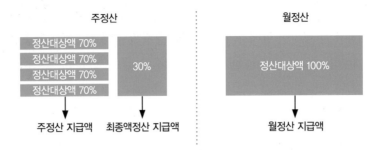

■ 주정산

한 주간(월~일) 구매확정된 **매출의 70%를 15영업일째 되는 날**에 지급하고 **나머지 30%는 익익월 1일**에 지급한다.

주정산은 매출금액에서 판매수수료를 뺀 정산대상액의 70%가 주정산 지급액이며, 지급액에서 보류 해제된 보류액을 더하고 공제금액을 뺀 나머지를 최종 계산하여 정산한다.

정산대상액의 30%는 고객의 반품, 취소 등을 대비하여 판매자 정산액의 일부를 쿠팡이 보관하고 있는 금액으로, 정산대상액의 30%에 대한 최종액은 한 달치를 합산해 익익월 첫 영업일에 한번에 정산한다. 이때 최종액 역시 보류 해제된 보류액을 더하고 공제금액을 뺀 나머지를 지급한다.

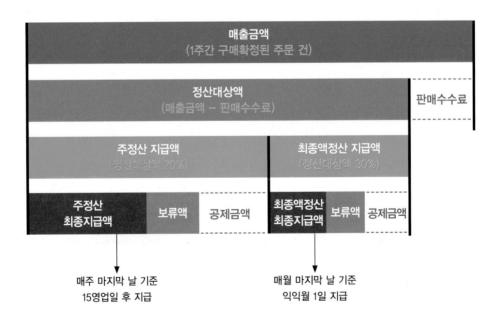

■ 월정산

한 달간(1일~말일) 구매확정된 상품의 판매금액을 **말일 기준 15영업일째 되는 날**에 지급한다.

월정산의 경우는 주정산과 같이 일부만 우선 지급하는 것이 아닌 1일~말일까지 한 달간 구매확정된 주문건에 대한 정산액을 한꺼번에 지급한다. 이때 정산되는 최종지급액은 매출금액에서 판매 수수료를 뺀 금액에서 보류액을 더하고 공제금액을 제외한 금액이다.

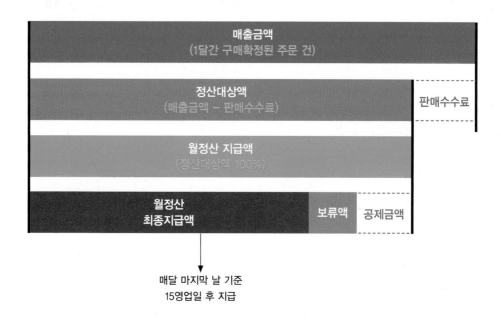

매달 마지막 날 기준
15영업일 후 지급

'주정산'으로 할지 '월정산'으로 할지는 판매자가 선택하면 된다. 자금 회전에 압박이 있으면 주정 산으로 하면 조금이라도 빨리 정산을 받을 수 있고, 자금 회전에 여유가 있는 판매자라면 '월정산'을 선택하여 매월 20일을 전후하여 정산을 받는 것이 사업 운영에 용이하다.

2) 정산 상세내역 확인하기

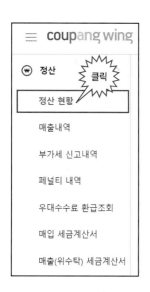

1. 쿠팡 WING에서 **정산→정산현황**을 클릭한 후 '정산현황'을 확인할 수 있다.

▶ '검색조건'에서 기준일, 정산상태, 정산유형을 선택하여 검색할 수 있다. '정산캘린더' 버튼을 클릭하면 지급현황을 달력으로 확인할 수 있다.

▶ 검색결과에서 **상세열기** 버튼을 클릭하면 매출 상세내역을 확인할 수 있다.

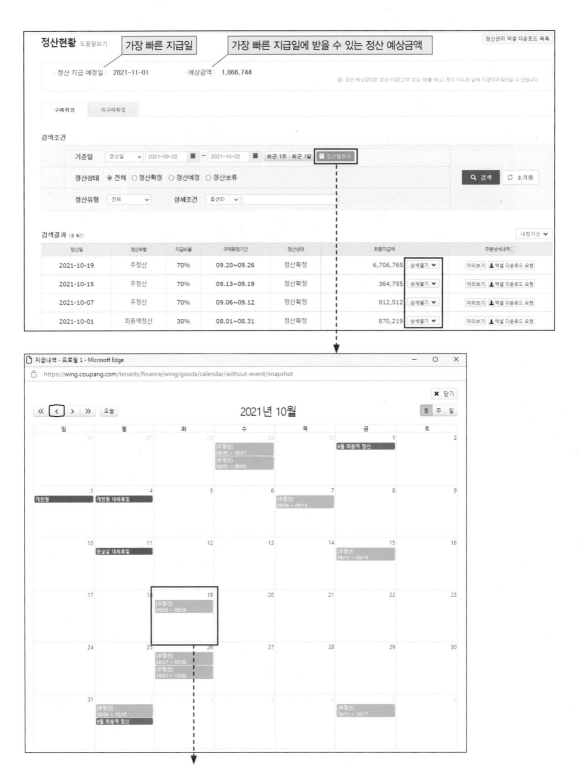

▶ 위 정산캘린더를 보면 9월 20(월)~9월 26(일) 사이에 구매확정된 매출액을 '15영업일'이 되는 10월 19일에 '주정산'을 받는다는 것을 알 수 있다. 이때 정산받는 금액은 기간 매출액의 70%이고, 나머지 30%는 '익익월 1일'인 11월 1일에 받게 된다.

2. 검색결과에서 **상세열기** 버튼을 클릭하면 매출 상세내역을 확인할 수 있다. **엑셀 다운로드 요청** 버튼을 클릭하면 주문 상세내역을 엑셀 파일로 다운로드할 수 있다.

- **정산→매출내역**을 클릭하면 기간별 매출 내역을 조회할 수 있다.

- **정산→지급대상**을 클릭하면 구매 확정된 상품의 지급 금액을 정산 일자별로 확인할 수 있다.

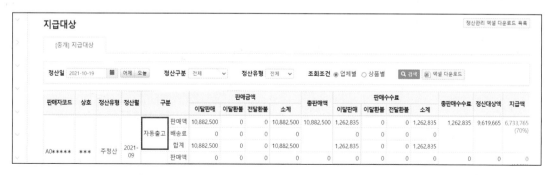

▶ '구분' 항목의 '자동출고'와 '수동출고'는 '자동 구매확정'와 '수동 구매확정'을 의미한다.

■ **정산→추가지급**을 클릭하면 추가지급 내역을 조회할 수 있다.

'추가지급'이란 쿠팡 또는 구매자의 귀책 사유로 인하여 판매자에게 손실이 발생한 경우 판매자의 요청에 따라 기본정산 이외에 추가로 지급하는 금액이다.

다음의 어느 하나라도 해당하는 경우 추가지급을 진행한다. 이 경우 판매자가 자신에게 귀책 사유가 없음을 입증해야 한다.

① 판매자가 쿠팡에게 불량 및 훼손을 사유로 회수된 건(사이즈 등 정량으로 표시 가능한 상품의 불량을 포함)에 대하여 '쿠팡확인요청'을 진행하고, 판매자의 요청이 타당하다고 인정되는 경우

② 그 밖에 추가정산이 필요한 경우로서 판매자가 손실보전 사유가 발생한 날로부터 30일 이내에 쿠팡에 대하여 추가정산을 요청한 경우

▶ 반품배송비가 부족하거나 회수한 상품의 상태가 이상할 때 '쿠팡확인요청'을 클릭하여 접수할 수 있다.

▶ 지급기준은 쿠팡과 판매자의 협의에 따라 산정된 지급가(판매자에 대한 해당 상품 정산가)를 기준으로 한다. 추가지급을 요청하면 쿠팡은 사실관계를 확인하고 정당한 손실에 한해 지급한다. 추가지급은 승인 및 확정일 기준으로 차주 금요일(영업일 기준)에 지급된다.

■ **정산→페널티 내역**을 클릭하면 페널티를 받은 내역을 확인할 수 있다.

3) 부가가치세 신고하기

　부가가치세 과세사업자는 간이사업자와 일반사업자로 구분된다. 연매출이 8천만 원 미만이면 간이사업자이고, 그 이상에 해당하는 사업자는 일반사업자이다.

　간이사업자는 1월에, 일반사업자는 1월과 7월에 부가가치세 신고를 해야 한다.

　쿠팡 판매자도 자신의 사업자에 따라 부가가치세를 신고해야 한다. 쿠팡에서는 간단하게 부가가치세 자료를 다운로드할 수 있다.

1. WING → **정산** → **부가세신고내역**을 클릭한다.

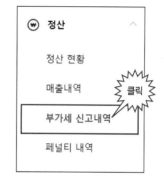

2. '월별조회'에 기간을 설정하고 **검색**을 클릭한 후 '상세 다운로드'에 있는 **다운로드** 버튼을 클릭한다.

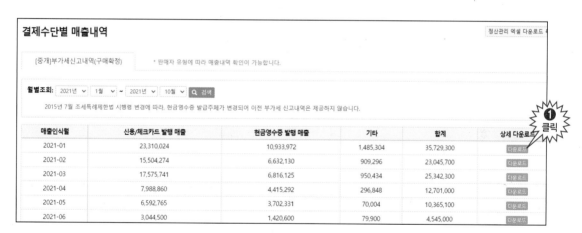

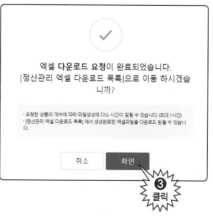

3. 팝업창에서 파일이 생성되면 **다운로드** 버튼을 클릭한다.

4. 엑셀 파일이 다운로드 된다. 자료를 참고하여 부가가치세를 신고하면 된다. 세무사를 이용하고 있는 사람은 이 자료를 세무사한테 전달하면 된다.

4) 세금계산서 조회하기

정산의 세금계산서 메뉴에서 부가가치세 신고 시 필요한 매입/매출 자료를 확인할 수 있다.

쿠팡 판매 활동에 관한 세금계산서를 확인하는 방법은 다음의 3가지이다.

① WING 로그인 후 세금계산서 메뉴에서 확인할 수 있다.

② WING 대표 담당자로 등록된 관리자 이메일로 전송되어 온다.

③ 국세청 홈택스(https://www.hometax.go.kr/)에 접속하여 → 회원가입 → 공인인증서 등록 → 공인인증서 로그인 → 세금계산서 조회 및 발행에서 확인할 수 있다.

다음은 쿠팡 WING에서 세금계산서를 확인하는 방법이다.

매입 세금계산서는 쿠팡 판매수수료, 광고비 등 판매자가 쿠팡에 지불한 매입 금액에 대한 계산서이다. 매입 세금계산서 금액은 '판매수수료+물류비+판매자서비스이용료' 금액으로, 해당 월 매출 기준으로 익월 5영업일에 발행된다. 매출내역의 '판매금액' 총계가 부가세 신고 시 판매자의 매출 총액(VAT 포함)이 된다.

1. 세금계산서 조회는 쿠팡 WING에서 **정산 → 매입 세금계산서**를 클릭한다.

'월별조회'에서 조회할 월을 선택하고 **검색**을 클릭한다. 판매수수료, 광고 등 내역별로 **보기** 버튼을 클릭하여 출력한다.

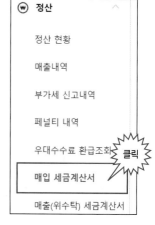

2. 전자세금계산서 팝업창이 뜬다. **인쇄**를 클릭하여 인쇄할 수 있다.

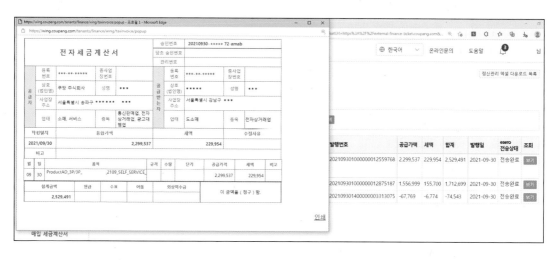

6 선정산 서비스

쿠팡, 11번가, G마켓 등 온라인 쇼핑 플랫폼에 입점하여 판매하는 소상공인 셀러들은 마켓의 긴 정산주기 때문에 자금 유동성 확보에 애로를 겪는다. 구매자가 결제하는 시점과 플랫폼에서 판매자에게 정산해주는 시기가 너무 차이가 나기 때문이다.

쿠팡의 정산주기는 최대 50일 정도이다.('월정산' 선택 시 매월 마지막 날로부터 15영업일 후에 정산받는다.) 판매 상품이 한두 개일 때는 모르겠지만, 다량의 상품이 판매되었는데 정산이 빨리 되지 않으면 자금이 부족한 셀러는 상품 공급을 원활하게 하기가 힘들다. 위탁 판매는 도매몰(공급처)에 있는 상품을 쿠팡(오픈마켓)에 올리고, 쿠팡에서 고객이 주문을 하면 도매몰의 상품을 구매하여 고객에게 배송하는 구조이다. 도매 공급처와의 신뢰 관계가 좋아 주 단위, 월 단위 거래를 한다 하더라도 쿠팡의 판매금액을 정산받아 지불하기는 어려울 것이다. 그렇다 보니 쿠팡에서 주문이 들어와도 도매 공급처에 대금을 지불하지 못하면 상품을 내보내지 못하는 결과를 초래하기도 한다.(판매자에 의해 품절 처리를 하면 '판매자점수'에도 좋지 못한 영향을 미친다.)

이러한 영세 셀러들의 어려움을 덜어주기 위해, 결제대금을 정산일까지 기다리지 않고 미리 지급받을 수 있도록 해주는 것이 '선정산 서비스'이다. 선정산 서비스는 금융회사와 제휴한 플랫폼의 셀러가 판매금액을 매출채권담보로 하여 돈을 빌리고, 빌린 기간만큼 이자를 내는 대출 개념이다.

쿠팡 등 온라인 쇼핑 플랫폼에 입점하는 셀러가 늘어나면서 시중 은행들과 핀테크 업체들이 선정산 금융서비스를 시행하고 있는데, 쿠팡은 KB국민은행, 신한은행, 올라핀테크, 미리페이 등과 제휴하여 선정산 서비스를 하고 있다.

■ KB셀러론 선정산 서비스

[쿠팡 KB셀러론 서비스의 구조]

선정산 서비스(KB셀러론) 이용 가능 고객

- 쿠팡 마켓플레이스 거래 3개월 이상된 셀러(로켓배송, 로켓그로스, 글로벌셀러는 이용할 수 없다.)
- 반품률 10%~30% 미만(마켓별 상이)
- 대표자가 내국인이고 1인인 개인사업자 또는 법인사업자

서비스를 신청하면 빠르면 다음날 정산예정 금액의 최대 90%를 정산받을 수 있다. 개인 셀러는 최대 5억 원, 법인 셀러는 20억 원까지 대출받을 수 있다.

KB셀러론의 쿠팡 마켓 금리는 **연 5.95%**이다.(2023. 5. 9. 기준. 금리는 변경될 수 있다.) 선정산 방식이 '자동선정산'인 경우 마켓별 이용 금리에서 자동선정산우대금리 0.5%를 추가로 할인받아 이용할 수 있다. 자동선정산은 마켓으로부터 정산받을 금액이 100만 원 이상인 경우 매 영업일 자동으로 선정산을 실행하는 방식이다.

KB국민은행 사업자용 계좌가 있으면 **기업인터넷 뱅킹**으로 접속하여 **금융상품 → 대출 → 선정산서비스(KB셀러론) → 알아보기**를 클릭하면 자세한 내용을 알 수 있고, 선정산서비스를 시작할 수 있다.

04 쿠팡 판매관리시스템 WING 살펴보기

쿠팡 WING(https://wing.coupang.com/)은 판매자가 쿠팡에 상품을 등록하고 판매를 관리할 수 있는 판매자 관리센터로, 쿠팡 입점 시 등록한 아이디와 비번으로 로그인하면 된다. 이곳에서 판매자는 상품등록, 판매 진행상황 확인, 배송/반품/교환 처리, CS, 정산 등 판매 활동에 관련된 전반적인 일을 하게 된다.

1 쿠팡 WING 메인화면 메뉴

① **한국어:** 언어 선택 버튼. 한국어, 영어, 중문(간체)을 선택할 수 있다.

② **온라인문의:** 궁금한 사항을 쿠팡에 온라인으로 문의할 수 있다.

③ **도움말:** 클릭하면 도움말 팝업창이 나타난다. 쿠팡은 도움말 기능이 상당히 잘되어 있다. 판매 활동을 하면서 모르는 것이나 궁금한 내용은 도움말 탭에서 해결할 수 있다. 도움말에 있는 내용들을 클릭하여 모두 살펴보면 쿠팡 판매에 많은 도움이 될 것이다.

④ **알림종:** 판매자 알림 사항이 숫자로 표시된다.

⑤ **판매자명:** 판매자의 이름이 나타난다. 클릭하면 업체코드와 함께 판매자의 정보를 변경할 수 있는 서브 메뉴들이 나타난다. 판매자정보, 계정정보, 담당자 관리, 비밀번호 변경, 배송달력 관리, SMS/이메일 수신관리 등 판매자의 정보를 변경 및 설정할 수 있다.

① **상품관리:** 상품등록, 상품 일괄등록, 통합솔루션으로 상품등록, 상품 조회/수정, 카탈로그 매칭관리, 상품알림 설정 등을 관리할 수 있다.

② **판매 성장:** 3개월 누적 매출, 아이템위너 비율 등을 확인할 수 있다.

③ **가격관리:** 아이템위너와 위너가 아닌 상품을 관리할 수 있다.

④ **로켓그로스:** 로켓그로스 상품의 재고, 입고, 반출 등을 관리할 수 있다.

⑤ **주문 / 배송:** 배송 관리, 출고중지 요청, 반품 관리, 교환 관리, 주문조회, 문자 발송 내역을 관리할 수 있다.

⑥ **정산:** 정산현황, 매출내역, 부가세 신고내역, 페널티 내역, 우대수수료 환급조회, 세금계산서, 지급대상, 지급내역, 보류목록, 추가지급 등 정산과 관련된 내용을 확인할 수 있다.

⑦ **고객관리:** 고객 문의와 고객센터를 통해 들어온 문의를 확인할 수 있다. 이곳에서 문의를 확인하고 24시간 내 답변을 해주어야 판매자점수에서 좋은 점수를 받을 수 있다. 상품평도 확인할 수 있다.

⑧ **마이샵:** 마이샵과 마이샵기획전 관리를 할 수 있다.

⑨ **프로모션:** 할인쿠폰 관리, 할인상품 조회, 패션기획전 관리, 코디상품 관리를 할 수 있다.

⑩ **광고센터:** 쿠팡 광고를 진행하고 관리할 수 있다. 광고에 대한 보고서를 확인할 수 있다.

⑪ **쿠팡라이브:** 쿠팡라이브 방송 진행 관리에 관한 메뉴가 있다.

⑫ **판매통계:** 판매상품 수와 매출금액, 아이템위너의 비율을 그래프를 통해 확인할 수 있고, 상품별 데이터를 조회할 수 있다.

⑬ **판매자정보:** 판매자정보, 계정정보, 담당자 관리, 비밀번호 변경, 추가판매정보, 판매자점수, 배송달력 관리, SMS/이메일 수신관리, 계약 관리, 주소록/배송정보 관리를 할 수 있다.

⑭ **공지사항:** 쿠팡의 주요 공지사항을 확인할 수 있다. 쿠팡의 정책 변경이나 중요한 공지, 에러, 주의사항 등 판매자가 알아야 할 내용이 공지된다. 새로운 공지사항은 꼭 읽어보길 바란다.

⑮ **윤리경영제보:** 쿠팡 임직원의 비윤리적인 행위에 대해 신고할 수 있다.

⑯ **온라인문의:** '주제별 자주 묻는 질문' 및 온라인 문의를 할 수 있다.

⑰ **관련사이트:** 쿠팡 마켓플레이스, 쿠팡광고, 쿠팡 라이브 등 사이트 바로가기 링크이다.

⑱ **기타 서비스:** 쿠팡 API 연동에 관한 안내, 쿠팡 WING 모바일 앱 다운로드에 관한 안내이다.

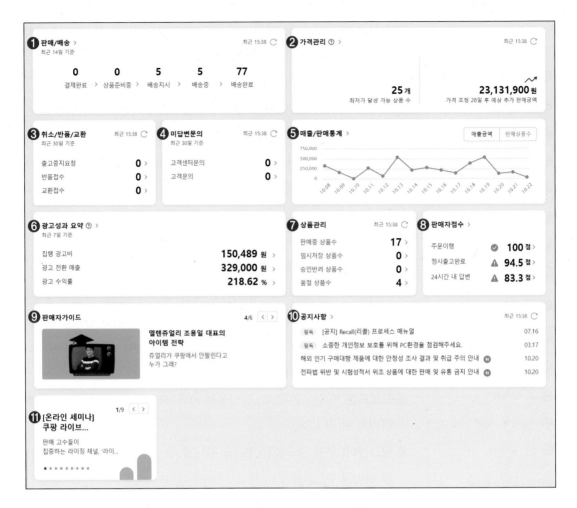

① **판매 / 배송:** 결제완료, 상품준비중, 배송지시, 배송중, 배송완료 건수를 보여준다. 클릭하면 '주문/배송→배송 관리' 화면으로 이동한다.

② **가격관리:** 내 상품을 최저가로 설정할 경우 실제 판매 데이터를 기반으로 예측한 28일 후 추가 판매금액을 알려준다. 하지만 배송, 고객응대 등 여러 조건들이 복합적으로 반영되어 실시간으로 바뀔 수도 있다.

③ **취소 / 반품 / 교환:** 출고중지요청, 고객이 주문한 상품의 반품/취소/교환 건수를 보여준다.

④ **미답변문의:** 최근 30일 기준 고객센터 문의와 고객 문의 건수를 보여준다.

⑤ **매출 / 판매통계:** 매출금액과 판매상품 수를 보여준다.

⑥ **광고성과 요약:** 지난 7일 동안의 광고 활동 성과에 대한 기본 정보를 보여준다. 캠페인 성과의 세부 내용은 광고 운영 페이지에서 확인할 수 있다.

⑦ **상품 관리:** 승인 상태별 등록된 상품 수를 보여준다. 승인반려된 상품은 승인반려 사유를 확인한 후 재승인 요청을 해야 한다. (상품관리→상품조회/수정)

⑧ **판매자점수:** 나의 판매자점수를 확인할 수 있다. 판매자점수는 판매자가 제공하는 고객 경험을 점수로 나타낸 지표이다. 고객 경험에서 가장 중요한 주문, 배송, 서비스 활동을 기반으로 측정하며, '주문이행', '정시출고완료', '정시배송완료', '24시간 내 답변' 등 4가지 평가항목으로 판매자 점수를 산정한다.

⑨ **판매자 가이드:** 쿠팡 성공 사례, 판매 전략 등 판매자에게 도움이 되는 정보들이 롤링된다.

⑩ **공지사항:** 업데이트되는 공지사항을 바로 확인할 수 있다.

⑪ **판매자를 위한 링크:** 온라인 세미나 안내, 주요 공지사항, 이벤트 등 쿠팡 판매 활동에 도움이 되는 정보들이 롤링된다.

2 판매자 정보 수정 및 설정하기

사업자등록증의 정보가 변경되었다면 반드시 쿠팡에서도 사업자 정보를 변경해야 한다. 쿠팡에 정보를 변경하지 않고 계속 판매하면 세무 관련 문제가 발생할 수 있고, 「전자상거래 등에서의 소비자보호에 관한 법률 제13조 제1항, 제43조」에 따라 판매 활동에 제한을 받을 수 있다.

1) 판매자정보 변경하기

1. WING 상단 메뉴에 있는 판매자명을 클릭한 후 하위 메뉴에서 **판매자정보**를 클릭한다.

2. 로그인 비밀번호를 입력하고, **확인** 버튼을 클릭하면 판매자 정보 페이지가 열린다. **정보 변경하기**를 클릭하여 '대표연락처', '대표핸드폰번호', '대표이메일주소'를 변경할 수 있다.

2) 계정정보 변경하기

1. **판매자명 → 계정정보**를 클릭한다.

2. 비밀번호를 입력한 후 계정 정보 페이지에서 **정보 변경하기**를 클릭하면 담당자 이름, 비밀번호, 전화번호, 휴대전화번호, 이메일을 변경할 수 있다.

　　계정 추가하기를 클릭하면 계정을 추가할 수 있다.

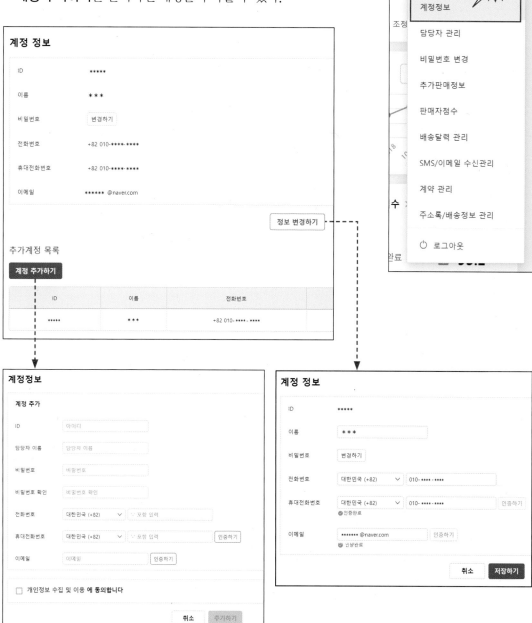

3) 담당자 관리

1. 쿠팡 WING에서 **판매자명→담당자 관리**를 클릭한다.

2. 비밀번호 입력 후 **담당자 추가하기**를 클릭하여 업무 담당자를 추가할 수 있다. 업무선택, 담당자명, 비고(직급, 직책 등), 전화번호, 이메일(세금계산서 발행) 등 담당자 정보를 설정할 수 있다.

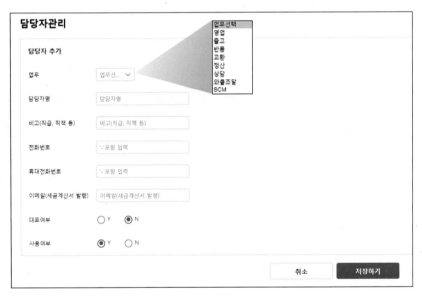

4) 비밀번호 변경

1. 쿠팡 WING에서 **판매자명→비밀번호 변경**을 클릭한다.

　　기존 비밀번호와 변경할 비밀번호를 입력하고 **변경하기**를 클릭하면 된다.

5) 추가판매정보

1. 쿠팡 WING에서 **판매자명 → 추가판매정보**를 클릭한다. '추가 판매 정보' 화면에서 정산 유형, 계좌 정보, 해외상품 배송, 근무 정보를 확인 및 수정할 수 있고, OPEN API 키를 발급받을 수 있다.

① **정산 유형 변경하기:** 적용 중인 정산 유형의 연필 아이콘을 클릭하여 정산 유형을 '주정산' 또는 '월정산'으로 변경할 수 있다.

② **계좌 정보:** 계좌정보는 확인만 할 수 있다. 계좌 수정을 원하는 경우 온라인 문의 또는 파트너 콜센터(1600-9879)에 요청해야 한다.

③ **OPEN API 키 발급:** 약관동의 버튼을 클릭하여 약관을 확인하고 동의한다. 발급 버튼을 클릭하여 OPEN API 키를 발급받을 수 있다.

- 쿠팡 OPEN API 키는 쿠팡 판매자가 쿠팡의 판매관리시스템(WING)에 보유하고 있는 각종 데이터를 자신이 구축한 사이트에서 사용할 수 있도록 쿠팡에서 제공하는 등록값을 말한다.
- 상품등록, 수정/조회, 발주서 조회, 배송 상태 처리 등 상품, 배송, 반품 관련 기능을 제공하고 있다.
- 판매자가 쿠팡 OPEN API를 사용하기 위해서는 사용을 원하는 업체가 쿠팡에 판매자(벤더)로 등록되어 있어야 하고, 개발 담당자가 OPEN API 이용약관에 동의해야 한다.

6) 배송달력 관리

배송달력은 판매자가 상품을 출고할 수 없는 일자를 등록할 수 있는 기능으로, 배송달력을 통해 근무일을 휴무일로 지정하거나 휴무일을 근무일로 지정할 수 있다.

1. 판매자명 → **배송달력 관리**를 클릭한다.

2. 일정 등록하기 버튼 또는 달력의 날짜를 클릭한 후 팝업창에서 판매자의 휴무일을 등록/수정할 수 있다.

- 내일부터의 일정을 등록/수정/취소할 수 있다.(비영업일 포함)
- 등록한 일정에 따라 출고예정일이 변경되며. 변경된 배송예정일자로 고객에게 SMS 발송 및 상품 판매 페이지에 노출된다.

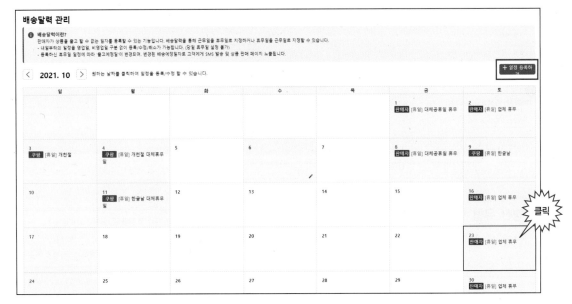

7) SMS / 이메일 수신 관리하기

1. 판매자명 → SMS / 이메일 수신 관리를 클릭한다.

2. 품절상품, 품절임박상품, 아이템위너가 아닌 상품, 매출 기회가 높은 상품 등에 대해서 상품의 상품알림 수신 주기를 설정할 수 있다.

▶ 담당자명, 휴대전화번호, 이메일 주소, 알림 수신 주기를 설정할 수 있다.

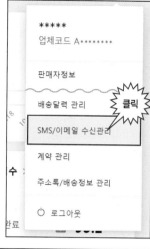

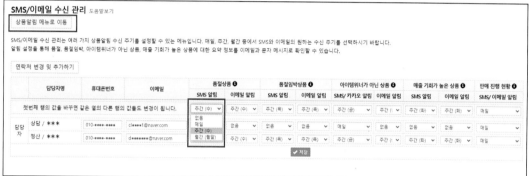

3. **상품알림 메뉴로 이동** 버튼을 클릭하면 상품별 '알림수신여부'를 설정할 수 있다. (판매관리시스템 WING → 상품 알림)

8) 주소록 / 배송정보 관리

1. 판매자명 → **주소록 / 배송정보 관리**를 클릭한다.

2. 새 주소지 등록 버튼을 클릭하여 새로운 출고지, 반품지를 설정할
수 있다. **수정** 버튼을 클릭하여 주소지 설정을 수정할 수 있다.

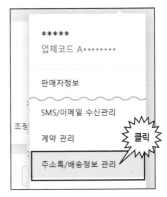

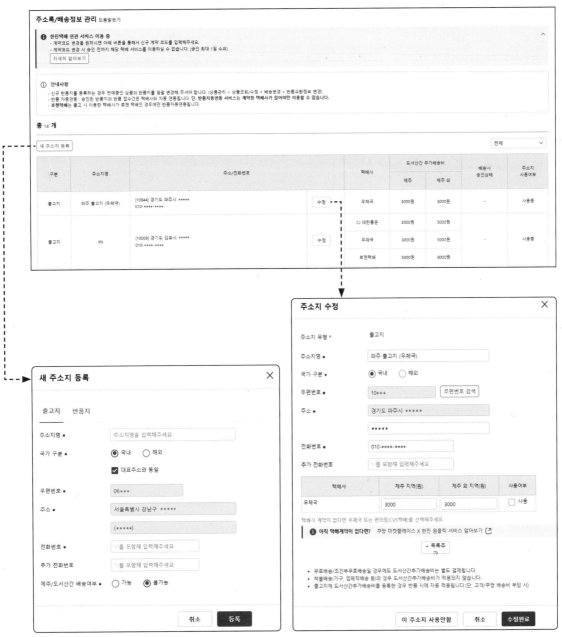

9) 사업자등록 정보 변경하기

사업자등록증의 대표자, 사업자명(상호), 사업장소재지(주소), 사업종류(업태/업종)가 변경되었을 때는 추가적인 서류와 함께 쿠팡 WING에서 '온라인 문의하기'를 통해 변경 요청을 해야 한다. 만약 변경하고자 하는 정보가 사업자등록증과 다르다면 사업자등록증과 통신판매업 신고증을 원하는 정보로 먼저 재발급 받은 후 진행해야 한다.(사업자등록번호는 기존의 계정에서 변경 처리할 수 없다. 변경된 사업자번호로 신규 입점을 진행해야 한다. 또 쿠팡에서는 기존 사업자의 상품 및 상품에 대한 이력을 신규 사업자로 이관 또는 양도양수할 수 없으므로 기존에 판매 진행한 상품은 새로 등록해야 한다.)

1. 쿠팡 WING에서 **온라인문의**를 클릭한다.

2. **회원정보**를 클릭한다.

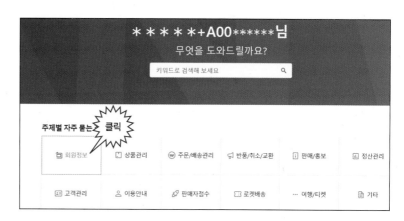

3. 회원정보관리에서 '**대표자, 상호, 주소, 업태/업종, 전화번호, 이메일은 어떻게 바꾸나요?**'를 클릭한다.

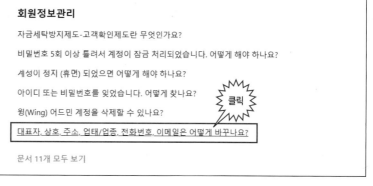

4. 필요서류 내용을 읽어보고 스크롤을 내려 화면 하단에 있는 **'온라인 문의하기'**를 클릭한다.

Transferred Tickets	**대표자, 상호, 주소, 업태/업종, 전화번호, 이메일은 어떻게 바꾸나요?**	
회원정보		
상품관리	대표자 정보, 사업자명(상호), 사업장소재지(주소)는 사업자등록증에 명시된 정보와 반드시 같아야 합니다.	
주문/배송관리	만약, 변경하려는 정보가 사업자등록증과 다르다면 사업자등록증과 통신판매업 신고증을 원하는 정보로 먼저 재발급받아야 합니다.	
반품/취소/교환	변경할 정보에 따라 필요한 서류가 다릅니다.	
판매/홍보	바꾸고 싶은 정보 유형에 맞게 서류를 준비하신 뒤 온라인 문의(클릭) 바랍니다.	
정산관리	<대표자명 변경>	
고객관리	**단독대표의 대표자 변경 시**	- 사업자등록증 (변경 요청일 이후 발급본) - 통장사본 (대표자 또는 사업자 명의)
이용안내		
판매자점수	**단독대표 → 공동대표 변경 시**	- 사업자등록증 (변경 요청일 이후 발급본) - 통장사본 (정산 받을 대표자 명의) - 채권포기확약서 (정산 받지 않을 대표자 명의)
로켓배송		

5. 요청 유형을 선택하고 '제목'에 변경 요청사항을 입력한다. '설명'에 자세한 내용을 입력한다. 그리고 '첨부 파일'의 **파일추가**를 클릭하여 첨부서류를 업로드하고 **제출**을 클릭한다.

온라인 문의하기

요청 유형을 아래에서 선택하세요.

[마켓플레이스/로켓그로스] 판매 활동 관련 문의가 있습니다. → 요청 유형을 선택한다.

판매자 코드(Vendor ID)

→ 판매자 코드를 입력한다.

판매자님의 업체코드를 입력해주세요.

제목 *

→ 요청 제목을 입력한다.

반품접수를 철회하시겠습니까?

☐ 반품 접수 철회가 필요한 경우에만 체크하세요.

상품정보가 있습니까?

☐

설명 *

→ 요청에 관한 세부 정보를 입력한다.

요청에 관한 세부 정보를 입력하세요. 저희 지원 스태프가 가능한 빨리 자세한 답변을 드리도록 하겠습니다.

옵션명

상품 ID (Product ID)

상품명

C코드 판매자 + CGF 문의라면 체크해주세요.

☐

첨부 파일

⬆ 파일 추가 또는 파일을 여기로 드래그 → 클릭하여 필요한 서류를 첨부한다.

제출 — 클릭

10) 정산계좌 변경하기

1. 쿠팡 WING에서 **온라인문의**를 클릭한 후 **회원정보**를 클릭한다.

2. 회원정보관리에서 '계좌는 어떻게 바꾸나요?'를 클릭한다.

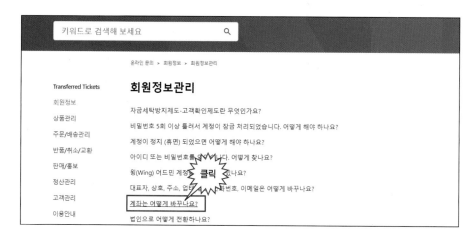

3. 사업자 유형에 따라 필요서류가 다르다. 필요서류를 확인하고 화면 하단에서 **온라인 문의하기**를 클릭한다.

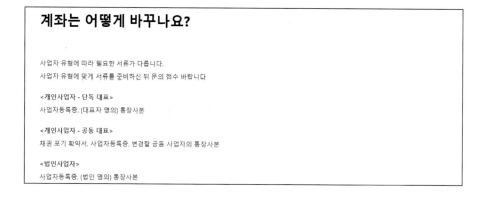

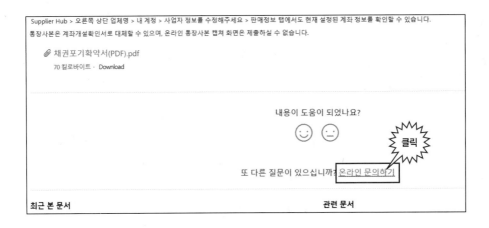

Supplier Hub > 오른쪽 상단 업체명 > 내 계정 > 사업자 정보를 수정해주세요 > 판매정보 탭에서도 현재 설정된 계좌 정보를 확인할 수 있습니다.

통장사본은 계좌개설확인서로 대체할 수 있으며, 온라인 통장사본 캡쳐 화면은 제출하실 수 없습니다.

📎 채권포기확약서(PDF).pdf
70 킬로바이트 · Download

내용이 도움이 되었나요?

☺ ☹

또 다른 질문이 있으십니까? 온라인 문의하기

클릭

최근 본 문서   관련 문서

4. 요청 유형을 선택하고 제목과 내용을 입력한다. **파일 추가**를 눌러 첨부서류를 업로드 한 후 **제출**을 클릭한다.(개인사업자는 사업자등록증과 대표자 명의의 통장사본을 첨부하면 된다.)

쿠팡
상위노출을 위한
이륙 로직

3장

상위노출의 준비
- 아이템 찾기

01 키워드가 곧 아이템이다

1 키워드의 정의와 종류

온라인 판매는 키워드가 곧 아이템이다. 키워드는 데이터를 검색할 때 특정한 내용이 들어 있는 정보를 찾기 위해 사용하는 단어나 기호를 말한다. 고객들은 검색창에 이 키워드를 입력하여 검색을 한 후 정보를 얻고, 상품을 구매한다. 고객들의 이러한 키워드를 분석하면 판매자는 지금 무엇을 팔아야 할지를 알 수 있다. 즉 팔릴 만한 아이템을 캐치할 수 있는 것이다.

키워드는 검색 주제와 검색 의도, 검색량에 따라 다음과 같이 나누어볼 있는데, 이 중에서 판매자가 관심을 가지고 분석해야 할 키워는 **세부키워드**, **상품성 키워드**, **블루키워드**이다.

분류 구분		설명	예시
검색 주제	대표키워드	• 하나의 상품군을 대표하는 키워드 • 흥미 위주의 키워드	원피스, 칫솔, 돗자리
	세부키워드	• 세분화된 키워드 • 목적성을 띤 키워드	시폰원피스, 치과칫솔, 캠핑용돗자리
검색 의도	정보성 키워드	• 정보 검색이 목적인 키워드	코성형, 강남 맛집, 키크는 법
	상품성 키워드	• 상품 구매가 목적인 키워드	청바지, 양말
	다의성 키워드	• 상품성 + 정보성인 키워드	다이어트, 아토피, 오일만주스
검색량	블루키워드	• 검색량이 많고 상품수가 적은 키워드 • 전환율이 좋은 키워드	암막양산, 안벗겨지는 페이크삭스, 발핫팩
	레드키워드	• 검색량이 많고 상품수도 많은 키워드 • 시장이 이미 포화상태인 키워드	원피스, 핫팩, 칫솔, 온풍기

1) 대표키워드와 세부키워드

키워드는 정보 탐색의 주제에 따라 '대표키워드'와 '세부키워드'로 나눌 수 있다. 대표키워드는 '원피스', '칫솔' 등 온라인 판매 사이트의 대카테고리의 상품명이라면 세부키워드는 '시폰원피스', '나시원피스', '교정용 칫솔' 등 좀 더 세분화된 상품명이라고 할 수 있다.

예를 들어 고객이 '요즘 유행하는 원피스'라고 검색을 했다면 '원피스'는 비목적형 소비자의 흥미 위주의 정보 탐색(suefer) 키워드로, 대표키워드이다. '저렴한 시폰원피스'라고 검색을 했다면 '시폰원피스'는 뚜렷한 목적을 가지고 정보를 찾는(searcher) 키워드로, 세부키워드이다.

소비자의 키워드 탐색 로직을 보면 서핑(surfing) → 서퍼(surfer) → 서처(searcher)의 과정을 거친다. 소비자는 대표키워드로 검색을 하다 최종 세부키워드로 구매를 결정한다. 이 목적성을 띤 세부키워드가 바로 소비자의 검색 의도이며, 판매자가 상품명에 사용해야 할 단어이다.

2) 정보성, 상품성, 다의성 키워드

키워드를 사용자의 검색 의도에 따라 분류하면 '정보성', '상품성', '다의성'(상품성+정보성) 검색어로 나누어볼 수 있다. 네이버에서의 키워드는 상품성 검색어가 30%, 다의성 검색어가 30%, 정보성 검색어가 40% 정도되는데, 판매자가 상품을 소싱할 때 눈여겨봐야 할 것은 '상품성'과 '다의성' 검색어이다. 즉 고객이 '상품'을 찾기 위해 검색하는 키워드를 찾아야 한다. 검색량이 아무리 많은 키워드라도 정보성 검색의 키워드라면 상품 판매와는 관여도가 떨어지기 때문이다.

반면 쿠팡에서의 키워드는 100% 상품성 키워드라고 할 수 있다.

3) 블루키워드, 레드키워드, 프리미엄 키워드

사용자의 검색량에 따라서는 '블루키워드', '레드키워드', '프리미엄 키워드'로 나누어볼 수 있다.

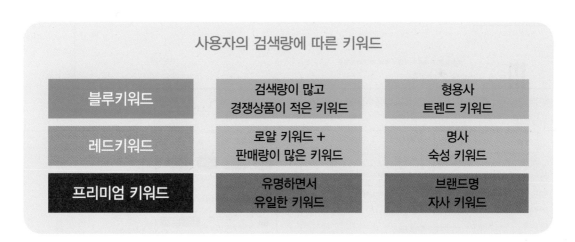

블루키워드는 검색량이 많으면서 경쟁상품이 적은 키워드를 말한다. 키워드에 따라 다르겠지만 네이버 월간 검색량이 1000 이상이 되어야 상품명에 사용했을 때 어느 정도 구매전환율이 일어난다. 여기에 검색량 대비 상품수가 적으면 블루키워드이다.

블루키워드는 소비자의 니즈(Needs)에 맞춘 키워드이고, 레드키워드를 점령하기 위한 발판이 되는 키워드이고, 돈이 되는 키워드이다.

레드키워드는 검색량도 많고 상품수도 많은 키워드이다. 레드키워드는 월간 검색량이 10,000은 넘어야 한다. '칫솔'은 2021년 12월 현재 네이버 월간 검색량이 45,470건으로 많고, 네이버쇼핑의 상품수는 2,483,422개, 쿠팡의 상품수는 1,095,546개이다. 이러한 키워드를 레드키워드라고 한다. 원피스, 하이힐 등이 대표적인 레드키워드로, 대부분의 대표키워드는 레드키워드이다.

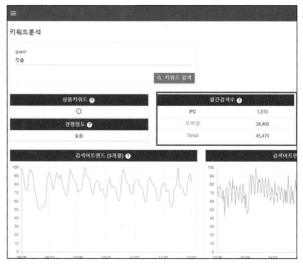

월간검색량 조회 – 네이버 광고와 키랩 프로그램

네이버쇼핑에서 키워드를 조회하면 전체 상품수를 알 수 있다.

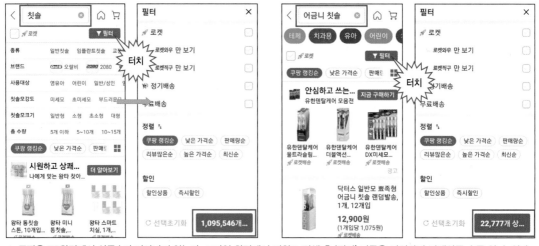

★ 쿠팡은 PC화면에서 상품수가 나타나지 않는다. 모바일 화면에서 키워드 검색 후 '필터' 버튼을 터치하면 판매상품 수를 알 수 있다.

레드키워드 시장은 이미 포화상태이고 경쟁자가 너무나 많기 때문에 초보자는 진입하기가 쉽지 않다. 칫솔 키워드에는 네이버쇼핑에 240만 개, 쿠팡에 109만 개 이상의 상품이 등록되어 있다. 초보자가 '칫솔'이라는 상품명으로 등록하여 노출시키기는 '하늘의 별 따기'와 같다. 때문에 처음 시장에 진입할 때는 블루키워드를 상품명에 써서 노출시키는 전략을 써야 한다. 치과 칫솔(41,821개), 잇몸 칫솔(49,811개), '어금니 칫솔(22,777개) 등과 같은 블루키워드는 쿠팡에서 상품수가 '칫솔'에 비해 현저히 떨어지고, 그만큼 노출될 확률이 높다. 온라인마켓은 노출이 곧 판매이다. 경쟁이 적은 블루키워드 시장에서 노출 순위를 올려 판매를 하고, 판매와 트래픽, 리뷰 지수를 올리면서 힘을 기른 후에 궁극의 목표인 레드키워드를 공략해야 한다.

블루키워드 전략으로 가면 설사 레드키워드를 공략하지 못한다 하더라도 판매가 일어나고 수익을 올릴 수 있다. 물론 처음부터 레드키워드 전략으로 가는 아이템이 있을 수도 있다. 그런 아이템은 레드키워드이면서 블루키워드인 경우이다. 검색량이 많은 대표키워드이지만 상품수가 적은 아이템이다. 그런 아이템이 대박 아이템이다.

프리미엄 키워드는 유명하면서도 유일한 키워드이다. 나이키, 구찌, 스타벅스 등 유명 브랜드명이나 자사에서 브랜딩하여 만든 키워드를 말한다.

판매자가 자사의 브랜드를 상표등록을 하고 널리 알려 브랜딩을 하면 프리미엄 키워드로 만들 수 있다. 자사의 키워드가 프리미엄 키워드가 되면 사람들은 그 키워드를 검색하여 구매를 하게 된다. 이것이 궁극적으로는 판매자가 취해야 할 방법이다. 즉 **자신의 브랜드를 만드는 것이 판매자의 최고의 전략이며 궁극적인 목표이다.** 그렇게 되면 유사상품을 파는 경쟁자로부터 자유로울 수 있다.

쿠팡 판매자는 아이템위너 제도 때문에 힘들어하는 경우가 많은데, 자신의 브랜드를 만들면 타 판매자가 내 상품에 카탈로그 매칭으로 묶는 것을 방지할 수 있다.

아이템과 관련 있는 블루키워드 찾기

앞서 이야기한 것처럼 블루키워드는 고객들의 검색량이 많고, 경쟁 상품수가 적은 키워드를 말한다. 블루키워드는 네이버 등 포털사이트와 네이버쇼핑, 쿠팡 등 판매 플랫폼에서 상품과 관련된 자동완성어, 연관검색어 등을 추출하여 월간 검색량, 경쟁상품 수 등을 종합적으로 분석하여 찾으면 된다.

블루키워드를 찾는 과정은 다음과 같다.

1단계	2단계	3단계
판매할 상품의 대표키워드와 관련된 연관키워드 수집	연관키워드 조회 및 추출 (키워드 프로그램, 네이버 광고 및 쇼핑인사이트 등 이용)	추출된 데이터를 분석하여 판매 상품과 관련 있는 블루키워드 선정

1 [1단계] 연관키워드 수집하기

먼저 대표키워드와 관련된 연관키워드를 수집한다. 이것은 내가 판매하고자 하는 상품의 대표키워드와 연관된 키워드를 수집하는 과정으로, 이렇게 수집한 키워드는 블루키워드를 찾는 검색 소스(검색대표 키워드)가 된다.

인터넷 검색창에서 대표키워드를 입력하여 검색하면 보이는 연관키워드 화면은 누구에게나 같지만, 그중에서 키워드 도구 프로그램에 사용할 키워드를 선택하는 것은 판매자의 몫이다. 검색결과에서 내가 팔고자 하는 제품과 가장 관련이 있는 키워드를 어떻게 추출하느냐가 관건이다. 최대한 정밀하게 분석하여 연관키워드를 취사선택해야 한다. 저자도 이 연관키워드를 세팅하는 데 가장 많은 시간을 보낸다. [1단계]에서 추출하는 이 연관키워드에 따라 [2단계]와 [3단계]의 결괏값이 달라지고, 이는 좋은 블루키워드를 찾느냐 찾지 못하느냐와 직결된다. 블루키워드를 추출하는 이유는 이 키워드를 상품명에 사용하여 노출이 잘되게 하고 판매가 일어나게 하기 위함이다.

블루키워드를 추출하기 위한 1단계 작업인 연관키워드 추출은 다음과 같은 프로세스로 진행된다.

→ 키랩 프로그램 사용자는 다음의 '연관키워드 수집하기'와 '연관검색어 조회 및 분석하기' 작업을 키랩에서 쉽게 할 수 있다. 다음의 내용을 한번 훑어보고 111쪽 '2) 키랩 사용자'로 가면 된다.

① 네이버 통합검색의 자동완성어, 연관검색어에서 키워드를 수집한다.

네이버 통합검색에서 판매할 아이템의 대표키워드를 입력한 후 '자동완성어'에 나타나는 키워드를 수집한다. 이 자동완성어는 네이버가 '파워링크'와 '비즈 사이트'(광고 영역) 정보를 바탕으로 수집해놓은 것으로, 검색량이 많은 순서대로 배치된다. 여기서 내가 파는 제품과 연관성이 높은 키워드를 고른 후 메모장 프로그램에 입력한다. 이때 내가 아이템이 있는 경우와 아이템이 없는 경우 추출하는 키워드가 다르다. 제품이 있는 사람은 키워드를 추출할 때 제품과 완전히 관여 있는 것만 골라야 한다. 아이템이 없는 사람은 조금만 관여도가 있으면 선택할 수 있다. 제품이 없는 사람이 좀 더 선택의 폭이 넓다고 볼 수 있다. 예를 들어 '도라지차'를 검색하여 '도라지차티백'이 자동완성어에 있는 경우, 제품이 없는 사람은 '도라지차티백'을 선택할 수 있지만, 자신이 가지고 있는 제품이 '도라지청'이라서 이것만 팔아야 하는 사람은 '도라지차티백'을 제외해야 한다.

이렇게 수집한 키워드는 [2단계] 작업에서 분석할 연관키워드가 된다.

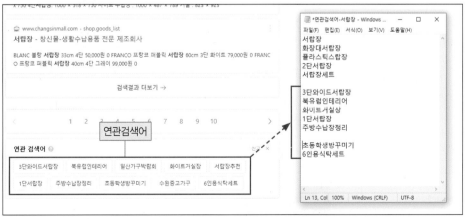

② 네이버쇼핑의 자동완성어, 연관검색어, 키워드추천, 모바일 화면의 자동완성어 중에서 키워드를 선택한다.

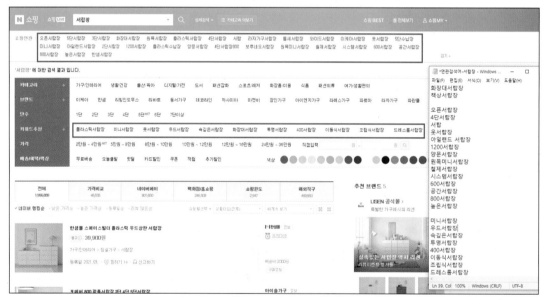

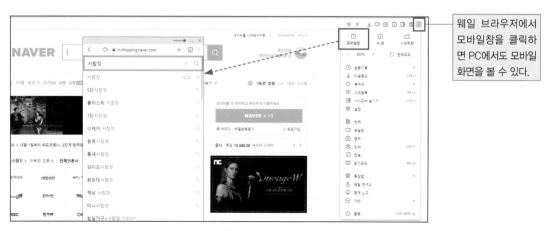

웨일 브라우저에서 모바일창을 클릭하면 PC에서도 모바일 화면을 볼 수 있다.

③ 쿠팡의 자동완성어, 연관검색어 검색결과 중에서 키워드를 선택한다.

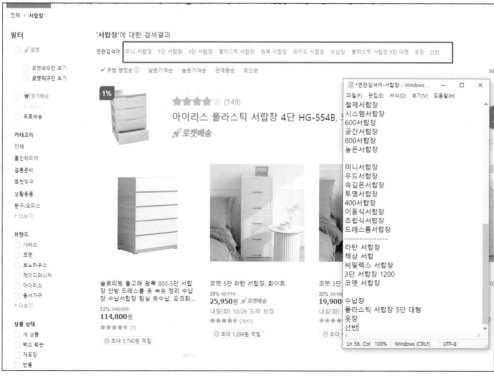

④ 네이버 카페와 블로그의 연관검색어에서 추출한다.

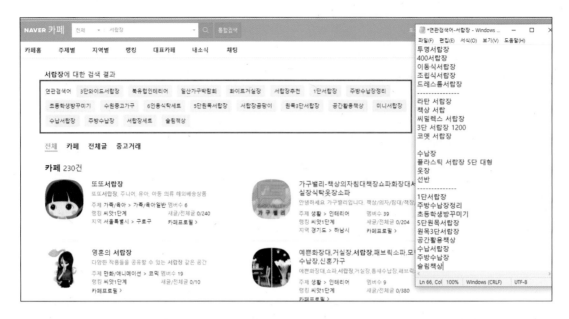

⑤ 네이버 데이터랩의 '쇼핑인사이트'의 인기검색어에서 추출한다.

네이버 데이터랩의 쇼핑인사이트에서 분야 카테고리를 정해주고 '조회하기'를 클릭하면 인기검색어를 확인할 수 있다.(분야 카테고리는 네이버쇼핑에서 키워드를 입력하여 나오는 광고상품의 카테고리 대로 설정해주면 된다. 서랍장의 경우 '가구/인테리어 → 침실가구 → 서랍장'이다.)

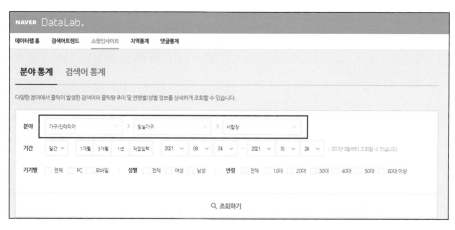

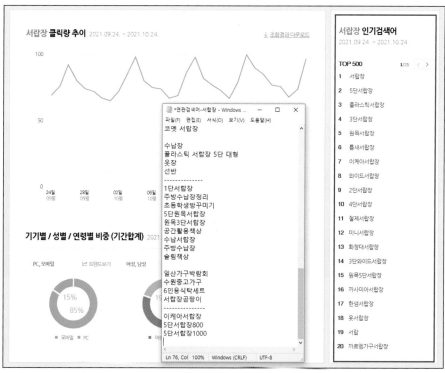

이렇게 내가 팔고자 하는 아이템과 관련된 연관키워드를 수집하였다. 다음으로는 이 연관키워드를 분석할 차례이다.

이제 메모장에 정리해놓은 키워드를 분석할 차례이다. 저자는 '키랩 프로그램'이라는 저자가 개발한 키워드 프로그램을 이용하여 분석한다. 키랩을 사용할 수 없는 독자들은 네이버 '데이터랩', 네이버 광고 사이트의 '키워드 도구' 등을 이용하여 '연관검색어', '월 검색량' 등을 분석한다. 키워드를 분석할 때는 위의 [1단계]에서 수집한 키워드를 섞지 말고 플랫폼별로 따로따로 분석한다.

[1단계]의 ①번(네이버 통합검색)과 ②번(네이버쇼핑)에서 수집한 키워드의 분석 작업은 기본으로 해야 하고, 쿠팡 판매를 위해서는 ③번(쿠팡) 키워드의 분석 작업도 해야 한다. 사실 이 작업만 하면 웬만한 연관검색어는 다 추출된다고 볼 수 있다.(쿠팡에서만 판매하는 사람은 ③번 작업만 해도 된다.)

1) 일반 사용자

키랩을 사용할 수 없는 독자들은 다음의 과정을 통해 '연관키워드'와 '월간검색수', '카테고리' 등을 확인할 수 있다. 이렇게 분석한 것을 키랩 결괏값의 엑셀 파일 양식처럼 작성하면 된다. 저자도 처음에는 아래와 같은 방법으로 하다가 일의 신속성을 위하여 개발한 것이 키랩이다.

(1) 연관키워드 조회하기

1. 네이버 광고(https://searchad.naver.com)에 신규 회원가입 후 로그인한다.

2. 광고 시스템을
클릭한다.

3. 도구 → 키워드 도구를 클릭한다.

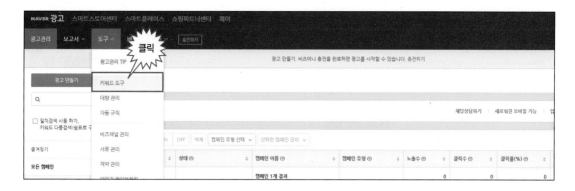

4. 앞서 키워드 추출을 통해 메모장에 정리해놓았던 키워드를 5개 복사하여 '키워드' 항목에 붙여넣은 후 **조회하기**를 클릭하면 연관키워드 결괏값을 확인할 수 있다.

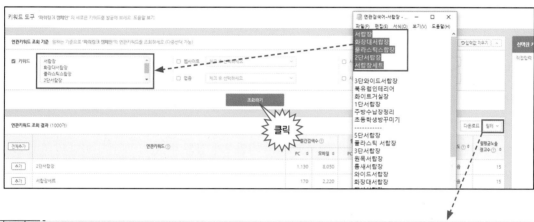

 **TIP** + 블루키워드의 월간검색수는?

- **필터** 버튼을 클릭하여 '월간검색수(모바일)'을 선택하고 1000을 입력하면 모바일 월간검색수가 1000 이상인 키워드만 조회된다. 블루키워드는 모바일 월간검색수가 1000 이상은 되어야 좋다.

5. '연관키워드 조회 결과'를 확인하고 **다운로드** 버튼을 클릭하여 **다른 이름으로 저장**을 클릭한다.

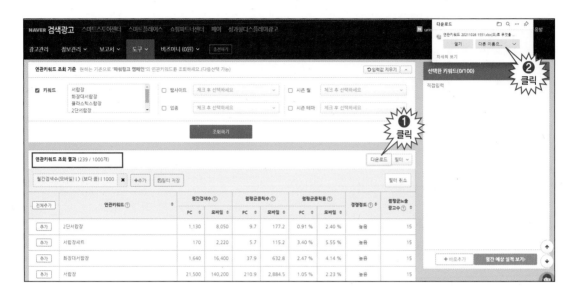

▶ 위 화면에서 '월간검색수(모바일)'가 '1000'보다 많은 연관키워드가 239개 조회된 것을 알 수 있다. 연관키워드는 화면 아래에 있는 **'행 표시: 100'**으로 했을 때 **1페이지**까지만 하면 된다. 즉 연관 순위 100위까지만 하고 2페이지로 넘어가는 키워드는 연관성이 떨어지기 때문에 제외해도 된다.(다운받은 엑셀 파일에서 102행부터는 삭제하면 된다.) 물론 이것은 절대적인 것은 아니다. 아이템에 따라 다르고 100위가 넘어가는 연관키워드에서도 좋은 키워드가 있을 수 있기 때문에 판단은 판매자의 몫이다.

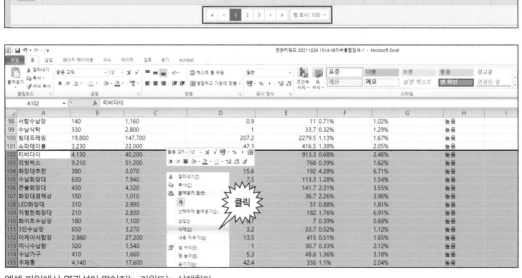

엑셀 파일에서 연관성이 떨어지는 키워드는 삭제한다.

6. 그리고 다시 메모장에 정리해두었던 키워드 5개를 복사하여 키워드에 붙여넣고 **조회하기**를 클릭한 후 **다운로드→다른 이름으로 저장**을 클릭한다.

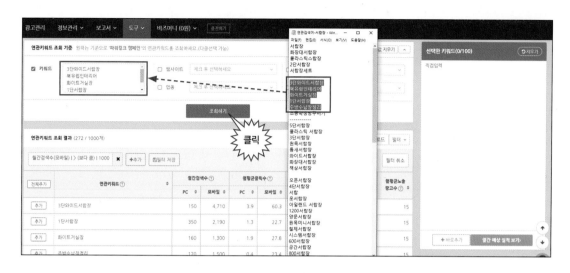

이러한 과정을 반복하여 메모장의 키워드를 모두 조회하여 엑셀 파일로 다운로드한다.

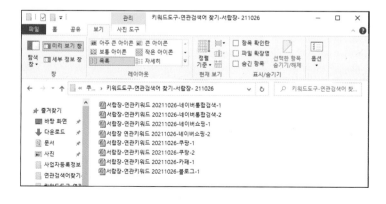

7. 다운로드한 엑셀 파일 모두를 열어 내용을 **복사** – **붙여넣기**를 하여 하나의 파일로 통합한다.

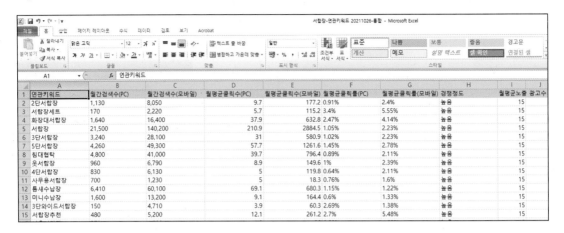

8. 이제 중복된 연관키워드는 삭제해준다. '연관키워드' 셀을 선택하고 **데이터→중복된 항목제거**를 클릭한다.

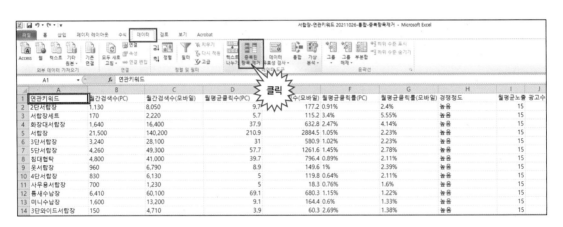

그리고 '중복된 항목 제거' 팝업창에서 '연관키워드'만 선택하고 **확인**을 클릭하면 중복된 연관키워드가 제거된다.

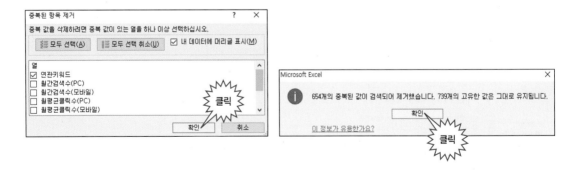

9. 이제 엑셀 파일에서 **월간검색수(모바일)**을 선택하고 **정렬 및 필터**에서 **텍스트 내림차순 정렬**을 클릭한다.

클릭

> **TIP** + 엑셀에서 '텍스트 내림차순 정렬'이 제대로 되지 않을 때
>
> 엑셀에서 '텍스트 내림차순 정렬'을 했을 때 100보다 99가 위에 나오는 경우가 있는데, 이것은 데이터에 숫자로 보이지만 문자형으로 된 숫자가 있어서 생기는 오류이다. 이럴 때는 정렬하고자 하는 숫자가 있는, 여기서는 'C 열'을 선택하고 '데이터 – 텍스트 나누기'를 클릭한 후 '마침'을 클릭한 후 다시 실행하면 제대로 정렬된다.

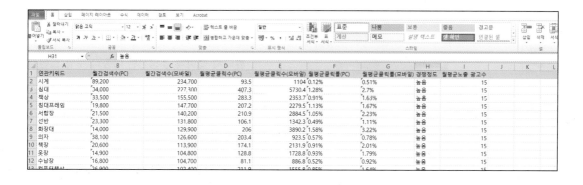

10. 그러면 월간검색수(모바일)가 많은 키워드부터 정렬된다. 여기서 내가 판매할 상품과 관련이 없는 키워드는 삭제한다. 다음으로 할 작업은 연관키워드의 '카테고리'를 조사하여 이 엑셀 파일에 정리할 것이다.

(2) 카테고리 확인하기

1. 쿠팡 검색창에 앞서 엑셀 파일로 다운로드한 '연관검색어'를 하나씩 검색해보면서 첫 페이지에 상위노출 되고 있는 1~4위 상품을 클릭하여 카테고리를 확인한다.

2. 이렇게 키워드의 쿠팡 매칭 카테고리를 확인한다.

▶ 위 예처럼 쿠팡은 하나의 키워드에 카테고리가 '일 대 다' 매칭이 되기 때문에 카테고리가 여러 개일 수 있다. '철제 선반'으로 검색했을 때 상위노출 1위 상품은 **'홈인테리어 〉 수납/정리 〉 선반/정리대 〉 스탠드선반'**, 2위 상품은 **'결혼준비 〉 가구/침구 〉 거실가구 〉 선반/트롤리 〉 스탠드선반'** 카테고리이다. 또 **'생활용품 〉 수납/정리 〉 선반/진열대 〉 기타선반/진열대'** 카테고리에 있는 상품도 있다. 네이버쇼핑은 키워드와 카테고리가 '일 대 일' 매칭으로 '철제선반'의 매칭 카테고리는 **'생활/건강 〉 수납/정리용품 〉 선반/진열대 〉 스탠드선반/진열대'**이다.

▶ 카테고리를 확인하는 이유는 키워드와 카테고리가 매칭이 되지 않거나 카테고리가 다른 키워드를 상품명에 같이 사용하면 상위노출이 안 되기 때문이다. 특히 네이버쇼핑은 일 대 일 매칭이기 때문에 정확한 카테고리에 매칭해야 상위노출이 된다. 쿠팡은 상위노출에 있어서 카테고리 매칭의 비중이 네이버쇼핑보다는 덜 하기는 하지만, 그래도 판매 상품과 가장 연관되는 카테고리에 상품을 등록해야 상위노출이 된다.

3. 이렇게 확인한 카테고리를 복사하여 앞서 다운로드한 엑셀 파일에 '카테고리 매칭' 열을 만들어 붙여넣는다.

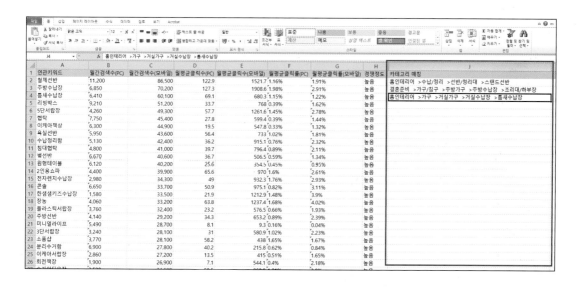

4. 이 밖에 키워드 무료 프로그램 등을 이용하여 '상품수', '네이버 쇼핑판 순위' 등을 조사하여 엑셀 파일에 정리한 후 분석하면 된다.(키랩을 사용할 수 없는 사람은 이러한 과정을 거쳐 블루키워드 추출을 위한 엑셀 파일 소스를 만들 수 있다.)

분석 결과 '월간검색수'가 많고, '상품수'가 적은 키워드, 즉 경쟁률이 낮은 키워드이면서, 네이버에서 검색 시 '쇼핑판'이 상위에 오는 키워드가 우리가 찾는 좋은 키워드(블루키워드)이다. 이런 키워드 중에서 자신의 상품과 맞고 판매가 잘될 만한 키워드를 취사선택하는 것은 판매자의 안목과 혜안에 달렸다.

연관키워드	월간검색수(PC)	월간검색수(모바일)	월평균클릭수(PC)	월평균클릭수(모바일)	월평균클릭률(PC)	월평균클릭률(모바일)	경쟁정도	카테고리 매칭		상품수	쇼핑판(PC)
철제선반	11,200	86,500	122.9	1521.7	1.16%	1.91%	높음	홈인테리어 >수납/정리 >선반/정리대 >스탠드선반		959646	2
주방수납장	6,850	70,200	127.3	1908.6	1.98%	2.91%	높음	결혼준비 >가구/침구 >주방가구 >주방수납장 >조리대/하부	1,121,524	2
틈새수납장	6,410	60,100	69.1	680.3	1.15%	1.22%	높음	홈인테리어 >가구 >거실가구 >거실수납장 >틈새수납장		646,384	2
리빙박스	9,210	51,200	33.7	768	0.39%	1.62%	높음			
5단서랍장	4,260	49,300	57.7	1261.6	1.45%	2.78%	높음			
협탁	7,750	45,400	27.8	599.4	0.39%	1.44%	높음			
이케아책상	6,300	44,900	19.5	547.8	0.33%	1.32%	높음			
욕실선반	5,950	43,600	56.4	733	1.02%	1.81%	높음			
수납정리함	5,130	42,400	36.2	915.1	0.76%	2.32%	높음			
침대협탁	4,800	41,000	39.7	796.4	0.89%	2.11%	높음			
벽선반	6,670	40,600	36.7	506.5	0.59%	1.34%	높음			
원형테이블	6,120	40,200	25.6	354.5	0.45%	0.95%	높음			
2인용쇼파	4,400	39,900	65.6	970	1.6%	2.61%	높음			
전자렌지수납장	2,980	34,300	49	932.3	1.76%	2.93%	높음			
콘솔	6,650	33,700	50.9	975.1	0.82%	3.11%	높음			
한샘생키즈수납장	1,580	33,500	21.9	1212.9	1.48%	3.9%	높음			
장농	4,060	33,200	63.8	1237.4	1.48%	4.02%	높음			
플라스틱서랍장	3,760	32,400	23.2	576.5	0.66%	1.93%	높음			
주방선반	4,140	29,200	34.3	653.2	0.89%	2.39%	높음			
미니멀라이프	5,490	28,700	8.1	9.3	0.16%	0.04%	높음			
3단서랍장	3,240	28,100	31	580.9	1.02%	2.23%	높음			
소품샵	3,770	28,100	58.2	438	1.65%	1.67%	높음			
분리수거함	6,900	27,800	40.2	215.8	0.62%	0.84%	높음			
이케아서랍장	2,860	27,200	13.5	415	0.51%	1.65%	높음			
회전책장	1,900	26,900	7.1	544.1	0.4%	2.18%	높음			
슬라이딩옷장	3,520	24,600	59.5	860.9	1.81%	3.8%	높음			
슬라이딩불박이장	2,800	24,400	90	1125.2	3.45%	4.96%	높음			
전자레인지선반	3,260	23,800	20	414.6	0.66%	1.86%	높음			
싱글매트리스	2,710	23,600	25.7	399.8	1.01%	1.84%	높음			

'철제선반'을 네이버 통합검색에서 검색하면 쇼핑판이 2번째로 온다. 즉 '철제선반' 키워드는 유저들이 검색 후 쇼핑판으로 많이 이동하는 상품성이 좋은 키워드이다.
네이버쇼핑에서 잘 판매되는 상품은 쿠팡에서도 상품성이 뛰어나다고 볼 수 있다.

2) 키랩 사용자

키랩 프로그램에서는 블루키워드를 찾기 위한 일련의 과정을 보다 빠르게 자동으로 할 수 있다. 앞서 설명한 '[1단계] 연관키워드 수집하기' 과정에서 자동완성어와 연관검색어를 플랫폼별로 수집하여 메모장에 붙여놓았던 것을 키랩에서는 클릭 한 번으로 바로 할 수 있다.

또 키랩에서 블루키워드를 추출하면 '카테고리 매칭'과 '쇼핑판 순위'도 바로 알 수 있다. 키랩을 이용하면 일일이 수작업으로 해야 하는 작업을 자동으로 할 수 있기 때문에 셀러는 시간을 많이 아낄 수 있다. 이 외에도 키랩에는 이커머스 셀러들을 위한 다양한 기능이 있다.

> **TIP** ✚ **키랩 프로그램 사용에 관하여**
> • 키랩 사이트(https://www.keylab.co.kr)에 회원가입을 하면 2주간 무료로 사용할 수 있으며, 이후 멤버십을 구매하여 유료로 사용할 수 있다.

(1) 자동 / 연관키워드 수집하기

키랩에서는 아이템의 대표키워드에 따른 자동완성어와 연관검색어를 일일이 플랫폼별로 방문하여 검색하지 않아도 바로 서치할 수 있다.

다음 작업은 앞의 [1단계] 연관키워드 수집하기 과정과 동일한 결과를 가져오는 작업이다.

1. 키랩 프로그램에서 **트렌드키워드→ 자동 / 연관키워드**를 클릭한다. '키워드'에 조회할 대표키워드를 입력하고, 확인하고 싶은 플랫폼의 항목을 선택한 후 **검색** 버튼을 클릭한다.

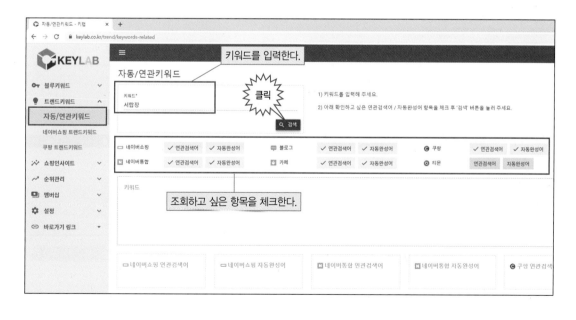

2. 그러면 아래에 추출된 자동/연관 키워드가 나타나고, 플랫폼별로도 확인할 수 있다.

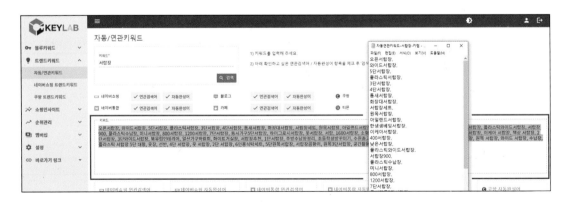

3. '키워드' 난에 있는 자동/연관키워드를 복사하여 메모장에 붙여넣고 저장하면 된다.

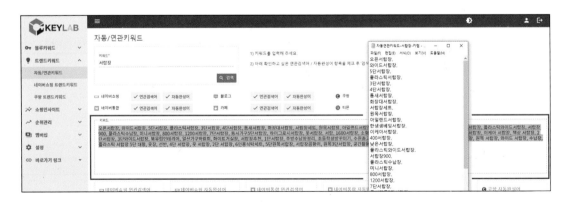

(2) 블루키워드 추출하기

키랩에서 추출한 자동검색어와 연관검색어를 이용하여 블루키워드를 추출해보자.

1. 키랩 프로그램에서 **블루키워드 → 블루키워드 추출**을 클릭한다. 그리고 메모장에 정리해놓았던 키워드를 5개 복사하여 '키워드' 항목에 붙여넣은 후 **연관키워드 조회**를 클릭한다.

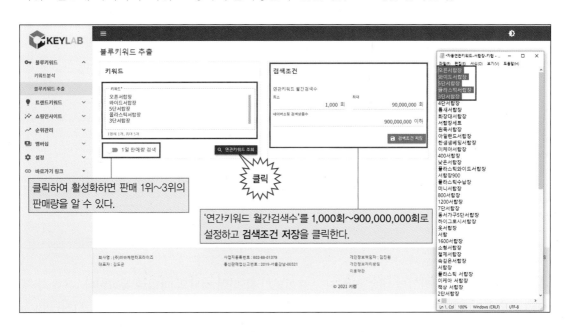

2. 그러면 아래로 연관키워드가 조회된다. 우측의 **엑셀** 버튼을 클릭하여 조회 결과를 저장한다.

▶ 키랩 블루키워드 추출을 통해서는 네이버쇼핑 연관키워드, 월간검색수, 월평균클릭수, 월평균클릭률, 경쟁정도, 월평균 노출 광고수, 네이버쇼핑 검색상품수, 네이버쇼핑 상품경쟁률, 블로그 등록수, 네이버쇼핑 카테고리 매칭, 상품키워드, 쇼핑판 순위, 네이버 예상 CPC 입찰가, 1일 판매량 등을 확인할 수 있다.

3. 다시 메모장에서 키워드 5개를 복사하여 **1~2**의 과정을 반복한다. 이러한 과정으로 메모장에 저장해둔 키워드를 모두 분석하여 엑셀 파일로 저장한다.

4. 그리고 여러 엑셀 파일의 내용을 '복사 – 붙여넣기'를 하여 하나의 파일로 통합한다. 통합 후 중복된 키워드는 제거해준다. '키워드' 셀을 선택하고 **데이터 → 중복된 항목 제거** 클릭 → '키워드'만 체크 선택한 후 **확인**을 클릭하면 된다.

다음으로는 이 엑셀 파일을 분석하여 옥석을 고르는 작업을 할 것이다.

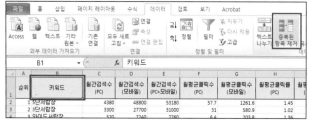

3 [3단계] 블루키워드 선정하기

이제 연관키워드를 조회한 결과물을 가지고 '블루키워드'를 찾는 작업이다. 2단계의 과정에서 나온 여러 개의 엑셀 파일을 모두 합쳐서 중복된 키워드는 걸러내고, 이 파일을 분석하여 블루키워드를 선정하면 된다. 이 분석을 통해 블루키워드를 추출하고 그중에서 경쟁력 있는 키워드를 골라 상품명으로 사용하면 된다. 나머지 버리기 아까운 키워드는 쿠팡의 검색옵션(태그)이나 상세페이지 등에 사용하면 된다.

1. 엑셀 파일에서 '**카테고리매칭**'을 선택하고 **정렬 및 필터→텍스트 내림차순 정렬**을 클릭한다.

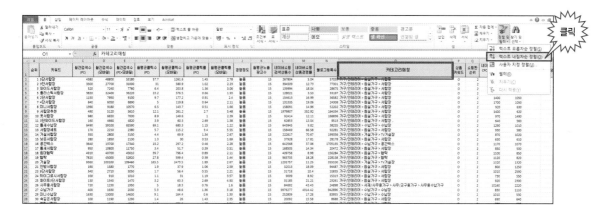

2. '카테고리매칭'순으로 정렬되었다. 판매하고자 하는 상품과 관련된 카테고리가 아닌 것들은 삭제한다.(이것은 판매하고자 하는 상품의 카테고리에 맞는 키워드만 고르기 위함이다. 그래야 카테고리 매칭이 된다. 네이버쇼핑의 경우 카테고리를 벗어나는 키워드를 상품명에 사용하면 상위노출이 되지 않는다. 쿠팡은 덜 엄격한 편이지만 그런 추세를 따르고 있으니 추후를 대비하여 카테고리 매칭이 되는 키워드만 사용하는 것이 좋다.)

3. '월간검색수(PC+모바일)'를 선택하고 '정렬 및 필터'에서 '텍스트 내림차순 정렬'을 클릭한다. 그러면 월간검색수가 많은 것부터 보여진다. 판매하고자 하는 상품과 연관성이 있으면서 '월간검색수'가 많은 키워드를 체크한다.

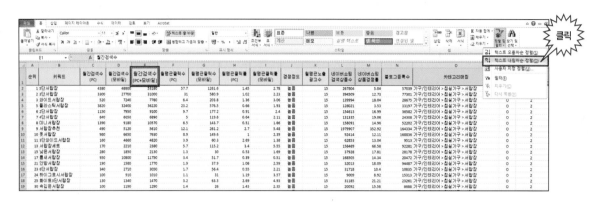

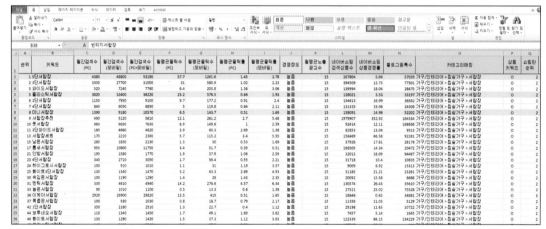

4. '네이버쇼핑 상품경쟁률'을 선택하고 '정렬 및 필터'에서 '텍스트 오름차순 정렬'을 클릭한다. 그러면 경쟁률이 낮은 상품부터 정렬된다. 상품경쟁률은 월간검색수 대비 상품수로, 경쟁률이 낮은 키워드가 좋은 키워드이다. 이렇게 경쟁률이 낮은 키워드와 검색량이 많은 키워드를 비교하면서 좋은 키워드를 체크한다. 즉 검색량이 많으면서 경쟁률이 낮은 키워드가 블루키워드이다.

TIP+ 블루키워드 추출 포인트

키랩 프로그램 분석 결과를 가지고 블루키워드를 선정할 때는 다음과 같은 것을 중점적으로 보면서 결정한다.

① 대표키워드의 검색량은 1만 개가 넘어야 좋다.(초보자인 경우는 1~5만 개 사이가 적당하다.)
② 블루키워드의 검색량은 1천 개가 넘어야 한다.
③ 상품경쟁률은 1 이하면 좋다.
④ 상품 검색 수는 10만 이하면 좋다.
⑤ 최종적으로 모바일에서 쇼핑판이 떠야 한다.

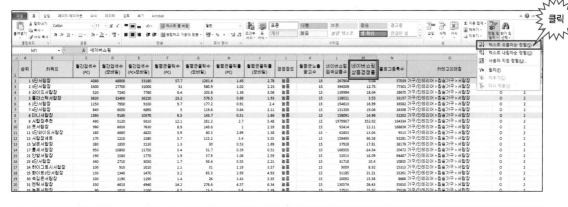

5. 선택한 키워드를 모바일에서 검색하여 쇼핑판이 뜨는지 확인한다.

키랩으로 추출한 엑셀 파일에서는 '쇼핑판(PC) 순위'를 바로 확인할 수 있다.

쇼핑판이 상위에 뜨면 좋다. 쇼핑판이 없거나 있어도 저 아래에 있다면 전환율이 좋지 않다는 뜻이다. 네이버는 통합검색에서 키워드를 검색하면 그것과 관련하여 매칭이 잘되는 순으로 네이버 판을 보여준다. '플라스틱서랍장'을 검색했을 때 '네이버쇼핑' 판이 바로 나온다는 것은 사용자들이 플라스틱서랍장을 검색하고 쇼핑으로 가는 경우가 가장 많다는 뜻이다.

이렇게 추출한 블루키워드 중에서 가장 경쟁력이 좋은 키워드를 상품명에 조합하여 사용한다. 이때 주의할 것은 카테고리 매칭이 되는 키워드만을 사용해야 한다는 것이다. 나머지는 검색어(태그)나 상세페이지 등에 전략적으로 사용하면 된다.

03 성공하는 아이템을 찾는 방법

1 잘 팔리는 것에서 찾아라

아이템은 **잘 팔리는 것, 팔리고 있는 것, 팔릴 것 같은 것**에서 찾아야 한다. 앞서 블루키워드 찾기 작업에서 우리가 찾은 키워드가 곧 아이템이다. 트렌드를 읽고, 판매가 잘되는 상품군에서 아이템을 찾으면 된다.

'식품'과 '생활필수제'는 1년 내내 팔리는 가장 좋은 키워드이다. 이러한 곳에서 아이템을 발굴해 보면 좋을 것이다.

쿠팡은 지금 '식품'에 진입하기가 좋다. 쿠팡의 물류창고는 냉동식품을 보관하는 고온냉동 창고에 비해 채소, 과일, 신선식품 등을 보관할 수 있는 저온냉동 창고가 부족한 상태여서 이들 식품에 관한 로켓배송이 현재 많지 않은 상황이다. 1~2년 내에 쿠팡의 저온냉동 창고도 물류시설이 갖추어질 것이다. 그 전에 식품 같은 경우 빨리 입점하는 것이 좋다.

■ 초보자의 아이템 공략법

아이템은 '시즌제품', '계절제품', '사계절제품', '타깃제품'으로 나누어볼 수 있는데, 초보자의 경우 '사계절제품'을 먼저 공략해볼 것을 추천한다. 꼭 이렇다고 말할 수는 없으나 저자의 경험에 의하면 사계절제품→시즌제품→타깃제품→계절제품 순으로 공략해보면 좋을 듯하다.

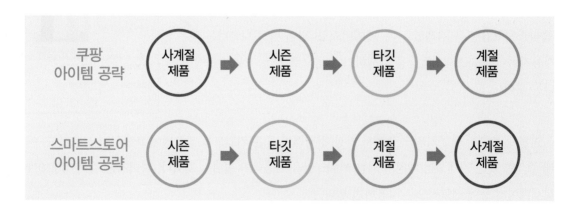

■ 시즌 제품

'시즌 키워드'는 초보 셀러가 상위노출을 할 수 있는 좋은 키워드로, 시즌 제품에 대박이 있다. 시즌 제품은 시장이 정점을 찍기 20일~45일 전이 최적의 등록 타이밍이다.

1월		2월		3월	
기획전 이름	**상품**	**기획전 이름**	**상품**	**기획전 이름**	**상품**
새해맞이 특별전	새해상품	졸업, 입학 인기상품전	졸업, 입학 선물(노트북)	봄맞이 대축제	새봄맞이 대청소
작년 베스트 상품전	작년 베스트상품	신학기용품 대제전	신학기용품(가방)	혼수용품 특별전	혼수용품
설선물 기획전	설선물	새내기 코디 기획전	새내기 패션	화이트데이 이벤트전(14일)	사탕, 초콜릿
겨울상품떨이 기획전	겨울상품	겨울상품 떨이 기획전	겨울상품 떨이 이벤트	봄맞이 집단장, 이사용품 이벤트	집들이선물, 생활용품, 청소용품
다이어리데이 이벤트전(14일)	다이어리	밸런타인데이 이벤트전(14일)	밸런타인데이 선물	봄패션 대축제	봄패션
		정월대보름 특별전	대보름 상품	황사 대비	황사 대비용품(마스크)
		신학기 노트북 할인전	노트북	삼겹살데이 이벤트전(3일)	삼겹살
4월		5월		6월	
기획전 이름	**상품**	**기획전 이름**	**상품**	**기획전 이름**	**상품**
신혼부부 기획전	신혼부부	스승의 날 선물전	스승의 날 선물	무더위 여름패션 특별기획전	여름패션의류, 잡화 등
어린이날 선물전	어린이날	성년의 날 선물전	성년의 날 선물	다이어트 기획전	다이어트 운동제품 or 식품
어버이날 선물전	어버이날	나들이 기획전	나들이용품	바캉스용품 특별전	물놀이용품, 의류 등
나들이용품 기획전	나들이용품	로즈데이 이벤트전(14일)	꽃	휴가제안전	휴가용품
등산용품 할인전	등산용품	오리데이 이벤트전(2일)	오리고기	여름나기용품 기획전	냉방가전 등
아웃도어상품 기획전	아웃도어상품	금연의 날	금연패치, 전자담배 등	키스데이 이벤트(14일)	꽃, 초콜릿 등
블랙데이 이벤트전(14일)	검은색 상품 or 식품	부부의 날			
		근로자의 날			
7월		8월		9월	
기획전 이름	**상품**	**기획전 이름**	**상품**	**기획전 이름**	**상품**
물놀이 필수템 대제전	물놀이용품, 바캉스	막판 여름휴가용품 특별전	휴가용품	성묘, 제수용품 모음전	성묘, 제수용품
시원한 여름패션 기획전	여름패션의류, 잡화 등	새학기 기획전	새학기 선물	추석선물 기획전	추석선물
선글라스 특별전	선글라스	가을 등산용품 모음전	등산용품	혼수용품 특별전	혼수용품
여름필수 피부케어 제품전	피부케어 제품	여름용품 땡처리 세일전	여름용품 땡처리	농산물 대축제	농산물
카리스마 선팅제품 모음전	선팅제품	추석선물 기획전	추석선물	가을여행 특집	여행용품, 패키지 등
여름나기 보양식 특별전	여름 보양식	그린데이 이벤트(14일)	공기정화식물, 화분 등	새학기패션 세일전	새학기패션, 가을의류
장마 대비 필수템 모음전	장마 대비용품			새학기 학용품 모음전	새학기 문구용품
여름방학특집 여행용품전	여름 여행용품			포토데이 이벤트전(14일)	포토북, 전자기기 등
실버데이 이벤트전(14일)	액세서리류, 향수 등			독서의달 기획전	책갈피, 독서대 등
				콜레스테롤의 날(4일)	크릴오일, 건강식품 등
				구구데이 이벤트전(9일)	닭과 관련된 식품, 제품
10월		11월		12월	
기획전 이름	**상품**	**기획전 이름**	**상품**	**기획전 이름**	**상품**
가을 결혼 대비 특별전	결혼준비 용품	겨울패션 신상대축제	겨울패션	새해 대박상품 기획전	새해 히트예감 상품
가을패션 세일전	가을패션	수능 응원 특별전	수능상품, 선물	겨울방학 특별전	겨울방학 상품
가을맞이 집단장 기획전	가전, 생활용품, 집들이선물	겨울 스포츠 기획전	겨울스포츠 용품	다이어리, 가계부 모음전	다이어리, 가계부
핼러윈데이 이벤트전	핼러윈데이 용품	겨울 대비용품 모음전	난방가전, 난방용품 등	한해 마무리 인기상품전	한해 인기상품, 재고정리
겨울패션 땡처리 세일전	겨울패션 이월상품 or 재고	빼빼로데이 이벤트전(11일)	빼빼로, 초콜릿 등	겨울 레포츠 기획전	겨울 레포츠용품
와인데이 이벤트전(14일)	와인	가래떡데이 이벤트전(11일)	가래떡, 떡류	송년회 특별전	송년회 이벤트
사과데이(애플데이) 이벤트전(24일)	사과, 사과그림 포장 선물	쿠키데이 이벤트전(14일)	쿠키, 과자 등	겨울 먹거리 상품전	식품 대량모음
임산부의 날 특별전(10일)		만화의 날 기획전(3일)			

'식품 → 농산물' 키워드 월별 순위(기간: 2019. 7.~2020. 6.)

순위	봄			여름		
	3월	4월	5월	6월	7월	8월
1	감자	쌀20kg	고구마	초당옥수수	초당옥수수	쌀
2	강원도감자	고구마	쌀20kg	신비복숭아	쌀20kg	쌀20kg
3	고구마	감자	사과	매실	복숭아	샤인머스켓
4	단마토	오렌지	초당옥수수	고구마	옥수수	복숭아
5	쌀20kg	사과	참외	사과	쌀10kg	쌀10kg
6	오렌지	비트	감자	블루베리	신비복숭아	옥수수
7	대저짭짤이토마토	참외	아스파라거스	쌀20kg	자두	청귤
8	강원도감자10kg	쌀10kg	단마토	체리	체리	고구마
9	사과	단마토	토마토	감자	고구마	초당옥수수
10	천혜향	토마토	체리	복숭아	괴산대학찰옥수수	사과
11	대저토마토	두릅	쌀10kg	참외	찰옥수수	견과류
12	토마토	김의준고구마	블루베리	쌀10kg	블루베리	하루견과
13	쌀10kg	대저짭짤이토마토	비트	옥수수	샤인머스켓	추석선물세트
14	감자10kg	엄나무순	견과류	수박	수박	신비복숭아
15	딸기	쌀	매실	자두	쌀	무화과
16	애플망고	양파	하루견과	비트	비파	수박
17	짭짤이토마토	견과류	자몽	토마토	감자	밤고구마
18	양마	신동진쌀20kg	아몬드	황매실	견과류	코끼리마늘
19	참외	대저토마토	오렌지	쌀	비트	신동진쌀20kg
20	스테비아토마토	아스파라거스	아보카도	견과류	바나나파프리카	자두

순위	가을			겨울		
	9월	10월	11월	12월	1월	2월
1	쌀	쌀20kg	쌀20kg	쌀20kg	쌀20kg	단마토
2	백미	샤인머스켓	샤인머스켓	고구마	레드향	쌀20kg
3	샤인머스켓	고구마	고구마	귤	곶감	고구마
4	쌀20kg	사과	비트	샤인머스켓	고구마	쌀10kg
5	고구마	귤	귤	사과	샤인머스켓	레드향
6	쌀10kg	생강	사과	호박고구마	귤	사과
7	사과	쌀10kg	생강	귤10kg	상주곶감	귤
8	추석선물세트	단감	대봉감	쌀10kg	한라봉	천혜향
9	하루견과	호박고구마	호박고구마	비트	사과	칼집밤
10	견과류	자연산송이버섯	쌀10kg	곶감	천혜향	쌀
11	견과류선물세트	사과대추	귤10kg	견과류	애플망고	한라봉
12	옥수수	하루견과	딸기	딸기	하루견과	귤10kg
13	청귤	약단밤	단감	하루견과	견과류	호박고구마
14	샤인머스켓선물세트	석류	약단밤	허니버터아몬드	한라봉10kg	비트
15	곶감	토마토	하루견과	아몬드	과일선물세트	딸기
16	무안해수고구마	송이버섯	견과류	약단밤	허니버터아몬드	한라봉10kg
17	송이버섯	견과류	석류	석류	쌀10kg	하루견과
18	자연산송이버섯	옥수수	블루베리	레드향	호박고구마	토마토
19	샤인머스켓포도	무화과	대봉감가격	감말랭이	딸기	신동진쌀20kg
20	밤고구마	청도반시	아몬드	토마토	인디언감자	애플망고

2 쿠팡 아이템 발굴, 이렇게 한다

다음은 쿠팡에서 판매할 아이템을 선정할 때 체크해봐야 할 사항이다.

1) 쿠팡에서 판매량 조사하기

아이템을 선정할 때는 이 상품이 쿠팡에서 판매할 수 있는 아이템인가를 알아봐야 한다. 그러기 위해서 우선되어야 할 것이 쿠팡에서 1위 판매자는 이 아이템을 하루에 몇 개나 팔고 있는지를 알아보는 것이다. 네이버쇼핑은 상세페이지에 있는 배송건수(판매건수)를 참고하여 하루 평균 판매량을 유추할 수 있지만, 쿠팡은 이러한 정보를 제공하지 않기 때문에 해당 상품을 1주일 정도 수동으로 체크하면서 모니터링하는 수밖에 없다. 이와 함께 해당 상품의 네이버쇼핑에서의 판매량도 확인하고 참조한다. 네이버쇼핑에서 잘 판매되는 상품은 쿠팡에서도 잘 팔린다.

(1) 하루 평균 판매량 알아보기

1. 쿠팡 메인에서 조사하고자 하는 아이템 키워드를 입력한다. 여기서는 '미백크림'을 조사해본다. 검색결과 화면에서 상위에 랭크되어 있는 일반상품을 3~5개 정도 조사해볼 것이다.

2. 조사하고자 하는 상품의 상세페이지에서 '주문 수량'을 클릭하여 99999를 입력한다. 그러면 현재 주문할 수 있는 최대수량이 나온다. 이것이 현재 재고수량이라고 보면 된다.(로켓배송과 주문 수량 제한을 걸어놓은 상품은 확인이 불가하다.)

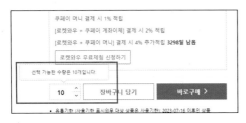

◀ 이와 같이 10개, 100개 등으로 나오거나 상위에 랭크되어 있는데도 며칠 동안 수량이 변화가 없다면 판매자가 주문 수량에 제한을 걸어둔 상품일 확률이 높다.

3. 다음날 다시 이와 같은 방법으로 주문 수량을 입력하여 나오는 재고수량을 가지고 전날의 재고와 비교하여 하루 판매량을 기록한다. 이렇게 7일 정도 조사를 해서 평균을 내어 하루 판매량을 예측한다.(물론 이것은 판매자가 재고수량을 변경할 수도 있기 때문에 정확한 것은 아니다.)

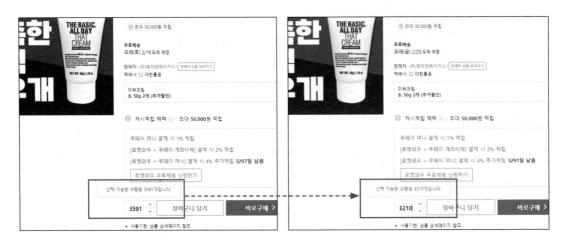

4. 이렇게 조사한 자료는 다음과 같은 엑셀 파일을 만들어 정리해준다. 이렇게 하면서 데이터를 쌓아가면 아이템을 보는 안목이 늘어나고, 다음에 소싱할 때 참조하면 시간을 훨씬 절약할 수 있다.

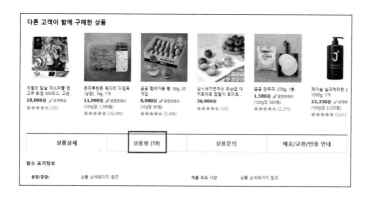

상품(키워드)	1페이지 순위(PC)	상품 링크	1일	2일	3일	4일	5일	6일	7일	하루 예상 판매량	비고
미백크림 1	2 --> 3	https://www.coupang.com/vp/produ	3591	3572	3509	3488	3450	3320	3210	63.5	
미백크림 2	8 --> 2	https://www.coupang.com/vp/produ	293	281	270	233	221	213	172	20.16666667	
미백크림 3	17 -->1	https://www.coupang.com/vp/produ	4978	4963	4863	4433	4290	4241	4012	161	

(2) 리뷰 수 확인하기

쿠팡 고객은 리뷰를 주는 것에 아주 인색하다. 상품에 따라 다르겠지만 리뷰 수×20 정도가 대략의 판매량이라고 볼 수 있다. 리뷰 수의 20배~30배까지를 판매 수량으로 볼 수 있는데, 이것을 참조하여 1위 판매자의 판매량을 유추하고 나의 예상 판매량과 판매 전략을 짤 수 있다.

1위 판매자의 판매량이 기대에 미치지 못한다면 하지 않는 것이 좋다. 아이템마다 특성이 있겠지만 최대 리뷰 수가 100개 이상이면 좋다고 볼 수 있다.

2) 로켓배송 상품수 체크하기

쿠팡에서 아이템을 검색했을 때 로켓배송이 있다는 것은 그만큼 구매력이 있는 상품이라는 뜻이지만, 마켓플레이스에서 일반상품으로 판매하는 판매자에게는 로켓상품이 진입의 장벽이 될 수 있다.

쿠팡의 1페이지에 있는 상품(36개씩 보기) 중 로켓배송과 일반상품 비율이 2:1 정도면 좋다. 아이템에 따라 다르겠지만 해당 상품의 로켓배송이 20개~25개 정도라면 일반상품으로도 진입해 볼 수 있다. 로켓배송이 너무 많으면 로켓을 뚫고 상위로 올라가기가 힘들다. 그만큼 시장은 이미 숙성 상태라고 볼 수 있으며, 초보자는 실패할 확률이 높다. 로켓그로스 상품인 '판매자로켓'도 로켓배송 상품과 같다고 보면 된다. 로켓배송만 있다면 일반 판매로는 승산이 없다고 볼 수 있고, 로켓배송이 없다는 것은 안 팔리는 아이템이라고 보면 된다.

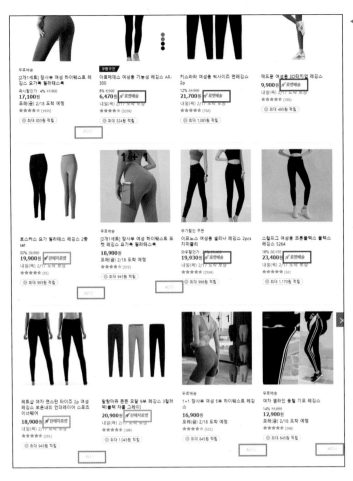

◀ '레깅스'를 검색한 결과 1페이지 36개 상품 중 로켓배송 26개, 판매자로켓 6개, 일반상품 2개, 광고상품 6개이다(중복 포함).

이러한 아이템은 초보 셀러가 진입하기가 쉽지 않다고 봐야 한다.

3) 경쟁사 강도와 가격 체크하기

온라인 마켓에서는 1페이지 상위에 있는 상품의 가격이 '시장형성가'라고 보면 된다. 이 가격을 참고하여 내 상품의 가격을 책정하면 된다. 가격을 체크할 때는 배송비 유무도 봐야 한다.

내가 시장형성가를 맞추지 못할 경우는 판매를 해서는 안 된다. 그것은 내 아이템이 아닌 것이다. 쿠팡만큼 가격에 민감한 사이트도 없다. 경쟁자보다 판매가가 높다면 판매가 일어나는 것은 요원한 일이다. 특히 검색 상위에 브랜드사나 대형 유통사, 제조사가 많이 포진해 있다면 피하는 게 좋다. 개인 셀러가 그 판매가격을 맞추기는 쉽지 않을 것이다.

객단가를 확인하자

온라인 판매에 있어서 마진과 함께 중요한 것이 객단가(客單價)이다. '객단가'는 '고객 1인당 평균 매입액'을 말하는 것으로, '객단가 = 매출 / 고객 수'이다. 온라인 판매에 적용해보면 '매출 = 상품 단가×판매량'이라고 할 수 있다. 판매량이 일정하다면 상품 단가가 높아야 매출이 많이 나온다.

쿠팡은 단가가 2만 원~10만 원대의 상품을 공략하는 것이 좋다. 너무 싼 아이템은 많이 팔아도 남는 게 별로 없다. 어느 정도 가격대가 있는 상품을 팔아야 1개 팔렸을 때 남길 수 있는 마진이 형성된다. 5천 원짜리 1개를 팔아 1천 원의 마진을 남기는 것보다 5만 원짜리 1개를 팔아 1만 원을 남기는 것이 낫다. 설사 5천 원짜리 물건이 10배 넘게 나가 매출이 같다 하더라도 이익이나 관리 효율 면에서 보면 5만 원짜리를 판매하는 것이 낫다. 이런 이유로 필자는 2만 원 이하의 상품은 특별한 경우가 아니면 취급하지 않는다.

4) 내가 핸들링할 수 있는 아이템인가?

발굴한 아이템이 시장성도 있고 판매 경쟁력도 있는 것으로 판단되어, 쿠팡에서 검색을 했을 때 1페이지에 상품이 많이 없다면 해볼 만한 아이템이다.

하지만 아무리 좋은 아이템이라도 내가 판매할 수 없는 것이 있다. 트렌드를 반영하는 상품이고, 검색량도 많고, 블루키워드도 많아 그야말로 좋은 아이템이라 하더라도 내가 할 수 없는 아이템이 있다. 또 규모의 경제 면에서 내가 하기에는 너무 덩치가 큰 아이템도 있다. 이러한 것을 잘 살펴보고 진입해야 한다.

① 독점 판매 상품인 경우

유명 브랜드나 제조사 등에서 독점으로 판매하는 상품이 있다. 어떤 상품은 특정 판매자에게 인터넷 판매만 독점 판매를 허락하는 경우도 있다. 이러한 상품은 판매권자가 아니면 진입할 수 없다.

② 소싱처가 너무 부족한 상품

원재료 부족 등의 이유로 소싱을 하기 까다로운 아이템도 있다. 최신 트렌드를 반영하는 상품이고, 고객들도 많이 찾는 아이템인데 판매자가 별로 없다면, 독점 판매이거나 소싱하기 힘든 상품이 아닌지 먼저 살펴볼 필요가 있다.

③ 시중판매가를 맞추기 어려운 경우

나의 규모로는 시중판매가를 맞추기가 어려운 아이템도 있다. 도매상이나 제조사는 한 번에 많은 양을 구매하면 단가를 낮춰준다. 따라서 내가 많이 판매할 수 있다면 한꺼번에 많은 양을 사입하여 사입 단가를 낮출 수 있겠지만, 판매에 확신이 없는 경우는 재고 부담 때문에 무턱대고 그렇게 할 수도 없다. 내가 사입할 수 있는 단가와 마진, 판매가를 고려하여 일정 정도 수익이 남아야 진행해 볼 수 있다. 그렇지 않으면 내가 할 수 없는 상품이다.

④ 숙성 시장의 아이템

이미 숙성된 시장의 아이템은 초보 셀러가 진입하기가 쉽지 않다. 쿠팡에서 로켓배송이 많은 아이템은 숙성된 시장이라고 볼 수 있다. 초보 셀러에게 이런 시장은 거의 백전백패라고 볼 수 있다.

⑤ '지도가' 판매 상품

전자제품 같은 경우 공급처에서 판매자마다 같은 금액으로 판매하라고 하는 상품이 많다. 이른바 '지도가' 상품이다. 이러한 상품은 판매가가 같기 때문에 판매자 간의 경쟁은 트래픽으로 결정난다. 내가 많은 트래픽을 일으킬 수 있는 마케팅 능력이 있다면 해볼만 하지만 그렇지 않은 경우는 승산이 없다.

5) 판매 마진 계산하기

쿠팡에서 판매하는 상품 중 '도서', '식품' 등 부가세 면세 상품을 제외한 대부분의 상품은 과세 상품으로 '판매가격'은 부가가치세를 포함한 가격이다.

상품 판매가격을 55,000원으로 등록했다면 이 금액에는 부가가치세가 포함되어 있다. 즉 순수한 판매금액은 50,000이고 부가가치세가 5,000원이다. 이 부가세 5,000원은 부가가치세 신고 시 판매자가 세금으로 내야 하는 금액이므로 마진을 계산할 때 수익에 포함하면 안 된다.

다음은 과세 상품의 판매 마진 계산의 예이다.

항목	금액	마진 계산	
상품 판매가	55,000	55,000	
부가가치세	5,000	− 5,000	(* 부가세는 수익에서 제외)
상품 총제작(사입) 비용	30,000	− 30,000	
배송비	2,500(구매자 부담인 경우)	− 83	(2500×3%)×1.1(부가세)
판매수수료	5,500(10% 상품인 경우)	− 6,050	5500×1.1(부가세)
마진		13,867	

판매가 55,000원인 과세 상품을 쿠팡에서 판매한다면 **판매가(55,000원) − 부가가치세(5,000원) − 상품 총제작 비용(30,000원) − 배송비 수수료 총합 83원[2500원×3%(기본 서비스 이용률)×1.1(부가세)] − 수수료 총합 6,050원[(5,500원)×1.1(수수료 부가세)] = 13,867원**이 기본적인 마진이다. 여기에 보관 및 관리 비용까지 계산하여 마진을 보수적으로 잡아야 한다. 그래야 적어도 밑지는 장사를 하지 않게 된다.

이렇게 상품 1개를 판매하면 얼마가 남는지를 정확하게 알고 판매해야 예상 수익과 매출 목표, 장기적인 사업 계획을 세울 수 있다.

저자는 다음과 같은 마진표를 엑셀 파일로 만들어 사용하고 있다.

■ 쿠팡 / 제품별 마진분석 양식

No.	품명	옵션명	소비자가	소비자 택배비	원가 제품 공급가	원가 택배비	원가 합계	쿠팡 수수료 소비자가 %	쿠팡 수수료 금액	쿠팡 수수료 소비자 택배비 %	쿠팡 수수료 금액	법인세 5%	마진 금액	마진 %	판매페이지URL
예시	A	A-1	20,000	3,000	10,000	3,000	13,000	7.8%	1,716	3.0%	99	1,150	6,395	30.8%	https://www.coupang.com/
										3.0%					
							-			3.0%	-	-	0	#DIV/0!	
							-			3.0%	-	-	0	#DIV/0!	
							-			3.0%	-	-	0	#DIV/0!	
							-			3.0%	-	-	0	#DIV/0!	
							-			3.0%	-	-	0	#DIV/0!	
							-			3.0%	-	-	0	#DIV/0!	
							-			3.0%	-	-	0	#DIV/0!	
							-			3.0%	-	-	0	#DIV/0!	
							-			3.0%	-	-	0	#DIV/0!	
							-			3.0%	-	-	0	#DIV/0!	
							-			3.0%	-	-	0	#DIV/0!	
							-			3.0%	-	-	0	#DIV/0!	
							-			3.0%	-	-	0	#DIV/0!	
							-			3.0%	-	-	0	#DIV/0!	
							-			3.0%	-	-	0	#DIV/0!	
							-			3.0%	-	-	0	#DIV/0!	
							-			3.0%	-	-	0	#DIV/0!	

6) 단독 / 카탈로그 세팅 전략 수립하기

아이템의 판매 가능성을 확인했다면 단독 페이지에서 팔 것인지, 아이템페이지에서 팔 것인지를 결정하고 전략을 수립해야 한다. 특별한 경우가 아니라면 개인 판매자는 단독 페이지로 팔아야 한다. 카탈로그 매칭으로 판매를 하면 아이템위너를 차지해야 판매가 되는데, 가격에서 경쟁력이 없으면 아이템위너가 되기가 쉽지 않다. 아이템위너가 아니면 판매를 기대하기란 어렵다.

7) 시즌, 타깃 제품 공략하기

저자가 초보 셀러들에게 추천하는 제품은 시즌 제품과 타깃 제품이다.

쿠팡은 아직 식품, 잡화 시장의 경쟁률이 약하다고 할 수 있다. 또한 시즌, 타깃 제품을 공략하는 것도 좋다. 계절제품은 리스크가 심하다. 대박이 날 수도 있지만 날씨 등 주변 상황에 따라 주문이 없을 수도 있다. 초보자가 접근하기는 쉽지 않다.

04 상품 소싱하기

1 제품 소싱 프로세스

시장조사와 경쟁사 분석 ➡ 판매제품 선정 ➡ 공급처 리서치 ➡ 거래 협의 및 확정 ➡ 거래 진행

1) 시장조사와 경쟁사 분석

다음의 항목을 꼼꼼히 체크해보고, 시장성 평가를 한 후 상품의 소싱 여부를 결정해야 한다.

▶ **셀링포인트:** 현재 소비자의 구매 욕구를 일으키는 제품은 어떤 것이 있고, 그것의 구성이나 특징 등 셀링포인트를 서치한다. 셀링포인트 찾기의 시작은 트렌드를 읽는 눈이라고 할 수 있다.

▶ **경쟁사 판매가 현황분석:** 판매할 제품을 찾았다면 경쟁사의 판매가를 분석해야 한다. 현재 시장에서 형성되고 있는 판매가를 확인한다.

▶ **가격대와 스펙 선정:** 경쟁사 분석을 통해 어떤 가격대의 스펙을 판매할지 결정한다.

▶ **배송 방법 확인:** 배송 방법도 미리 생각해야 한다. 만일 판매하려는 상품이 아이스박스 포장을 해야 하는 제품이라면 포장재를 비롯하여 제품 포장에 들어가는 비용도 계산하고 있어야 한다.

2) 판매제품 선정

아이템을 선정했다면 이제 판매가격을 선정하고 제품의 스펙, 옵션 구성 등을 결정한다. 판매가를 결정할 때는 배송비, 포장비 등도 포함하여 결정한다.

제품의 스펙이나 옵션은 소비자가 선호하는 것을 파악하여 그것에 맞게 구성하는 것이 중요하다. 쿠팡에서 키워드를 입력하면 나오는 '자동완성어'를 참고하면 된다. '청송사과'를 검색하면 자동완성어에 '청송사과 10kg'이 가장 먼저 온다. 사람들이 사과를 살 때 10kg을 가장 많이 산다는 뜻이다. '핫팩'의 경우 '붙이는 핫팩'을 선호한다는 것을 알 수 있다. '여성 방한모자'를 판매하려고 한다면 옵션 구성에서 고객들이 선호하는 '골프 방한모자', '넥워머마스크 방한모자'도 옵션으로 구성하는 것을 고려해볼 만하다. 이처럼 상품마다 있는 고객의 선호 옵션을 캐치하여 옵션 구성을 결정한다.

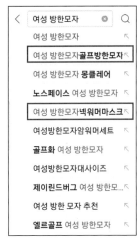

쿠팡 모바일 앱에서 자동완성어 확인하기

3) 공급처 리서치

소싱은 다양한 채널을 통해 할 수 있다. 도매꾹, 온채널, 오너클럽 등 국내 온라인 도매 사이트를 통해 소싱을 할 수도 있고, 발품을 팔아 오프라인에서 할 수도 있다.

온라인 도매 사이트의 경우 누구나 쉽게 소싱할 수 있기 때문에 그만큼 경쟁이 심하다. 특히 쿠팡의 아이템마켓 시스템은 동종 제품은 하나의 아이템페이지에서 판매되고, 가격 경쟁력이 없는 셀러는 아이템위너가 되기가 쉽지 않다. 도매 사이트에서 상품을 찾는다면 상품 이미지와 상세페이지 사용 여부를 확인하고 진행해야 한다. 사용 허락이 없는 상품의 이미지를 무단으로 사용하면 안 된다.

저자는 소싱을 할 때 '네이버 지도', '파워링크', '네이버쇼핑 검색결과 2페이지'를 많이 이용한다.

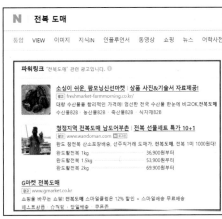

네이버 지도를 이용하면 업체의 위치를 확인할 수 있어 좋다. 필요한 경우 방문하기도 한다. 네이버 파워링크에 광고를 하는 업체는 판매가 절박한 경우가 많으므로, 연락을 하면 우호적인 답변을 얻을 확률이 높다. 또 네이버쇼핑에서 해당 아이템을 검색하여 검색결과 2페이지 이후에 나오는 판매자 중에서 서치할 수도 있다. 이들 중에는 제조사나 도매처에서 판매자로 올린 상품도 있다. 이들 판매자에게 연락해 접촉해보는 것도 좋은 방법이다.

초보 셀러의 경우 업체에 연락하는 것이 두려울 것이다. 하지만 너무 걱정할 필요 없다. 많은 도매처는 자기 제품을 판매해줄 사람이 하나라도 더 많으면 좋은 것이다. 진정성 있게 다가가면 거래가 성사될 확률이 높다. 실패하더라도 10군데 업체에 전화를 돌려보면 그중 2~3군데 업체와는 성사될 수 있을 것이다. 실패한 업체라 하더라도 거래 조건 등 통화 내용을 잘 정리하여 저장해두기 바란다. 지금은 비록 실패했지만 여러분이 좀 더 경쟁력 있는 판매자가 되었을 때는 성사가 될 수도 있다.

이렇게 시작을 하고 나면 다음번에는 거래처를 찾기가 더 쉬워질 것이고, 또 기존 거래처를 통해 더 많은 아이템을 펼칠 수도 있을 것이다.

4) 거래 협의 및 확정

공급처에 전화를 하거나 미팅을 통해 협의를 할 때는 다음 사항을 확인하고 협의해야 한다.

① 거래 형태: 위탁배송 여부, 공급처에서 고객의 반품 수령 여부 등
② 공급가: 공급가 협의, 주문 수량별 단가 협의
③ 결제조건: 주 단위, 월 단위 결제
④ 발주관련 정보
    – 담당자
    – 프로세스
    – 발주서 양식
    – 마감시간
⑤ 기타
    – 과세 / 비과세 여부
    – 계산서 발행
    – 결제계좌
    – 사업자등록증 사본

'판매하고자 하는 구성'과 '공급사 옵션'의 매칭이 가능한지 확인한다. 예를 들어 단품보다는 2개의 상품 구성을 소비자가 더 선호해 2개 상품을 세트로 판매하고자 한다면 공급사에 세트로 출고 가능한지를 확인하고 협의한다. 또 상위노출 되었을 때 판매 수량을 감안하여 물량 수급이 가능한지도 확인한다.

4장

상위노출의 시작
- SEO

01 쿠팡 검색엔진의 작동 원리

쿠팡 고객은 '비검색 화면'과 '검색 화면'에서 구매를 하게 된다. 검색 없이도 보여지는 화면, 즉 메인화면이나 기획전, 이벤트, 광고 상품 등 '비검색 화면'에 디스플레이 되는 상품을 보고 구매하기도 하고, 자신이 직접 원하는 키워드를 입력하여 나타나는 검색 결과인 '검색 화면'에서 구매하기도 한다.

그런데 쿠팡 고객의 70% 이상이 검색을 통해 구매한다.

고객이 검색을 하면 쿠팡 검색엔진은 고객이 원하는 상품을 쉽게 찾아서 구매할 수 있도록 검색어와 가장 관련이 있고 구매하기 좋은 상품을 최상위에 보여준다. 그렇기 때문에 그 어떤 플랫폼보다도 쿠팡에서 물건을 팔기 위해서는 쿠팡이 정한 검색엔진에 최적화되게 상품을 등록해야 한다.

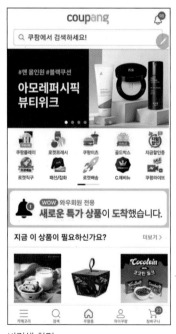

비검색 화면

검색 화면

쿠팡의 검색엔진은 정확하고 공정한 검색결과를 위해 다음의 요소를 고려하여 검색결과를 보여준다.

① 판매가 잘되는 상품인가

② 고객이 얼마나 많이 클릭하였는가

③ 상품정보가 얼마나 충실한가

④ 원하는 상품과 검색결과가 얼마나 일치하는가

쿠팡의 검색로직은 이러한 요소들을 지수화하여 점수가 높은 순으로 상품을 진열해준다. 판매자는 쿠팡의 이러한 검색 랭킹의 로직을 이해하고, 검색엔진이 내 상품을 잘 찾을 수 있도록 상품을 등록해야 한다.

쿠팡은 고객이 검색하는 대표키워드와 세부키워드에서 쿠팡 랭킹순에 의해 내 제품이 상위에 랭크되어야 팔리는 로직이다. 그러므로 쿠팡에서 물건을 팔려면 쿠팡 랭킹순에서 상위에 포착되도록 SEO에 맞게 꼼꼼하게 등록해야 한다.

쿠팡 랭킹순

02 쿠팡 랭킹순 상위노출 하기

쿠팡에서 판매를 잘 하려면 ① **고객이 내 상품을 쉽게 찾아야 하고** ② **내 상품을 사고 싶어 해야 한다.**

쿠팡 랭킹순에 가장 중요하게 여기는 SEO 항목은 **노출상품명, 카테고리, 검색필터, 무료배송** 조건이다. 따라서 상품등록 시 이 항목을 쿠팡 검색엔진에 맞게 잘 등록해야 상품이 상위에 노출되고, 구매로 이어진다.

고객이 상품을 검색하면 쿠팡의 검색엔진은 다음의 정보를 기준으로 상품을 검색하여 이를 지수화하여 상품 리스트를 보여준다.

따라서 고객의 검색에서 내 상품이 상위에 랭크되기 위해서는 노출상품명, 카테고리, 검색필터, 무료배송 옵션을 잘 설정해야 한다.

1 상품명

우리가 상품명을 쓰는 목적은 등록이 아니라 노출이다. 노출은 경쟁자 대비 상품수가 적은 게 기본 매커니즘이다. 그래서 대표키워드보다는 세부키워드 위주로 상품명을 작성한다. 대표키워드인 '도라지차'보다는 세부키워드인 '목 아플 때 먹는 차'를 상품명에 넣어야 노출에 유리하다.

쿠팡의 상품명은 '노출상품명'과 '등록상품명'이 있다.

'노출상품명'은 고객에게 노출되는 상품명으로, '브랜드명+제품명'을 조합하여 입력하면 된다. 노출상품명은 상품등록 후 쿠팡 기준에 맞게 변경될 수 있다.

'등록상품명'은 판매자가 관리용으로 입력하는 상품명으로, 발주서와 WING에만 사용되며 고객에게는 노출되지 않는다.

1) 상품명 작성 방법

'노출상품명'은 '상품목록 페이지'와 '상세페이지'에서 내 상품을 나타내는 이름으로, 이 상품명을 잘 등록해야 고객이 내 제품을 쉽게 찾을 수 있다. 좋은 상품명은 무슨 상품인지 직관적으로 바로 알수 있도록 하는 상품명이다.

그전에는 판매자가 상품등록 시 '등록상품명'을 입력하면 '브랜드+제품명+상품군'의 공식으로 조합하여 쿠팡에서 노출상품명을 만들어주었으나, 2020년 8월부터 노출상품명을 판매자가 직접 입력하는 것으로 변경되었다. 노출상품명은 상품등록 후 쿠팡 기준에 맞게 변경될 수 있다.

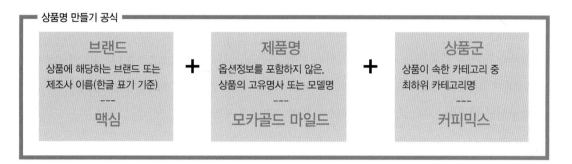

위 그림에서 보는 것처럼, 판매할 상품의 '**브랜드 + 제품명 + 상품군**'을 조합하여 판매자가 상품명을 만들면 된다.

① **브랜드:** 상품 브랜드 또는 제조사 이름. 영문명은 한글로 표기한다.

② **제품명:** 옵션 정보를 포함하지 않은, 상품의 고유명사 또는 모델명

- 포장지 라벨에 적힌 품명에서 브랜드와 제조사, 옵션 정보를 제외한 나머지를 적는다. 예를 들어, '일동후디스 모유보감' → '모유보감'으로, '동서식품 카누 콜롬비아 다크로스트 아메리카노' → '콜롬비아 다크로스트 아메리카노'로 하면 된다.

③ **상품군:** 상품이 속한 카테고리 중 최하위 카테고리명

- 최하위 카테고리 이름이 어색할 때는 상품을 정의할 수 있는 다른 이름을 넣는다. 예를 들어, 카테고리가 '출산/유아동 → 분유/유아식품 → 건강식품 → 엄마를 위한 비타민'인데 최하위 카테고리 '엄마를 위한 비타민'이 상품과 맞지 않다면 → '수유보조식품' 등으로 하면 된다.

브랜드, 제품명, 상품군이 정확하면 내 상품은 올바른 상품명으로 쿠팡 홈페이지에 노출된다.

2) 상품명 작성 시 유의사항

다음은 쿠팡에서 이야기하는 상품명 작성 시 유의사항이다. 이러한 것은 기본적으로 지켜 상품명을 작성하는 것이 좋다.

① 브랜드와 제품명은 각각 최대 한글 40자, 영문 45자 이하로 입력한다.

② 판매 상품과 관련이 없는 상품명이나 스팸성 키워드 입력 시 관리자에 의해 판매 금지될 수 있다.

　(예시: 유명 상품 유사문구, ~스타일, ~st 등)

③ 한글 맞춤법, 표준어 규정, 외래어 표기법을 준수한다.

④ 외국어는 '외래어 표기법'에 따라 한글로 표기한다. 단, 고유명사 및 약어 영문은 사용할 수 있다.

　[고려은단 쏠라씨 레몬맛(or 고려은단 쏠라C 레몬맛), 중외제약 코엔자임 큐텐(or 중외제약 코엔자임 Q10)]

⑤ 문장부호, 괄호, 수학기호 등 특수문자를 쓰지 않는다. ?, @, #, $, *, [,], ☆, ＋, ㉾, ¿,) 등

⑥ 상품과 무관하게 특정 시즌과 관련된 문구는 쓰지 않는다.(추석, 밸런타인데이, 어린이날, 크리스마스, 어버이날 등)

⑦ 상품과 무관한, 검색 또는 구매를 유도하기 위한 문구를 쓰지 않는다.(고급, 공통포장, 균일가, 단일상품, 대박특가, 득템찬스, 마감, 막판특가, 모음전, 본사정품, 세일, 신규, 신상, 홈쇼핑 히트, 1+1 판매, 한정판매 등)

⑧ 배송 관련 문구를 쓰지 않는다.(무료배송, 특가배송, 당일출고, 묶음배송 등)

3) 쿠팡 상품명 작성의 키포인트

쿠팡에서 요구하는 상품명 작성 기준을 준수하면서, 고객의 검색에 잘 노출될 수 있는 상품명을 작성해야 한다. 그러기 위해서는 고객이 내 상품을 어떤 키워드로 검색할 것인가를 알아보고 그 키워드를 상품명에 넣어야 한다. 바로 **세부키워드, 블루키워드를 사용하면서 연관검색어와 자동완성어를 펼쳐나가는 것이다.** 다음은 쿠팡 상품명을 작성하는 요령이다.

① 핵심키워드를 적절히 배치한다.

세부키워드나 블루키워드를 상품명에 적절히 배치하여 작성한다. **'브랜드명 + 세부키워드 + 대표키워드 중량 수량 + 세부키워드'**를 조합하여 작성한다. 예시) 비바채 프리미엄 전립소 전립선 쏘팔메토 60캡슐 옥타코사놀 비타민 E

　▶ **세부키워드가 있을 때: 브랜드**(셀러의 상호명) **+ 제품명**(세부키워드 1, 2, 3, 블루키워드)

브랜드 + 블루키워드 + 대표키워드 + 중량, 수량 + 세부단어 + 세부키워드

비바채 프리미엄　전립선영양제　쏘팔메토　60캡슐　옥타코사놀 비타민 E 전립소 남성건강 영양제

　▶ **세부키워드가 없을 때**

브랜드 + 대표키워드 + 중량, 수량

비바채 작두콩차 1팩당 50티백

② 키워드를 문맥에 어울리게 조합한다.

무작정 키워드를 나열하는 것보다 구매자들에게 쉽게 읽혀질 수 있도록 키워드를 조합하여 자연스러운 문맥을 완성하는 것이 좋다. 예시) 비바채 국내생산 혈압측정기 전자 커프형 혈압계

③ 중복된 키워드는 생략한다.

예시) 비바채 국내생산 혈압측정기 자동혈압측정기 전자혈압측정기 (×) → 비바채 국내생산 혈압측정기 전자 커프형 혈압계

④ 키워드를 띄어쓰기하여 작성한다.

예시) 비바채 캐시미어 숄 머플러 목도리

TIP⁺ 상품등록 후 상품명, 섬네일의 수정

쿠팡에서 상품등록 후 상품명이나 옵션명을 변경할 때는 신중하게 해야 한다.

구매가 이루어져 랭킹에 순위 변화가 일어나고 있는 중에 이러한 것들을 변경하면 랭킹로직에 영향을 주어 상위노출이 잘되고 있던 상품이 하위로 밀려날 수 있다.(판매가 일어나지 않았고 상위노출이 되어 있지 않은 상태라면 변경해도 상관없다.)

부득이 상품명이나 섬네일을 수정하고자 할 때는 **쿠팡 WING → 상품관리 → 상품 조회/수정**에서 원하는 상품을 선택하고 '**판매상태 변경**' 버튼을 클릭하여 '**판매중지**'로 변경 이후 본인 스토어에서 노출이 판매 중단되는 것을 확인 후 상품명을 수정한다. 스마트스토어도 동일하다.

상세설명은 수정해도 랭킹 순위에 영향이 없다. 스마트스토어도 마찬가지이다.

2 카테고리

카테고리는 쿠팡에 등록된 상품을 찾기 쉽게 분류하는 기준이다. 카테고리는 쿠팡 검색엔진이 내 상품을 찾는 중요한 정보로, 정확한 카테고리는 고객이 내 상품을 쉽게 찾을 수 있도록 도와준다.(쿠팡 검색엔진은 카테고리도 검색어로 인식한다.)

현재 쿠팡의 대카테고리는 패션의류/잡화, 뷰티, 출산/유아동, 식품, 주방용품, 생활용품, 홈인테리어, 가전디지털, 스포츠/레저, 자동차용품, 도서/음반/DVD, 완구/취미, 문구/오피스, 반려동물용품, 헬스/건강식품 등이 있고, 여행/티켓과 테마관이 있다. 그 하위로 중 – 소 – 세부 카테고리가 이어진다.

카테고리를 잘못 지정하면 고객이 내 상품을 찾을 수 없게 된다. 셀러가 잘못된 카테고리에 등록한 경우 쿠팡에서 적절한 카테고리로 상품을 이동시킨다.

1) 카테고리 설정하는 법

① 제품과 관여도가 높은 카테고리를 선택한다.

상품등록 시 상품명을 입력하면 카테고리 항목에서 '추천 카테고리'를 보여준다. 여기서 원하는 카테고리가 있으면 선택해주면 된다.

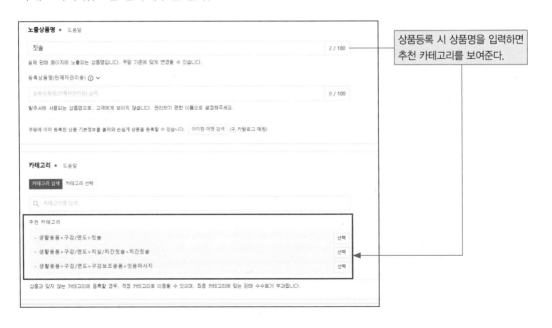

상품등록 시 상품명을 입력하면 추천 카테고리를 보여준다.

'카테고리 선택' 탭에서 대－중－소－세부 카
테고리를 단계별로 선택하면서 제품과 가장 관
여도가 높은 카테고리를 선택할 수 있다.

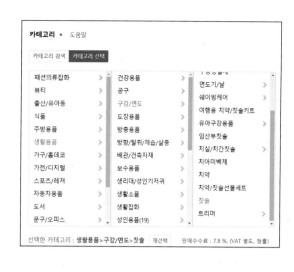

② 카탈로그 매칭으로 등록하기

내 상품과 동일한 상품이 이미 등록되어 있
다면 노출상품명 입력 시 카탈로그 매칭 상품
에서 '더 많은 매칭 상품 보기'를 클릭하여 상
품을 검색한 후, 판매하고자 하는 상품과 동일한 상품을 선택하면 카테고리 설정에 대한 고민 없이
쉽게 상품을 등록할 수 있다. 단, 이때는 등록한 아이템 페이지에 타 판매자 상품과 결합되어 노출된
다. 카탈로그 매칭으로 아이템 마켓에 등록하는 것은 추천하지 않는다.

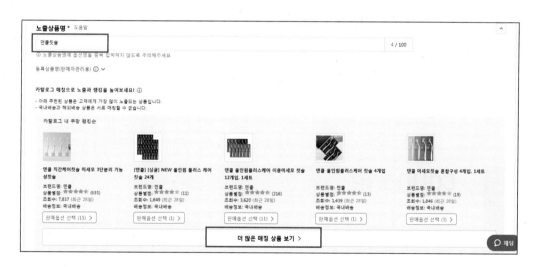

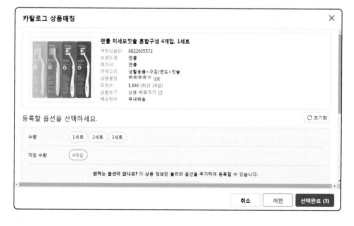

③ 쿠팡 판매 1, 2, 3위의 상품을 참조한다.

카테고리를 잘 모를 때는 쿠팡 검색창에서 상품명을 검색해보고 판매 1, 2, 3위 상품의 카테고리를 참조한다.

④ 정확한 카테고리 1개를 선택하면 쿠팡이 여러 카테고리에 노출한다.

스마트스토어는 하나의 상품이 하나의 카테고리에 매칭되는 '1:1 매칭'인 반면 쿠팡은 여러 개의 카테고리에 연결되는 '1:다 매칭'이다.

스마트스토어는 카테고리를 우선으로 본다. 상품명을 아무리 잘 작성해도 설정한 카테고리에 소속되어 있지 않은 키워드가 들어 있으면 노출이 되지 않는다. 그래서 스마트스토어에서는 카테고리 설정이 정말 중요하다. 반면 쿠팡은 카테고리가 상품명과 맞지 않는 경우 상품명을 우선으로 적용하여 노출시켜준다. 정확한 카테고리 1개를 선택하면 쿠팡이 관련 있는 여러 카테고리에 노출한다. 이런 것으로 볼 때 쿠팡은 스마트스토어보다는 카테고리 매칭이 상위노출에 있어서 차지하는 비중이 상대적으로 낮다고 할 수 있다.

⑤ 상품을 등록하고 나면 카테고리 변경은 불가하다.

상품을 등록하고 나면 카테고리 변경을 불가하니 신중을 기해 정확한 카테고리를 설정해야 한다.

⑥ 카테고리 매칭이 잘못된 것은 쿠팡이 적절한 카테고리로 상품을 옮길 수도 있다.

이때 판매수수료는 쿠팡 홈페이지에 노출되는 카테고리를 기준으로 부과된다.

2) 중복등록에 관하여

어떤 키워드의 연관검색어를 분석했는데, 2개 이상의 카테고리로 나눠지는 경우가 있다. 그 2개의 카테고리에 소속되어 있는 연관검색어들을 모두 버리기 아까운 경우가 있다. 그럴 때는 A 카테고리에 소속되어 있는 키워드만을 사용해서 상품을 하나 등록하고, B 카테고리에 있는 키워드만을 사용해서 상품을 하나 등록하여, 2개의 상품을 등록하면 된다. 이때 동일 스토어에 등록한다면 제품이 다른 걸로 등록해야 한다. 만일 동일 제품을 올리고자 한다면 다른 사업자 아이디로 등록해야 한다.(스마트스토어의 경우 중복몰에도 올리면 안 된다.) 동일 제품을 중복등록하면 삭제 처리된다. 단 옵션 구성을 다르게 하면 가능하다. 상품명을 '시서스 가루'와 '시서스 가루+보틀병' 이런 식으로 옵션을 달리 해서 올리면 동일 스토어에서도 가능하다. '시서스 가루'와 '시서스 가루+보틀병'은 다른 상품으로 보기 때문이다. 이것은 쿠팡과 스마트스토어 모두에서 그렇다.

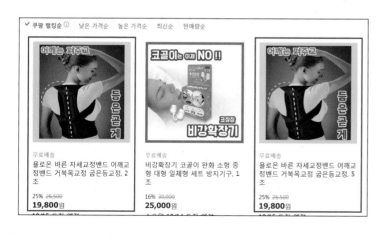

같은 제품이지만 사이즈별 옵션명을 다르게 하여 동일 스토어에서 판매하고 있다.

3) 동일 스토어에서 중복 키워드 사용

쿠팡은 상위노출을 하는 데 있어 동일 스토어에서의 중복 키워드 사용에 영향이 없다. 하지만 네이버쇼핑은 동일 스토어에서 중복 키워드를 사용할 때 순위 적용이 불가하다.

네이버쇼핑의 예를 들어보자. A라는 상품이 '매트리스방수커버'라는 키워드에서 현재 상위노출이 되어 잘 팔리고 있다. 그런데 판매자가 A 상품과 유사한 B라는 상품을 등록하면서 '매트리스방수커버'라는 키워드를 사용하였다. 이 경우 '매트리스방수커버' 키워드에서 A 상품과 B 상품이 모두 상위노출이 되면 좋겠지만 그렇게 되지는 않는다. 동일 스토어에서 중복 키워드를 밀어주지 않기 때문이다. 만일 '매트리스방수커버'라는 키워드에서 B 상품이 상위노출 된다면, 상위노출 되고 있던 A 상품이 저 뒤로 밀리게 된다.

키워드 검색일 삭제	2019-12-01 02:23	2019-11-26 00:33	2019-11-12 14:32	2019-11-11 12:40	
매트리스방수커버	4 / 34 / 154 (↑21)	5 / 15 / 175 (↓159)	1 / 16 / 16 (↑1)	1 / 17 / 17 (↑8)	
침대방수커버	0 / 0 / 0 (0)	0 / 0 / 0 (0)	0 / 0 / 0 (0)	0 / 0 / 0 (0)	
방수매트리스커버	5 / 10 / 170 (↑48)	6 / 18 / 218 (↓198)	1 / 20 / 20 (↓1)	1 / 19 / 19 (↑12)	A 상품
방수침대커버	4 / 26 / 146 (↑6)	4 / 32 / 152 (↓135)	1 / 17 / 17 (0)	1 / 17 / 17 (↑5)	
매트리스커버	5 / 6 / 166 (↓1)	5 / 5 / 165 (↓105)	2 / 20 / 60 (↓5)	2 / 15 / 55 (↑10)	
메트리스커버	5 / 6 / 166 (↓1)	5 / 5 / 165 (↓105)	2 / 20 / 60 (↓5)	2 / 15 / 55 (↑10)	
침대매트리스커버	5 / 23 / 183 (↓24)	4 / 39 / 159 (↓134)	1 / 25 / 25 (↓4)	1 / 21 / 21 (↑6)	

키워드 검색일 삭제	2019-11-30 15:38	2019-11-28 13:53	2019-11-26 00:06	2019-11-22 03:08	
매트리스방수커버	1 / 14 / 14 (↑3)	1 / 17 / 17 (↑2)	1 / 19 / 19 (↑159)	5 / 18 / 178 (↓10)	
슈퍼싱글매트리스커버	1 / 14 / 14 (↑2)	1 / 16 / 16 (↑1)	1 / 17 / 17 (↑231)	7 / 8 / 248 (↓17)	
침대매트리스커버	1 / 21 / 21 (↑1)	1 / 22 / 22 (↑1)	1 / 23 / 23 (↑213)	6 / 36 / 236 (↓19)	B 상품
침대매트커버	0 / 0 / 0 (0)	0 / 0 / 0 (0)	0 / 0 / 0 (0)	0 / 0 / 0 (0)	
침대방수커버	0 / 0 / 0 (0)	0 / 0 / 0 (0)	0 / 0 / 0 (0)	0 / 0 / 0 (0)	
슈퍼싱글사이즈	0 / 0 / 0 (0)	0 / 0 / 0 (0)	0 / 0 / 0 (0)	0 / 0 / 0 (0)	
침대커버	0 / 0 / 0 (0)	0 / 0 / 0 (0)	0 / 0 / 0 (0)	0 / 0 / 0 (0)	

그림에서 보면 A 상품은 11월 12일까지 '매트리스방수커버', '방수매트리스커버', '방수침대커버' 등 주요 키워드에서 1페이지에 노출되고 있었는데, 11월 26일에 아무것도 하지 않았는데 갑자기 4, 5페이지로 밀려나고, 순위에 잡히지 않는 것도 생겨났다. 이날은 바로 B 상품이 그 키워드에서 1페이지에 등극한 날이었다. 이처럼 동일 스토어에서 중복 키워드를 밀어주지 않는다.

하지만 이 경우 쿠팡에서라면 A와 B 상품 모두 '매트리스방수커버'라는 키워드에서 상위노출 될 수 있다. 쿠팡은 동일 스토어에서 중복 키워드를 사용해도 상위노출에는 영향을 받지 않는다.

3 검색어

쿠팡은 보다 효율적인 서비스를 제공하기 위해 판매 상품에 올바른 검색어(태그)를 등록할 것을 권고하고 있다. 검색어는 내 상품이 더 잘 검색되도록 상품등록 시 입력하는 '내 상품 관련 단어'를 말하는 것으로, 쿠팡 검색엔진이 내 상품을 찾는 중요한 정보이다.

쿠팡 검색 기능은 '카테고리', '상품명', '구매옵션', '검색어' 이 네 가지 정보에 속한 단어를 조합해 검색결과를 보여준다. 따라서 검색에 유리하게 검색어를 작성하면 더 높은 검색결과를 유도할 수 있다. 상품등록 시 입력한 '카테고리'와 '상품명'이 모두 검색 태그로 쓰이기 때문에 검색어를 넣지 않아도 검색이 가능하지만, 검색어를 입력하면 '카테고리 + 상품명 + 검색어'가 모두 검색되므로 검색 확률이 월등히 높아진다. 아래 예에서 보는 것처럼 검색어를 등록하면 그만큼 고객의 검색에 노출될 기회가 많아진다.

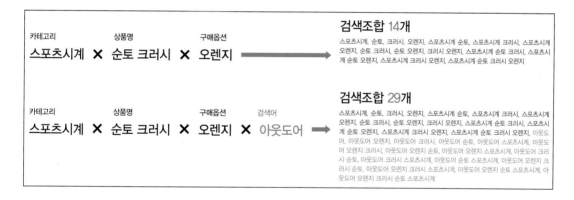

따라서 판매자는 고객이 내 제품을 찾을 때 어떤 단어를 입력하여 검색할 것인가를 먼저 생각해보고, 많이 사용하는 키워드를 찾아서 등록해주는 것이 중요하다.

1) 검색어를 찾는 방법
내 제품과 관련 있는 검색어를 찾는 방법은 다음과 같다.

▶ 제품과 관련 있는 '자동완성어'와 '연관검색어'를 찾는다.

쿠팡에서 브랜드, 제품명, 상품군, 특징 등을 키워드로 입력하여 '자동완성어'와 '연관검색어'를 찾는다. 자동완성어와 연관검색어는 이미 쿠팡에서 고객들이 많이 찾아본 단어이므로, 이러한 검색어를 찾아내어 제품과 관련 있는 것을 선택한다. 또 네이버, 다음 등 포털사이트에서도 '자동완성어'와 '연관검색어'를 찾아서 참고하면 된다.

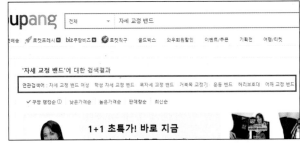

▶ 상품의 상태를 잘 표현할 수 있는 검색어를 찾는다.

① 형태, 소재/재질
  • 형태: 머메이드 원피스, H라인 스커트, 나팔바지, 뷔스티에 원피스, 랩스커트, 라운드티, 긴팔티, A라인 스커트 등
  • 소재/재질: 기모, 라쿤, 앙고라, 울, 구스다운, 무스탕

② 상품명이나 브랜드의 영문 동의어, 별칭 또는 축약어
  • 브랜드 영문: Galaxy, iphone, Beoplay, Prada, Aplin
  • '에이지투웨니스'의 별칭: 견미리팩트
  • '락앤락 프라이팬'의 별칭: 백종원 프라이팬

③ 상위 분류 키워드
  카테고리, 상품명 외에 해당 상품을 포괄하는 상위 분류 키워드

  • '뉴발란스'의 상위 분류명: 운동화, 신발
  • '삼다수'의 상위 분류명: 생수

④ 특장점: 해당 상품의 특장점을 표현할 수 있는 단어
  • '편수냄비'의 경우: 5중 코팅, Non-stick

⑤ 용도, 스타일

  • 용도: 하객패션, 파티룩, 바캉스룩, 공항패션, 스쿨룩, 신입사원룩, 소개팅룩, 데일리룩
  • 스타일: 떡볶이 코트, 체크 무늬, 아우라진, 벤딩바지, 뷔스테에, 깔깔이
  • 시즌: 크리스마스, 졸업식 선물, 밸런타인데이, 입학식 등

2) 검색어 입력 방법

쿠팡의 검색어는 상품등록 시 쉼표(,)로 구분하여 최대 20개까지 입력할 수 있다. 가능하면 20개 모두를 입력하는 것이 좋다. 그래야 더 많은 노출 기회를 가질 수 있다.

① 카테고리나 상품명을 중복 입력할 필요는 없다.
  예) 카테고리: **패딩**/상품명: **나이키 하이넥 장식 SW1203**일 때, 검색어: **가을 패딩, 가을 패딩 점퍼, 패딩, 가을 패딩, 패딩 점퍼**라고 입력하면 모두 중복 입력으로 처리되므로 '**가을**'이라는 키워드를 제외하고는 모두 입력할 필요가 없는 단어들이다. 대신 검색어를 'UV 차단', '생활방수', '웰론' 등 특징이 되는 단어를 넣는 것이 더 효과적이다. → ※ 입력할 수 있는 검색어가 20개로 제한되어

있기에 이를 최대한 활용하되, 고객이 찾는 검색어로 잘 조합될 수 있는 단어를 사용한다.

② 띄어쓰기 적용 단어와 미적용 단어를 중복으로 쓸 필요가 없다.

(노루 페인트, 노루페인트→'노루 페인트' 한 가지만 입력한다.)

③ 상품을 수식하는 말과 상품명은 띄어 쓴다.

(남다른짬뽕→남다른 짬뽕, 예쁜아동샌들→예쁜 아동 샌들)

④ 같은 단어 조합을 순서만 바꿔 중복으로 쓰지 말라.

(가을 패딩, 기모 패딩, 가을 기모 패딩, 패딩 가을 기모→가을, 기모만 입력)

⑤ 브랜드와 제품명은 띄어 쓴다.

(루니아슬리퍼→루니아 슬리퍼, 닥터제이콥스캐스틸솝→닥터제이콥스 캐스틸솝)

3) 검색어 입력 시 주의사항

판매자가 등록한 검색어가 전부 사용되는 것은 아니다. 쿠팡 시스템은 정확한 정보 제공 및 서비스 효율 등을 위하여 판매자가 등록한 검색어 중 일부만 사용하거나 적절하지 않은 검색어를 수정/삭제할 수 있다. 적합하지 않은 검색어의 경우 '검색효율성 저하', '검색결과 오용 가능성', '부적절한 검색어 사용 가능성', '공격적이거나 불법적인 단어 사용' 등의 사유로 검색에 사용되지 않을 수 있다. 또한 적합하지 않은 검색어가 입력된 판매자의 상품이 쿠팡에서 검색되지 않을 수 있으며, 해당 상품뿐만 아니라 판매자의 모든 상품이 검색결과에 노출되지 않을 수도 있다.

① 연관성 없는 단어, 타 브랜드명은 쓰지 말라.

예) 짜파게티: 삼다수 (×), 샘물 (×)/불닭볶음면: 신라면 (×), 삼다수 (×)

USB OTG 메모리: 컴퓨터 (×), 노트북 (×)

예) 아티스티체나 블루샤인 소서(접시)

머그, 공기, 볼, 주전자, 컵, 커피잔, 찻잔 (×): 정확한 상품 카테고리가 아님

신혼, 결혼, 유럽, 핀란드 (×): 의미가 지나치게 확장되거나 상품과 관련이 없는 단어

② 슬래시(/) 사용 시 단어를 생략하지 말라.

슬래시를 기준으로 검색어를 각각 인식한다. 따라서 반복 사용되는 단어라도 표기해야 한다.

(14/18K→14K/18K, 5/7부→5부/7부, 워킹/런닝화→워킹화/런닝화)

③ 배송 관련, 기능성 문구를 입력하지 말라.

배송비 종류와 기능에 대한 검증 여부를 확인하기 어려운 단어는 사용하지 않는다.

(배송: 무료배송 장갑, 유료배송 양말/기능: 간에 좋은 건강식품, 뼈에 좋은 음식, 항노화, 안티에이징)

④ 시즌성 문구는 사용에 주의한다.

상품과 직접 상관관계가 있음을 증명할 수 있는 시즌성 문구만 사용한다.

4 검색필터

쿠팡 검색필터에는 '검색옵션'과 '구매옵션'이 있다.

검색옵션은 고객이 상품을 검색할 때 쓰는 필터값으로, 재질, 색상, 크기 등 고객이 필요한 속성만 선택해서 상품을 검색할 수 있도록 해준다. 구매옵션은 고객이 구매할 때 선택하는 값으로, 구매옵션도 필터값으로 쓰이므로 정확히 입력해야 한다. 상품등록 시 옵션명과 옵션값을 설정하면 아래와 같이 카테고리별 검색 필터가 생성이 된다.

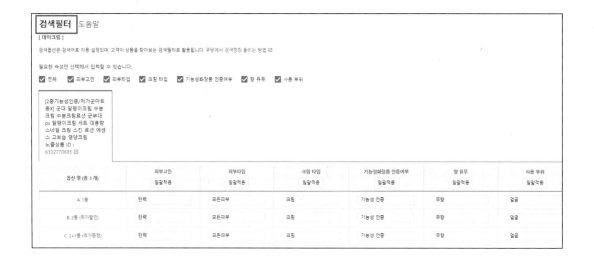

1) 검색 옵션

상품등록 시 검색 옵션은 검색어로 자동 설정된다. 쿠팡 고객들은 상품을 검색한 후 검색결과에서 '검색필터'를 적극적으로 활용한다. 즉 큰 범주의 검색어를 입력해 원하는 상품들을 찾은 후 다시 검색옵션으로 범위를 좁혀 가면서 원하는 상품을 찾는다. 따라서 검색옵션을 정확히 입력해주면 고객이 내 상품을 찾을 수 있는 확률이 훨씬 높아진다.

검색 옵션은 카테고리마다 넣을 수 있는 옵션유형이 다른데, 여성의류 블라우스의 경우 상의 사이즈, 색상, 패턴/프린트, 스타일, 네크라인, 소재, 소매 길이 등 옵션을 선택할 수 있다. 가능한 한 옵션유형을 최대한 많이 선택하여 등록하도록 한다.

옵션유형별로 입력방법이 다른데, 옵션값을 직접 입력하거나 드롭다운 메뉴에서 선택할 수 있다. 드롭다운 목록이 있는 경우는 반

드시 목록에서 선택해야 필터에 검색된다.

고객은 상품 검색 후 검색 옵션을 활용하여 세부적으로 상품을 검색한다. 이 검색 옵션을 정확하게 설정해놓으면 고객의 검색에 내 상품이 잘 노출될 수 있다.

2) 구매 옵션

구매 옵션은 상품등록 시 '옵션' 항목에서 설정하는 정보를 말한다. 고객이 상품을 구매할 때 선택하는 정보로, 사이즈, 색상, 수량 등 고객의 선택사항을 말한다. 구매옵션값에 맞는 대표이미지를 각각 넣어주면 고객이 상품을 살펴보고, 구매를 결정하는 데 도움이 된다.

구매 옵션도 카테고리, 상품명, 검색 옵션과 함께 쿠팡 검색엔진이 내 상품을 찾는 중요한 정보이다. 구매 옵션이 정확하면 고객이 검색했을 때 내 상품이 잘 나오게 된다. 예를 들어 고객이 '원피스'를 검색하면 경쟁상품이 워낙 많아 노출이 쉽지 않을 것

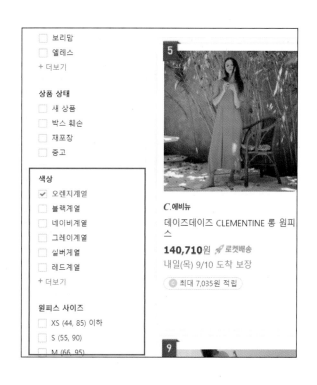

이다. 그런데 고객은 오렌지색 원피스를 사기 위해 '원피스 오렌지색'이라고 검색할 수도 있다. 그럴 때 내 상품이 만일 오렌지색이고 구매 옵션에 오렌지색이 입력되어 있다면 상위에 노출될 확률이 높다. 그만큼 경쟁상품이 적기 때문이다.

구매 옵션은 고객의 예각화된 검색 조건에 맞는 정확한 제품을 보여주는 것으로, 상품이 상위에 노출될 수 있게 해준다.

5 무료배송

쿠팡에서 상품을 검색을 한 후 '필터' 영역을 살펴보면 고객들이 어떤 필터를 선호하는지 알 수 있다. 그런데 어떤 상품을 검색하더라고 필터 영역 최상위에 '무료배송' 필터가 있는 것을 알 수 있다. 그것은 무료배송 필터를 체크하여 무료배송 상품만 골라서 보는 고객이 많다는 뜻이다.

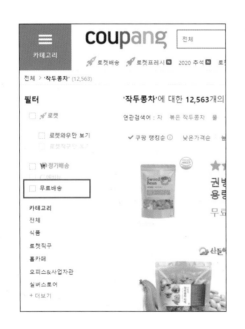

쿠팡의 테스트에 따르면 판매자가 유료배송을 할 때보다 조건부 무료배송을 할 때 평균 매출이 33% 상승했다고 한다. 그만큼 쿠팡의 고객들은 무료배송에 익숙해져 있다. 아이템위너 선정 시에도 배송비 유무가 반영되기 때문에, 극단적으로 이야기하면 쿠팡에서 판매를 하려면 무조건 무료배송을 해야 한다.

무료배송은 쿠팡의 검색 랭킹을 올리는 방법이니 판매자는 배송비를 상품가에 녹이는 전략으로 하든지, 마진을 줄이는 전략을 하든지 간에 무료배송을 하는 것이 좋다.

5장

상위노출을 위한
상품명 만들기

네이버쇼핑과 쿠팡의 상위노출을 위한 상품명 작성은 완전히 다르다. 네이버쇼핑은 네이버 '쇼핑인사이트'에 있는 '연관검색어'를 조합하여 상품명을 작성하면 되지만, 쿠팡은 그렇게 하면 안 된다. 쿠팡 상품명은 쿠팡의 로직에 따라 상품명을 작성해야 한다.

이번 섹션에서는 쿠팡의 상품명 작성 방법을 실제로 예를 들어서 설명한다. 저자가 실제로 '사과'를 판매하기 위해서 만든 상품명 작성의 과정을 공유한다.

1 상품명 작성 전 알아둬야 할 사항

쿠팡의 검색결과 화면은 쿠팡 '모바일 앱', '엣지 웹', '웨일 웹', '크롬 웹'에서의 화면이 동일하지 않다. 또한 유저마다 보이는 화면이 다를 수 있다. '서울'에서 '사과'를 검색한 사람과 '목포'에서 '사과'를 검색한 사람의 화면이 다를 수 있고, 철수와 영희의 검색결과 화면이 다를 수 있다.

쿠팡의 검색결과 화면이 이렇게 다른 것은 플랫폼마다 광고 상품이 차지하는 자리가 다르고, 고객 선호도가 다를 수도 있으며, 각 지역마다 물류센터에 입고되어 있는 로켓상품이 다를 수 있기 때문이다. 예를 들어 A라는 로켓 상품이 서울과 가까운 물류창고에는 있고 목포와 가까운 물류창고에는 없다면, 서울에서 검색하는 유저에게는 A상품이 상위에 보일 수 있지만, 목포에서 검색하면 보이지 않을 수도 있다. 쿠팡은 로켓배송 상품에 베네핏(benefit, 혜택)을 주어 상위로 올려주는데, 가까운 물류센터에 상품이 없으면(로켓배송을 할 수 없다면) 노출 상위로 올릴 수 없기 때문이다. 이러한 차이로 인해 플랫폼별로, 유저별로 검색결과에 차이가 있다.

판매자는 쿠팡의 이러한 특성을 잘 알고 있어야 한다. 상품 순위를 체크할 때는 여러 플랫폼을 참조하되, 가장 우선시하고 기본적으로 체크해야 할 플랫폼은 실제로 고객이 가장 많이 이용하는 '쿠팡 모바일 앱' 화면이다. 그리고 화면(순위) 변동이 가장 빠르게 되고 있는 것은 현재 '웨일' 화면이다. 하지만 이러한 쿠팡의 로직은 언제라도 변경될 수 있다. 판매자는 자신의 상품에 대해서는 등록 후에 꾸준히 관심을 가지고 있어야 한다.

쿠팡 랭킹순 | 낮은 가격순 | 판매랭

늘품농업회사법인
산지직송 신선한 경북 농산...

지금 구매하기

늘품 가정용 껍질채먹는...　늘품 100% 생사과즙...　늘품 주스용 가공용 조리...

광고

품질 보장
새벽경매 빨간사과 대과, 5kg, 1박스
와우회원가
10% 27,900원
24,900원
(100g당 498원)
로켓프레시
내일(화) 새벽 도착 보장
★★★★☆ (929)
추가 할인쿠폰

쿠팡추천　품질 보장
gomgom >
곰곰 당도선별 세척 햇사과, 2kg, 1박스
와우회원가
15% 13,990원
11,800원
(100g당 590원)
로켓프레시
내일(화) 새벽 도착 보장
★★★★☆ (55,619)
추가 할인쿠폰

검색어와 관련있는 상품

껍질째먹는 훈이네 경북...
34% 85,900원
55,900원
★★★★☆ (2...

[은하수농장] 꿀사과 정품...
38,000원
★★★★☆ (2...

[고운] 청송사...
89,90
★★★★☆

✓ 무료배송
주왕산털보네 고당도 홈과 9kg내외

모바일 쿠팡 앱에서 검색한 화면

엣지에서 검색한 화면

웨일에서 검색한 화면

크롬에서 검색한 화면

쿠팡에서 키워드의 띄어쓰기에 따른 검색결과를 비교한다든지, 상품 순위 조회를 할 때는 웨일에서 하는 것이 좋다. 현재 쿠팡 사이트의 정보가 가장 빠르게 반영되는 브라우저는 웨일이다.(엣지나 크롬보다 빨리 변경된다.)

또 쿠팡에서 자료 조사를 할 때는 인터넷 검색기록 정보를 지우고 깨끗한 상태에서 해야 순수한 정보를 얻을 수 있다. 사용자마다 PC 사용 내역이 다르기 때문에 검색결과 화면에 차이가 날 수 있다. 이것은 사용자마다 다른 활동 내역 쿠키값을 PC가 지니고 있다가 그것을 기반으로 결과를 보여주기 때문이다. 따라서 자료 조사를 위해 쿠팡에서 검색을 할 때는 지금까지의 인터넷 사용 기록을 삭제한 후 해주는 것이 좋다.

1. 웨일에서 '**맞춤설정 및 제어**' 버튼을 클릭한 후 **방문기록 → 인터넷 사용 기록 삭제**를 클릭한다.

2. '고급' 탭을 선택한 후 '기간'은 **전체기간**을 선택한다. 그리고 '비밀번호 및 기타 로그인 데이터'만 체크 해제하고 나머지는 모두 체크한 후 **데이터 삭제** 버튼을 클릭한다.

3. 모든 창을 닫고 빠져나온다. 그리고 다시 웨일을 열어 쿠팡으로 들어가 검색을 하면 쿠팡에서의 순수한 결괏값을 얻을 수 있다.

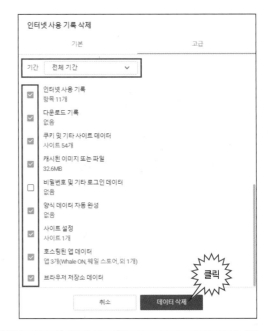

2 상품명 작성 따라 하기

사과를 판매한다고 하면 상품명을 어떻게 작성해야 할까? '사과', '청송사과', '꿀사과', '부사 사과', '못난이 사과' 등 여러 가지 관련 키워드와 블루키워드가 있을 때 이것들을 모두 다 상품명에 사용하면 될까, 아니면 어떤 것은 버려야 할까? '사과'라는 대표키워드를 바로 상품명에 사용해도 될까? 그에 대한 궁금점을 하나하나 풀어보자.

1) 어떤 마케팅을 계획하고 있는가?

상품명 작성에 있어서 첫 번째로 고려해야 할 사항은 판매 상품에 대한 마케팅 전략이다. 많은 돈을 들여 광고도 하고 전방위적으로 마케팅을 해서 빨리 판매를 해야 하는 사람하고, 마케팅 비용 없이 부업으로 판매하고자 하는 사람은 상품명 작성의 출발점부터가 다르다.

저자는 상품명 작성에 따른 '마케팅 전략'을 3가지 타입으로 나누어본다.

물론 꼭 이대로 할 필요는 없다. 초보 셀러도 경쟁력 있는 상품이 있고 마케팅 비용이 충분하다면 '마케팅 A' 전략으로 대형 키워드 위주로 상품명을 작성하여 공격적으로 판매를 해볼 수 있다. 그럴 경우 시장에서 먹힐 만한 아이템인지, 상위노출 되어 판매가 되었을 때 나에게 어느 정도 수익을 줄 수 있는 상품인지를 꼼꼼히 따져보고 진입해야 한다. 이렇게 판매자 자신의 컨디션이 어느 정도인지, 어떤 마케팅 전략을 펼칠지에 따라 상품명에 사용할 키워드를 선택하는 기준이 달라진다.

2) 어떤 키워드를 먹을 것인가?

이 말은 상품명 작성을 '어떤 키워드에서 출발할 것인가'로 귀결된다. 현재 쿠팡의 상품명 작성의 키포인트는 판매자가 궁극적으로 1위가 되고자 하는 키워드에서 **연관되는 키워드를 펼쳐나가는 것**이다. **쿠팡의 SEO는 '자동완성어+연관키워드'를 상품명이든 태그든 어디라도 넣어야 한다.**

그럼 '사과'를 판매한다고 했을 때 출발을 어디서 해야 할까? 사과는 그 상품을 대표하는 키워드로서 사과를 판매하는 사람이라면 누구라도 1위를 먹고 싶은 키워드이다. 그러면 '사과'에서 출발하면 되는가? 이때 고려해야 할 사항이 판매자의 '마케팅 전략'과 '판매자 컨디션'이다.

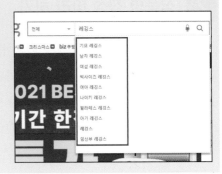

TIP⁺ 쿠팡에서의 현재 메인키워드를 알자

쿠팡에서의 메인키워드가 어떤 것인지 알아보려면 검색창에 키워드를 입력해보면 된다. '레깅스'의 자동완성어를 보니 위에서부터 '기모 레깅스', '남자 레깅스', '여성 레깅스'가 오고 '레깅스'는 저 아래에 있다. 이 순서대로 쿠팡에서 검색량이 많다는 뜻이다.

이럴 때는 '레깅스'가 아니라 '기모 레깅스'가 메인키워드라고 보면 된다. 이것은 겨울이라는 계절적인 영향을 받아서 그런 것이라고 볼 수 있다. 이처럼 판매하고자 하는 상품을 쿠팡 검색창에서 입력해보고 현 시점에서 메인키워드가 무엇인지 알고 시작하자.

(1) 연관키워드를 조회할 검색어 찾기

우리는 지금 사과를 판매하고자 한다. 그러면 제일 먼저 어떤 검색어로 연관키워드를 조회해야 할지 궁금할 것이다. 저자는 주로 네이버 데이터랩의 '쇼핑인사이트' 인기검색어를 참고한다.

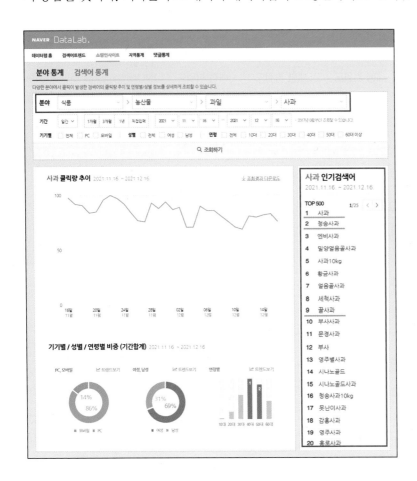

인기검색어에 있는 키워드 중에서 '사과', '청송사과', '꿀사과'를 선정하여 연관키워드를 분석해보기로 하였다. 마침 내가 판매할 상품이 청송사과인데 인기검색어 2위에 있으니 금상첨화인 셈이다.

(2) 연관키워드 서치하기

쿠팡 상품명을 어떤 키워드에서 시작하여 펼쳐나갈지를 결정하기 위해서 내 상품과 관련 있는 블루키워드를 서치한다. '키랩 프로그램'에서 앞서 선정한 '사과', '청송사과', '꿀사과'를 넣고 **블루키워드 추출**을 해보았다.

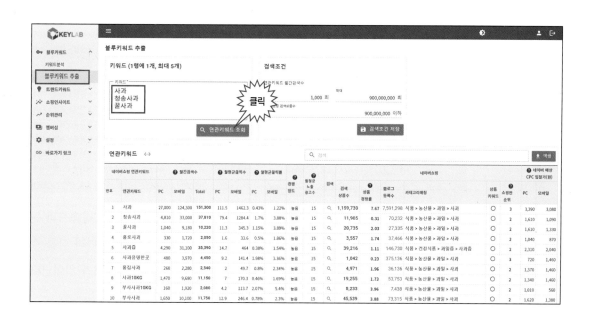

키랩 프로그램 미사용자는 **네이버 검색광고**에서 **도구 → 키워드 도구**에서 조회하면 된다.

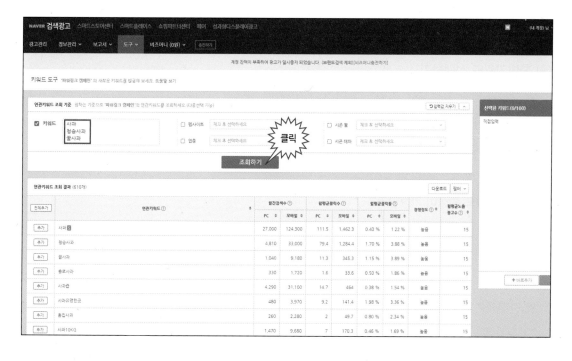

다음은 키랩의 연관키워드 결과를 '월간검색수 Total'로 '내림차순 정렬'한 화면이다.

네이버쇼핑 연관키워드				월평균클릭수		월평균클릭률		경쟁정도	월평균 노출 광고수	검색	네이버쇼핑			
번호	연관키워드	PC	모바일	Total ↓	PC	모바일	PC	모바일				검색 상품수	상품 경쟁률	블로그 등록수	카테고리매칭
1	사과	27,000	124,300	151,300	111.5	1462.3	0.43%	1.22%	높음	15	🔍	1,159,730	7.67	7,591,298	식품 > 농산물 > 과일 > 사과
61	부사	7,740	33,500	41,240	2	2.7	0.03%	0.01%	높음	3	🔍	40,053	0.97	566,590	식품 > 농산물 > 과일 > 사과
2	청송사과	4,810	33,000	37,810	79.4	1284.4	1.7%	3.88%	높음	15	🔍	11,905	0.31	70,232	식품 > 농산물 > 과일 > 사과
5	사과즙	4,290	31,100	35,390	14.7	464	0.38%	1.54%	높음	15	🔍	39,216	1.11	146,730	식품 > 건강식품 > 과일즙 >
42	밀양얼음골사과	2,820	22,100	24,920	49.9	987.5	1.88%	4.88%	높음	15	🔍	2,443	0.10	9,934	식품 > 농산물 > 과일 > 사과
36	얼음골사과	2,030	14,900	16,930	26	669	1.35%	4.7%	높음	15	🔍	2,965	0.18	14,690	식품 > 농산물 > 과일 > 사과
10	부사사과	1,650	10,100	11,750	12.9	246.4	0.78%	2.3%	높음	15	🔍	45,539	3.88	73,315	식품 > 농산물 > 과일 > 사과
8	사과10KG	1,470	9,680	11,150	7	170.3	0.46%	1.69%	높음	15	🔍	19,255	1.73	53,753	식품 > 농산물 > 과일 > 사과
3	꿀사과	1,040	9,180	10,220	11.3	345.3	1.15%	3.89%	높음	15	🔍	20,735	2.03	27,335	식품 > 농산물 > 과일 > 사과
34	세척사과	1,640	6,800	8,440	7.3	122.3	0.5%	1.87%	높음	15	🔍	14,335	1.70	109,413	식품 > 농산물 > 과일 > 사과
35	감홍사과	740	7,170	7,910	12.9	298	1.56%	3.64%	높음	15	🔍	565	0.07	8,471	식품 > 농산물 > 과일 > 사과
45	아침사과	890	6,300	7,190	0.3	18.3	0.04%	0.31%	높음	15	🔍	12,050	1.68	62,155	식품 > 음료 > 주스/과즙음료

연관키워드 추출 결과 대표키워드인 '사과'는 월간검색수가 15만, '부사'는 4만천, '청송사과'는 3만7천, '부사사과' 1만천, '사과10kg' 1만천, '꿀사과'는 1만이 조금 넘었다. 아이템에 따라 다를 수도 있지만 보통 월간검색수가 1만은 넘어야 그 키워드에서 상위노출을 시켰을 때 판매가 일어난다고 볼 수 있다.

'부사'의 경우 월간검색수 4만천에 상품경쟁률은 0.97이다. '청송사과'는 월간검색수 3만7천에 상품경쟁률도 0.31이다. 두 키워드 모두 월간검색수도 괜찮고 검색수 대비 상품수가 적은 좋은 키워드이다. 물론 이것은 네이버의 자료이긴 하지만, 쿠팡에서도 좋은 키워드일 확률이 높다.

(3) 출발키워드 선택하기

내 상품과 연관 있는 좋은 키워드가 여러 개 있을 때 선택의 고민이 생길 수 있다. 앞의 예에서 두 키워드 모두 내 상품에 쓸 수 있는 키워드라면 '청송사과'로 할 것인지 '부사'로 할 것인지 고민이 생길 것이다. 그럴 때는 다음의 사항을 참고하여 결정하면 된다.

① 연관키워드 확장이 가능한가?

출발키워드 선정의 체크포인트는 쿠팡 앱에서 키워드를 각각 입력해보고 연관키워드에 다른 키워드가 나오는지 확인해보는 것이다. '청송사과'를 검색했을 때 연관키워드에 '부사'가 나오는지 확인하고, '부사'를 검색했을 때 연관검색어에 '청송사과'가 나오는지 확인해보는 것이다. 이 경우는 모두다 연관검색어가 나오므로 어느 키워드든 출발키워드로 잡고 펼쳐나가 좋은 키워드이다. 그런데 만일 '청송사과'의 연관검색어에는 '부사'가 있는데, '부사'의 연관검색어에는 '청송사과'가 없다면 이때는 '청송사과'를 출발키워드로 잡으면 된다. 왜냐하면 쿠팡의 상품명은 키워드를 펼쳐나가는 전략이기 때문에 청송사과에서 출발하면 부사라는 키워드를 쭉쭉 펼쳐나갈 수 있지만 부사에서 출발하면 청송사과를 펼쳐나갈 수 없기 때문이다.

'검정 스타킹'과 '기모 스타킹'의 경우 '검정 스타킹'의 연관검색어에는 '기모'가 있는데, '기모 스타킹'의 연관검색어에는 '검정'이 없다. 이럴 때는 '검정 스타킹'을 출발키워드로 잡으면 된다.

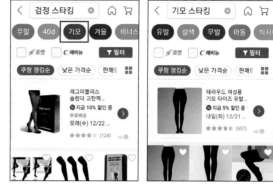

② 월간검색수를 비교한다.

선택해야 할 키워드의 월간검색수를 비교해보고, 어느 하나가 월등히 많은 경우 그것을 선택하면 된다. 예를 들어 월간검색수가 하나는 1만이고, 하나는 5만이라면 5만인 키워드를 선택한다. 만일 2만, 3만으로 비슷하다면 쿠팡에서의 키워드 검색 시 1페이지의 화면 상태를 보고 결정한다.

③ 쿠팡 1페이지 상태를 비교한다.

연관키워드의 확장성, 월간검색수 등과 함께 쿠팡 1페이지의 전시 상태를 비교한다. 해당 키워드로 쿠팡에서 검색했을 때 1페이지 화면에 '로켓배송 상품이 어느 정도 포진해 있는지', 내가 일반상품으로 상위노출 했을 때 과연 '몇 위까지 올라갈 수 있는지'(현재 일반상품이 몇 위에 포진하고 있는지), 상위노출 했을 때 '예상 판매량은 어느 정도 될 것인지' 등등을 분석해보고 결정하면 된다.

1페이지에 있는 거의 모든 상품이 로켓배송인 경우는 로켓을 뚫고 상위노출을 하기가 쉽지 않다. 로켓배송은 쿠팡이 판매자인 상품이다. 당연히 자신들의 상품을 많이 팔려고 상위에 노출시키고 있다. 그런데 어떤 일반상품은 광고상품이 아닌데도 로켓을 제치고 더 상위에 포진하고 있는 경우가 있다. 그것은 로켓상품 베네핏의 로직을 깨고 올라간 것이다. 이런 상품이 있는 키워드에서는 나도 상위노출 작업을 통해 위로 올라갈 수 있다는 뜻이다. 만일 그렇지 않고 1페이지에 로켓만 포진하고 있다면 그 키워드는 포기하는 게 낫다.

반대로 로켓상품이 아예 없거나 있어도 1~2개만 있다면 반드시 판매량을 조사해봐야 한다. 로켓이 없다는 것은 그 키워드에서 상위노출을 시켜봤자 판매가 되지 않을 수도 있다는 뜻이다. 이때는 반드시 상위 몇 개 상품의 예상 판매량을 조사하여, 상위노출 시 예상 마진과 수익성을 고려한 후 승산이 있을 때 그 키워드를 선택해야 한다. 판매가 잘되고 있는데 로켓이 없다면 그것은 대박 키워드다.

키워드에 따라 다르지만, 저자는 1페이지 전체 36개의 상품 중에서 로켓상품이 20개 이내인 키워드를 좋은 키워드로 보고 있다. 로켓이 20개 이상 되면 뚫고 올라가기가 힘이 든다.

네이버쇼핑의 경우 광고 상품을 제외하고 3위 안에 들어야 판매가 잘된다고 볼 수 있는데, 쿠팡은 1페이지만 나오면 판매가 된다(1페이지 4열, 즉 4×4=16위 정도 안에 들어가면 판매가 잘된다.) 그것은 쿠팡이 하루 2번(대략 오전 9시, 오후 6시경) 상품을 롤링시키기 때문이다. 1페이지에 있으면 그만큼 상위노출의 기회가 주어져 판매가 일어날 확률이 높다.

위 화면은 쿠팡에서 '미백 크림'과 '갓김치'를 검색한 결과 1페이지 화면이다.

'미백 크림'의 경우 대부분 '로켓배송'이 상위를 차지하고 있는데, 하나의 상품이 로켓을 뚫고 상위에 포진하고 있다. 이러한 상품이 있는 경우 왜 이 상품이 로켓을 제쳤는지를 분석해보고, 나의 컨디션으로 여기까지 올라갈 수 있는지를 판단하고 결정해야 한다. 초보자에게는 쉽지 않은 일이다.

화면 구성을 보면 로켓배송과 일반상품이 각 열별로 층을 이루고 있는 것을 알 수 있다. 1열과 3열에는 모두 로켓배송이 포진하고 있고, 그 아래로 가면 로켓상품과 일반상품이 층을 이루면서 배치되고 있는 구조이다.

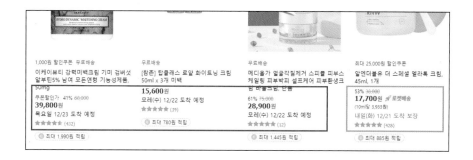

'갓김치'의 경우 '로켓배송' 상품과 '일반상품'이 상위에 혼재하고 있는 것을 알 수 있다. '미백 크림'과 달리 이것은 로켓배송 상품 사이에 일반상품이 자리하고 있는 것을 알 수 있다. 이런 키워드의 경우 로켓상품이 층을 이룬 '미백 크림'보다는 상위노출 작업을 통해 순위를 끌어올리기가 쉽다. 초보자도 해볼 만한 키워드이지만, 상위에 노출되고 있는 일반상품들을 분석한 후 자신의 컨디션을 참고하여 진입 여부를 판단해야 한다. 일반상품 중에서 최상위에 있는 상품의 순위까지 내가 상위노출로 끌어올릴 수 있는 위치라고 보면 된다.

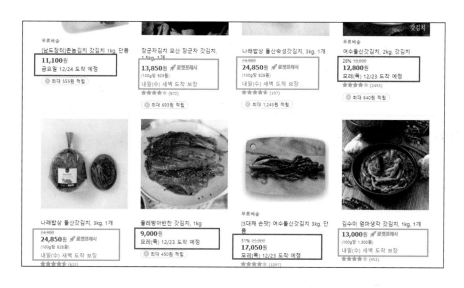

'미백 크림'과 '갓김치'를 보면 로켓배송의 개수는 크게 차이가 없지만 '미백 크림'처럼 로켓배송과 일반상품이 층을 이룬 페이지 형태보다는 '갓김치'처럼 일반상품과 로켓배송이 섞여 있는 구조가 판매량이 잘 올라오는 구조라고 볼 수 있다. 로켓이 적당히 있으면서 전체적으로 상품이 섞여 있는 키워드가 베스트 키워드라고 할 수 있다.

3) 쿠팡 앱에서 연관키워드가 나오는가?

저자의 경우는 가장 센 키워드인 '사과'에서 바로 시작하기도 한다. 그런데 그전에 체크해야 할 사항이 있다. 쿠팡 앱에서 사과를 검색했을 때 '연관키워드'가 나오는지 살펴봐야 한다.

앞서 이야기한 것처럼 쿠팡의 상품명은 연관 있는 키워드를 계속해서 펼쳐나가는 전략이다. 그런데 쿠팡 앱에서 '사과'를 검색하니 연관키워드가 나오지 않는다. 원피스, 칫솔, 귤, 고구마 등 상품을 뜻하는 대표키워드 중에는 연관키워드가 나오지 않는 것들이 있다. 그런데 이것도 현재 유저의 환경에 따라 다를 수 있다. 어떤 사람의 핸드폰에서는 나오고 어떤 사람에게서는 나오지 않는 경우가 있다. 이럴 때는 몇몇 주변 지인들에게 부탁하여 연관검색어가 나오는지 다시 한 번 체크해본 후 결정하도록 한다.

'사과'에서 연관검색어가 나오지 않으니 일단 접어두고, 이번에는 '청송사과'를 검색해보자. 연관검색어로 10kg, 5kg, 직거래, 꿀사과, 즙, 5kg 가정용, 흠과, 5kg 중과, 부사, 3키로, 농원, 홍로, 선물세트, 10kg 가정용, 농장 등이 나온다. 이 순서는 연관도가 높은 순서로, 이 경우 고객이 '청송사과'를 검색하고 '10kg'을 가장 많이 찾았다는 소리이다.

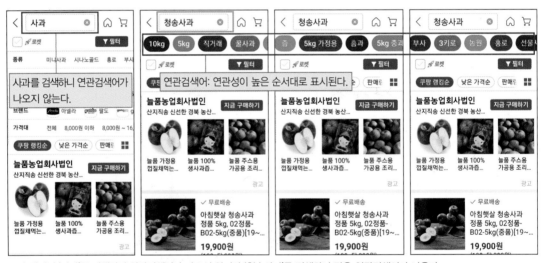

쿠팡 앱에서 '사과'를 검색하면 연관검색어가 나오지 않지만 '청송사과'를 검색하니 많은 연관검색어가 나온다.

그래서 '청송사과'를 키워드의 출발점으로 잡고 상품명을 펼쳐나가기로 했다. 즉 쿠팡에서 '청송사과'를 검색했을 때 내 제품이 상위 1위에 노출되는 것을 목표를 잡고 상품명을 작성하는 것이다. 그러면 '사과'로 검색했을 때는 상위노출이 안 되는 건 아닌지 의문이 들 것이다. 걱정할 필요 없다. 청송사과에서 상위노출되면 판매가 일어나고 그 힘으로 사과에서도 상위에 노출된다.

4) 자동완성어와 연관검색어를 서치하자

이제 '청송사과'라는 키워드로 쿠팡 PC 화면에서 '자동완성어'를, 모바일 앱 화면에서 '연관검색어'를 서치하자. 여기서 주의할 점은 자동완성어와 연관검색어를 서치하여 상품명에 사용할 때는 화면에 나오는 그대로 띄어쓰기를 해야 한다는 것이다. 띄어쓰기에 따라 결과 화면이 달라지기도 하는 키워드가 있기 때문인다.

이렇게 서치한 키워드를 알마인드 등 마인드맵 프로그램에 입력하면서 정리할 것이다.

1. [자동완성어, 연관키워드 서치] 쿠팡에서 자동완성어, 연관키워드를 서치한다.

▶ 쿠팡의 자동완성어는 PC와 모바일 화면이 동일하다. 다만 PC에서는 10개까지 보여주고, 모바일에서는 5개까지 보여준다. 그래서 자동완성어 조사는 PC 화면에서 한다.

▶ 연관검색어는 PC와 모바일 화면이 다르다. 쿠팡 고객의 대부분이 모바일을 이용하기 때문에 모바일 화면을 기준으로 한다.

2. 이렇게 나온 키워드를 알마인드에 정리한다.

▶ 저자는 알마인드를 정리할 때 메인키워드(여기서는 청송사과)를 중심으로 오른쪽으로는 1단계 자동완성어를, 왼쪽으로는 1단계 연관검색어를 시작으로 하여 관련 키워드들을 펼쳐나간다.

▶ 상품명에 사용할 키워드는 표시해둔다.(여기서는 상품명에 앞에 스마일 아이콘을 표시했다.)

▶ 내 상품과 관련 없는 키워드는 따로 정리하여 태그에 사용한다. 쿠팡의 태그는 고객에게 보이지는 않지만, 검색필터로 사용되기 때문에 태그를 입력해야 검색에 유리하다. 쿠팡은 정말 상상도 못할 키워드를 통해 고객이 유입되기도 한다. 따라서 내 상품과 조금이라도 연관이 있다면 태그에 사용하여 고객의 검색에 걸리도록 해야 한다.

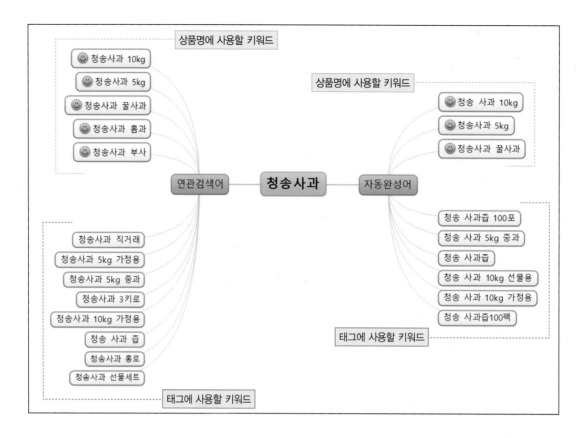

위 화면처럼 자동완성어와 연관검색어 중에서 상품명에 사용할 키워드와 태그에 사용할 키워드를 구분하여 화면에 보이는 순서대로 알마인드에 입력하면서 정리한다.

청송사과의 경우 '**청송사과 10kg**', '**청송사과 5kg**', '**청송 사과 꿀사과**'는 자동완성어에도 있고 연관검색어에도 있다. 이러한 키워드는 정말 좋은 키워드로 반드시 상품명에 써야 하는 키워드이다.

▶ 자동완성어 VS 연관검색어

그러면 여기서 잠깐! 자동완성어와 연관검색어 중에서 어떤 것에 더 비중을 둬야 할지 의문이 들 수도 있을 것이다. 저자의 경우 연관검색어에 조금 더 비중을 두는 편이다. 그것의 고객의 검색 패턴을 생각해보면 알 수 있다. 고객이 쿠팡 앱에서 상품을 검색하면서 자동완성어를 터치하기보다는 검색 후 나오는 연관검색어 버튼을 터치하여 들어가는 경우가 많기 때문이다.

▶ 키워드의 띄어쓰기

그리고 또 한 가지 의문! 자동완성어에 보니 '청송 사과 10kg'과 '청송사과 5kg'이 있다. 10kg에는 '청송 사과'로 띄어 썼고 5kg에는 '청송사과'로 붙여 썼다. 그러면 상품명에 '청송 사과'로 써야 할까, '청송사과'로 써야 할까? 여기에 대한 대답은 '청송 사과'와 '청송사과'로 검색을 해보고 결괏값이 같으면 붙여 쓰든 띄어 쓰든 상관없고, 다르다면 검색결과 화면에 보이는 대로 해주면 된다는 것이다. '청송사과 10kg'의 경우 붙이든 띄든 차이가 없는 것을 알 수 있다. 이것을 염두에 두고, 일단은 화면에 보이는 대로 알마인드에 적었다.

'청송사과 10kg'과 '청송 사과 10kg'을 검색했을 때 1페이지 화면이 동일하였다. 이 키워드는 붙이든 띄든 상관이 없다는 것을 알 수 있다. 결과 화면을 비교할 때는 로켓배송, 판매자로켓(제트배송), 광고(AD①) 상품은 제외하고 비교한다.

자 이렇게 해서 1단계 자동완성어와 연관검색어 서치가 끝났다. 이 1단계 관련 키워드들이 상품명에 사용하기에 가장 좋은 강력한 키워드들이다.

이제 여기서 상품명에 사용할 키워드는 다시 자동완성어와 연관검색어를 서치하면서 확장해나갈 것이다. 이렇게 2단계, 3단계까지 서치를 하면서 키워드들을 추출하여 정리한다. 단계가 내려갈수록 강도는 약해지지만, 의외의 좋은 키워드를 발견할 수도 있으니 1단계에서 머무르지 말고 키워드를 확장해나가길 바란다. 저자는 모바일 앱에서 '연관검색어'가 나오는 키워드는 끝까지 확장해나간다. 여기서 발견되는 좋은 키워드는 태그에 사용할 수도 있고, 앞서 말한 '마케팅 C' 전략을 쓰는 판매자에게는 '중형 키워드', '소형 키워드'가 되어 상품명에 사용할 수도 있다.

> **TIP** 상품명에 사용할 중요 키워드
>
> 1단계의 **연관키워드 5개 + 자동완성어 상위 5개**는 상품명 작성에 있어서 가장 중요한 키워드이다.
> 2단계 이후 그 아랫단계에서는 연관키워드와 자동완성어의 상위 1~2개 정도를 참고하면 된다.

3. 이제 2단계 작업으로 '청송 사과 10kg'에서 자동완성어와 연관검색어를 서치하여 펼쳐나간다.

청송 사과 10kg 자동완성어(PC 화면)

청송 사과 10kg 연관검색어(모바일 앱)

▶ **연관키워드의 조합**

연관검색어를 조합하여 입력할 때는 연관검색어 버튼을 터치하여 나오는 어순대로 입력한다. '청송 사과 10kg'을 검색하여 나온 연관검색어에서 '흠집 사과'를 터치해보자. 그러면 '청송 사과 10kg 흠집 사과'라는 키워드가 조합된다. 이것을 그대로 알마인드에 적어준다.

이렇게 연관검색어를 조합할 때 키워드에 따라서 하위 연관키워드가 상위 키워드의 앞에 붙는 경우도 있고 뒤에 붙는 경우도 있다. 예를 들면 '잇몸 칫솔'의 연관키워드에 있는 '약한'이라는 키워드를 터치하면 '잇몸 칫솔 약한'이 아니라 '약한잇몸 칫솔'이라고 조합되는 것을 알 수 있다. 이대로 적어주면 된다는 뜻이다. 조합했을 때 어순이 모호하다고 느껴지는 키워드는 직접 터치하여 쿠팡에서 조합해주는 어순을 따르면 된다.

쿠팡의 상품명은 '어순에 맞게' 적는 것이 좋은데, 이때 어순에 맞게라는 것은 쿠팡에서 보여주는 어순을 말한다. 쿠팡이 보여주는 대로 적으면 된다.

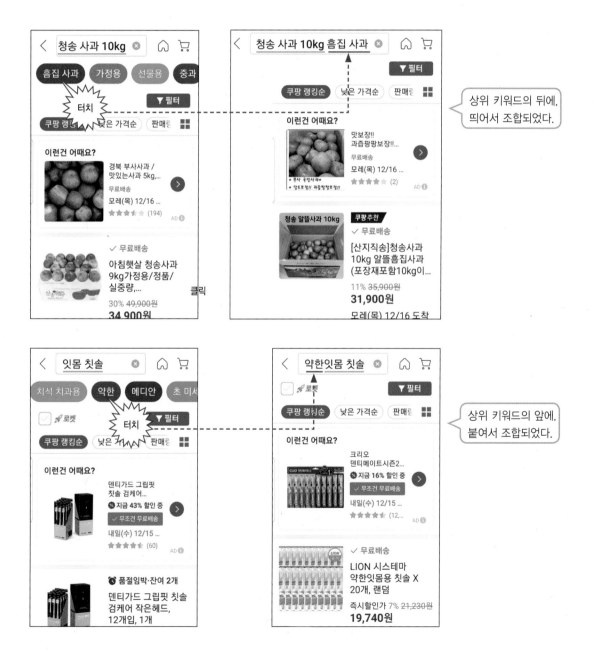

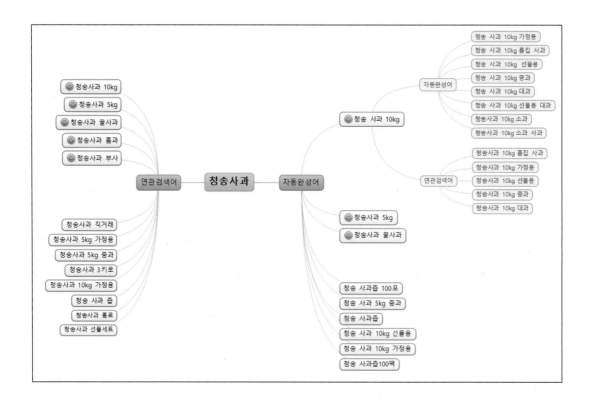

4. 계속해서 '청송사과 5kg'으로 자동완성어와 연관검색어를 서치하여 정리한다.

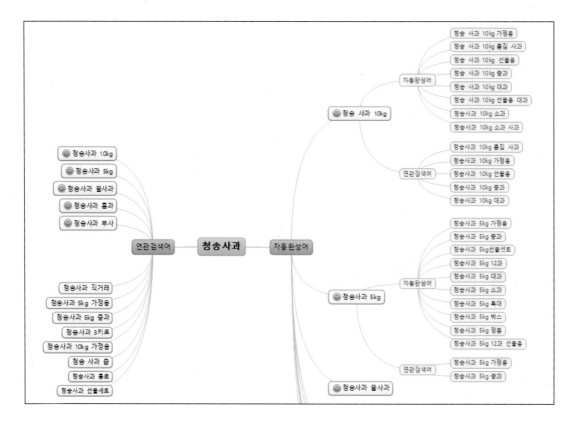

5. 이렇게 자동완성어와 연관키워드를 펼쳐나가면서 완성한 알마인드 화면이다.

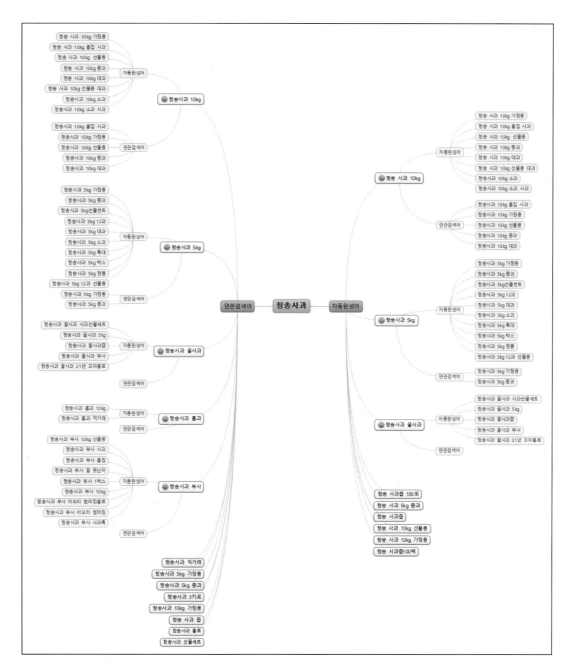

6. 이제 상품명을 작성해보자. 추출한 키워드는 다음과 같이 분류해볼 수 있다.

상품명 사용할 키워드

1단계 키워드: 청송 사과 10kg, 5kg, 꿀사과, 흠과, 부사

2단계 키워드: 가정용, 선물용, 중과, 대과, 소과, 특대, 선물세트, 꼬마홍로, 12과, 직거래

태그에 사용할 키워드

청송 사과즙 100포, 청송 사과 5kg 중과, 청송 사과 10kg 선물용, 청송 사과 10kg 가정용, 청송 사과즙100팩, 청송사과 직거래, 청송사과 5kg 가정용, 청송사과 5kg 중과, 청송사과 3키로, 청송 사과 즙, 청송사과 홍로, 청송사과 선물세트

▶ 쿠팡의 상품명은 띄어쓰기 포함하여 최대 100자까지 쓸 수 있다. 100자를 다 채워넣는 게 좋다. 등록 후에는 상품명은 수정하면 안 된다. 태그는 쉼표로 구분하여 최대 20개까지 넣을 수 있다.

① 먼저 '청송사과 10kg'를 입력한다. '청송사과'는 띄어 쓰든 붙여 쓰든 결과에 차이가 없는 키워드라는 것을 알았다. 상품명은 키워드를 컴퓨터가 조합하기 때문에 띄어 쓰면 더 많은 단어로 조합된다. 그래서 '청송 사과'로 시작하였다. 그리고 1단계의 연관키워드를 추가하였다.

청송 사과 10kg → 청송 사과 10kg 5kg 꿀사과 흠과 부사

② 그리고 2단계 키워드를 추가한다.

청송 사과 10kg 5kg 꿀사과 흠과 부사 가정용 선물용 중과 대과 소과 특대 선물세트 꼬마홍로 12과 직거래

③ 마지막으로 어순이 자연스럽게 키워드를 배치하면서 상품명을 완성한다. 산지에서 바로 따서 보내는 상품임을 강조하기 위해서 '산지직송'을 맨 앞에 추가하였고, '못난이', '햇사과' 키워드를 추가하였다. 1단계 키워드를 되도록 앞에 배치하면서, '사과의 종류 및 특성', '무게와 크기', '용도' 순으로 키워드를 정렬하면서 자연스럽게 읽혀지도록 하였다.

중복되는 단어(사과)는 제한적으로 사용하였고, 상품 구성에 없는 '소과'는 제외하고, 개수는 해당 상품에 맞게 표시하였다. 이렇게 상품명 작성을 완료한 후 등록하였다.

산지직송 청송 꿀 사과 흠과 못난이 홍로 부사 햇 사과 직거래 5kg 10kg 중과 대과 특대과 가정용 선물용 선물세트 (15과수~22과수)

7. 쿠팡에 등록한 상품페이지 화면이다.

8. 다음은 등록 후 키랩에서 순위분석을 한 화면이다.

키워드 순위 ❓ 페이지 번호 (최대 20페이지) / 페이지내 순위 / 전체 순위 (전체 순위 변동)

키워드 🔍 순위 검색	2021-11-16	2021-11-15	2021-11-14	2021-11-13	2021-11-12
청송사과	1/7/7(0)	7/12/137(▲1)	0/0/0(0)	0/0/0(0)	0/0/0(0)
못난이사과	3/8/53(0)	3/11/56(0)	0/0/0(0)	0/0/0(0)	0/0/0(0)
홍로사과	3/5/50(▲1)	4/1/64(0)	0/0/0(0)	0/0/0(0)	0/0/0(0)
부사	0/0/0(0)	0/0/0(0)	-	0/0/0(0)	0/0/0(0)
흠과	7/1/126(▲2)	7/6/131(0)	0/0/0(0)	0/0/0(0)	0/0/0(0)
부사 사과	-	-	-	-	-
꿀사과	0/0/0(0)	0/0/0(0)	0/0/0(0)	0/0/0(0)	0/0/0(0)
청송 사과 10kg 선물용	2/10/35(▲5)	3/1/41(0)	7/1/121(0)	7/1/121(▼2)	0/0/0(0)
청송 사과 5kg 선물셋트	2/1/25(▼8)	1/18/18(0)	0/0/0(0)	0/0/0(0)	0/0/0(0)
청송사과 홍로	1/2/2(0)	1/2/2(0)	6/15/120(0)	6/15/120(▼1)	0/0/0(0)
청송사과 꿀사과즙	2/7/32(▲2)	2/7/32(▼2)	0/0/0(0)	0/0/0(0)	0/0/0(0)
청송 사과즙	4/15/80(▼1)	4/15/80(0)	0/0/0(0)	0/0/0(0)	0/0/0(0)
청송 사과즙 100%	0/0/0(0)	0/0/0(0)	0/0/0(0)	0/0/0(0)	0/0/0(0)
청송사과 10kg 선물용	2/10/35(▲5)	3/1/41(0)	6/15/120(▼1)	6/14/119(▼2)	0/0/0(0)
청송사과 가정용	4/1/62(▼17)	3/1/44(0)	0/0/0(0)	0/0/0(0)	0/0/0(0)
청송사과 꿀사과 5kg	2/14/39(▼5)	2/9/34(▼3)	0/0/0(0)	0/0/0(0)	0/0/0(0)
청송 사과 직거래	2/1/21(▼3)	1/15/15(0)	3/1/43(0)	3/1/43(▲3)	0/0/0(0)
청송사과 중과	1/17/17(▼5)	1/14/14(0)	0/0/0(0)	0/0/0(0)	0/0/0(0)
청송사과 대과	1/10/10(0)	1/10/10(0)	4/1/64(▼1)	4/1/63(▲5)	0/0/0(0)
청송사과 10kg 가정용	2/8/33(▼2)	5/10/95(▲1)	0/0/0(0)	0/0/0(0)	0/0/0(0)
사과	0/0/0(0)	0/0/0(0)	-	-	-
청송 사과 10kg	-	-	-	-	-
청송사과 5kg	-	-	-	-	-
청송사과 꿀사과	-	-	-	-	-

2021년 11월 12일 상품을 처음 등록하였고, 11월 13일부터 '청송 사과 10kg 선물용', '청송사과 홍로' 등의 키워드에서 순위가 잡히기 시작했다. 이때가 중요하다. 순위가 잡혔을 때 유입자 수가 늘어난다든지, 판매가 있다든지, 리뷰가 달리는 등 이벤트가 일어나면 순위가 쭉쭉 올라간다.

쿠팡 플랫폼 | 쿠팡 입성하기 | 아이템 | 상위노출 SEO | 상품명 | 상세페이지 | 상품등록 | 인기도 | 광고 세팅 | 프로모션 세팅 | 상품등록 후 할일 | 모아 꿀팁 | 로켓배송과 로켓그로스 | 아이템위너 | 성공 4계명

키워드 순위 페이지 번호 (최대 20페이지) / 페이지내 순위 / 전체 순위 (전체 순위 변동)					
키워드 순위 검색	2021-11-30	2021-11-29	2021-11-26	2021-11-19	2021-11-18
청송사과	1/1/1(0)	1/1/1(0)	1/1/1(0)	1/1/1(0)	1/1/1(0)
못난이사과	1/13/13(▾3)	1/10/10(▾3)	1/7/7(▲9)	1/16/16(▾1)	1/20/20(0)
홍로사과	2/6/31(▾5)	2/1/26(▲2)	2/3/28(▾16)	1/12/12(▲10)	2/1/24(0)
부사	2/12/37(0)	2/12/37(▾9)	2/3/28(▾5)	2/1/23(▲38)	4/1/61(0)
흠과	3/15/60(▾8)	3/7/52(▾20)	2/7/32(▾2)	2/5/30(▲12)	3/1/42(▾1)
부사 사과	4/1/65(0)	-	-	-	-
꿀사과	1/8/8(0)	1/8/8(▾4)	1/4/4(▲60)	4/1/64(▲18)	5/1/82(▾2)
청송 사과 10kg 선물용	1/14/14(▾1)	1/13/13(0)	1/13/13(▲2)	1/15/15(▾13)	1/2/2(0)
청송 사과 5kg 선물셋트	1/19/19(▾3)	1/16/16(▲1)	1/17/17(▾3)	1/14/14(0)	1/14/14(0)
청송사과 홍로	1/2/2(0)	1/2/2(0)	1/2/2(0)	1/2/2(0)	1/2/2(0)
청송사과 꿀사과즙	1/18/18(0)	1/18/18(▾3)	1/15/15(▾13)	1/2/2(0)	1/2/2(0)
청송 사과즙	3/13/58(▲5)	4/1/63(▾3)	3/15/60(▲5)	4/1/65(▾2)	4/1/63(▾2)
청송 사과즙 100%	0/0/0(0)	0/0/0(0)	0/0/0(0)	0/0/0(0)	0/0/0(0)
청송사과 10kg 선물용	1/14/14(▾1)	1/13/13(0)	1/13/13(▲2)	1/15/15(▾13)	1/2/2(0)
청송사과 가정용	4/7/72(▾20)	3/7/52(▾11)	3/1/41(▾28)	1/13/13(▾1)	1/12/12(▾2)
청송사과 꿀사과 5kg	3/1/42(0)	3/1/42(▾31)	1/11/11(▲6)	1/17/17(▲14)	2/6/31(0)
청송 사과 직거래	1/2/2(▲1)	1/3/3(0)	1/3/3(▲9)	1/12/12(▲1)	1/13/13(0)
청송사과 중과	1/14/14(▾3)	1/11/11(▾1)	1/10/10(▾7)	1/3/3(0)	1/3/3(0)
청송사과 대과	1/13/13(▾1)	1/12/12(0)	1/12/12(▾5)	1/7/7(▲1)	1/8/8(0)
청송사과 10kg 가정용	1/16/16(▲2)	1/18/18(▾3)	1/15/15(▲8)	2/1/23(▲1)	2/1/24(0)
사과	1/4/4(0)	1/4/4(▾2)	1/2/2(▲26)	2/3/28(▲68)	5/11/96(0)
청송 사과 10kg	1/4/4(▲3)	1/7/7(▾3)	1/4/4(▲3)	1/7/7(▾4)	1/3/3(0)
청송사과 5kg	1/7/7(0)	1/7/7(0)	1/7/7(▲30)	2/12/37(▲4)	3/1/41(0)
청송사과 꿀사과	1/3/3(▲1)	1/4/4(0)	1/4/4(▲27)	2/6/31(▲1)	2/7/32(0)

11월 16일에는 궁극적으로 1위를 하고 싶었던 키워드 '청송사과'에서 1페이지 7위에 진입하였고, 11월 18일에는 드디어 1페이지 1위를 하였다. 이때 '사과' 키워드에서는 5페이지 11위였다. 이후 청송사과 키워드에서 계속해서 1위를 유지하면서 판매가 계속되자 11월 26일에는 '사과'에서도 1페이지 2위를 차지하였다.

이렇게 '사과'와 '청송사과' 등 주요 키워드에서 상위노출이 되어 많은 판매를 하게 되었다.

6장

고객을 사로잡는
상세페이지 만들기

01 내 상품을 사고 싶게 하자

고객의 검색에 내 상품이 노출되었다면 그다음은 고객이 내 상품을 사고 싶게 해야 한다. 상품 상세페이지 즉, 좋은 '**대표이미지**'와 '**상세설명**'은 고객의 구매전환율을 높여 매출로 이어지게 한다.

1 좋은 대표이미지

상품이 잘 노출되고 고객들이 클릭하여 내 상품의 상세페이지로 들어왔는데, 여기서 고객이 이탈한다면 지금까지 했던 모든 작업들이 수포로 돌아간다. 이러한 일이 발생하지 않도록 하기 위해서는 '상품정보 최적화' 작업이 되어 있어야 한다.

그중에 첫 번째가 좋은 대표이미지를 만드는 것이다. 대표이미지는 상품목록 및 검색결과 페이지, 상품 상세페이지에서 보이는 내 상품을 대표하는 이미지를 말한다.

대표이미지의 목적은 ① **판매하고자 하는 상품이 무엇인지를 정확하게 알게 해주고,** ② **내 상품을 사고 싶게 하는 데 있다.**

이것을 잘 생각해보면 어떻게 대표이미지를 만들어야 할지 알 것이다. 잘 만든 대표이미지가 구매를 좌우한다.

> **TIP** 쿠팡의 대표이미지와 상세설명
>
> 쿠팡의 '대표이미지'(기타 이미지 포함)는 내가 등록한 것이라도 동종 상품의 대표 콘텐츠로서 쿠팡 내에서 공동으로 사용될 수 있다. 이것은 내가 비용을 들여 촬영한 이미지를 아이템페이지에 묶인 다른 판매자가 사용할 수 있다는 뜻이다. 내가 시간과 비용을 들여 좋은 이미지를 만들어 상품등록을 했는데, 아이템위너가 되지 못한다면 나의 판매는 부진하고 아이템위너의 제품만 판매되는, 남 좋은 일만 시키는 결과를 초래할 수도 있다.
>
> 하지만 '상세설명'은 쿠팡 내에서 공동으로 사용되지 않는다. 즉 나의 상세설명을 다른 판매자가 사용할 수 없다. 만일 나의 상세설명을 다른 판매자가 사용하고 있다면 신고하면 된다.

검색결과 페이지에서의 대표이미지

상품 상세페이지에서의 대표이미지

1) 대표이미지 작성 방법

① 상품을 대표하는 **이미지 1개만** 넣는다. 그 외 추가할 이미지는 '기타이미지'에 넣는다.(연출 사진, 부분 확대 사진, 다른 앵글 사진, 패키지, 사이즈 비교, 제품라벨, 구성품 등은 기타이미지로 업로드한다.)

기타이미지 ←→  →→ 대표이미지

② 가로, 세로 1:1 **정사각형 이미지**가 기본이자 필수이다.

정사각형 이미지(필수)	직사각형 이미지(선택)
크기: 최소 500×500px 　　　최대 5,000×5,000px 용량: 최대 3MB 형식: jpg 또는 png	크기: 최소 500×290px 　　　최대 5,000×2,900px 용량: 최대 3MB 형식: jpg 또는 png

③ 상품을 돋보이게 하기 위해서 **흰색 배경 이미지**를 사용한다.

④ 로고나 문구, 홍보 요소는 빼고 고객이 받을 **상품만 깔끔하게** 보여준다.

⑤ 상품이 대표이미지 **한가운데에 최대한 크게** 들어가게 한다. 이미지가 잘리지 않게 한다.

⑥ 깨진 이미지, 잘린 이미지, 흐린 이미지 등 **품질이 낮은 이미지는 쓰지 않는다.**

⑦ 고객이 받지 않을 소품이나 상품은 넣지 않는다.

⑧ 대량 상품은 판매 수량만큼 개수를 표현하되, 단품 이미지를 맨 앞에 부각한 뒤 나머지를 뒤에 표현한다.

⑨ 상품의 실제 사진이 아닌, 일러스트레이션이나 스케치, 실루엣은 쓰지 않는다.

⑩ 박스상품인데 박스에 단품 이미지가 없으면 박스와 단품을 같이 표현한다.

※ 이미지 제작 가이드에 맞지 않는 대표이미지를 사용하면 상품광고 집행이 제한될 수 있다.

(출처: 쿠팡 product-image-대표이미지.pdf)

2) 이미지 제작 시 유의사항

① 상품을 대표하는 이미지 1장을 대표이미지에, 고객의 이해를 돕기 위한 연출 사진은 기타이미지에 최대 9장까지 등록할 수 있다.

② 메이크업 상품은 재질, 제형을 단품 뒤에 표현할 수 있다.

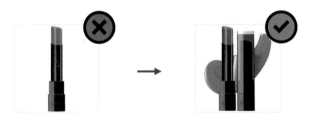

③ 신선식품, 가구/홈인테리어, 뷰티 카테고리는 연출 사진을 대표이미지로 사용할 수 있다.

④ 고객의 이해를 돕기 위한 연출일지라도 지저분하거나 과도한 연출 사진은 사용을 금한다.

⑤ 연출 사진을 대표이미지로 사용하는 경우 연출 사진에서 본품만 표시한 사진을 기타이미지로 올린다.

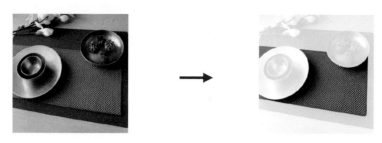

⑥ [패션] 한 이미지에는 제품 1개, 모델 1명이 1번만 나오게 한다.

⑦ [패션] 한 이미지에 여러 색, 패턴을 동시에 넣지 않는다. 옵션이 여럿이면 옵션별 대표이미지를 각기 등록한다.

⑧ [패션] 옷걸이나 마네킹 착용 사진보다 모델 착용 사진 권장. 가급적 정면 사진을 사용한다.

(출처: 쿠팡 product-image-대표이미지.pdf)

좋은 대표이미지는 보기만 해도 바로 어떤 상품인지 설명이 되는 이미지이다.

쿠팡의 테스트 자료에 따르면 대표이미지를 가이드에 맞춰 등록하였을 때 클릭률(노출 횟수 중 실제 클릭한 비율)이 가이드 미준수 이미지 대비 평균 139% 상승하였고, 구매전환율도 상승하는 효과가 있었다고 한다. 고퀄리티의 좋은 이미지를 만들어 고객의 시선을 사로잡으면 고객 유입과 함께 매출 상승의 효과를 기대할 수 있다.

2 좋은 상세설명

'상세설명'이란 상세페이지에서 내 상품의 특장점을 소개하는 글과 이미지를 말한다. 좋은 '상세설명'은 고객들로 하여금 구매를 결심하게 만든다.

상세설명은 쿠팡 내에서 공동으로 사용되지 않는다.(아이템페이지에서 다른 판매자의 상세설명은 노출되지 않는다.) 상세설명은 이미지, 텍스트, HTML로 등록할 수 있다.

- 이미지 업로드: 여러 개의 이미지를 한 번에 업로드할 수 있다. 업로드 후 왼쪽의 화살표 위치를 위 아래로 끌어 이미지 순서를 변경할 수 있다.
- 에디터 작성: 에디터에서 직접 텍스트와 이미지를 삽입하여 등록할 수 있다.
- HTML 작성: HTML 소스를 입력할 수 있다. '미리보기'를 클릭하면, 노출되는 상세설명을 미리 확인할 수 있다.

1) 구매욕을 일으키는 상세페이지

구매욕을 일으키는 상세설명을 만들기 위해서는 다음 사항들에 중점을 두고, 스토리를 만들어 작성하면 좋다.

상품에 대한 충분한 설명과 함께 고객이 궁금해할 것을 자세히 설명해주고, 독특한 이미지나 동영상 등을 삽입하여 고객이 계속 머무르게 해야 한다. 최종적으로 상세설명의 목적은 고객이 상품을 구매하고 싶게 만드는 데 있다.

TIP 상세설명 작성의 5가지 스토리 요소

① 내 제품은 어떤 제품인가
② 이 제품은 언제, 누가, 어떻게 사용하는가
③ 이 제품은 누가 사용하면 좋은가
④ 이 제품은 다른 제품과 비교하여 무엇이 다른가
⑤ 이 제품을 사용하면 어떻게 좋아지는가

2) 상세설명 작성 요령

① **모바일 환경을 고려해** 한눈에 들어오도록 **큼지막하게** 구성한다.

모바일에서 잘 보이도록 큼지막하게 구성하였다.

② 고객은 힘들고 어려운 걸 싫어한다. 상세설명이 눈에 잘 들어오지 않으면 고객은 페이지를 이탈한다.

텍스트가 너무 많고 크기가 작아서 고객의 눈에 잘 들어오지 않는다.

③ 이미지 또는 이미지+텍스트로 등록할 수 있다.

이미지

크기: (개당) 750×5,000px 권장
　　　(가로 최소 300, 최대 3,000px,
　　　세로 총 30,000px 이하)

용량: (개당) 최대 3MB

형식: jpg 또는 png

반이미지
(이미지 + 이미지,
이미지 + 텍스트,
텍스트 + 이미지)

크기: (개당) 390×5,000px 권장
　　　(가로 최소 300, 최대 3,000px,
　　　세로 총 30,000px 이하)

용량: (개당) 최대 3MB

형식: jpg 또는 png

④ 모바일에서도 잘 보이게 이미지는 통으로 크게, 하나씩 세로로 나열한다.

⑤ 글은 최소한으로 줄이고, 글씨는 최대한 크게 한다.

⑥ 상품군별 '카테고리 주요정보'를 꼭 포함시킨다. 예를 들어 '반려/애완용품'의 경우 응고력, 흡수력, 표시성분, 내용물, 사이즈 등 해당 카테고리에서 요구하는 주요정보를 입력한다.

반려/애완용품

응고력 고양이모래　　　흡수력 배변패드　　　표시성분 위생/목욕/미용　　　사이즈 패션, 장난감, 기타 용품

반려/애완용품

내용물 강아지사료, 강아지간식, 고양이사료, 고양이간식　　　사이즈 패션, 장난감, 기타 용품

⑦ 상품과 무관한 다음과 같은 정보는 넣지 않는다.

- 판매자 또는 사업자명
- 이메일 주소
- 웹사이트 URL
- 판매자 또는 사업자 관련 정보
- 판매자가 파는 다른 상품에 대한 정보
- 할인, 무료배송 등 홍보 문구

(출처: product-page-update-20201207-상세설명.pdf 참조)

7장

쿠팡 고수의 상품등록 따라 하기

01 쿠팡의 상품등록 방법에 관하여

쿠팡의 상품등록 방법은 내 상품만 하나의 페이지를 만들어 '단독페이지'를 만드는 방법과 기존에 등록되어 있는 상품에 '카탈로그 매칭'을 하여 아이템페이지에 등록하는 방법이 있다.

1 단독페이지와 카탈로그 매칭

단독페이지 등록은 일반적으로 우리가 오픈마켓에 상품을 등록하는 방법이다. 판매자만의 유일한 상품이 있을 때 등록하면 좋은 방법으로, 상품이미지와 상세설명을 판매자가 직접 작성하여 등록하는 것이다. 물론 나만의 유일한 상품이 아니라 하더라도 단독페이지로 상품을 등록할 수 있다. 위탁판매로 할 경우 도매사이트의 이미지를 다운받고, 상세설명도 그대로 복사하여(도매사이트에서 사용을 허락한 경우) 나만의 상품 상세페이지를 만들어 등록할 수 있다. 하지만 쿠팡 시스템에 의해 동종 상품의 아이템페이지에 묶이거나 동종 상품을 판매하는 사람이 내가 만든 아이템페이지에 자신의 상품을 매칭시킬 수 있다.

카탈로그 매칭 등록은 내가 팔고자 하는 상품과 동일한 상품이 이미 쿠팡에서 판매되고 있을 때 그 페이지에 내 상품을 매칭하여 등록하는 방법이다. 이렇게 등록하면 아이템페이지에 묶이게 되며 여러 판매자와 함께 페이지를 이용하게 되고, 여기서 아이템위너가 되면 검색 시 내 상품이 바로 노출된다. 아이템위너가 되지 못할 때는 아이템페이지에서 '이 상품의 모든 판매자'(모바일), '다른 판매자 보기'(PC)를 클릭해서 고객이 나(판매자)를 선택해야만 내 상품의 상세페이지로 들어오게 된다. 네이버쇼핑의 '가격비교 그룹'과 같다고 보면 된다.

그런데 네이버쇼핑의 '카탈로그 매칭(가격비교)'과 쿠팡의 '아이템페이지'는 다소 차이가 있다.

■ 네이버쇼핑과 쿠팡의 카탈로그 매칭

아래 화면은 네이버쇼핑에서 '덴클 칫솔'을 검색했을 때 보이는 검색결과 페이지 화면이다. 카테고리 매칭(가격비교) 상품은 '판매처 개수'와 함께 '쇼핑몰별 최저가', '브랜드 카탈로그' 등으로 표시되면서 최저가 순으로 표시된다. 고객이 단독 상품인지 카탈로그 매칭 상품인지를 바로 알 수 있다.

상품을 클릭하여 상세페이지로 들어가면, 전체 판매자와 가격을 보여주면서 구매자로 하여금 선택의 기회를 제공하고 있다. 많은 사람들이 '최저가 사러가기'를 클릭하여 구매를 하는 경향이 있지만, 각각의 판매자를 클릭하여 가격, 이미지, 상세페이지, 리뷰 등을 살펴보면서 선택을 할 수 있다. 네이버쇼핑의 카테고리 매칭은 가격비교를 위해 상품을 묶어놓은 것으로, 각각의 판매자는 자신만의 상세페이지를 가지고 있는 것이다. 가격이 조금 비싸더라도 좋은 리뷰가 많은 판매자의 상품을 선호하는 구매자도 많이 있다.

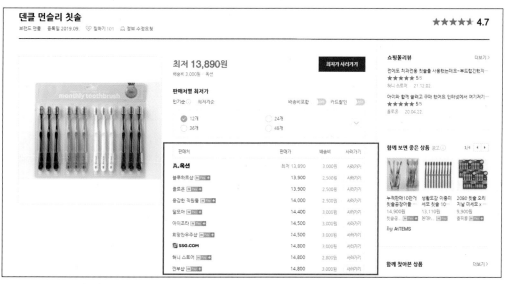

A 판매자의 리뷰 수

B 판매자의 리뷰 수

쿠팡은 검색결과 화면에서 이 상품이 단독 판매자의 상품인지 여러 판매자의 아이템페이지 상품인지 바로 확인할 수 없다. 상품을 클릭하여 상세페이지로 들어가야 알 수 있다.

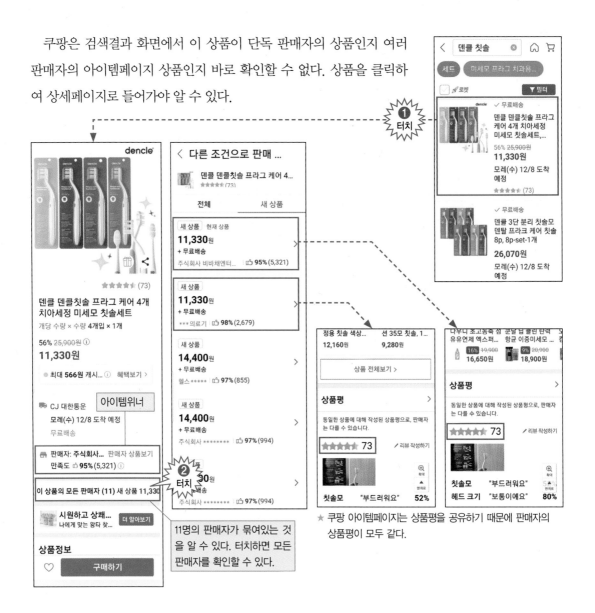

11명의 판매자가 묶여있는 것을 알 수 있다. 터치하면 모든 판매자를 확인할 수 있다.

★ 쿠팡 아이템페이지는 상품평을 공유하기 때문에 판매자의 상품평이 모두 같다.

판매자가 11명인 아이템페이지이다. 구매자는 대부분 여기서 '구매하기'를 터치해 구매한다. 쿠팡 앱에서는 '이 상품의 모든 판매자'가 눈에 잘 띄지도 않는데, 이것을 터치하여 판매자를 선택해서 구매하는 경우는 극히 드물다. 그렇기에 아이템위너가 거의 100% 매출을 가져가는 구조이다.

아이템페이지의 모든 판매자는 리뷰를 공유한다. 위 상품은 상품평이 73개인데, 이 모두는 A 판매자가 아이템위너일 때 상품을 판매하고 받은 리뷰라고 가정해보자. 그러다가 B 판매자가 아이템 위너가 되었고, 고객은 73개의 좋은 리뷰를 보고 구매를 하였다. 그런데 B 판매자의 상품은 품질이 떨어지는 상품일 수도 있고, 가품일 수도, 심지어는 전혀 다른 상품일 수도 있다. 좋은 상품평을 보고 구매했는데 엉뚱한 상품이 왔다는 리뷰 글을 쿠팡에서는 심심찮게 보기도 한다. 이것은 아이템페이지에서 리뷰를 공유하기 때문에 생기는 폐해로, 판매자와 소비자 모두에게 피해가 가고 있다.

2 무조건 단독페이지로 등록하라

자신만의 상품을 판매하는 사람은 상관없겠지만, 위탁이나 소싱으로 판매를 하는 사람은 단독페이지로 등록할 것인가, 카탈로그 매칭으로 할 것인가를 고민하게 될 것이다.

쿠팡에서는 같은 상품은 '카탈로그 매칭하기'를 통해 아이템페이지에 등록할 것을 권장하고 있다. 하지만 저자는 '단독페이지'로 등록하라고 말한다. 물론 자신이 가격을 컨트롤할 수 있거나 타 판매자보다 월등한 비밀 무기가 있다면 모르겠지만, 그렇지 않다면 단독페이지로 등록하기를 권장한다.

위탁판매 상품도 마찬가지이다. '1+1'이나 나만의 '사은품' 증정 등으로 타 판매자가 매칭하지 못하도록 옵션을 구성하는 것이 좋다. 그렇다 하더라도 쿠팡의 현 시스템에서는 타 셀러가 의도적으로 카탈로그 매칭을 하면 어쩔 수 없다. 다른 상품을 타 셀러가 매칭을 하면 신고를 해서 풀어달라고 해야 한다. 그럴 때를 대비해 제품 원본 사진을 보관해두는 것이 좋다.

3 최대 등록 가능 상품수

1) 직전 3개월간 최소 월 매출액에 따라 업체 코드당 최대 등록 가능 상품수(상품 기준)가 제한된다.

지난 3개월 기준 매출액	최대 등록 가능 상품수
최소 월 매출액 4천만 원 이상	제한 없음
최소 월 매출액 2천만 원 이상	50,000개
최소 월 매출액 800만 원 이상	25,000개
그 외	10,000개

- 업체 코드당 최대 등록 상품수 제한은 판매상태, 승인상태와 관계없이 검수일 기준 판매관리시스템 WING에 등록되어 있는 상품수를 기준으로 한다.
- 매월 3일에 업체 코드당 등록 가능 상품수 조건을 산정한다.
- 업체 코드당 최대 등록 상품수를 초과한 경우 신규 상품을 등록할 수 없다. 신규 등록이 필요한 경우 등록하고자 하는 상품의 수만큼 기존에 등록된 상품을 삭제하고 등록해야 한다.
- 상품 조회/수정 메뉴에서 총 등록 가능한 상품수를 확인할 수 있다.

2) 검수일로부터 6개월 이상 초과했으나 매출이 발생하지 않은 상품은 쿠팡이 삭제할 권리를 가진다.

〈상품 옵션 구성〉

▶ 하나의 상품에는 옵션 200개까지 구성 가능. 하루에 옵션 ID 기준 최대 5,000개까지 등록 가능.

▶ 등록할 상품의 옵션 개수가 5,000개 이상이면 옵션을 나눠서 각각 다른 날짜에 등록한다.

▶ 상품등록 시 단일상품으로 등록했다면, 추후에 추가 옵션 구성이 어렵다.

02 출고지와 반품지 설정하기

상품등록 시 상품의 '출고지'와 '반품지' 등 배송 관련 정보를 입력해야 하는데, 물론 상품을 등록하면서 설정할 수도 있지만, 미리 내 상품의 출고지와 반품지를 등록해놓고 불러와서 사용하면 편리하다. 여기서는 먼저 내 상품의 출고지와 반품지 관련 주소지를 설정하는 것부터 진행해보기로 한다.

1 출고지 등록하기

'출고지'는 판매자가 상품을 내보내는 곳이다. 상품을 등록하기 전에 기본으로 쓸 출고지를 등록해놓고, 상품을 등록할 때 상품별 출고지를 지정하면 된다.

1. 쿠팡 WING에서 **판매자정보 → 주소록/배송정보 관리**를 클릭한 후 **새 주소지 등록**을 클릭한다.

2. '새 주소지 등록' 팝업창에서 출고지 정보를 입력하고 **등록**을 클릭한다.

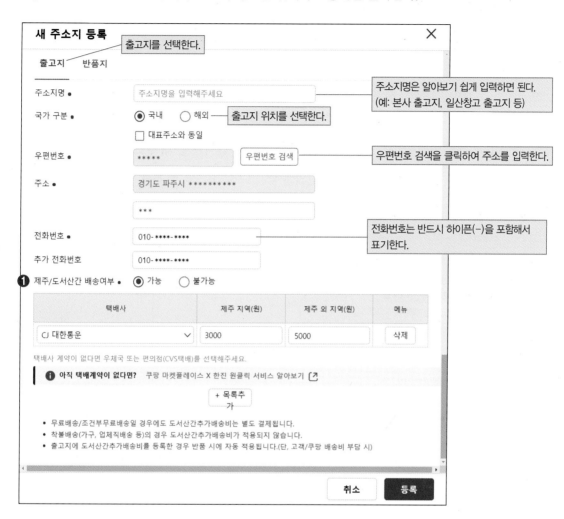

① **제주 / 도서산간 배송여부:** '제주 지역'과 '제주 외 도서산간지역'에 추가배송비를 설정할 수 있다. 제주 지역 추가배송비를 3000원을 설정해놓았다면, 배송비가 2500원인 상품을 제주도에서 주문하면 배송비는 2500원+3000원=5500원이 된다. 만일 이 추가배송비를 설정해놓지 않으면 제주도에서 주문을 해도 배송비가 2500원이다. 이용하고 있는 택배사 정책에 맞게 제주 지역과 그 외 지역으로 나누어서 입력하면 된다.

3. 출고지 설정이 완료되었다. '수정' 버튼을 클릭하여 내용을 변경할 수 있다.

구분	주소지명	주소/전화번호		택배사	도서산간 추가배송비		배송사 승인상태	주소지 사용여부
					제주	제주 외		
출고지	파주물류	[10945] 경기도 파주시 월롱면 ******** ***-****-****	수정	CJ 대한통운	3000원	5000원	-	사용중

2 반품지 등록하기

반품지는 고객에게 나간 상품의 반품을 받을 주소지이다. 상품을 등록할 때 상품별 반품지를 지정하면 '반품 자동 회수 서비스'가 연동된다. 이것은 계약한 택배사가 있어야 가능하다.

반품지를 등록하면 쿠팡이 택배사 계약 정보가 올바른지 확인한 후 1~2 영업일 내에 승인해준다.

1. 쿠팡 WING에서 **판매자정보 → 주소록 / 배송정보 관리**를 클릭한 후 **새 주소지 등록**을 클릭한다.

2. '새 주소지 등록' 팝업창에서 주소지 정보, 택배계약정보를 입력한 후 **등록** 버튼을 클릭한다.

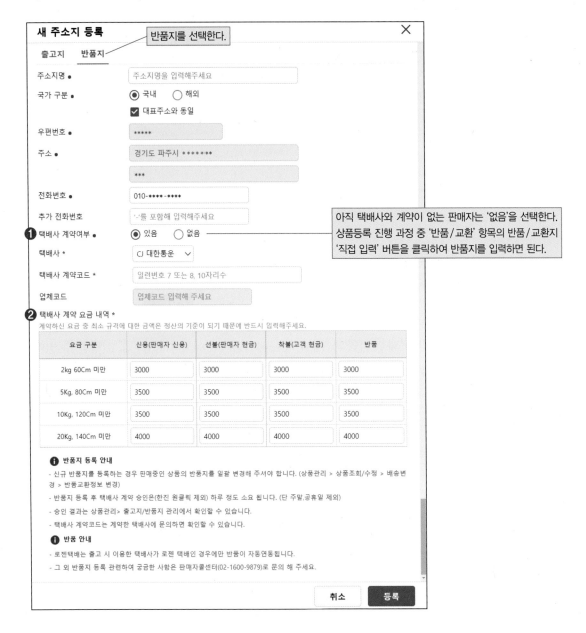

① **택배사 계약여부**: 반품을 회수할 때 이용하는 '택배사명'과 '계약코드', '업체코드'를 입력한다. 계약코드와 업체코드는 판매자가 택배사와 계약할 때 생기는 고유 번호로, 택배사마다 명칭이 다르다. 계약코드를 제대로 입력하지 않으면 택배사와 계약한 반품배송비를 초과한 금액을 부담할 수 있다. 계약코드를 반드시 정확하게 입력한다.

② **택배사 계약 요금 내역**: 크기 및 무게에 따른 요금은 이용하는 택배사 운임 기준에 맞게 입력한다.

- 신용(판매자 신용): 택배사와 계약돼 있어 판매자 신용으로 운임을 선지불하고, 판매자가 최종 지불하는 배송비
- 선불(판매자 현금): 상품을 보낼 때 판매자가 지불하는 배송비
- 착불(구매자 현금): 상품을 받을 때 고객이 지불하는 배송비
- 반품: 반품 상품을 회수할 때 지불하는 배송비

3. 반품지가 등록되었다. '배송사 승인상태'를 확인해서 '승인됨'이 되면 정상적으로 반품지가 등록된 것이다. '승인불가' 상태가 뜨면 사유를 확인하고 등록한 반품지를 '이 주소지 사용안함'으로 선택하거나 다시 재신청해야 한다.

구분	주소지명	주소/전화번호		택배사	도서산간 추가배송비		배송사 승인상태	주소지 사용여부
					제주	제주 외		
출고지	파주 출고지 (우체국)	[10844] 경기도 파주시 ****** 010-****-****	수정	우체국	3000원	3000원	-	사용중
반품지	파주물류	[10844] 경기도 파주시 ****** 010-****-****	수정	CJ 대한통운	배송불가	배송불가	승인됨	사용중
출고지	******	[13026] 경기도 하남시 ****** 010-****-****	수정	CJ 대한통운	3000원	5000원	-	사용중

새 주소지 등록 / 전체

3 출고지 / 반품지 수정하기

1. 쿠팡 WING에서 **판매자정보 → 주소록 / 배송정보 관리**를 클릭한다. 주소지 목록에서 변경할 주소지의 **수정** 버튼을 클릭한다.

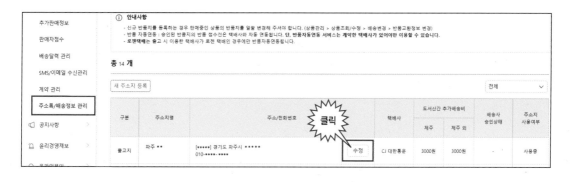

2. '출고지'의 경우 단순 주소 수정 또는 제주/도서산간 추가배송비에 대한 추가 및 수정이 가능하며, '반품지'는 택배 계약 정보(택배사명, 택배사 계약코드, 업체코드)는 수정할 수 없으며, 같은 동 내에서의 단순 주소 수정만 가능하다. 수정 후 **수정완료** 버튼을 클릭하면 정보가 변경된다.

※ '반품지'의 택배사 계약 정보가 변경된 경우, 주소지가 구 단위 이상으로 변경된 경우에는 **새 주소지 등록** 버튼을 클릭하여 새롭게 반품지를 추가하여 등록해줘야 한다.

3. 출고지/반품지를 단순 수정하는 게 아니라 기존에 사용하던 주소지를 사용하지 않게 될 경우 **수정** 버튼→**이 주소지 사용안함** 버튼을 클릭한다. 그러면 해당 출고지/반품지 정보는 사용하지 않게 된다.

다시 사용하고 싶을 때는 **수정**→**수정완료** 버튼을 클릭하면 된다.

03 상품 등록하기
– 단독페이지 상품등록

쿠팡의 상품등록 방법은 '개별등록'과 '일괄등록'이 있다. 개별등록은 하나의 상품을 등록하는 것이고, 일괄등록은 쿠팡의 등록 엑셀 폼을 내려받아 상품정보를 입력한 후 파일을 업로드하여 여러 개의 상품을 한꺼번에 대량 등록하는 것이다.

1 개별등록

상품등록은 다음과 같이 총 14단계로 이루어져 있다.

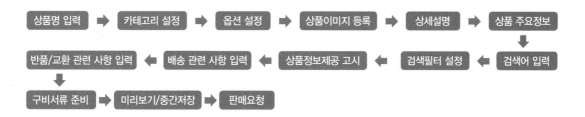

상품명 입력 ➡ 카테고리 설정 ➡ 옵션 설정 ➡ 상품이미지 등록 ➡ 상세설명 ➡ 상품 주요정보

반품/교환 관련 사항 입력 ⬅ 배송 관련 사항 입력 ⬅ 상품정보제공 고시 ⬅ 검색필터 설정 ⬅ 검색어 입력

구비서류 준비 ➡ 미리보기/중간저장 ➡ 판매요청

1. 쿠팡 WING → **상품관리** → **상품등록**을 클릭한다.

2. [상품명 입력] '노출상품명'을 입력한다. 이것은 실제 판매 페이지에서 고객에게 노출되는 상품명이다. 쿠팡 기준에 맞게 변경될 수도 있다.

 ▶ 노출상품명은 쿠팡의 상위노출 검색엔진에 작용하므로 중요한 요소이다.

 ▶ 앞서 5장에서 설명한 상품명 작성하는 법을 참조하여 신중히 작성한다.

 '등록상품명'의 콤보박스를 클릭하면 노출상품명에 입력한 내용이 그대로 나타난다. 이것은 고객에게 노출되지 않고, 발주서에 사용되는 상품명이다. 판매자가 관리하기 편한 이름으로 변경해도 된다.

상품 등록 • 필수항목
ⓘ Wing은 Chrome 사용을 권장합니다. 이외의 브라우저 또는 Chrome 하위버전으로 접속 할 경우 페이지가 깨져 보일 수 있습니다.

복사등록

> 복사등록은 기존에 등록된 상품정보를 불러와 등록을 쉽게 하기 위함이지 동일한 상품을 중복 등록하는 것이 아니다. 동일 상품의 중복 등록은 어뷰징이다. 동일 상품이 판매되지 않도록 주의해야 한다.

노출상품명 • 도움말

| 날마다쇼핑 소가죽 여성 미니 클러치백 | 20 / 100 |

실제 판매 페이지에 노출되는 상품명입니다. 쿠팡 기준에 맞게 변경될 수 있습니다.

등록상품명(판매자관리용) ⓘ ∧

| 날마다쇼핑 소가죽 여성 미니 클러치백 | 20 / 100 |

발주서에 사용되는 상품명으로, 고객에게 보이지 않습니다. 관리하기 편한 이름으로 설정해주세요.

■ 쿠팡 상품명 금칙어 규정

다음의 문구는 상품명에 넣을 수 없다.

① 특수문자: 문장부호, 괄호, 수학기호, 단위, 아이콘, 선, 분수와 제곱 등 특수문자

 • 등록 불가 특수문자 예시: ☆ ＋ ⑩ ¿
 • 등록 가능 특수문자 예시: [ ] - ( ) 〉〈 , . = + | ~ % ' " ! ? @ # $ & _ ^ { } ; / ㈜ ®

② 설득정보: 상품과 관련 없이 검색 또는 구매를 유도하기 위한 문구

③ 시즌정보: 특정 시즌과 관련된 문구

 예) 어린이날, 크리스마스, 어버이날 등

④ 홍보문구: 상품 및 판매자를 홍보하는 문구

 예) 고급, 고품질, 공통포장, 균일가, 낱장상품, 단일상품, 단일색상, 대박특가, 특템찬스, 마감, 막판특가, 매장운영, 모음전, 본사정품, 선택, 세일, 신규, 신상, 실속, 에디션, 예랑, 홈쇼핑 히트, 1+1 판매, 한정판매 등

⑤ 배송 관련 문구

 예) 공통포장, 국내발송, 당일출고, 무료배송, 묶음배송 등

⑥ 기타 금칙어: 기타 상품과 관련 없거나 의미가 없는 문구

 예) 1개, Dear All, hmall, null, 없음, 속성없음, 대상없음 등

3. [카테고리 설정] 입력한 상품명에 따라서 '카테고리 검색' 탭에 추천 카테고리가 나타난다. 상품과 가장 잘 매칭되는 카테고리를 **'선택'**하면 된다. 직접 선택을 하려면 '카테고리 선택' 탭을 클릭한 후 카테고리 단계별로 직접 선택하면 된다. 카테고리를 선택하면 판매수수료가 나타난다.(상품과 맞지 않는 카테고리에 등록할 경우, 적정 카테고리로 이동될 수 있으며, 최종 카테고리에 맞는 판매수수료가 부과된다.)

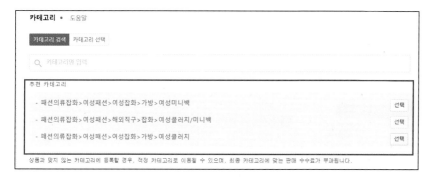

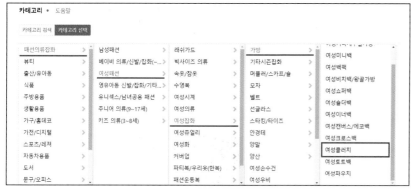

※ 만약 등록하고자 하는 상품에 적절한 카테고리가 없는 경우, 판매자콜센터(1600-9879) 혹은 쿠팡 WING에서 온라인문의→상품관리→상품등록→'해당되는 카테고리가 없는 상품일 경우 어떻게 등록해야 하나요?'를 클릭하여 문의한다.

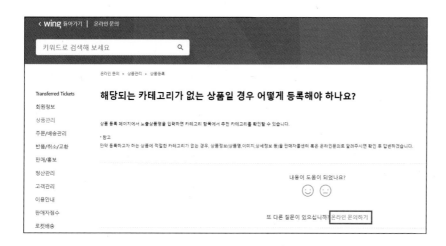

4. [옵션 설정] 고객이 상품을 구매할 때 선택하는 정보인 '구매옵션'을 설정한다. 구매옵션은 쿠팡 검색엔진이 검색하는 정보 또는 필터검색 조건으로 쓰이며, 고객이 내 상품을 더 잘 찾을 수 있게 한다. '옵션명'을 클릭하여 옵션명을 입력하거나 추천 옵션명을 선택한 후, 옵션값을 쉼표로 구분하여 입력한다. 그리고 **옵션목록으로 적용** 버튼을 클릭하면 '옵션 목록'에 설정한 옵션명과 옵션값이 나타난다.

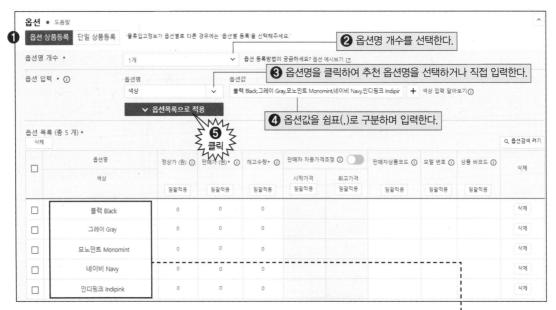

① **옵션 상품등록:** 등록할 상품의 옵션이 2개 이상 일 때 선택한다.

※ 단일 상품이라도 되도록 옵션을 구성하여 '옵션 상품등록'으로 진행하기를 권장한다. 쿠팡은 옵션이 있는 상품에 베네핏을 준다.

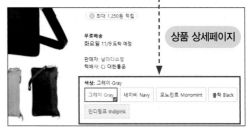

단일 상품등록: 상품의 옵션이 1개인 경우 선택한다. 옵션명에 노출상품명이 자동 기재된다.

② **옵션명 개수:** 옵션명 개수를 선택한다.

③ **옵션명:** 콤보박스를 클릭하여 옵션명을 직접 입력하거나 추천 옵션명을 선택한다. '추천 옵션명'을 선택하면, 쿠팡 검색노출에 유리할 수 있다.

④ **옵션값:** 옵션명에 맞는 옵션값을 입력한다.(예: 블랙, 화이트, 핑크)

⑤ 옵션값을 입력한 후 **옵션목록 적용**을 누르면 하단의 '옵션목록'에 옵션 내용이 나타난다.

5. 옵션 생성 후, 가격 및 재고를 입력한다.(판매가와 재고수량은 필수입력 사항이다.)

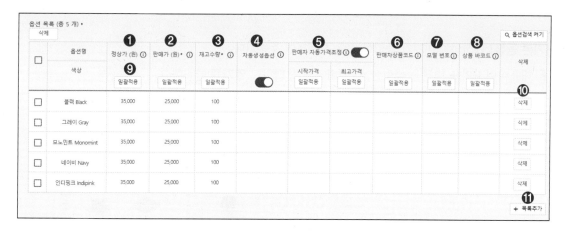

① **정상가:** 상품의 정상가. 쿠팡 판매를 위한 할인 적용 이전의 가격. 정상가와 옵션판매가를 기준으로 할인율이 계산되어 고객에게 표시된다. 할인율이 높으면 좋게 본다.(판매가/정상가 = 할인율)

② **판매가:** 실제 쿠팡에서 판매할 가격(최소 10원 단위)

③ **재고수량:** 판매 가능한 재고수량 입력(재고수량이 없으면 0, 무제한이면 99999 입력)

④ **자동생성옵션:** 활성화하면 고객이 선호하는 수량이 있으면 판매자가 설정한 가격과 배송비로 수량 옵션을 자동으로 생성한다.

⑤ **판매자 자동가격조정:** 판매자가 설정한 범위 내에서 쿠팡 알고리즘이 판매 조건을 분석해 팔리는 가격으로 자동 조정한다. 설정하지 않으면 판매가로 판매된다.

⑥ **판매자 상품코드:** 판매자가 자체적으로 관리하는 상품코드 입력(미입력 시 발주서에 입력한 상품명 + 옵션명으로 자동 노출)

⑦ **모델 번호:** 제품의 품번 또는 모델명을 입력한다.

⑧ **상품 바코드:** GTIN-8, GTIN-13, GTIN-14, UPC-A, ISBN 등 표준상품코드 입력. 특정 카테고리는 바코드를 필수로 입력해야 한다.

⑨ **일괄적용:** 설정하고자 하는 정보가 동일한 경우 '일괄적용'을 클릭하여 한 번에 적용할 수 있다.

⑩ **삭제:** 원하지 않는 옵션이 있는 경우 '삭제' 버튼을 눌러 삭제한다. 승인완료 이후에는 삭제가 불가능하며, 판매를 원하지 않는 경우 판매상태를 '판매중지'로 변경한다.

⑪ **목록추가:** 목록추가를 선택하면, 옵션 목록에 1행이 추가되며, 직접 옵션값을 입력할 수 있다.

6. [상품이미지 등록] 대표이미지와 추가이미지를 입력한다. **+**를 클릭하여 상품이미지를 선택하거나 '이미지 URL 주소로 등록'을 클릭하여 URL 주소를 입력하면 된다.

[**기본 등록**] 옵션의 이미지가 동일한 경우 선택하여 등록한다.

▶ 대표이미지의 **+** 버튼을 클릭한 후 이미지를 선택하고 **열기**를 클릭한다.

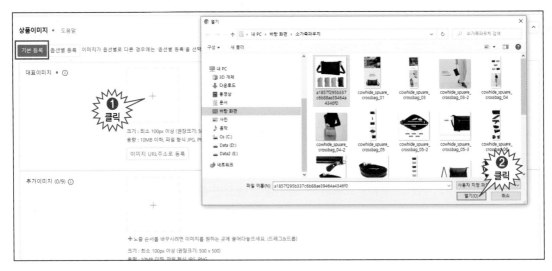

▶ 추가이미지도 **+** 버튼을 클릭한 후 이미지를 선택하여 등록한다.

대표이미지
모바일/PC에 노출될 상품의 대표이미지 1장을 등록한다.
– 크기: 최소 100px 이상(권장크기: 500×500)
– 용량: 10MB 이하, 파일 형식 JPG, PNG

추가이미지
대표이미지와 함께 노출된다. 최대 9개까지 등록 가능하다.
모델컷, 디테일 이미지, 배송 포장박스 이미지 등을 등록한다.
– 크기: 최소 100px 이상(권장크기: 500×500)
– 용량: 10MB 이하, 파일 형식 JPG, PNG

[옵션별 등록] 옵션의 이미지가 다른 경우 선택하여 등록한다.

▶ 옵션별로 일괄등록이 필요한 경우 체크박스에서 옵션을 선택하고, '대표이미지 일괄등록', '추가이미지 일괄등록' 버튼을 눌러 이미지를 선택하면 일괄 적용된다.

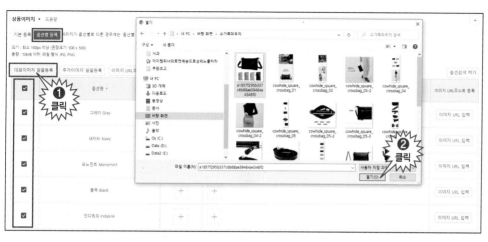

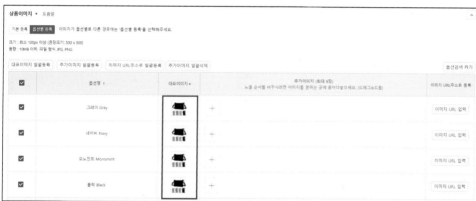

▶ 쿠팡에서는 옵션의 대표이미지가 다르면 옵션별로 다르게 등록하라고 한다. 그런데 아래 그림처럼 '옵션별 등록' 시 '대표이미지'를 다르게 등록하면 등록 후 옵션별로 상품이 찢어질 수 있으니 특별한 경우가 아니라면 '대표이미지 일괄등록' 버튼을 이용하여 같은 이미지를 등록하길 권장한다.

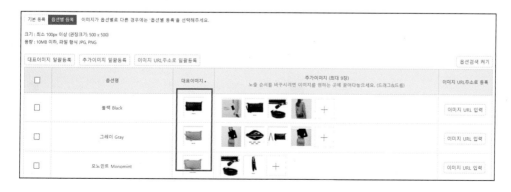

옵션이 있는 상품의 경우 대표이미지, 추가이미지, 상세설명을 '기본 등록'과 '옵션별 등록'으로 등록할 수 있다. 저자는 단일 상품이라도 추후 옵션을 추가할 경우를 대비해 '옵션별 등록'으로 진행하는 것을 권장한다. 쿠팡에 서는 단일 상품보다 옵션이 있는 상품을 더 베네핏을 주고 있다.

'기본 등록'으로 진행하면 전체 옵션 상품을 통틀어 대표이미지 1개, 추가이미지 9개를 등록할 수 있다.
'옵션별 등록'으로 진행하면 옵션별로 대표이미지와 추가이미지를 등록할 수 있다. 옵션별 등록을 하더라도 대표 이미지는 같은 이미지를 등록해주는 것을 권장한다. 대표이미지를 다르게 하면 상품등록 후 옵션별로 상품이 찢 어지는 경향이 있기 때문이다. '상세설명'도 옵션별로 등록하면 옵션마다 상세페이지를 다르게 등록할 수 있다.

기본 등록으로 진행한 경우 상세페이지에서 옵션을 선택하면 대표이미지와 추가이미지, 상세설명이 바뀌지 않지 만, 옵션별 등록으로 등록하면 옵션을 선택할 때마다 대표이미지와 추가이미지, 상세설명이 등록한 대로 바뀌는 것을 확인할 수 있다.

 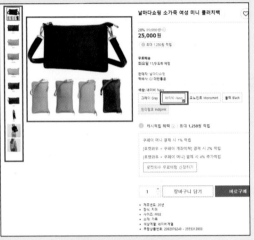

'기본 등록'은 전체 옵션상품에 대해 설정할 것이기에 옵션값을 선택해도 대표이미지와 추가이미지는 변화가 없다.

'옵션별 등록'으로 옵션별로 대표이미지를 다르게 등록한 경우 옵션값을 선택하면 등록한 대표이미지와 추가이미지가 나타난다.

7. [상세설명 작성] 상세설명을 작성한다. 상품 상세페이지에 노출되는 이미지나 텍스트를 입력한다. 상품의 특장점이 잘 나타나게 작성한다. '이미지 업로드', '에디터 작성', 'HTML 작성' 탭 중에서 선택해서 작성하면 된다.

'옵션별 등록'을 선택하면 '작성하기' 버튼을 클릭하여 옵션별로 상세설명을 다르게 등록할 수 있다.

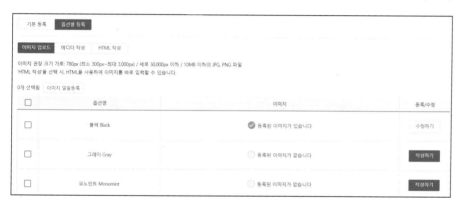

① **이미지 업로드**: '이미지 추가' 탭에서 이미지 파일을 업로드하고, '텍스트(HTML) 추가' 탭을 클릭하여 텍스트를 입력할 수 있다.

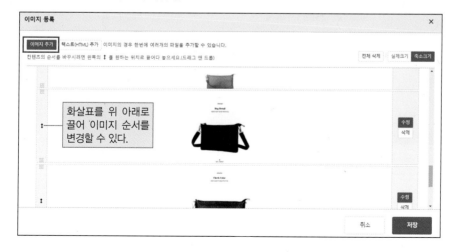

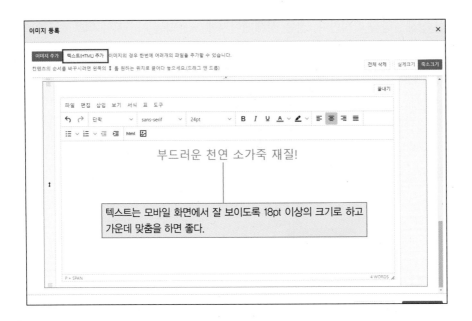

② **에디터 작성:** 에디터에서 직접 텍스트와 이미지를 삽입하여 등록할 수 있다. 추천 템플릿을 이용하여 테스트 및 이미지를 수정 변경하면 간단하게 작성할 수 있다.

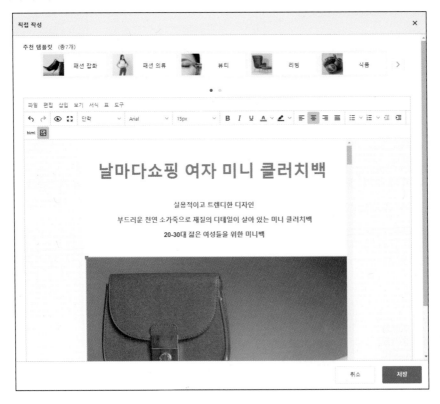

③ **HTML작성:** HTML 소스를 입력하여 작성할 수 있다.

8. [상품 주요정보] 상품 주요정보를 입력한다.

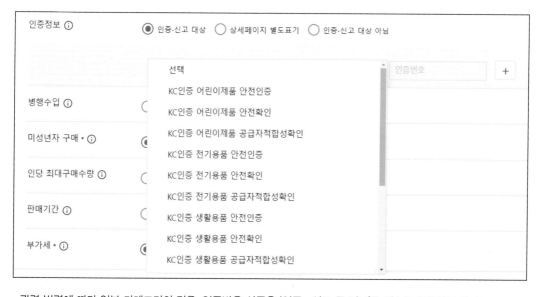

① **브랜드:** 브랜드 입력. 브랜드를 정확하게 입력하면 쿠팡 검색어 노출 시 유리하다. 브랜드가 없거나 자체제작 상품의 경우 '브랜드없음(또는 자체제작)'에 체크한다.

② **제조사:** 제조사 입력. 제조사를 알 수 없는 경우 '쇼핑몰명 협력사'(예: 비바채 협력사)를 입력한다.

③ **인증정보:** 각 카테고리에 해당하는 상품 인증·신고 등 정보를 선택하여 입력한다.

- 관련 법령에 따라 일부 카테고리의 경우, 인증받은 상품은 '인증·신고 등 정보'를 필수로 등록해야 한다.
- 등록한 인증·신고 등 정보는 아이템페이지에 인증마크와 함께 노출된다.
- 인증·신고 등 정보 입력에 관련 모든 책임은 판매자에게 있으며, 허위 정보 입력 시 판매중지 될 수 있다.

④ **인당 최대구매수량:** 한 구매자가 최대로 구매할 수 있는 수량을 설정할 수 있다. 제한 없이 판매할 경우 0개/1일을 입력한다.

⑤ **판매기간:** 설정함을 선택하면 판매할 기간을 선택할 수 있다.

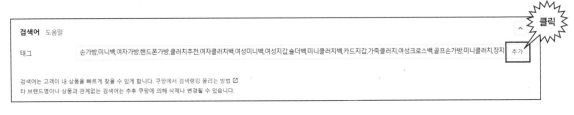

⑥ **부과세:** 판매상품의 부가가치세 여부를 선택한다. 도서, 식품은 대표적인 부가세 면세 상품이다.

9. [검색어 입력] 검색어(태그)를 입력한다. 검색어는 고객이 내 상품을 빠르게 찾을 수 있게 한다. 고객이 내 상품을 찾을 때 어떤 검색어를 입력하여 찾을지를 생각해보고 그 단어를 입력해주면 된다. 형태, 소재, 스타일, 특징 등 내 상품을 찾을 때 필요한 단어를 쉼표(,)로 구분하여 최대 20개까지 입력할 수 있다.

카테고리나 상품명을 중복 입력할 필요는 없다. 적합하지 않은 검색어를 입력하면 상품이 쿠팡에서 검색되지 않을 수 있다.

10. [검색필터 입력] 검색필터를 설정한다. 검색옵션은 검색어로 자동 설정된다.

고객은 검색결과에서 검색필터를 적극적으로 활용한다. 큰 범주의 검색어로 상품을 검색한 후 좀 더 범위를 좁혀가면서 원하는 상품을 찾는다. 예를 들어 색상계열을 블랙계열을 설정해놓으면, 고객이 상품 검색 시 검색필터에서 블랙계열을 체크하여 검색하면 블랙 색상 상품만 보여주므로 노출에 유리하게 작용한다. 따라서 검색옵션을 정확히 입력해야 고객들이 내 상품을 찾을 수 있는 확률이 높아진다.

▶ 필터 속성을 체크한 후 해당 옵션을 클릭한 후 서브 메뉴에 나오는 속성값을 선택하면 된다. '일괄적용' 버튼을 클릭한 후 속성값을 선택하면 모든 옵션에 일괄 적용할 수 있다.

▶ 필터는 쿠팡 앱 화면의 '필터'에 나와 있는 속성만 넣는다. 안 나오는 필터값은 넣지 마라. 넣으면 카테고리가 변경될 수 있다.

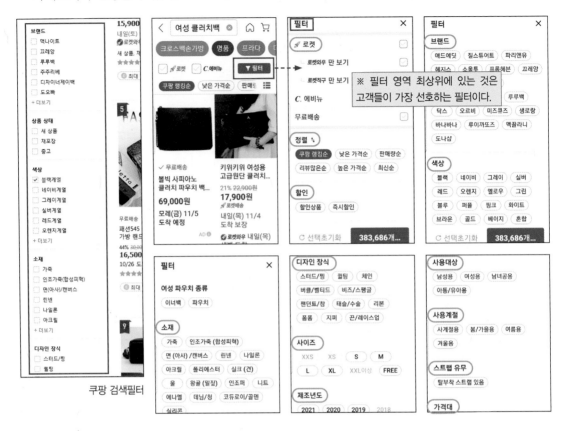

쿠팡 검색필터

11. [상품정보제공고시] 카테고리별 상품에 따라 법적 고시정보가 다르다. 상품에 맞는 고시정보 카테고리를 선택한 후, 고시정보를 입력한다. 고시정보는「전자상거래 등에서의 소비자보호에 관한 법률 제13조 제4항」에 따라 소비자에게 고시를 해야 하는 사항이다.

12. [배송 정보 입력] 배송 정보를 입력한다.

등록된 출고지가 없는 경우 '출고지 추가' 버튼을 클릭하여 출고지를 등록하면 된다.

배송 · 도움말   ∧

ⓘ 아직 등록된 출고지가 없습니다. 출고지를 등록해주세요. [출고지 추가]

배송 · 도움말   ∧

❶ 출고지 ·   **상품출고지**

[파주NY물류] 경기도 파주시 ＊＊＊＊＊＊＊＊＊＊＊   [판매자 주소록]

❷ 제주/도서산간 배송여부 ·   ⦿ 가능   ○ 불가능   '가능'을 선택하려면 택배사와 도서산간 추가배송비를 설정해주세요.

❸ 택배사 ·   CJ대한통운 ·   ∨   도서산간지역 배송 시 출고지에 등록된 택배사만 선택할 수 있습니다.

CJ대한통운 도서산간추가배송비 : 제주지역:3500원 / 제주외지역:500
0원

❹ 배송방법 ·   일반배송   ∨

❺ 묶음배송 ·   ○ 가능   ⦿ 불가능   출고 정보가 같은 상품만 묶음배송할 수 있습니다. (착불배송 선택 불가)

❻ 배송비 종류 ·   무료배송   ∨   무료배송 / 9,800원 이상, 10,000원 이상, 19,800원 이상, 30,000원 이상 무료배송 /
유료배송 / 조건부무료배송만 선택할 수 있습니다. (일부 카테고리 및 해외구매대행상
품 제외)

❼ 출고 소요일 · ⓘ   ⦿ 기본 입력   ○ 구매 옵션별로 입력

주문일 당일 또는 다음날까지 발송 가능한 경우, 1일로 설정해주세요

[2] 일

---

① **출고지:** 출고지를 설정해놓았다면 '판매
자 주소록' 버튼을 클릭하여 상품출고지
를 선택한다.

② **제주 / 도서산간 배송여부:** 제주/도서산간 지역으로 배송 가능할 경우 '가능'을 선택한다. '가능'을
선택하면 출고정보에 등록된 택배사를 선택할 수 있고, 택배사가 설정한 제주/도서산간추가배송
비가 자동 입력된다.

③ **택배사:** 배송 택배사를 선택한다. 업체직접전달 또는 설치배송인 경우 '기타 택배사'를 선택한다.
제주/도서산간지역 배송 시 출고지에 등록된 택배사만 선택할 수 있다. 배송사 아래로 출고지에
등록된 제주/도서산간지역 추가배송비가 나타난다.

④ **배송방법:** 일반배송, 신선냉동, 주문제작, 구매대행, 설치배송 또는 판매자 직접전달 중에서 선택.

- 일반배송: 주문제작, 구매대행, 업체직접전달을 제외한, 주문 후 익일 출고 배송상품
- 신선냉동: 상품의 신선도를 유지하여 배송될 수 있도록 포장 용기 등에 신경 써서 배송해야 하는 상품(화분, 다육식물, 만두, 우유, 고기, 너겟, 아이스크림, 각종 해물, 냉동볶음밥 등)
- 주문제작: 결제완료 후 제작되는 택배 배송상품(네임스티커, 수제화, 미아방지 팔찌/목걸이, 주차번호판, 한복, 이니셜/문구 삽입 티셔츠, 커텐, 블라인드 등)
    - 추가정보요청메시지 사용 여부: 고객이 원하는 문구를 삽입할 수 있는 주문제작상품의 경우 상품등록 단계에서 고객에게 '추가정보메시지' 입력을 요청하는 문구를 등록할 수 있다. 고객에게 노출할 메시지를 선택하거나 직접 입력한다. 한글, 영문, 숫자 외 ! " # $ % & ' ( ) * + - . : ; ⟨ = ⟩ ? @ [₩] ^ _ ' { | } ~의 특수문자만 입력할 수 있다. 쉼표(,), 빗금(/)은 입력할 수 없다.(최소 2자, 최대 50자 입력 가능)
    고객은 주문/결제 시 필수 추가 정보 단계에서 원하는 '추가정보요청메시지'를 입력할 수 있다.
- 구매대행: 해외발송 후 세관 및 통관절차를 거치는 배송상품으로, 인보이스 영수증 첨부 필요
    - 개인통관부호입력: 구매대행 배송방법 선택 시 생성되는 항목. 구매 화면에서 구매자가 직접 개인통관부호를 입력해야 할 경우 '사용'을 선택한다.
- 설치배송 또는 판매자 직접전달: 배송과 함께 설치가 필요한 상품(가구 등) 또는 판매자가 직접 배송하는 상품(에어컨, 정수기, 비데, 도어락, 대형가구 등)

⑤ **묶음배송:** 묶음배송 여부를 선택. 출고 정보가 같은 상품만 묶음배송할 수 있다.(착불배송 선택 불가) 묶음배송을 선택하면 상세페이지의 '묶음배송 가능한 상품'에 노출된다.

⑥ **배송비 종류:** 무료배송/유료배송/조건부무료배송/9800원 이상, 19800원 이상, 30000원 이상 무료배송/착불배송을 선택할 수 있다.(가구/설치가전 등 일부 카테고리 상품은 유료배송/조건부 유료배송/착불배송을 선택할 수 있다.)

- 기본배송비: 배송 시 발생하는 택배비용(편도)을 입력한다.
- 조건부무료: 무료배송을 위한 기준 금액을 입력한다.

⑦ **출고 소요일:** 고객 주문 이후 상품을 발송할 때까지 걸리는 기간을 일 단위로 입력한다. '구매 옵션별로 입력'을 선택하면 상품 옵션별로 출고 소요일을 다르게 설정할 수 있다.

- 배송방법이 일반배송, 신선냉동일 경우: 1~7일
- 배송방법이 주문제작, 구매대행, 설치배송 및 판매자 직접전달일 경우: 1~20일
- 위탁배송일 경우 업체와 협의한 기일을 입력한다. 보통 2~3일 정도 입력한다.

13. [반품/교환 정보 입력] 반품 및 교환 정보를 입력한다.

아직 등록해놓은 주소지가 없다면 '반품/교환지 추가'를 클릭하여 반품/교환지를 등록한다.

반품/교환 ● 도움말

ⓘ 아직 등록된 반품/교환지가 없습니다. 먼저 반품/교환지를 등록해주세요. [반품/교환지 추가]

새 주소지 등록 ✕

주소지 유형	반품지
주소지명 ●	주소지명을 입력해주세요
국가 구분 ●	◉ 국내 ○ 해외
우편번호 ●	3~6자로 입력해주세요. [우편번호 검색]
주소 ●	기본주소를 입력해주세요
	상세 주소지를 입력해주세요.
전화번호 ●	'-'를 포함해 입력해주세요.
추가 전화번호	'-'를 포함해 입력해주세요.
택배사 계약여부 ●	○ 있음 ◉ 없음

[취소] [**등록**]

반품/교환 ● 도움말

직접 입력 확인사항 ●	- 반품/교환지 직접 입력 화면입니다. - 반품/교환지를 직접 입력할 경우 반품지 자동연동회수가 지원되지 않습니다. - 만약 이미 계약한 택배사가 있다면 반품/교환지 주소록을 먼저 등록하여주시기 바랍니다. **❶** [반품/교환지 등록]
❷ 반품/교환지명 ●	본사 반품지
반품/교환지 연락처 ●	02-***-****
우편번호 ●	04091 [우편번호 검색]
주소 ●	서울특별시 마포구 **** ******
❸ 조도배송비(편도) ●	2,500 원 과도한 반품배송비는 청약철회 사유가 될 수 있습니다.
❹ 반품배송비(편도) ●	2,500 원

고객사유로 인한 반품 시, 왕복 반품/배송비는 조도배송비 + 반품배송비의 합계인 5,000원이 청구됩니다.

> **TIP** + **직접 입력을 통한 반품지 설정**
>
> 택배사와의 계약 없이 '직접 입력'을 통해 반품지를 등록할 경우, 고객이 반품/교환을 요청했을 때 상품이 자동으로 회수처리되지 않는다. 이 경우 판매자가 직접 특정 택배사를 통해 회수를 요청해 진행해야 한다. 택배비는 반품 사유 책임이 누구에게 있는가에 따라 협의해야 한다.

① **반품/교환지 등록**: 반품/교환지를 설정해놓았다면 클릭하여 **판매자 주소록**에서 **선택**할 수 있다.

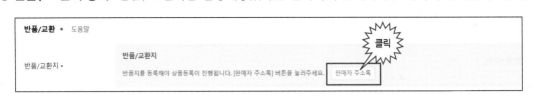

② **반품/교환지명**: 반품지명을 입력한다.

③ **초도배송비(편도)**: '무료배송'인 경우 반품 시 소비자가 지불하는 배송비를 입력한다. 입력된 금액은 반품배송비에 합산되어 노출된다.(예: 왕복배송비 = 초도배송비 + 반품배송비)

④ **반품배송비(편도)**: 편도 반품배송비를 입력한다.

14. [구비서류 업로드] 첨부해야 할 기타 인증서류가 있으면 업로드한다.

15. 미리보기를 클릭하면 쿠팡에서 보여지는 화면을 미리 볼 수 있다.

16. **판매요청**을 클릭하면 등록이 완료된다. **상품목록**을 클릭하면 상품이 등록된 것을 확인할 수 있다.

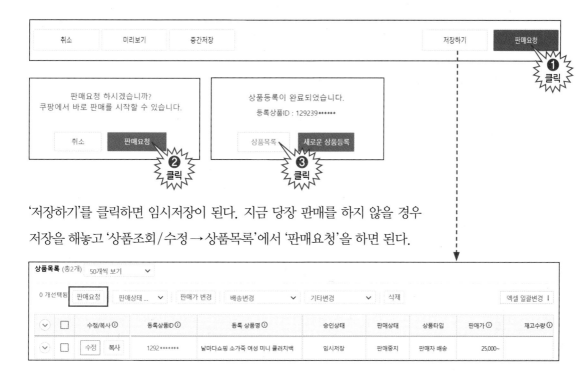

'저장하기'를 클릭하면 임시저장이 된다. 지금 당장 판매를 하지 않을 경우
저장을 해놓고 '상품조회/수정 → 상품목록'에서 '판매요청'을 하면 된다.

상품목록 (총2개) 50개씩 보기 ▾

| 0 개선택됨 | 판매요청 | 판매상태... ▾ | 판매가 변경 | 배송변경 ▾ | 기타변경 ▾ | 삭제 | | 엑셀 일괄변경 ⋮ |

▾	☐	수정/복사	등록상품ID ⓘ	등록 상품명 ⓘ	승인상태	판매상태	상품타입	판매가 ⓘ	재고수량 ⓘ
▾	☐	수정 복사	1292******	날마다쇼핑 소가죽 여성 미니 클러치백	임시저장	판매중지	판매자 배송	25,000~	

17. 쿠팡 WING → **상품관리** → **상품조회/수정**에서 등록된 상품을 확인할 수 있다. '승인상태'에
'승인완료'라고 되어 있다. 상품목록 첫번째 열의 ⓥ 버튼을 클릭한다.

상품 조회/수정 도움말   ✎ 상품 개별등록   ⬆ 상품 일괄등록   수수료 안내

| ⊞ 전체 1 건 | 🛒 판매요청전 0 건 | 🛒 판매대기 0 건 | 🛒 판매중 1 건 | 🛒 품절 0 건 | 🛒 판매중지 0 건 | 🛒 판매종료 0 건 |

| 검색어 | 상품번호 | 등록상품ID 노출상품 ID 옵션 ID 판매자 상품코드(Enter 또는 ',' 로 구분, 최대 100개) | 등록상품명 | 두 글자 이상 입력 | 제조사명 | 입력 |
| | | | 브랜드명 | 입력 | | |

| 상품상태 | ☑ 전체 ☑ 판매요청전 ☑ 판매대기 ☑ 판매중 ☑ 품절 ☑ 판매중지 ☑ 판매종료 ☑ 승인대기 ☑ 심사중 ☑ 승인반려 |
| | ☑ 부분승인완료 ☑ 승인완료 |

| 기간 | 상품등록일 ▾ 오늘 7일 30일 90일 180일 1년 전체 2000-01-01 📅 ~ 2099-12-31 📅 |

초기화 **검색**   ▾ 상세검색 열기

상품목록 (총2개) 50개씩 보기 ▾

| 0 개선택됨 | 판매요청 | 판매상태... ▾ | 판매가 변경 | 배송변경 ▾ | 기타변경 ▾ | 삭제 | | 엑셀 일괄변경 ⋮ |

▾	☐	수정/복사	등록상품ID ⓘ	등록 상품명 ⓘ	승인상태	판매상태	상품타입	판매가 ⓘ	재고수량 ⓘ
▾	☐	수정 복사	12923905572	날마다쇼핑 소가죽 여성 미니 클러치백	승인완료	판매중	판매자 배송	25,000~	재고 S

18. 하나의 등록상품ID에 옵션별로 상품이 등록되어 있는 것을 알 수 있다. **노출상품ID**를 클릭한다.

19. 그러면 쿠팡에서 판매되고 있는 실제 상품페이지를 확인할 수 있다.(쿠팡 마켓플레이스에서 내 상품이 바로 검색되지 않을 수도 있다. 노출되기까지 1~2시간이 소요되기도 한다.)

2 엑셀 파일을 이용한 상품 일괄등록

상품을 등록할 때 엑셀 파일을 이용한 일괄등록 기능을 사용하면 여러 상품을 한번에 등록할 수 있다. 다음은 엑셀 파일을 이용한 일괄등록 방법이다.

1. 쿠팡 WING→**상품관리**→**상품 일괄등록**을 클릭한다.

2. 엑셀양식 다운로드를 클릭하여 카테고리를 선택한다. 등록할 상품에 맞는 여러 개의 카테고리를 동시에 선택할 수 있다. 그리고 **선택한 카테고리 엑셀파일 다운로드** 버튼을 클릭하여 엑셀 파일을 다운로드한다.(엑셀 파일은 업로드 요청에 있는 버전 정보와 맞지 않으면 업로드가 되지 않으니 최신 파일을 다운받아 사용해야 한다.)

3. 다운받은 엑셀 양식을 열어 각 필드에 맞는 값을 입력한 후 저장한다.

▶ 다운로드한 파일 안에는 파일 '버전 정보'와 함께 작성 방법이 자세히 나와 있다.

▶ 엑셀 템플릿 상단의 [콘텐츠 사용]을 클릭하여, 매크로가 활성화될 수 있도록 한다.

▶ 1~4행은 엑셀 상품등록에 대한 가이드라인으로, 이것을 변경하거나 삭제할 경우 상품정보 업로드가 불가능할 수 있으니 주의해야 한다. 상품정보는 5행부터 입력하면 된다.

▶ 입력방법은 아래와 같이 분류되며 필수인 값은 모두 작성해야 한다.

  · 필수: 반드시 입력해야 한다. 미입력 시 업로드 안 됨
  · 선택(기본값): 입력하지 않을 경우 기본값 자동 입력(예: 병행수입, 과세여부 등)
  · 선택: 업체가 원할 경우에만 입력(미입력해도 업로드 가능)
  · 선택/필수: 카테고리별 필수/선택 여부가 다른 경우(예: 구비서류)
  · '선택해주세요' 문구가 있는 것은 셀을 클릭해 드롭다운 목록에서 선택한다.

① **기본정보:** 상품 기본정보 탭에 있는 정보를 아래 기준에 맞추어 입력하면 된다.

카테고리	등록상품명	판매시작일	판매종료일	상품상태	상태설명	브랜드	제조사	검색어	옵션유형
[69288] 패션의류잡화>여성패션>여성잡화>가방>여성클러치	소가죽 여성 미니 명품 클러치백	2021-11-05	2099-12-31	새상품	부드러운 천연 소가죽 재질 여성 미니 클러치백	브랜드없음	날마다쇼핑 협력사	손가방/미니백/여자가방/핸드백/여성미니백/여성지갑/숄더백/미니클러치백/카드지갑/가죽클러치	색상
[69288] 패션의류잡화>여성패션>여성잡화>가방>여성클러치	소가죽 여성 미니 명품 클러치백	2021-11-05	2099-12-31	새상품	부드러운 천연 소가죽 재질 여성 미니 클러치백	브랜드없음	날마다쇼핑 협력사	손가방/미니백/여자가방/핸드백/여성미니백/여성지갑/숄더백/미니클러치백/카드지갑/가	색상

· 카테고리: 파일 다운로드하기 전 선택한 카테고리가 자동으로 표기되어 있다.(등록 후 카테고리 변경 불가)
· 등록상품명: 해당 상품의 제품명 기재
· 판매시작일: 판매시작을 원하는 날짜를 YYYY(연도)-MM(달)-DD(일) 형식으로 입력(미입력 시 상품등록 다음날로 자동입력)
· 판매종료일: 판매종료를 원하는 날짜를 YYYY(연도)-MM(달)-DD(일) 형식으로 입력(미입력 시 '2099-12-31'로 자동입력)
· 상품상태: 새상품, 리퍼, 중고 등 상품상태 선택
· 상태설명: 상품 상태 입력
· 브랜드: 판매상품의 브랜드명 기재
· 제조사: 제조사를 입력. 제조사를 알 수 없는 경우, [브랜드명]을 입력
· 검색어: 정확한 검색어를 등록하면 고객이 해당 검색어를 입력했을 때, 상품의 노출기회가 증가한다. 상품과 관련 없는 검색어 입력 시 쿠팡 관리자에 의해 삭제 및 판매중지 처리될 수 있다.

② **구매옵션:** 구매옵션 탭은 고객이 상품을 구매할 때 선택할 수 있는 옵션 정보를 입력하는 곳이다.

구매옵션							
옵션유형1	옵션값1	옵션유형2	옵션값2	옵션유형3	옵션값3	옵션유형4	옵션값4
선택/필수	선택/필수	선택/필수	선택/필수	선택/필수	선택/필수	선택/필수	선택/필수

구매옵션은 고객이 상품을 구매할 때 선택하는 정보입니다.
예) 옵션유형: 색상 / 옵션값: 레드

1. 옵션유형을 확인하세요.
구매옵션의 옵션유형은 카테고리마다 다릅니다.

2. 옵션유형에 따른 옵션값을 입력하세요.
● 직접입력형 : 옵션값을 직접 입력
● 선택형 : 셀을 클릭해 드롭다운 목록에서 선택 또는 직접 입력
● 단위형 : 셀을 클릭해 입력할 수 있는 단위 확인 후 [숫자+단위] 입력

예) 등록할 상품이 2개 컬러, 2개 사이즈의 신발인 경우, 총 4행을 작성해야 합니다. (2X2=4)
● 색상 | 레드 || 사이즈 | 250
● 색상 | 레드 || 사이즈 | 260
● 색상 | 블루 || 사이즈 | 250
● 색상 | 블루 || 사이즈 | 260

※ 입력방법이 [필수]로 표시된 옵션유형의 옵션값은 반드시 입력하세요. (단, [선택]의 경우, 입력하지 않아도됨)
※ 입력방법이 전부 [선택]인 경우 (예: 수량[선택], 중량[선택]), 구매옵션을 입력하지 않아도 됩니다 (단일상품으로 자동입력됨)
※ 사용하지 않는 옵션유형 셀의 텍스트는 모두 지우세요.

> 옵션값이 2개인 경우 아래에 행을 하나 추가하여 위의 행을 복사하여 붙여넣기한 후 옵션값을 수정, 입력하면 된다. 총 2개의 행에 걸쳐 입력해야 한다.

색상	블랙 Black	패션의류/잡화 사이즈					
색상	그레이 Gray	패션의류/잡화 사이즈					

③ **검색옵션:** 검색어 또는 검색필터로 사용되는 탭으로, 검색옵션 역시 옵션유형이 카테고리마다 다르며, 옵션값이 상세할수록 검색이 잘되고 더 많이 노출된다.

검색옵션									
옵션유형1	옵션값1	옵션유형2	옵션값2	옵션유형3	옵션값3	옵션유형4	옵션값4	옵션유형5	옵션값5
선택/필수	선택/필수	선택/필수	선택/필수	선택/필수	선택/필수	선택/필수	선택/필수	선택/필수	선택/필수

검색옵션은 검색어 또는 검색 필터로 사용되는 정보입니다.
예) 옵션유형: 성별 / 옵션값: 남아용

1. 입력할 옵션유형을 확인하세요
검색옵션의 옵션유형은 카테고리마다 다릅니다. 옵션값이 상세할수록 검색이 잘 되고 더 많이 노출됩니다.

2. 옵션유형에 따른 옵션값을 입력하세요
● 직접입력형 : 옵션값을 직접 입력
● 선택형 : 셀을 클릭해 드롭다운 목록에서 선택 또는 직접 입력
● 단위형 : 셀을 클릭해 입력할 수 있는 단위 확인 후 [숫자+단위]로 입력

예) 등록할 상품이 2개 성별, 2개 형태, 2개 단계, 1개 사용제품인 기저귀인 경우, 총 8행을 작성해야 합니다. (2X4=8)
● 성별 | 남아용 || 형태 | 팬티형 || 단계 | 1단계 || 사용체중 | 13~18kg
● 성별 | 남아용 || 형태 | 팬티형 || 단계 | 2단계 || 사용체중 | 13~18kg
● 성별 | 남아용 || 형태 | 밴드형 || 단계 | 1단계 || 사용체중 | 13~18kg
● 성별 | 남아용 || 형태 | 밴드형 || 단계 | 2단계 || 사용체중 | 13~18kg
● 성별 | 여아용 || 형태 | 팬티형 || 단계 | 1단계 || 사용체중 | 13~18kg
● 성별 | 여아용 || 형태 | 팬티형 || 단계 | 2단계 || 사용체중 | 13~18kg
● 성별 | 여아용 || 형태 | 밴드형 || 단계 | 1단계 || 사용체중 | 13~18kg
● 성별 | 여아용 || 형태 | 밴드형 || 단계 | 2단계 || 사용체중 | 13~18kg

※ 입력방법이 [필수]로 표시된 옵션유형의 옵션값은 반드시 입력하세요.

출시 연도		출시 계절	선택해주세요 (직접입력가능)	패션 의류/잡화 색 상계열	블랙계열	패션 잡화 소재	가죽	패션잡화 사이즈	선택해주세요 (직접입력가능)
출시 연도		출시 계절	선택해주세요 (직접입력가능)	패션 의류/잡화 색 상계열	그레이계열	패션 잡화 소재	가죽	패션잡화 사이즈	선택해주세요 (직접입력가능)

④ 구성정보

판매가격	할인율기준가	재고수량	출고리드타임	인당최대구매수량	최대구매수량기간(일)	성인상품(19)	과세여부	병행수입여부	해외구매대행	업체상품코드	모델번호	바코드	인증·신고 등 정보유형	인증·신고 등 정보값	주문 추가메시지
필수	필수	필수	필수	선택/기본값	선택/기본값	선택/기본값	선택/기본값	선택/기본값	선택/기본값	선택	선택	선택/필수	선택/필수	선택/필수	선택
25000	35000	9999	2	0	1	N	Y	N	N			[바코드없음]제조사에서 바코드를 제공 받지 못함	인증·신고 등 대상아님		선택해주세요 (직접입력가능)
25000	35000	9999	2	0	1	N	Y	N	N			[바코드없음]제조사에서 바코드를 제공 받지 못함	인증·신고 등 대상아님		선택해주세요 (직접입력가능)

- 판매가격: 쿠팡에서 판매할 가격을 입력
- 할인율 기준가: 쿠팡에서 할인하여 판매하기 전 금액을 입력
- 재고수량: 상품의 판매 가능 재고수량 입력(재고가 없을 경우 '0', 무제한일 경우 '99999' 입력)
- 출고리드타임: 입력 가능 범위는 최소 1일, 최대 99일
- 인당최대구매수량: 1인이 최대 구매 가능한 제품 수량(제한 없을 경우 '0')
- 최대구매수량기간(일): '인당최대구매수량'을 제한하는 기간. 미입력 시 '1'로 자동입력
- 성인상품(19): 미성년자 구매불가(Y)/구매가능(N) 여부 입력
- 과세여부: 판매상품의 면세여부 입력[미입력 시 Y(과세)로 자동 입력]
- 병행수입여부: 병행수입제품(Y)/비병행(N) 여부 입력
- 해외구매대행: 해외구매대행 여부 입력[미입력 시 N(구매대행 아님)으로 자동 입력]
- 업체상품코드: 업체에서 상품별로 직접 관리하는 상품코드 입력
- 모델번호: 제품의 품번, 모델명을 띄어쓰기 없이 입력
- 바코드: 제품의 표준상품코드 입력. 바코드가 없는 상품의 경우 드롭다운 목록에서 바코드가 없는 사유를 선택
- 인증·신고 등 정보유형/정보값: 인증유형을 선택하고 인증정보 입력
- 주문 추가메시지: 고객에게 추가정보를 요청하는 메시지 입력

⑤ 고시정보: 선택한 카테고리별로 입력해야 하는 정보가 다르다. 표시된 상품정보고시값은 필수입력 사항이므로 반드시 입력해야 한다.

상품고시정보 카테고리	상품고시정보값1	상품고시정보값2	상품고시정보값3	상품고시정보값4	상품고시정보값5	상품고시정보값6	상품고시정보값7	상품고시정보값8	상품고시정보값9	상품고시정보값10	상품
필수	선택/필수	선택/필수	선택/필수	선택/필수	선택/필수	선택/필수	선택/필수	선택/필수	선택/필수	선택/필수	선택
패션잡화(모자/벨트/액세서리)	가방	소가죽	25	날마다쇼핑 협력사	중국	취급시 주의사항	품질보증기준	010-****-****			
패션잡화(모자/벨트/액세서리)	가방	소가죽	25	날마다쇼핑 협력사	중국	취급시 주의사항	품질보증기준	010-****-****			

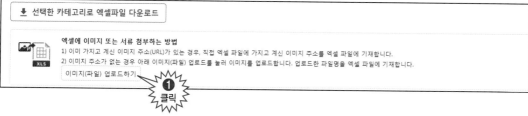

⑥ **이미지:** 대표이미지와 기타이미지, 상태이미지, 상품 상세 설명을 등록한다. 이미지 업로드는 **이미지 주소(URL)를 입력**하는 방법과 **이미지 업로드 후 파일명을 입력**하는 방법이 있다. 대표이미지는 필수값이므로 반드시 등록해야 한다. 상품 상세 설명은 여러 개의 이미지를 업로드할 수 있다.

품고시정보값 13	상품고시정보 값14	이미지 *파일 업로드 방식이 변경되었으니 아래 안내를 참조하세요.			상품 상세 설명 *파일 업로드 방식이 변경되었으니 아래 안내를 참조하세요.	구비서류 *파일 업로드 방식이 변경되었으니 아래 안내			
		대표(옵션)이미지	추가이미지	상태이미지(중고상품)	상세 설명	구비서류값1	구비서류값2	구비서류값3	구비서류값4
선택/필수	선택/필수	필수	선택	선택	필수	선택/필수	선택/필수	선택/필수	선택/필수

(표 내용: 이미지 업로드 방법 안내 및 대표이미지, 추가이미지 용량/크기 안내)

④ 복사한 파일명을 붙여넣는다.
또는 이미지 URL을 입력한다.

이미지 업로드는 **쿠팡 WING → 상품 일괄등록 → '엑셀양식 다운로드'** 영역에서 **이미지(파일) 업로드하기** 버튼을 클릭하여 이미지를 업로드한 후 파일명을 **복사**하여 해당 셀에 붙여 넣으면 된다.

⑦ **상품 상세 설명:** 업로드한 상품 상세 설명 이미지를 파일명 복사한 후 해당 셀에 붙여 넣는다.

⑧ **구비서류:** 각 카테고리마다 입력해야 하는 필수 구비서류가 다르며 다운받은 엑셀 파일의 [구비서류값]의 필수 여부 확인한 후 필수인 경우 해당 구비서류를 반드시 업로드해야 한다.

상품 상세 설명 *파일 업로드 방식이 변경되었으니 아래 안내를 참조하세요.	구비서류 *파일 업로드 방식이 변경되었으니 아래 안내를 참조하세요.					
상세 설명	구비서류값1	구비서류값2	구비서류값3	구비서류값4	구비서류값5	구비서류값6
필수	선택/필수	선택/필수	선택/필수	선택/필수	선택/필수	선택/필수
상세설명 이미지를 업로드해주세요. 이미지 업로드 후 파일명을 엑셀에 옮겨 적어주세요. 1. 횡>상품일괄등록>엑셀양식 다운로드 영역에서 '이미지(파일) 업로드' 버튼을 클릭하세요. 2. 팝업창에서 '이미지 업로드 바로가기 ▶ 하기' 버튼을 클릭하고 PC에서 업로드할 파일을 선택하여 한번에 업로드합니다. 4. 마지막으로 업로드가 끝난 후 업로드된 파일명을 복사해서 엑셀 파일에 기재해주세요. ※ 한 셀에 여러개의 이미지를 쉼표(,)로 구분하여 기재할 수 있습니다. [컨텐츠 가이드] ● 용량 : 10MB 이하, 파일 형식 JPG, PNG ● 이미지 : 가로 780px 권장, (최소 300px~최대3,000 px) 세로 30,000px이하 업로드 가능	판매 적법성을 입증하는 증빙서류를 업로드하세요. [구비서류 업로드 방법 안내] 1. 횡>상품일괄등록>엑셀양식 다운로드 영역에서 '이미지(파일) 업로드' 버튼을 클릭하세요. [파일 업로드 바로가기 ▶] 2. 팝업창에서 '이미지 업로드 바로가기 ▶ 필수서류 추가하기' 버튼을 클릭하고 PC에서 업로드할 파일을 선택하여 한번에 업로드합니다. 4. 마지막으로 업로드가 끝난 후 업로드된 파일명을 복사해서 엑셀 파일에 기재해주세요. ※ 업로드할 셀에 기본 예시로 미리 입력되어 있던 값은 제거 후 새로 기재하시기 바랍니다. ※ 구비서류 ● 용량 : 5MB 이하 ● 파일 형식 : PDF, JPG, TXT, HWP, DOC, DOCX, PNG, JPEG, PJPEG ※ 병행수입 또는 해외구매대행상품인 경우 각 행에 맞는 구비서류를 업로드하세요. ● 병행수입상품(BO)열: 수입신고필증 업로드 (갑지, 을지 모두 첨부, 마킹 물가, 단가만 마킹 가능) ※ 기타 구비서류는 기타인증서류 셀에 업로드하세요.					
cowhide_spuare_crossbag_03.jpg	수입신고필증(병행수입 선택시)	기타인증서류 (선택)	UN 38.3 Test Report	MSDS Test Report		
	수입신고필증(병행수입 선택시)	기타인증서류 (선택)	UN 38.3 Test	MSDS Test Report		

이렇게 엑셀 파일에 상품정보를 다 입력했다면 파일을 저장한다. 주의할 것은 필수 항목은 반드시 입력해야 업로드가 된다. 아래 화면은 클러치백 상품은 옵션이 2개(블랙, 그레이), 제주 황금향은 옵션이 4개(가정용 3kg, 선물용 3kg, 가정용 5kg, 선물용 5kg)인 상품을 설정한 것이다.

카테고리	등록상품명	검색어	구매옵션										
			옵션유형1	옵션값1	옵션유형2	옵션값2	옵션유형3	옵션값3	옵션유형4	옵션값4	옵션유형1	옵션값1	옵션
필수	필수	선택	선택/필수	선택/필수	선택/필수	선택/필수	선택/필수	선택/필수	선택/필수	선택/필수	선택/필수	선택/필수	선택
[69288] 패션의류잡화>여성패션>여성잡화>가방>여성클러치	소가죽 여성 미니 명품 클러치백	손가방/미니백/클러치/여자가방/핸드폰가방/클러치백/여자핸드백/미니백여성미니백/여성지갑/클러치/미니클러치백/카드지갑/가죽클러치백	색상	블랙 Black	패션의류/잡화 사이즈						출시 연도		출시
[69288] 패션의류잡화>여성패션>여성잡화>가방>여성클러치	소가죽 여성 미니 명품 클러치백	손가방/미니백/클러치/여자가방/핸드폰가방/클러치백/여자핸드백/미니백여성미니백/여성지갑/클러치/미니클러치백/카드지갑/가죽클러치백	색상	그레이 Gray	패션의류/잡화 사이즈						출시 연도		출시
[59362] 식품>신선식품>과일류>과일>레드향/기타감귤류	제주 황금향 선물용 과일 선물 세트 5kg	감귤/귤/레드향/무농약천혜향/밀감/제주감귤/제주도하우스귤/제주정월/제주하우스감귤	수량 [필수] [기본단위: 개]	1박스	농산물 중량 [선택]	가정용 3kg					과일 종류 [선택]	생과	유 유 [기본단
[59362] 식품>신선식품>과일류>과일>레드향/기타감귤류	제주 황금향 선물용 과일 선물 세트 3kg	감귤/귤/레드향/무농약천혜향/밀감/제주감귤/제주도하우스귤/제주정월/제주하우스감귤	수량 [필수] [기본단위: 개]	1박스	농산물 중량 [선택]	선물용 3kg					과일 종류 [선택]	생과	유 유 [선택
[59362] 식품>신선식품>과일류>과일>레드향/기타감귤류	제주 황금향 선물용 과일 선물 세트 5kg	감귤/귤/레드향/무농약천혜향/밀감/제주감귤/제주도하우스귤/제주정월/제주하우스감귤	수량 [필수] [기본단위: 개]	1박스	농산물 중량 [선택]	가정용 5kg					과일 종류 [선택]	생과	유 유 [기본단
[59362] 식품>신선식품>과일류>과일>레드향/기타감귤류	제주 황금향 선물용 과일 선물 세트 3kg	감귤/귤/레드향/무농약천혜향/밀감/제주감귤/제주도하우스귤/제주정월/제주하우스감귤	수량 [필수] [기본단위: 개]	1박스	농산물 중량 [선택]	선물용 5kg					과일 종류 [선택]	생과	유 유 [기본단

4. 다시 쿠팡 WING에서 **상품관리 → 상품 일괄등록**을 클릭한다. '엑셀파일 업로드 요청'에 있는 **세부 항목 열기** 버튼을 클릭하여 배송정보 및 반품/교환정보를 설정한다.

5. '3. 엑셀파일을 선택하세요'에서 **상품 엑셀파일 업로드**를 클릭하여 저장해둔 엑셀파일을 선택한다.

6. **엑셀파일 업로드 요청** 버튼을 클릭한다. 그러면 파일이 업로드된다. 팝업창에서 **요청목록으로**
이동 버튼을 클릭하면 업로드 요청 내역을 확인할 수 있다. 요청 완료된 상태이고 요청결과 성공 건
수와 실패 건수를 확인할 수 있다. **판매요청하러 가기** 버튼을 클릭한다.

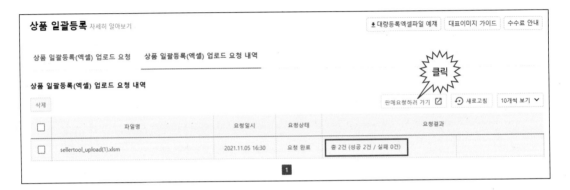

TIP — 엑셀 업로드 요청결과 실패

'상품 일괄등록(엑셀) 업로드 요청 내역'에서 요청결과가 실패로 나오는 경우는 **상세내역 다운로드** 버튼을 클릭
하여 엑셀을 다운로드한다. 그러면 오류가 있는 셀에 오류 내용이 표시되어 있다. 수정을 하고 저장을 한 후 다시
업로드하면 된다.

- 흔히 상품등록 필수정보를 정확히 기입하지 않아서 오류가 난다.
- 엑셀 버전 정보가 다를 경우 파일 업로드가 불가능하니 업로드할 엑셀 버전정보를 꼭 확인해야 한다.

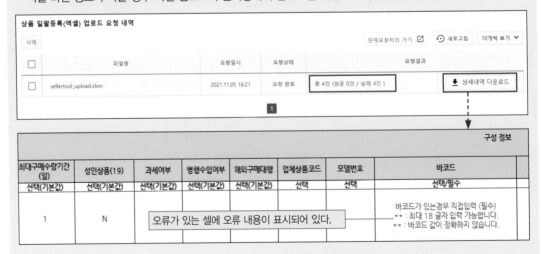

7. 상품 조회/수정 화면에서 등록한 상품이 '임시저장' 상태로 되어 있는 것을 확인할 수 있다. 여기서 상품을 선택하고 **판매요청** 버튼을 클릭하면 상품이 등록된다.

※ 판매요청을 하기 전에 '등록상품ID'를 클릭하여 배송지, 반품지 등 상품정보를 수정 및 변경할 수 있다.

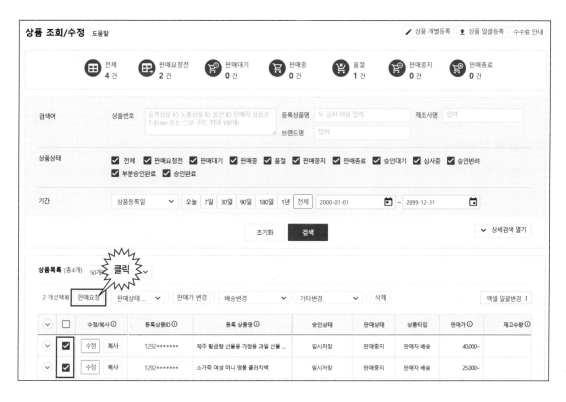

※ 판매요청 전 상품 콤보박스를 클릭하여 옵션별로 상품이 잘 등록되었는지 확인한다.

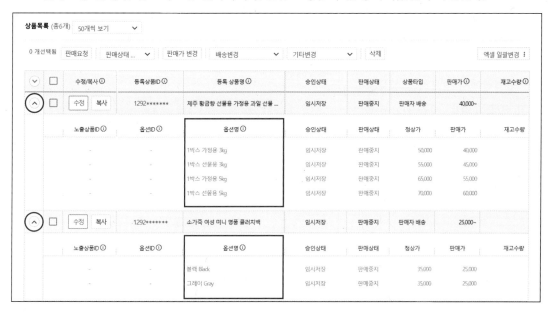

04 카탈로그 매칭하기를 통해 상품 등록하기

'카탈로그 매칭'은 내가 팔고자 하는 상품과 같은 상품이 이미 쿠팡에 등록되어 있을 때 등록된 상품의 기본 정보를 이용해 손쉽게 등록하는 방법이다. 이렇게 등록하면 내 상품이 등록한 아이템페이지에 묶이게 된다. 앞서 이야기한 것처럼 개인 셀러는 웬만하면 이러한 등록은 하지 말아야 한다. 아이템페이지에서 아이템위너가 되기가 쉽지 않기 때문이다.

1. 쿠팡 WING → **상품관리** → **상품등록**→**매칭할 상품찾기** 버튼을 클릭한다.

(※ '노출상품명'에 상품명을 입력하면 나오는 '더 많은 매칭 상품 보기'를 클릭하여 진행해도 된다.)

상품 등록 • 필수항목

ⓘ Wing은 Chrome 사용을 권장합니다. 이외의 브라우저 또는 Chrome 하위버전으로 접속 할 경우 페이지가 깨져 보일 수 있습니다.

복사등록

카탈로그 매칭하기 도움말

ⓘ 쿠팡에서 판매중인 상품 정보를 불러와 손쉽게 상품을 등록할 수 있습니다.
- 카탈로그 매칭은 내 상품의 검색 노출수와, 랭킹을 높이는데 보다 더 유리합니다. 상품을 매칭하고 아이템 위너로 만들어 보세요.
- 카탈로그 매칭 요청에 대한 규정을 위반할 경우 기능이 제한될 수 있습니다.

[매칭할 상품 찾기] [직접 등록할게요] **클릭**

노출상품명 • 도움말

[노출상품명 입력]

ⓘ 노출상품명에 옵션명을 중복 입력하지 않도록 주의해주세요

등록상품명(판매자관리용) ⌄

2. 팝업창에서 찾으려는 상품명 혹은 상품 URL, 상품 ID 등을 입력한 후 **상품 검색** 버튼을 클릭한다. 그러면 등록되어 있는 상품들이 나타난다.

TIP + 상품 ID, 상품 URL로 카테고리 매칭 상품 찾기

상품 ID나 상품 URL로 매칭할 상품을 찾으면 원하는 상품 아이템페이지를 쉽게 찾을 수 있다.

1. 쿠팡에서 상품명으로 검색하면 내가 판매하고자 하는 상품과 같은 상품의 아이템페이지가 여러 개 존재할 수 있다.

　　이 중에서 내가 매칭하고 싶은 상품을 클릭한다. 예를 들어 현재 노출 1위인 아이템페이지에 매칭을 해볼 수 있을 것이다.

2. 현재 이 아이템페이지의 아이템위너와 묶여 있는 판매자를 확인할 수 있다. 상단 주소창에서 이 페이지의 노출상품ID와 아이템ID, 벤더아이템ID를 확인할 수 있다.

3. 상품 상단에 있는 노출상품ID를 복사하여 매칭상품 검색창에 붙여넣고 '상품 검색'을 클릭한다.(URL 전체를 복사하여 붙여넣고 검색해도 된다.) 그러면 해당 상품 아이템페이지가 나타난다. 이렇게 하면 판매자가 매칭하고 싶은 아이템페이지를 쉽게 찾아 등록할 수 있다.

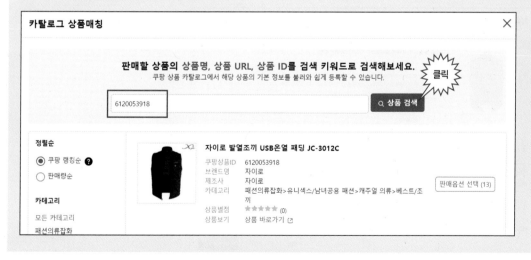

3. 검색한 상품 중 일치하는 상품을 찾았다면, **상품 바로가기**를 클릭하여 동일한 상품인지를 한 번 더 확인해본다. 확인 후 등록할 상품과 맞으면 **판매옵션 선택** 버튼을 클릭한다.

▶ 동일하지 않은 상품을 등록하여 발생하는 책임은 판매자가 부담해야 되므로 기존 등록된 상품을 선택할 때는 새로 등록하려는 상품과 완전히 일치하는지 반드시 확인해야 한다.

4. 등록할 상품의 옵션을 선택한 후 **선택완료** 버튼을 클릭한다.

5. 상품등록 페이지에서 내가 판매할 상품에 맞게 가격, 수량, 이미지, 상세설명, 배송 정보 등 나머지 상품정보들을 입력한 후 **판매요청** 버튼을 클릭하면 상품등록이 완료된다.

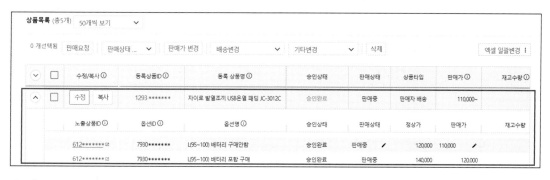

6. 등록이 완료되었다. 카테고리 매칭 등록의 경우 상품페이지에 구현되기까지 다소 시간이 걸린다.

05 권한이 필요한 상품 등록하기

1 판매 권한이 필요한 상품의 입점 절차

쿠팡에 화장품이나 식품 등 판매 권한이 필요한 상품을 등록하면 쿠팡에서 추가 서류를 요청한다. 상품등록을 하면 쿠팡 센터에서 심사 후 부족한 사항이 있으면 판매자의 메일로 추가 서류를 요청한다. 별도의 승인 신청이 있거나 판매자가 미리 신고하는 것은 아니다.

안녕하세요.
쿠팡 신뢰관리센터입니다.

쿠팡에서는 소비자의 안전과 품질에 보다 주의가 필요한 카테고리에 대하여 유통경로를 확인하는 절차를 시행하고 있습니다.
판매자님의 상품은 유통경로 확인이 필요한 카테고리에 해당되며 해당 절차가 완료되어야 상품이 등록됩니다.

상품 등록을 위해 본문에 기재된 판매자님의 상품에 대하여,
판매자 유형에 따라 아래 표에 기재된 유통경로 확인 자료 중 하나를 선택하여 본 안내문을 수신한 날로부터 20일(영업일 기준) 이내에 제출하여 주시기 바랍니다.

[필수] 판매자 유형에 따른 유통경로 확인 자료
                                    √식약처 인허가 캡처 이미지
제조자/제조판매업자/생산자인 경우 √영업등록증   택1
                                    √사업자등록증
                                    √거래명세서
                                    √전자세금계산서
유통업자인 경우   √발주서   택1
                                    √출고명세서
                                    √납품확인서
                                    √수입면장
수입자인 경우   √수입면장   택1
                                    √인보이스
쿠팡에서는 필요한 경우 아래의 자료를 추가로 요청할 수 있습니다. 이에, 아래 서류를 함께 제출하시면 보다 신속하게 본 절차를 진행하실 수 있습니다.
[추가 자료]
각 성분 및 함량이 인체에 무해하고 법적인 기준에 부합함을 입증하는 자료 √성분 분석표
                                                              √시험성적서
상표법 기타 관련 법령에 위반되지 않음을 입증하는 자료   √상표권 사용을 승인하는 내용의 계약서 부분 사본
                                                              √상표등록증
제출해주신 자료는 내부적으로 검토를 진행한 후 빠른 시일 내에 그 결과를 회신 드릴 예정이며, 유통경로의 확인이 완료되면 해당 상품이 등록됩니다.

감사합니다.
쿠팡 신뢰관리센터 드림

위의 절차에 따라 서류 제출을 완료하면, 소명 절차 완료 메시지가 메일로 안내되어 상품을 등록할 수 있게 된다.

최초 승인이 나고 판매자 인증을 받은 스토어는 그 다음부터는 승인 절차를 밟을 필요가 없다. 그러니 처음 승인받을 때 필요 서류를 잘 구비해 상품을 등록하길 바란다.

심사는 쿠팡 센터 내부 규정에 따라 이루어지는데, 최소 상품 3개를 선정해 그에 대한 서류를 요

청한다든가 하는 식이다. 상품등록에 필요한 서류를 미리 구비해두면 빠른 등록에 도움이 된다.

아래의 표와 같이 판매 형태별로 제출할 수 있는 서류가 다르며, 해당하는 판매 형태에 따라 선택해서 자료를 제출하면 된다.

판매 형태	제출 가능 서류 (필수 확인 사항)
화장품 책임판매업자인 경우	화장품책임판매업등록필증(화장품제조판매업등록필증)
유통업자인 경우 (택1)	· 거래명세서 (공급자/공급받는자/거래일자/품목/수량/공급자 직인 또는 서명 필) · 전자세금계산서 (공급자/공급받는자/거래일자/품목/수량 필) · 발주서 (공급자/공급받는자/거래일자/품목/수량/직인 또는 서명 필) · 출고명세서 (공급자/공급받는자/거래일자/품목/수량/공급자 직인 또는 서명 필) · 납품확인서 (공급자/공급받는자/거래일자/품목/수량/공급자 직인 또는 서명 필) · 수입신고필증 (단가/금액만 블럭처리) ※수입상품 유통의 경우) 제조사에서 수입자(도매상)으로 이루어진 거래 명세표도 필요
수입자인 경우 (택1)	· 수입신고필증 (단가/금액만 블럭처리) · 인보이스 (공급자/공급받는자/거래일자/품목/수량) · 해외거래처(공급자)가 정품취급처임을 확인할 수 있는 자료
해외구매대행인 경우	· 인보이스 (공급자/공급받는자/거래일자/품목/수량) · 해외거래처(공급자)가 정품취급처임을 확인할 수 있는 자료

다음은 권한신청이 필요한 상품군별에 따른 필요 서류이다.

■ 건강기능식품

건강기능식품의 경우에는 미리 법적교육을 이수해야 하며 '건강기능식품 영업신고증'이 필요하다.

- **의료기기:** 의료기기 판매업 신고증
- **구매대행 화장품:** 화장품 제조판매업 등록필증
- **구매대행 수입식품:** 영업등록증(수입식품안전관리 특별법

  시행규칙 별지 제 18호 서식)
- **전통주:** 주류통신판매 승인서, 주류제조 면허증

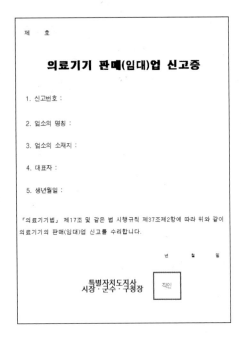

2 유통경로 확인 요청 상품

상품을 등록하다 보면 '유통경로를 확인해달라'는 이메일을 받을 때가 있다. 이때는 안내받은 대로 필요한 정보를 준비해서 이메일로 회신하면, 담당부서에서 신속하게 승인 프로세스를 시작한다. 유통 경로 확인이 필요한 카테고리는 다음과 같다.

① 일부 브랜드 상품
② 그 외 일부 기타상품

이 카테고리 상품들은 고객 클레임이 발생하면 그 발생 원인을 밝히는 것이 클레임 해결에 매우 중요하기 때문이다.

이 카테고리 상품이라고 해서 상품등록 단계에서 뭔가를 할 필요는 없다. 일단 상품등록을 완료하면 담당부서에서 유통경로 확인을 위해 필요한 서류를 이메일로 안내해준다. 혹시 상품등록 승인에 시간이 다소 소요된다면(상품등록 후 2일 이상 지났는데도 '심사중'으로 계속 보인다면) 입점 시 등록한 판매자의 이메일 주소를 확인하길 바란다.

어떤 상품을 등록했는지에 따라 필요한 서류는 다를 수 있다. 이것은 쿠팡 측에서 이메일을 통해 어떤 서류가 필요한지 개별적으로 알려준다.

유통경로 정보를 확인하라고 하니 어렵게 느껴지지만 사실 아주 간단하다. 공급처와 거래한 내역을 스캔해서 보내주면 된다.

제조자이거나 생산자인 분들은 아마 이 절차가 익숙할 것이고, 관련 서류를 갖추고 있을 것이다. 하지만 유통업을 하는 분들 중 화장품이나 유아용품 등을 처음 등록하는 경우 유통경로 확인 요청 메일을 받으면 당황하는 경우가 많은데, 이때는 상품을 어디서 매입했는지 거래를 증명하는 서류를 제출해주면 된다. 예를 들어 위탁판매를 하는 판매자가 온라인 도매몰에서 물건을 하나 구매했다면 필요한 서류는

① 상품의 제조자(수입자)와 도매몰 사이의 거래를 증명할 수 있는 자료(예: 발주서)
② 도매몰과 판매자 사이의 거래를 증빙할 수 있는 자료(예: 거래명세서)

두 가지 모두 필요하다.

■ 유통경로 확인 요청 Q&A

Q 수입 농산물을 판매하려면 어떤 서류를 제출해야 하나요?

도매몰에서 물품을 구입할 때 받은 거래명세표가 필요합니다. 그리고 도매상이 수입상으로부터 받은 거래명세표 역시 필요하니 요청해서 받아야 합니다. 즉, 수입원→도매→소매로 이어진 경로에서 생성된 거래명세표가 필요합니다.

Q 서류를 제출할 때 주의점은 무엇인가요?

가격 관련 정보는 반드시 전부 삭제한 후 제출하세요.

Q 첫 상품 등록 시 제출한 서류의 유효기간은 언제까지인가요?

처음 유통경로 인증 서류를 제출한 후 1년이 유효기간입니다. 1년이 지난 뒤 새로운 상품을 등록하려면 다시 인증 서류를 제출해야 합니다.

Q 심사 중인 대량등록 상품을 변경할 수 있나요?

등록한 상품은 '심사중' 상태에서는 상품 삭제나 수정이 안 됩니다. 상품 삭제를 원한다면 유통 경로 확인 메일 회신으로 '상품 삭제를 원한다, 반려처리 해달라'고 메일을 보내면 됩니다. 단, 한 번에 심사 중인 상품이 모두 반려됩니다. 혹시 메일이 스팸 처리되어 메일을 못 받았는데, 계속 '심사중'으로 뜨면 sellergating@coupang.com으로 메일을 보내면 됩니다.

06 상위노출을 위해 상품등록 후 해야 할 일

1 상위노출, 등록 5일 안에 결정 난다

1) 쿠팡의 최신성 로직

쿠팡이나 네이버쇼핑 등 랭킹 로직을 적용하고 있는 쇼핑 플랫폼들은 '최신성' 로직이 있어 최신성 점수가 높은 상품에 상위노출의 기회를 주고 있다. 최신성 로직이 없다면 기존에 먼저 등록한 상품이 천년만년 계속해서 그 자리를 유지하게 되고, 새로운 상품은 늘 하위로 밀리게 될 것이다.

예를 들어 몇 년 전에 등록한 A라는 상품이 판매량과 리뷰가 많이 쌓여 있어 상위에 계속 노출되고 있다고 하자. 그런데 이제 기술이 발달하여 A라는 제품보다 성능이나 품질이 좋은 A-1이라는 상품이 개발되었다. 하지만 A-1이라는 새로운 제품을 신규 등록하니 이미 많은 판매지수가 쌓여 있는 A 제품보다 랭킹에서 밀리게 된다. 그러다 보면 계속해서 A 제품만 상위노출 되고 팔리게 된다. 이미 시장에서는 A 제품을 대체하는 A-1 제품을 요구하고 있는데, 플랫폼에서는 시장의 요구를 따라가지 못하는 현상이 발생하는 것이다.

플랫폼에서는 계속해서 최신의 상품을 보여주고 트렌드를 이끌어가야 하는데, 이렇게 되면 시대에 뒤처진 구닥다리 물건만 판매하는 곳으로 인식되어 고객들의 외면을 받게 된다. 이러한 폐해를 막기 위해 플랫폼에서는 최신성에 베네핏을 주어 상위노출의 기회를 제공하는 것이다.

최신성은 다음의 3가지 경우가 있다.

① **등록 최신성**: 상품등록 날짜 기준 최신성이다. 한 달 전에 등록한 상품보다 오늘 등록한 상품에 점수를 많이 주는 것이다.
② **유입 최신성**: 상품에 유입된 트래픽(클릭수)에 점수를 주는 것이다. 평소에 평균 10명의 고객이 들어왔는데, 갑자기 50명의 고객이 클릭하여 들어오면 최신성 점수를 받게 된다.
③ **판매 최신성**: 판매량이 갑자기 많아지면 최신성 점수를 받게 된다. 하루 평균 10개 나가던 상품이 갑자기 50개가 팔리게 되면 최신성 점수를 받게 된다.

이 중에서 **쿠팡은 현재 '등록 최신성'에만 점수를 주고 있다.** 네이버쇼핑은 ①, ②, ③ 모두에 최신성 점수를 주고 있는데, '유입 최신성'에 가장 많은 점수를 주고 있다.

이 말을 쿠팡 판매자는 의미심장하게 받아들여야 한다. 네이버쇼핑에서는 3가지 경우에서 최신성 점수를 받을 수 있어 상품등록 후 어느 정도 시간이 지난 후에도 '유입 최신성'과 '판매 최신성'으로 상위노출 작업을 해볼 수 있지만, 쿠팡은 '등록 최신성'에만 점수를 주기에, 등록 최신성 베네핏이 있을 때 상위노출 작업을 끝내야 한다는 것이다.

쿠팡에서는 상품명 작성의 SEO에 맞게 상품을 등록하면 웬만하면 그다음날에 순위가 잡히게 된다. 등록한 상품명이나 태그의 센 키워드에서는 잡히지 않더라도 약한 키워드에서는 어느 하나에서라도 순위가 대부분 잡힌다. 그것은 쿠팡의 최신성 로직에 의한 베네핏이 작용하기 때문이다. 만일 등록 후 그 어떤 키워드에서도 순위가 잡히지 않는다면 상품등록 시에 SEO에 맞지 않는 부분이 있었을 가능성이 높다.

쿠팡의 최신성은 등록 후 5~7일 정도인데, 이때 순위를 끌어올려야 한다. 그렇지 않으면 최신성 베네핏이 사라져 상위로 끌어올리기가 쉽지 않다. 그래서 **쿠팡에서 상위노출 작업은 등록 후 5일 안에 끝내야 한다.**

2) 순위가 잡히는 키워드에서 액션을 일으켜라

상품등록 후에는 반드시 내 상품이 어떤 키워드에서 어떻게 순위가 잡히고 있는지를 매일매일 모니터링해야 한다.

상품명이나 태그에 사용한 키워드로 쿠팡에서 검색을 해보고 내 상품의 순위가 어떻게 되는지 확인한다. 순위분석을 할 때는 웨일 브라우저에서 하는 것이 좋다. 앞서 이야기한 것처럼 웨일의 화면이 가장 빨리 움직이기 때문이다. 키랩 사용자는 '쿠팡 순위관리'에서 분석하면 된다.

순위가 잡힌 키워드에서 액션이 일어나면 순위는 계속 상승한다. 예를 들어 등록한 다음날 내 상품명에 사용한 '짭짤이 토마토'라는 키워드로 검색했을 때 순위가 잡혔다면, '짭짤이 토마토'라는 키워드로 고객 유입이 많아지고, 판매가 일어나야 '짭짤이 토마토' 키워드에서 순위가 상승한다. 순위가 잡히지 않은 '대저 토마토'보다는 '짭짤이 토마토'에서 액션이 일어나는 것이 좋다. 그렇게 '짭짤이 토마토'에서 노출 상위로 올라가면 상품명에 사용한 다른 키워드에도 영향을 주어 순위 상승을 이끌게 된다.

이러한 것은 최신성 베네핏이 작용하고 있는 동안에 일어나야 상위노출을 하기가 쉬워진다.

2 상품 삭제 후 등록하기

상품등록 후 2~3일이 지나도 상품명이나 태그에 사용한 키워드에서 하나도 순위가 잡히지 않으면 등록에 문제가 있는 것이다. 이런 것은 상위로 끌어올리기가 어렵다. 등록 최신성 베네핏마저 사라지고 나면 정말 쉽지 않은 일이다. 이럴 때는 이 상품을 삭제하고 다시 등록하는 것을 권장한다.

상품을 삭제하고 다시 등록할 때는 다음의 절차에 따라 해야 한다. 그래야 최신성 점수를 얻을 수 있다.

① 쿠팡 WING에서 '상품 조회/수정'을 클릭하여 해당 상품을 삭제한다.
② 마이샵에서 상품이 없어진 것을 확인한다.
③ 쿠팡 사이트에서도 상품이 없어진 것을 확인한 후 등록한다.

보통 상품 삭제 후 본인 스토어에서 노출이 판매 중단되는 것을 확인 후 재등록을 한다.

그리고 상품등록 시 '복사등록'으로 하면 안 된다. 그래야 쿠팡에서 새로운 제품으로 인식하여 최신성 베네핏을 준다.

이렇게 상품을 삭제하고 등록하는 것은 상품을 새로 등록하면서 최신성 점수를 얻기 위함이다.

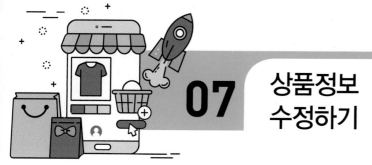

07 상품정보 수정하기

1 상품정보 수정 요청하기

상품페이지의 정보를 바꾸고 싶은데, 다른 판매자와 상품페이지를 공유하는 카테고리 매칭 상품, 즉 아이템페이지 상품이라면 내 마음대로 수정할 수 없다. 그럴 때는 쿠팡에 수정 요청을 해야 한다.

'쿠팡상품정보'는 판매자마다 다르게 설정할 수 있는 가격, 재고, 배송정보와 달리, 상품명이나 브랜드처럼 상품이 같으면 판매자가 달라도 함께 쓰는 정보를 말한다. 쿠팡상품정보는 쿠팡 검색엔진이 쓰는 정보이자, 고객이 상품을 찾을 때 쓰는 정보로, 쿠팡상품정보가 좋을수록 고객이 내 상품을 발견할 확률이 높아진다.

수정 제안은 엑셀 파일로 여러 상품을 한 번에 할 수도 있고, WING→**상품조회/수정** 메뉴에서 개별 상품을 수정 제안할 수 있다.

아이템페이지의 모든 판매자는 자유롭게 더 나은 쿠팡상품정보를 제안할 수 있는데, 쿠팡은 여러 판매자가 제안한 정보 중 가장 좋은 정보를 상세페이지에 노출한다.

1) 상품 개별 수정하기

상품상태가 '승인완료'인 상품만 쿠팡상품정보 수정 요청을 할 수 있다. 한 번이라도 승인완료를 받으면 옵션ID가 생성된다.

1. WING→**상품관리**→**상품조회/수정**을 클릭한다. 수정할 상품의 '등록상품ID'를 클릭한다.

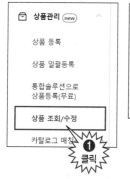

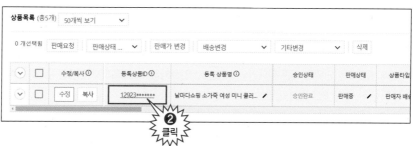

2. 그러면 상품등록 화면이 나온다. 상품명을 수정할 수 있고, 옵션에서 '수정' 또는 '옵션수정' 버튼을 클릭하여 옵션값을 수정할 수 있다.

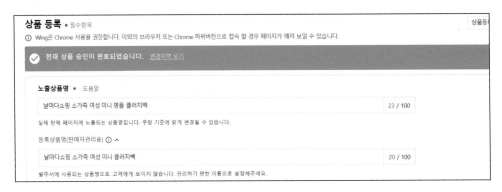

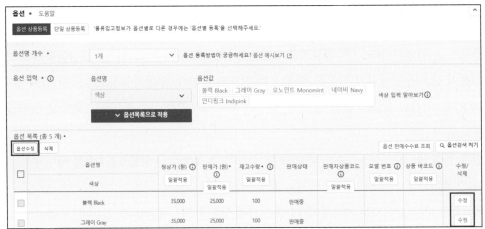

3. '옵션 수정' 팝업창에서 정상가, 판매가, 재고수량, 판매상태 등을 수정할 수 있다.

• 판매가는 10원 단위로 기존 판매가의 50%까지 인하하거나 100%까지 인상할 수 있다.(예: 판매가 1만 원, 최대 5천 원까지 인하/최대 2만 원까지 인상 가능)
• 가격/재고/판매상태의 경우 변경 후 대부분 실시간 반영/노출되나 상품등록/수정 후 승인 완료까지 최대 24시간, 승인 완료 후 쿠팡 페이지 정상 노출까지 최대 24시간 소요된다.

4. 그리고 상품이미지, 상세설명, 상품 주요정보, 검색어, 검색필터, 상품정보제공고시, 배송, 반품/교환, 구비서류 등 처음 상품등록 시 설정한 항목들 대부분을 수정할 수 있다.

5. 수정을 완료했으면 페이지 하단 **수정요청** 버튼을 클릭한다. 수정 제안한 정보는 최대 3시간 이내 판매페이지에 반영된다. 쿠팡 시스템은 판매자가 제안한 정보를 검토한 후 가장 좋은 정보를 선정해 반영 여부를 결정한다.

클릭

2) 엑셀 파일 업로드로 수정 요청하기

1. WING→**상품관리**→**상품조회/수정**을 클릭한 후 정보를 수정할 상품을 체크하고 '엑셀 일괄변경' 버튼을 클릭하여 **엑셀 다운로드 요청**을 클릭한다.(특정 상품을 선택하지 않고 엑셀 다운로드 요청 버튼을 클릭하면 전체 상품을 내려받을 수 있다.)

2. '다운로드 요청'의 '변경 항목'에서 요청할 항목을 체크하고 **요청** 버튼을 클릭한다.

3. 엑셀 다운로드 목록에서 상태가 '파일 생성 완료'로 바뀌면 **다운로드** 버튼을 클릭하여 엑셀 파일을 다운로드한다.

4. 엑셀 파일의 'Help' 시트에서 작성 도움말을 확인하고 'Template' 시트에서 정보를 수정한다. 흰색 칸에 있는 정보만 수정할 수 있으며, 회색 칸에 있는 정보는 바꿀 수 없다. 수정 후 파일을 저장한다.

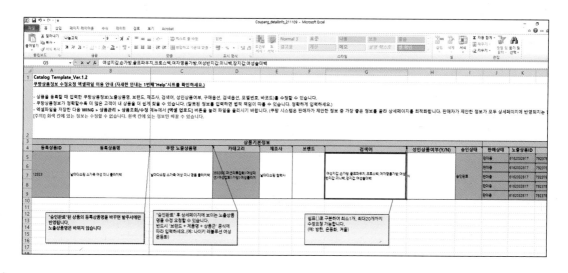

5. WING→**상품관리**→**상품조회/수정** 메뉴에서 상품을 선택하고 **엑셀 업로드 요청** 버튼을 클릭한다.

6. 업로드 팝업창이 뜨면 '항목'에서 업로드할 정보를 선택하고, **찾기** 버튼을 클릭하여 수정한 엑셀 파일을 선택한 후 **수정 요청** 버튼을 클릭한다.

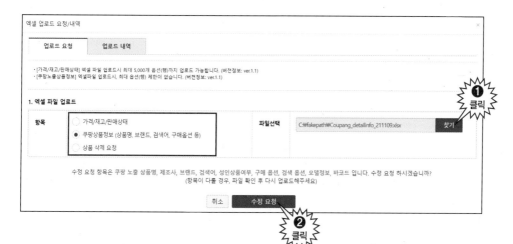

7. 업로드 요청이 완료되었다.(실패 건수가 있을 경우 실패 내역을 다운로드하여 수정한 후 다시 업로드하면 된다.) '상품목록'에서 수정한 상품의 '등록상품ID'를 클릭하여 수정 요청된 값이 변경된 것을 확인할 수 있다. 쿠팡상품정보는 수정요청 이후 쿠팡에 의해 판매페이지에 노출될 값이 결정된다.

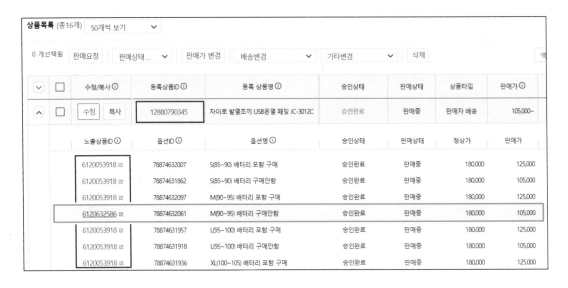

2 상품 결합 및 분리 요청하기

상품등록을 할 때 같은 상품의 옵션으로 등록했는데 그중 일부 옵션이 '노출상품 ID'가 다르게 등록되면서 그것만 별도의 상품페이지로 분리되는 경우가 있다. 옵션만 다를 뿐인데 옵션별로 상품이 분리되어 등록된 것이다. 이럴 때는 분리된 상품의 결합을 요청해야 한다.

위 화면은 '등록상품 ID' 12880790345에 여러 개의 옵션 상품이 등록된 것으로, '노출상품 ID'는 6120053918이다. 그런데 옵션명 'M(90~95)배터리 구매안함' 상품만 노출상품 ID가 6120632586으

234 첫째 마당 _ 쿠팡 상위노출을 위한 이륙 로직

로 다르다. 노출상품 ID를 클릭해보면 다른 모든 옵션 상품들은 같은 상품페이지에서 옵션을 선택할 수 있도록 되어 있는데, 이 상품은 옵션 상품으로 구성되어 있지 않고 별도의 상품페이지로 등록된 것을 알 수 있다. 옵션이 찢어진 것이다.

★ 분리된 옵션상품은 쿠팡상품번호(노출상품 ID)가 다르다.

★ 결합된 옵션 상품은 쿠팡상품번호(노출상품 ID)는 같고 옵션 ID만 다르다.

위와 같이 내 상품의 옵션이 분리된 경우에는 쿠팡에 결합 요청을 해야 한다. 뿐만 아니라 쿠팡은 동일한 상품이라면 다른 판매자 상품도 한 페이지에서 노출되도록 결합을 진행하고 있다.

결합 요청과는 반대로 다른 상품이거나 구매옵션 외 상이한 점이 있는 상품이 하나의 상품으로 통합되었을 경우에도 다음의 절차를 통해 상품 분리를 요청하면 된다.

다음은 상품 결합 및 분리 요청을 하는 방법이다.

1. 쿠팡WING → 온라인 문의 → **상품관리** → **상품수정요청** 항목에 있는 '**동일한 상품이니 하나의 상품 ID로 결합해주세요.**'를 클릭한다.(분리 요청은 '**상이한 상품과 잘못 결합되어 있으니, 분리해주세요**'를 클릭하여 진행한다.)

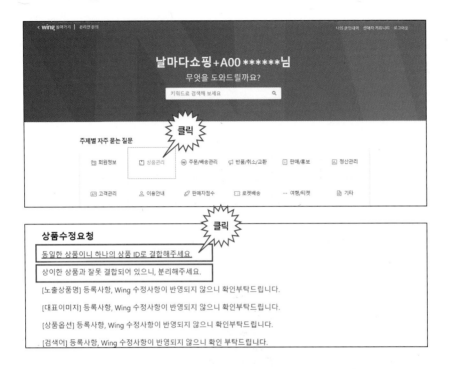

2. 온라인 문의에 대한 자세한 방법이 나와 있다. 화면 하단에 있는 '**온라인 문의하기**'를 클릭한다.

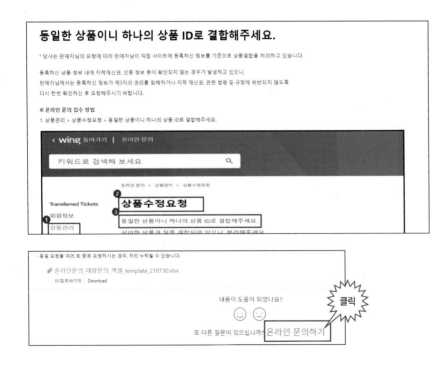

3. '요청 유형'을 확인하고 '제목'을 입력한다.

'설명'에는 결합이 필요한 상품의 노출상품 ID(Product ID), 옵션 ID(Vendoritem ID)를 함께 적어준다.

'등록상품 ID', '판매자 코드'를 입력하고, 상품 수정에 필요한 상세 내용을 작성한 후 **제출** 버튼을 클릭하면 수정 요청이 완료된다.

쿠팡 지원 스태프가 문의 내용을 확인하고 문제가 없다면 상품 결합이 자동적으로 완료된다.

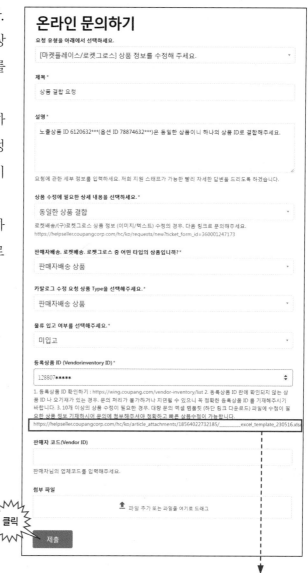

• 10개 이상의 상품 수정이 필요한 경우 엑셀 템플릿을 다운받아 작성을 한 후 '첨부 파일'에 파일을 첨부해주고 제출하면 된다.

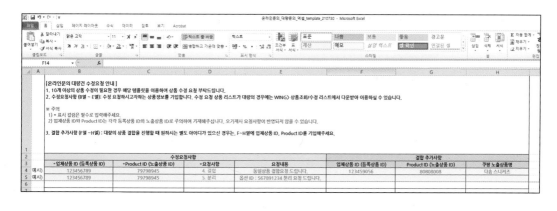

3 쿠팡 상품 네이버쇼핑에 비노출 처리하기

쿠팡의 모든 상품은 성인용품이나 사회적으로 부적절한 상품 등 정책에 맞지 않는 상품을 제외하고는 네이버쇼핑에 자동으로 노출된다.(로켓배송 상품의 경우 네이버쇼핑 정책에 따라 19,800원 미만 상품은 노출하고 있지 않다.)

그런데 쿠팡 판매자의 입장에서 네이버쇼핑에 내 상품이 노출되지 않기를 원하는 경우가 있을 것이다. 예를 들어 이런 경우가 있다. 같은 상품을 네이버쇼핑과 쿠팡에서 판매하고 있는데, 사정이 생겨 쿠팡에 올린 상품을 '품절' 처리를 하였다. 그런데 품절 처리한 쿠팡의 상품이 네이버쇼핑에서 등록한 상품보다 상위에 랭크되어, 원래 네이버쇼핑에서 등록하여 잘 판매하고 있던 상품마저 매출이 하락하였다. 이런 경우 쿠팡 상품이 네이버쇼핑에서 노출되어 악영향을 미치므로 노출되지 않도록 해야 한다. 이처럼 쿠팡 상품이 네이버쇼핑에서 노출되지 않도록 하려면 쿠팡에서 '온라인 문의'를 통해 요청하면 된다.

1. 쿠팡 WING → **온라인문의** → **상품관리** → **상품노출** 항목에 있는 '**네이버 상품 노출 관련하여 확인 부탁드립니다.**'를 클릭한다.

2. 해당 내용을 읽어보고 하단에 있는 '**온라인 문의하기**'를 클릭한다.

네이버 상품 노출 관련하여 확인 부탁드립니다.

네이버 쇼핑에는 네이버와 쿠팡의 정책에 부합하는 상품들이 노출됩니다.

<네이버 파워링크 수정/삭제 요청>
파워링크 수정/삭제를 원하는 경우 아래 정보를 기재하여 문의주시면 확인 후 처리하도록 하겠습니다.
상품이 판매중 상태일 경우에는 상표등록증 제출이 함께 필요한 점 참고 부탁드립니다.

※ 필수 기재사항
1) 노출 삭제 대상 : 판매자 전체 상품(4번 작성 필요) or 일부 상품(2~5번 작성 필요)
2) 노출상품 ID / 노출상품명
3) 요청 키워드 (검색어)
4) 삭제 요청 사유
5) 네이버에 해당 키워드 검색한 화면 캡쳐본

<다음 프리미엄 링크 삭제 요청>
프리미엄 링크 삭제를 원하는 경우 아래 정보를 기재하여 문의주시면 확인 후 처리하도록 하겠습니다.
※ 필수 기재사항
1) 삭제 요청 사유:
2) Daum 키워드 검색 캡쳐본:
3) 프리미엄 링크 URL:
4) 키워드: (URL 없을 경우 기재)

<네이버 쇼핑 노출 요청>
쿠팡에서 판매되는 모든 상품들은 네이버 쇼핑 정책에 부합하는 경우에 한해 자동으로 네이버 쇼핑에 노출되며 판매자의 요청을 통해 수기로 노출하고 있지는 않습니다.
특히 아래에 해당하는 경우에는 노출이 진행되지 않는 점 참고 부탁드립니다.
1) 성인상품, 사회적으로 부적절한 상품 등

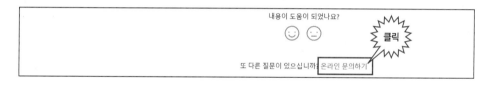

내용이 도움이 되었나요?

또 다른 질문이 있으십니까? 온라인 문의하기 ← 클릭

■ 네이버 파워링크 비노출 요청

네이버 파워링크 수정/삭제를 요청하는 경우 다음의 필수 기재 사항을 입력하여 문의한다.

- 노출상품 ID/노출상품명
- 요청 키워드(검색어)
- 삭제 요청 사유
- 네이버에 해당 키워드 검색한 화면 캡쳐본

■ 네이버쇼핑 비노출 요청

네이버쇼핑에서의 노출을 원치 않을 경우, 로켓배송 상품은 담당 MD에게 문의한다. 마켓플레이스의 일반배송 상품은 다음의 필수 기재 사항을 입력하여 문의하면 된다.

- 쿠팡 상세페이지 내 카테고리
- 노출상품 ID/노출상품명
- 요청 키워드(검색어)
- 삭제 요청 사유

■ 네이버 웹문서 노출

네이버에서 키워드 검색 시, 하단에 노출되는 '웹문서' 링크는 쿠팡에서 노출된 내용을 네이버 페이지가 저장하고 있는 경우이다. 삭제를 원하면 판매자가 직접 네이버에 문의해야 한다.

■ 네이버 가격비교 노출

네이버 가격비교에서 노출되지 않기를 원한다면, 네이버쇼핑 비노출 처리가 진행되어야 한다. 네이버쇼핑에서는 노출되고 가격비교에서는 비노출되게 처리할 수는 없다.

3. 내용을 입력하고 **제출**을 클릭하면 된다.

온라인 문의하기

요청 유형을 아래에서 선택하세요.

[마켓플레이스/로켓그로스] 판매 활동 관련 문의가 있습니다.

판매자 코드(Vendor ID)

판매자님의 업체코드를 입력해주세요.

제목 *

반품접수를 철회하시겠습니까?
☐ 반품 접수 철회가 필요한 경우에만 체크하세요.

상품정보가 있습니까?
☐

설명 *

요청에 관한 세부 정보를 입력하세요. 저희 지원 스태프가 가능한 빨리 자세한 답변을 드리도록 하겠습니다.

옵션명

상품 ID (Product ID)

상품명

C코드 판매자 + CGF 문의라면 체크해주세요.
☐

첨부 파일

⬆ 파일 추가 또는 파일을 여기로 드래그

[제출] 클릭

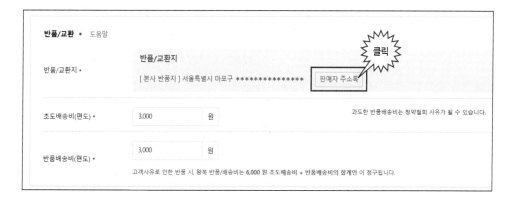

4 쿠팡 자동회수 서비스 연동 취소하는 방법

판매자가 택배사와 계약을 한 경우, 구매자가 반품요청 시에 판매자가 반품지에 등록한 택배사에 자동으로 연동되어 택배사에서 회수가 진행된다. 이것이 '자동회수연동'이다.

상품을 등록할 때, '택배사 계약여부 : 있음'으로 등록된 반품지를 선택하면 자동회수연동이 된다.(단, 택배사명과 계약 코드가 정확해야 함.) 따라서 이렇게 설정한 상품 중에서 자동회수연동을 취소해야 할 경우는 '택배사 계약여부 : 없음'으로 등록된 반품지를 선택하거나 추가해서 수정해주면 된다.

택배사와 따로 계약하지 않은 판매자이거나 위탁판매자는 자동회수연동을 취소해줘야 한다.

위탁판매의 경우, 구매자가 반품을 요청했을 때 판매자가 반품지를 자신의 창고로 지정하고 택배사 연동을 해놓았다면 반품이 자동연동시스템에 의해 판매자의 창고로 들어오게 된다. 이렇게 되면 판매자가 다시 도매업체로 반품 상품을 보내야 되기 때문에 시간과 배송비가 2배로 들게 된다. 따라서 이런 경우에는 구매자의 반품요청 시 자동으로 회수되지 않도록 설정해야 하며, 구매자의 반품요청이 들어오면 판매자는 도매업체에 내용을 전달하여 따로 반품신청을 해주면 된다.

> **TIP** ⁺ **위탁 판매의 경우 도매업체에 반품 수령이 가능한지를 확인하라**
> 도매업체의 상품을 위탁으로 판매하는 경우, 구매자 반품 시 도매업체에서 직접 반품 수령이 가능한지를 확인해야 한다. 도매업체는 사업자와 도매 거래를 하는 업체이다 보니 구매자의 반품을 일일이 받는 것을 꺼려하는 경우가 많다. 그래서 계약 시에 고객 반품 수령 여부를 확인하고, 만일 도매업체에서 온라인 고객의 반품을 받지 않겠다고 하면, 판매자가 직접 고객의 반품을 받아 도매업체에 반품하는 수밖에 없다.

1) 상품등록 과정에서 설정하기

자동회수연동이 되지 않게 하는 방법은 '반품/교환지'를 등록할 때 '택배사 계약여부'를 '없음'으로 한 주소지를 선택하고 진행하면 된다.

1. 쿠팡 WING에서 상품등록을 진행하면서 '반품/교환' 항목에서 **판매자 주소록**을 클릭한다.

2. **반품/교환지 추가** 버튼을 클릭한 후 새로운 반품지를 등록한다. '주소'에 반품받을 주소지를 입력한다. 위탁배송 판매의 경우 도매사이트의 주소를 입력하면 된다. '택배사 계약 여부'는 '없음'을 선택하고 **등록**을 클릭한다.

4. 이렇게 상품을 등록한 경우 고객 반품 시 택배사 자동회수연동이 진행되지 않는다. 이때는 판매자가 직접 택배사에 연락해 반품 수거를 요청하고, 도매업체에도 반품에 관한 사항을 이야기해주면 원활하게 반품 수거를 진행할 수 있다.

2) 등록한 상품의 자동회수 서비스 연동 취소하기

등록 상품의 반품지가 자동회수연동으로 되어 있을 경우, 상품의 배송 정보를 수정해주면 된다.

1. 쿠팡 WING에서 **상품관리 → 상품 조회/수정**을 클릭한다.

2. 해당 상품을 선택하고 **배송 변경** 버튼을 클릭한 후 서버 메뉴에서 **반품/교환정보 변경**을 클릭한다.

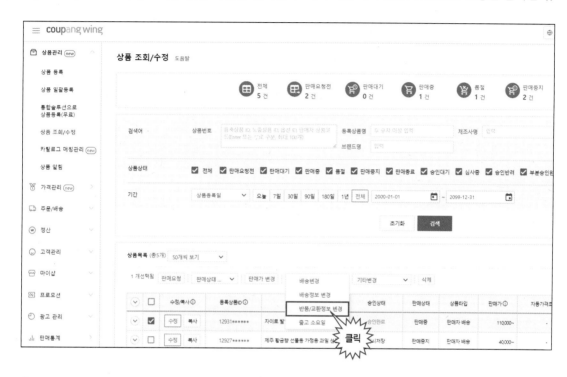

3. '배송/반품/교환' 팝업창이 뜬다. '반품/교환지'에 현재 설정되어 있는 반품지가 표시되어 있다. 이 반품지를 변경해주기 위해 **판매자 주소록**을 클릭한다.

4. 주소록에서 (자동회수연동이 설정되어 있지 않은) 해당 상품과 맞는 반품지가 있다면 선택해주면 되고, 새로운 반품 주소지를 설정하려면 **반품 / 교환지 추가** 버튼을 클릭한다.

5. 새로운 반품지를 설정하고 **등록** 버튼을 클릭한다.

'주소지명'은 판매자가 알기 쉬운 이름으로 입력하고, '주소'는 반품받을 주소지를 입력한다.

자동회수연동을 하지 않기 위해 '택배사 계약여부'는 '없음'으로 한다.

6. 새로 등록한 반품지의 **선택** 버튼을 클릭한다.

7. '반품/교환지'가 변경된 것을 확인하고 **저장**을 클릭한다.

▶ 이렇게 수정한 정보는 수정이 완료된 이후 발생한 주문건부터 반영된다.

※ 참고

▶ 택배사 계약이 진행되지 않은 반품지를 선택했다면, 타 택배로 회수 접수가 진행될 수 있다.

▶ 상품정보에 입력된 반품 주소지가 부정확할 경우에는 추가 반품 배송비가 발생해도 쿠팡에서 보상해주지 않으니 올바른 반품 주소지를 입력해야 한다.

▶ 자동회수 진행 중인 주문건의 회수 취소가 필요한 경우, 판매자가 직접 자동회수 택배사로 회수 미진행 요청 및 수동회수 재접수 해주어야 한다.

▶ 회수지연 시, 자동 환불이 진행될 수 있으므로 상품 회수가 지연되지 않도록 회수관리를 한다.

■ 수동회수 접수 시 추가 진행사항

① 택배사로 직접 회수 접수를 진행한 후, 고객에게도 회수 관련 안내를 해준다.

② 반송장 흐름의 정상 조회 여부를 확인하고, 판매자콜센터 혹은 온라인 문의로 반송장 번호 업데이트를 요청한다.

③ 사전에 고객을 통해 반송장 정보를 확인한 경우, 반품 접수 시에 회수송장번호를 입력해준다.

■ 구매대행 상품의경우

국내 반품지와 택배사 계약 코드를 등록하지 않은 반품지를 선택할 경우, 주문취소/반품 시 자동 회수가 진행되지 않으며 회수 불필요 환불이 적용된다. 이때 환불 금액이 10만 원 이하인 경우, 쿠팡은 해당 상품을 회수하지 않고 환불을 진행하며 고객에게 상품 폐기 처리를 안내한다.

08 카탈로그 매칭관리

'카탈로그 매칭관리'는 상품의 매칭(결합)을 요청할 수 있는 메뉴이다. 앞서 설명한 것처럼 '온라인 문의하기'를 통해 '상품 결합 및 분리 요청하기'를 진행할 수도 있지만, 판매자가 WING의 '카탈로그 매칭관리' 메뉴에서 직접 진행할 수도 있다. 매칭을 요청하면 쿠팡의 결합 담당부서의 검토를 거쳐 승인되는데, 요청한 상품이 동일하지 않거나 매칭 기준에 부합하지 않는 경우 반려될 수 있다.

판매요청이 완료되어 쿠팡에서 판매가 시작된 상태의 상품에 대해서만 매칭을 요청할 수 있다.

1 카탈로그 매칭 요청하기

1. 쿠팡 WING → **상품관리** → **카탈로그 매칭관리**를 클릭한다.

coupang wing	⊕ 한국어 ∨

상품관리 (new)
- 상품 등록
- 상품 일괄등록
- 통합솔루션으로 상품등록(무료)
- 상품 조회/수정
- **카탈로그 매칭관리** (new) ← **클릭**
- 상품 알림

가격관리 (new) >
주문/배송 ∨
정산 ∨
고객관리 ∨
마이샵 ∨
프로모션 (new) >

카탈로그 매칭관리 자세히 알아보기

상품 매칭 요청　　상품 매칭 요청 내역

ⓘ **이 페이지에서는 직접 원하시는 상품과 매칭(결합)을 요청 할 수 있습니다.**
- 등록한 상품 중 '승인완료'된 상품만 목록에 표시됩니다. 매칭을 원하시는 상품이 목록에 없는 경우, 상품 조회/수정 에서 승인상태를 확인하시기 바랍니다.
- 당사는 판매자님의 요청에 따라 판매자님이 직접 사이트에 등록하신 정보를 기준으로 상품결합을 처리하고 있습니다.
- 등록하신 상품 정보 내에 지적재산권, 인증 정보 등이 확인되지 않는 경우, 판매자님의 요청한 대로 작업이 이루어 지지않을 수 있습니다.
- 판매자님께서는 등록하신 정보가 제3자의 권리를 침해하거나 지적 재산권, 관련 법령 및 규정에 위반되지 않도록 반드시 확인하신 후 요청해주시기

상품ID	등록상품 ID, 노출상품 ID, 옵션 ID, 판매자 상품코드 (Enter 또는 ","로 구분, 최대 10개)
등록상품명	입력
브랜드	입력

초기화　검색

2. '상품 목록'에 보면 매칭을 할 수 있는 상품들이 나온다. 판매요청이 완료되어 실제로 쿠팡에서 판매가 시작된 상품만 매칭을 요청할 수 있다. 매칭할 상품의 **매칭 상품 찾기** 버튼을 클릭한다.

❶ 등록상품 ID / 등록상품명 / 브랜드: 등록상품명은 쿠팡에 노출되는 상품명과 상이할 수 있다.

❷ 상품매칭 여부: 내가 등록한 상품이 다른 판매자의 상품과 매칭되어 있는지를 표시한다. 등록상품 이 다른 판매자의 상품 또는 내가 등록한 다른 상품과 결합되어 있는 경우 Y로 표시된다.

❸ 첫번째 열의 ⊗ 버튼을 클릭하면 노출상품 ID, 옵션 ID, 옵션명, 판매가를 확인할 수 있다. 매칭 요청은 한 번에 한 개의 등록상품 단위로만 요청이 가능하다.(예: 1번 등록상품의 옵션 a,b,c,d,e가 있 고, 7월 1일에 a, b 옵션을 매칭했다면 매칭 처리 완료 이후에 나머지 c, d 옵션 매칭 가능)

카탈로그 매칭관리는 등록상품 ID 기준 하루 100개까지 신청할 수 있다.

3. '매칭 전(선택한 상품)'에는 내가 등록한 상품이 표시된다. 오른쪽의 '매칭 후(매칭할 대상)'에서 **매칭상품 검색** 버튼을 클릭하여 매칭 대상을 검색한다.

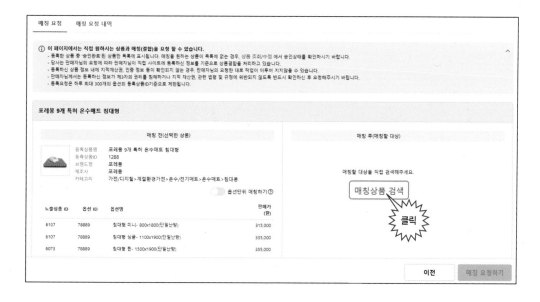

4. '카탈로그 상품매칭' 팝업창에서 찾으려는 상품명, 브랜드 혹은 상품 ID를 입력한 후 **상품검색** 버튼을 클릭하여 매칭하고자 하는 상품을 찾는다. 검색한 상품 중 매칭하고자 하는 상품을 찾았다면, **판매옵션 선택** 버튼을 클릭하여 동일한 상품인지 한 번 더 확인한다.

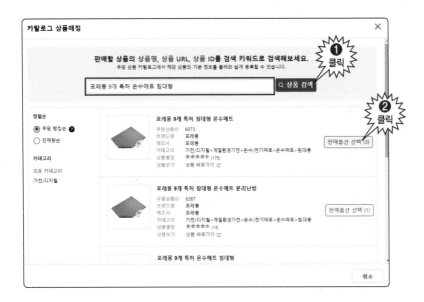

5. 옵션을 선택하고 **선택완료** 버튼을 클릭한다.

6. '매칭 후(매칭할 대상)'에 내가 선택한 상품의 정보가 표시된다. '매칭 전(선택한 상품)'(내가 등록한 상품)과 '매칭 후(매칭할 대상)'(매칭하고자 하는 상품)을 다시 한 번 확인한 후 **매칭 요청하기** 버튼을 클릭하면 요청이 완료된다.

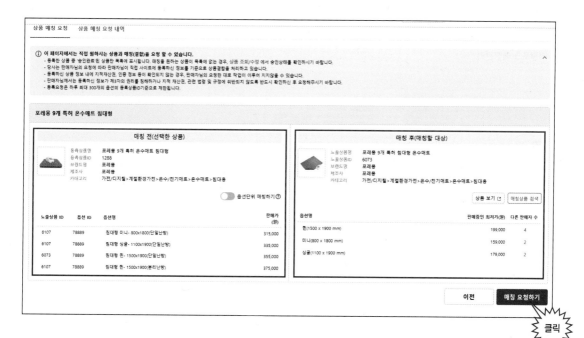

옵션 단위 매칭 요청

1. 상품의 옵션 단위로 매칭을 요청하는 경우, **옵션단위 매칭하기** 버튼을 활성화한다.

2. 버튼이 활성화되면 매칭 번호 항목을 확인할 수 있다. '매칭 전(선택한 상품)'에 표시되는 매칭 번호 선택 박스에서 매칭할 옵션을 선택한다. 매칭 번호를 잘못 선택하는 경우 매칭이 승인되지 않거나 관리자에 의해 변경될 수 있다.

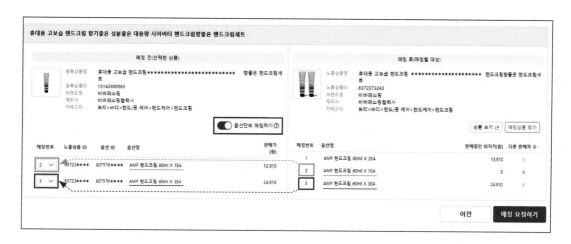

2 매칭 요청 확인하기

매칭 요청 결과는 쿠팡 WING → **상품관리** → **카탈로그 매칭관리** → **매칭 요청 내역** 탭에서 확인할 수 있다.

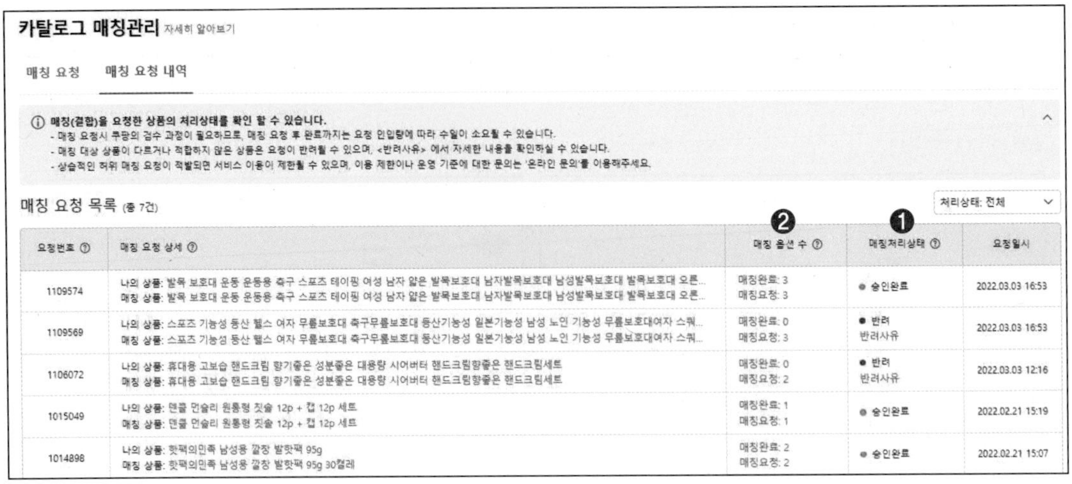

① 매칭 처리상태

승인대기: 쿠팡 결합 담당부서의 검수 및 승인이 시작되지 않은 상태

승인완료: 결합 요청이 완료된 상태

부분승인완료: 요청된 목록 중 일부만 승인된 상태

반려: 요청된 내용 전체가 반려된 상태

※ '반려사유' 버튼을 클릭하면 반려사유와 반려된 상품 ID를 확인할 수 있다.

② 매칭 옵션 수

판매자가 매칭을 요청한 옵션의 수와 쿠팡 결합 담당부서에 의해 처리된 수

※ 매칭완료 또는 매칭요청을 클릭하면 매칭 처리 상태와 함께 옵션명, 옵션 ID 등 상세정보를 확인할 수 있다.

이렇게 하여 카탈로그 매칭이 승인되면 내 상품과 나의 다른 상품 혹은 타 판매자의 상품을 매칭 (결합)하여 판매할 수 있다.

주의할 점은 내 상품 중에서 옵션 상품이 분리되었을 경우는 이렇게 결합하면 되지만, 타 판매자의 상품과 매칭을 하면 같은 아이템페이지에 묶이게 된다는 것이다. 즉 묶인 판매자의 상품과의 경쟁에서 이겨야 아이템위너가 된다. 그렇지 않으면 판매를 기대하기 어려우니 카탈로그 매칭을 요청할 때는 신중을 기해야 한다. 필자는 타 판매자의 상품과 매칭해서 판매하는 것을 권장하지 않는다.

쿠팡 상위노출을 위한
비행 로직 - **인기도**

8장

상위노출을 위한
인기도 이해하기

01 쿠팡 랭킹 지수 이해하기

　　쿠팡에서 상품을 잘 판매하려면 검색 영역에서 '상위노출'이 되어야 하고 대표키워드와 세부키워드에서 노출이 확장되어 지속적으로 '상위유지'가 되어야 한다.

　　쿠팡 상위노출 로직의 핵심은 한마디로 **'고객이 많이 유입되고 + 잘 팔려 + 구매평이 좋은 + 신상품'**이라고 규정할 수 있다.

쿠팡 상위노출 로직
고객이 많이 유입되고 잘 팔려 구매평 좋은 신상품

SEO
상품등록
　+　
검색어
노출
　+　
유입
&
판매
　+　
상위
노출
　+　
상위
유지

　　상위노출은 상대지수의 싸움이다. 쿠팡도 네이버처럼 랭킹 지수 등을 통해 상위노출이 결정된다.

　　경쟁자의 제품이 상위노출 되어 있는 것은 쿠팡 알고리즘에 의해 정해진 쿠팡 랭킹 지수 점수가 내 제품보다 높기 때문이다.

　　네이버쇼핑이 검색 플랫폼을 기반으로 소비자가 탐색하는 정보성 키워드와 상품성 키워드의 경로에 따라 유입된 고객의 지수를 반영하여 대표키워드와 세부키워드를 일시에 노출하는 로직이라면, 쿠팡은 철저하게 쇼핑 고객의 검색 탐색을 기반으로 상품성 쇼핑 키워드를 개별로 노출시키는 로직이다.

　　이 이야기를 쉽게 풀어보면 네이버쇼핑의 상위노출 로직은 '인기도' 지수가 상품페이지에 반영되면 상품명에 사용한 모든 키워드가 상품명에 작성되었다는 이유 하나만으로 일체 노출이 되는 구조인 반면, 쿠팡은 랭킹 지수가 상품페이지에 반영되면 상품명에 여러 키워드를 작성했어도 고객이 검색하여 유입된 키워드에 한해서만 개별 노출이 되는 시스템이다.

예를 들어 '피부과 재생크림 흉터 미백크림 대용량'이라는 상품명으로 네이버쇼핑과 쿠팡에서 판매를 하고 있다고 하자. 고객이 네이버쇼핑과 쿠팡에서 '재생크림'이라는 키워드를 많이 검색하여 들어와 인기도 지수가 올라갔다고 했을 때, 네이버쇼핑에서는 '재생크림'뿐만 아니라 상품명에 사용한 모든 키워드, 즉 '피부과', '흉터', '미백크림', '대용량' 등 다른 키워드의 인기도 지수도 같이 올라간다. 하지만 쿠팡에서는 고객이 직접 검색한 키워드인 '재생크림'의 인기도만 올라가고, '미백크림' 등 다른 키워드의 랭킹 지수는 영향이 없다.

키워드 노출 로직

02 상위노출을 위한 3가지 조건

네이버쇼핑의 상위노출 로직은 고객이 검색하는 검색어 기반이 아니라 구매자의 '유입 경로'와 '체류 패턴', '체류 시간' 점수를 '인기도'에 반영하여 상품을 상위노출시키는 로직이다. 이에 반해 쿠팡의 상위노출의 로직은 판매자의 **'상품정보 충실도'**와 **'검색 정확도'**를 기반으로 한 **'검색어 확장 점수'**와 고객이 쇼핑을 편리하게 할 수 있는 **'사용자 선호도에 의해 판매가 많이 되는 상품'**이 상위노출에서 우선 점수를 받게 되어 있다.

쿠팡 랭킹로직

쿠팡 랭킹로직은 판매실적, 사용자 선호도, 상품정보 충실도 및 검색 정확도 등을 종합적으로 고려한 순위입니다.

1 검색 정확도와 정보 충실도 로직

쿠팡 상위노출의 첫 번째 핵심은 '검색 정확도'와 '정보 충실도'를 이해하는 것이다.

스마트폰에 익숙해진 현대 소비자들의 구매 형태는 판매자가 권해서 사는 것이 아니라 내가 원해서 사는 패턴으로 바뀌었다. 따라서 고객의 검색 시에 상위노출 되는 것은 쿠팡 판매자에게 가장 중요시되는 인사이트이다.

쿠팡에서 물건을 구매하는 고객의 70% 이상은 검색을 통해서 한다. 따라서 쿠팡 상품등록 시 내 상품과 관련된 세세한 키워드를 '정확하고' '충실하게' 입력해야 내 상품이 고객이 유입되기 좋은 자리를 차지할 수 있다.

상품등록의 5가지 핵심 정보

쿠팡 검색엔진이 고객이 원하는 상품을 빠르게 찾아 구매할 수 있도록 하기 위한 '상품등록의 5가지 핵심 정보'는 '카테고리', '상품명', '검색어(태그)', '검색필터', '무료배송' 정보이다.

쿠팡 상품 노출 시 가장 기본은 '카테고리 설정'과 '상품명 작성'이다.

카테고리 설정은 내 상품의 정확한 정보를 기반으로 작성해야 한다. 마스크팩을 판매하면서 미세먼지 마스크 카테고리에 매칭하면 절대 상품 자체가 노출되지 않으니 주의해야 한다.

상품명은 반드시 상품의 정확한 정보를 근거로 하면서 쿠팡의 자동완성어와 연관검색어의 인사이트를 기반으로, 대표키워드와 세부키워드를 최대한 문법에 맞게 작성해야 한다.

검색어(태그)는 최대 20개까지 작성 가능하다. 검색어를 작성해도 노출이 안 되는 네이버쇼핑과 달리 쿠팡의 검색어는 100% 활성화되어 노출되기에 쿠팡에서의 검색어 입력은 필수사항이며 그만큼 중요하다. 상품에 관련된 키워드를 세세하게 하나도 빠짐없이 작성하여 20개를 등록해야 한다.

상위노출과 상관없이 검색어 확장을 많이 하고 싶다면 검색어를 상품명과 중복되지 않게 최대한 골고루 작성하면 되고, 키워드의 상위노출을 우선시할 경우는 상품명에 쓴 단어를 자동완성어와 연관검색어를 기반으로 중복해서 작성하면 된다.

쿠팡에서는 **검색필터** 작성도 중요하다. 쿠팡 고객들의 구매 패턴 중에서 타 플랫폼과 다른 점이 있는데, 쿠팡의 고객들은 검색어 입력 후 검색필터를 이용하여 구매를 많이 한다는 것이다.

고객은 내가 사고자 하는 상품을 '검색어' 입력과 '검색필터' 기능을 이용하여 정확하고 빠르게 찾기에 상품등록 시 검색필터도 꼼꼼히 기록해야 한다.

무료배송 필터는 구매자들이 가장 많이 이용하는 필터이기에 배송비를 제품 판매가에 녹여 넣더라도 최대한 무료배송을 설정하도록 해야 한다.

2 검색유입 클릭점수 로직

쿠팡 상위노출의 가장 기본이 되는 것이 '검색 정확도'와 '정보 충실도'라고 강조하는 이유는 쿠팡의 상위노출 로직의 50% 이상을 차지하는 것이 고객의 '검색어 유입 점수'이기 때문이다.

쿠팡 고객의 가장 큰 구매 패턴은 검색을 통한 구매이기 때문에 상품을 잘 팔려면 소비자가 검색하는 모든 키워드에 상품이 노출되어야 한다.

쿠팡 검색엔진은 데이터를 통해 움직이는데, 랭킹 지수에 가장 영향을 끼치는 데이터는 고객이 상품을 사고자 할 때 검색하는 키워드 데이터이다.

쿠팡은 내 상품에 유입되어 구매하는 키워드가 다양할수록 랭킹 점수에 가점을 주는 방식이기 때문에 다양한 키워드에서 클릭점수를 받는 것은 쿠팡 상위노출의 필수조건이다. 네이버쇼핑이 다양한 키워드가 아니라 한 가지 키워드로 많이 유입되면 상위노출이 되는 점과 반대라고 생각하면 된다.

검색어란 사람들이 '내 상품을 찾을 때 어떤 단어로 찾느냐'는 개념이다. 예를 들어 여드름 연고를 판다고 할 때 판매자가 가장 궁금해하는 것은, 고객은 여드름 연고 제품을 살 때 어떠한 검색어로 여드름 연고 제품을 검색할까이다.

이때 제일 먼저 해야 할 것은 바로 쿠팡에서 직접 검색을 하여 검색어 하단에 뜨는 '자동완성어'를 통해 고객의 사용 언어를 파악하는 것이다.

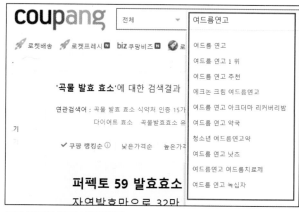

쿠팡 '여드름 연고' 자동완성어

쿠팡에서 검색할 때 검색어 하단에 나타나는 검색어들은 쿠팡 고객들이 많이 검색하던 상품들의 검색어가 자동 완성되어 나타나는 것이다. 즉 자동완성어는 그만큼 고객들이 많이 검색했다는 뜻이기도 하다.

자동완성어 안에 있는 내 상품과 관련된 검색어들을 위주로 하여 최대한 정확하게 상품등록을 한 후 사용자 선호도 구매 패턴을 반복하여 키워드를 확장하다 보면 구매가 이루어지고, 이러한 키워드 노출과 구매 패턴을 쿠팡 검색엔진이 좋은 상품으로 인식하여 원하는 키워드를 상위노출 시켜준다.

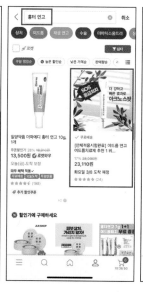

'여드름' 키워드 상위노출

3 사용자 선호도 판매실적 로직

쿠팡의 상위노출 랭킹 지수의 50%를 차지하는 또 다른 로직은 쿠팡 '판매점수'이다.

판매하는 제품의 판매점수 요소는 '구매건수'와 '구매금액'으로 나누어지는데, 쿠팡의 판매점수는 구매건수와 구매금액 두 요소를 동시에 만족시켜야 상위노출에 유리하다.

네이버쇼핑과 달리 쿠팡은 아무리 유입자 수가 많아도 구매 전환이 일어나지 않으면 유입자 수의 점수가 상위노출에 무의미하게 작용하도록 랭킹 지수가 짜여져 있기에, 검색어 노출의 중요성만큼이나 중요한 것이 '구매전환율'이다.

그러므로 경쟁력 있는 가격, 무료배송, 전환율 높은 상세이미지, 즉시 할인 등의 이벤트를 통해 판매가 지속적으로 일어나게 해야 한다. 그래야 상위노출 이후 지속적으로 고객이 구매하는 키워드에서 제품이 상위유지 될 수 있다.

9장

상위노출을 위한
광고 세팅하기

01 쿠팡 광고 이해하기

1 쿠팡 광고를 반드시 해야 하는 3가지 이유

쿠팡 광고의 첫 번째 매력은 입찰가 우선의 광고 노출이 아니라, 검색 상위노출의 기준인 쿠팡 랭킹 지수에 의해서 광고 노출이 된다는 것이다.

두 번째 매력은 다른 오픈마켓 광고와 달리 입찰가가 비싼 대표키워드보다 입찰가가 낮은

세부키워드로 많은 클릭과 구매 전환이 이루어진다는 것이다. 따라서 저렴한 비용으로도 얼마든지 이익을 낼 수 있다는 장점이 있다.

행 레이블	합계 - ∟합계 : 클릭	합계 : 광고ㅂ	합계 : 클릭률	ROAS	클릭단가
홍진경갓김치	2	1	252	0.5	16679%	252
여수농협 고들빼기	1	1	151	1	8695%	151
비비고 갓김치 3k	2	2	201	1	6532%	101
종가집 갓김치 2k	10	3	1008	0.916666687	2867%	336
여수 갓김치	1	1	537	1	2445%	537
갓김치	11	4	700	2.033333346	1876%	175
돌산갓김치	32	3	704	0.288034193	1865%	235
비비고돌산 갓김ㅊ	2	2	919	1	1429%	460
비비고 갓김치 1k	5	3	1048	2.333333343	1253%	349
돌산 갓김치	1190	16	5089	0.080603247	1084%	318
여수 돌산 갓김치	53	8	2718	0.794094816	1063%	340
종가집 갓김치	81	3	1276	0.118870897	1029%	425
여수 갓김치	427	36	12003	0.636813909	788%	333
여수 농협 돌산 깃	125	9	4749	0.278095245	609%	528
갓김치	3362	76	34171	0.156917905	534%	450
여수 돌산 갓김치	4190	291	133642	0.479312412	450%	459
여수 돌산 갓김치	100	7	3013	0.414686866	436%	430
총합계	440809	1152	330911	67.80304267	435%	287
파김치	752	12	4198	0.095322635	313%	350
비검색	429942	550	84548	0.008520603	289%	154

위 그림은 갓김치 광고 보고서이다. 광고 보고서의 쿠팡 광고 구매 유입검색어를 보면, 대표키워 드인 '갓김치'와 함께 다양한 세부키워드로 주문이 들어오는 것을 알 수 있다.

쿠팡은 고객이 키워드 검색을 할 때 자동완성어와 연관키워드를 통해 자연스럽게 유입되도록 설계되어 있다. 그런데 자동완성어와 연관키워드에 추천되는 대부분의 키워드는 입찰가가 저렴한 키워드로 구성되어 있어, 네이버 검색광고 집행 때보다도 ROAS(광고비 대비 수익률)에서 훨씬 좋은 결과를 얻을 수 있다.

세 번째 매력은 다른 오픈마켓과 달리, 저렴한 '비검색 광고'(입찰가 최저 100원) 노출을 통해 일으킨 트래픽으로 검색 랭킹 지수를 올릴 수 있다는 점이다.

초보자도 쿠팡 광고를 하다 보면 쿠팡 검색 랭킹 순위가 상위로 올라가는 것을 경험하게 되는데, 이는 비검색 광고를 통한 클릭점수가 랭킹 지수 순위에 반영된 것이다.

네이버쇼핑은 광고 집행에서 얻어지는 클릭값이 상위노출 지수인 '인기도'에 반영되지 않지만 쿠팡 광고는 검색과 비검색 광고 집행 시 얻어지는 클릭값이 상위 랭킹 지수에 반영된다. 따라서 쿠팡 광고는 광고로 인한 수익과 함께 상위노출이라는 두 마리 토끼를 잡을 수 있다.

다음 그림에서 보는 '피부재생 크림'도 쿠팡 SEO와 광고 유입점수로 상위노출 한 케이스이다.

2 쿠팡 상품광고의 종류

쿠팡 상품광고는 '수동 성과형 광고'와 '매출 최적화 광고'가 있다. 수동 성과형 광고는 셀러가 직접 광고 검색 키워드를 설정하고(키워드 추가 & 제외) 입찰가를 운영하는 방식이다. 매출 최적화 광고는 키워드 선정과 입찰가를 쿠팡 알고리즘이 자동으로 설정하여 노출 최적화를 시켜주는 광고이다.

수동 성과형 광고		매출 최적화 광고
상세한 키워드 및 입찰가 관리	목표	수익률을 고려한 매출 성장
원하는 대로 직접 설정하는 정교한 광고 관리	장점	목표 광고수익률을 고려해 안정적인 효율로 매출 성장
광고 예산/기간/상품 +키워드+키워드/영역별 입찰가	설정	광고 예산/기간/상품 +목표 광고수익률
탄력 일예산/일예산/월예산	예산	탄력 일예산
스마트 타겟팅/직접 입력	키워드	스마트 타겟팅
직접 입력	입찰가	목표 광고수익률을 고려한 자동 입찰
해당 없음(설정값에 따라 운영)	최적화 방식	자동 최적화
해당 없음(검수기간 소요)	최적화 기간	7~14일
클릭당 과금(CPC)	광고비 과금	클릭당 과금(CPC)
검색결과 페이지/메인-서브 페이지	노출지면	검색결과 페이지/메인-서브 페이지

상품/키워드 등 광고 운영을 직접 컨트롤 하고 싶은 광고주

수익률을 고려한 안정적인 매출 성장을 원하는 광고주

출처 : 쿠팡

쿠팡 셀러로 입문하면 광고 영업 전화를 많이 받게 되는데, 대부분은 매출 최적화 광고를 권장하고 있다. 그런데 판매자가 파는 제품의 컨디션을 보지 않고 일방적으로 매출 최적화 광고를 권장하는 것은 잘못된 코칭이다.

1) 어떤 광고를 집행할 것인가?

수동 성과형 광고와 매출 최적화 광고의 선택 기준은 판매하려는 제품의 특성이다. 상품의 시즌성 유무, 판매 순마진 경쟁력 등 판매 제품의 컨디션을 파악하고 광고 운영을 해야 한다.

① 제품의 시즌성 유무

명절이나 밸런타인데이와 같은 특정한 기간 동안에 구매 전환이 집중되는 시즌성 제품(예: 한우 선물세트, 굴비 선물세트, 초코릿 선물세트 등)은 매출 최적화 광고로 수익을 낼 확률이 높지만, 특정한 기간과 상관없이 연중 지속적으로 구매 전환이 이루어지는 비시즌성 제품은 수동 성과형 광고로 키워드 최적화를 만들어야 수익이 발생할 수 있다.

② 제품의 마진 경쟁력

광고의 목적이 홍보가 아닌 이상 아래와 같이 수익성을 디테일하게 관리해야 한다.

쿠팡 판매수수료를 제외하고 순마진이 30% 이상일 때는 매출 최적화 광고를, 30% 이하일 때는 수동 성과형 광고를 권장한다.

매출 최적화 광고의 경우 쿠팡 알고리즘이 판매 제품의 마진을 고려하지 않고 '목표 광고수익률'을 기반으로 노출에 집중해 운영하기 때문에 순마진이 적은 제품은 수익을 얻기가 참으로 어렵다.

마진이 적은 제품의 경우는 수동 성과형 광고를 통해 제안가와 키워드 세팅을 세밀하게 하여 보수적으로 운영해야 수익이 날 수 있다.

3 광고 노출 위치

쿠팡 상품광고의 가장 큰 장점은 구매가 일어나는 다양한 지면에 상품이 노출된다는 것이다.

광고의 기본은 노출이다. 고객이 유입되는 최적의 위치에 상품이 노출되어야 클릭이 되고, 클릭이 되어야 구매로 이어진다. 때문에 광고 집행 시 노출 영역이 많아야 하는 것은 광고 성공 운영을 위해서는 필수 사항이다.

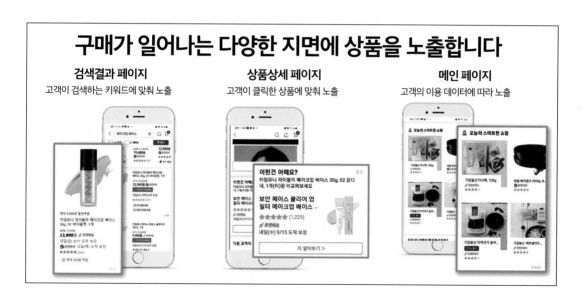

상품광고 노출지면

모바일 웹/앱 및 PC | 검색 연관성과 광고 품질에 따라 광고 노출 위치가 변경될 수 있습니다

		노출 지면	비고
특정 키워드 검색 시	검색결과 페이지	검색결과 중간	• 검색된 키워드를 기준으로 관련 상품 노출
		검색결과 상단 배너	
		검색결과 중단 배너	
		검색결과 '같이 보면 좋은 상품'	• 매번 20번째 검색 키워드와 관련된 상품 노출/캐러셀
		검색창 추천 상품	• 검색창 클릭 시 검색창 하단에 상품 노출(Android)
특정 페이지 방문 시	메인 페이지	'오늘의 스마트한 쇼핑'	• 3~8개 상품 노출/캐러셀
		'요즘 뜨는 상품'	
		'카테고리별 추천 광고상품'	• 카테고리별로 광고 상품 노출
		라인 배너	• 메인 페이지 우측에 1개 상품 노출(PC only)
	상품 페이지	상단 배너	• 현재 상품페이지에서 보여지는 상품 기준으로 관련 상품 노출(상단, 중단, 하단)
		중단 배너	
		하단 배너	
		'함께 비교하면 좋을 상품'	• 상품페이지 중단 3~8개 상품 노출/캐러셀
		하단 '연관 추천 상품'	• 상품페이지 하단 3~8개 상품 노출/캐러셀
	카테고리페이지	'이런 상품 어때요?'	• 카테고리에 맞는 상품 추천/캐러셀
		카테고리 중간	• 카테고리 페이지 중간 2개 상품 노출
	장바구니페이지	'같이 보면 좋은 상품'	• 3~8개 상품 노출/캐러셀
	주문완료페이지	'이런 상품 어때요?'	

쿠팡 광고 노출 위치　　　[출처: 쿠팡 ads(https://ads.coupang.com/) → 무료교육 → 교육자료 → '상품광고 통합 소개서']

　　네이버나 지마켓처럼 검색결과 페이지에 제한적으로 노출되는 광고로는 웬만한 제품 인지도와 높은 마진 상품이 아니라면 수익을 내기가 어렵다. 이에 비해 쿠팡 상품광고는 '검색 영역'과 '비검색 영역'을 통해 쿠팡 플랫폼 구석구석 노출되기 때문에 그 어떤 쇼핑 플랫폼보다 광고 운영이 수월하다.

4　광고의 기본 ROAS와 ROI 이해하기

쿠팡에서 광고를 집행하는 이유는 크게 4가지 관점에서 요약할 수 있다.

첫째, 오직 제품의 **수익률**을 위해 광고를 집행하는 경우

둘째, 제품의 **브랜딩**을 위해서 수익률을 생각하지 않고 집행하는 경우

셋째, 검색 랭킹 **상위노출**과 **상위유지**, 두 마리 토끼를 잡기 위해 집행하는 경우

넷째, **수익률** + **상위노출** + **상위유지**, 세 마리 토끼를 잡기 위해 집행하는 경우

쿠팡에서 광고를 집행하는 이유는 이처럼 각양각색이지만 광고 운영의 기본인 로아스와 광고 수익률을 제대로 이해하지 못하고 무작정 광고를 집행하다 보면 과도한 광고비 지출로 낭패를 볼 수 있다. 따라서 광고를 집행하기 전에 ROAS와 ROI에 대한 개념을 이해하고 있어야 한다.

■ ROAS

ROAS(Return On Ad Spend)는 '광고비 대비 매출액'을 말한다. 광고에 지출하는 1만 원당 얼마나 많은 매출 성과를 얻었는지 보여주는 지표이다. 이 지표는 광고 캠페인에 지출한 광고비 예산이 얼마나 많은 매출을 가져다주는지, 어떤 광고 매체가 광고 효과가 좋은지 파악하는 용도로 쓰인다.

ROAS를 계산하는 공식은 간단하다. 캠페인으로 얻은 수익을 캠페인 운영 비용으로 나누면 된다.

ROAS : 광고비용 대비 수익률

$$ROAS = \frac{매출액}{광고비} \times 100(\%)$$

예를 들어 광고비를 100만(원) 지출해서 1000만(원) 매출을 달성했다면, ROAS는 [1000만(원)÷100만(원)]×100(%) = 1000%가 된다. 그런데 ROAS가 나타내는 지표는 매출액과 광고비에 관한 것이기 때문에 광고 상품의 이익을 대변하지는 않는다. 따라서 광고를 집행하기 전에 '투자 대비 수익률' 지표인 ROI에 대한 개념을 이해해야 전략적인 광고 운영을 할 수 있다.

■ ROI

ROI(Return On Investment)는 '투자 대비 수익률'을 말한다. 이것은 이익을 투자로 나눈 것이다.

ROI : 투자 대비 이익

$$ROI = \frac{(매출액 - 비용)}{투자금} \times 100(\%)$$

예를 들어 광고비 100만(원)을 지출해서 300만(원)의 이익을 얻었다면, ROI는 [300만(원)÷100만(원)]×100(%) = 300%가 된다.

ROI의 개념은 단순하다. 광고 집행 시 얼마나 비용을 적게 쓰고 최대 이익을 냈는가이다.

셀러가 광고 집행 시 ROAS와 ROI의 개념을 잘 알지 못하고 매출만을 우선시하는 경우, 광고를 하고도 이익을 남기지 못하는 손해 보는 장사를 할 수도 있다. 광고를 집행할 때 판매하고자 하는 제품의 마진은 본인만이 알기에 ROAS와 ROI 개념을 이해하고 광고를 집행해야 한다.

02 쿠팡 광고 세팅하기

쿠팡에서 광고는 '수동 성과형 광고'와 '매출 최적화 광고'를 진행할 수 있다. 얼핏 이름만 보면 '매출 최적화 광고'를 진행하면 쿠팡에서 알아서 최적화된 광고를 진행해줄 것처럼 보이지만 실상은 그렇지 않다. 판매자마다 상품마다 컨디션이 다 다른데 쿠팡 알고리즘이 그 모든 경우의 수를 감안하여 최적화시켜 준다는 것은 불가능한 일이라고 할 수 있다.

쿠팡 광고의 최적화된 세팅 방법으로 저자는 다음과 같이 하기를 권장한다.

① 먼저 수동 성과형 광고를 진행하면서 키워드 제거와 추가를 통해 세밀하게 세팅한 후
② 매출 최적화 광고로 전환하는 것이다.

1 수동 성과형 광고 세팅하기

'수동 성과형 광고'는 **구매전환율이 낮은 제품**이거나 **마진이 30% 이하인 제품**을 보수적으로 운영하기에 좋은 방식의 광고이다.

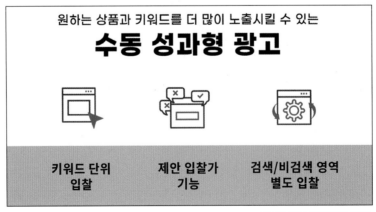

(출처: 쿠팡 광고상품 안내)

수동 성과형 광고의 특징은 3가지로 요약할 수 있다.

첫째, 키워드별 입찰가를 설정하거나 제외하는 기능이 있어 제품 관여도에 맞는 키워드에 주력하여 광고 효율을 높일 수 있다.

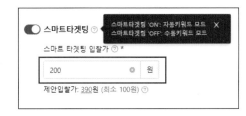

둘째, 스마트 타겟팅 입찰가를 상황에 맞게 임의대로 운영하여 광고 효율을 높일 수 있다.

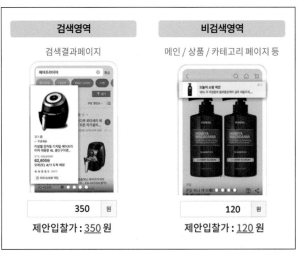

셋째, 상품 특성을 고려한 노출 전략에 맞게 검색 영역과 비검색 영역을 구분하여 광고 효율을 높일 수 있다.

검색 영역과 비검색 영역에서의 광고 노출 (출처: 쿠팡 수동성과형 소개서)

[수동 성과형 광고 진행하기]

1. 광고를 진행하기 위해서 쿠팡 WING → **광고센터**를 클릭한다.

2. **광고 만들기** 버튼 또는 하단의 **캠페인 추가** 버튼을 클릭한다.

3. 광고 등록 페이지이다. '광고의 목표의 무엇인가요?'에서 **매출 성장**을 선택하고 **다음** 버튼을 클릭한다.

▶ 수동형 광고의 등록 프로세스는 **캠페인 설정 → 광고 상품 설정 → 상세 설정**순으로 진행된다.

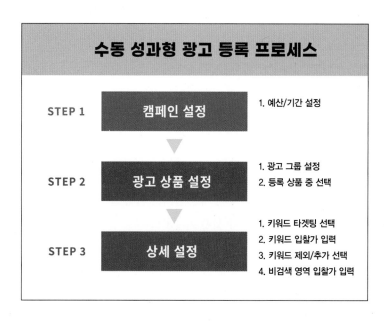

(1) 캠페인 설정

❶ **캠페인 이름:** 캠페인 목록을 관리하기 위한 이름을 설정한다.

❷ **일예산 설정**

▶ 설정한 예산이 광고비로 다 쓰이지 않아 미사용 금액이 생기면 고객이 많이 유입되어 일예산이 부족한 날에 미사용 금액을 추가로 사용하게 된다. 이때 추가 가능 금액은 최대 일예산의 20%이다.

▶ 광고 집행 일예산을 최소 1만 원에서 최대 10억 원까지 설정 가능하다.

▶ 최초 집행 시 하루 최대 3만 원을 권장하고, 1만 원 오전, 2만 원 오후로 분산 집행을 권장한다.

❸ **예산규칙 설정:** 캠페인의 상태가 특정한 조건에 해당할 때만 일예산을 원하는 만큼 자동으로 올려서 광고를 운영할 수 있는 기능이다.

❹ **캠페인 기간 설정**

▶ 광고 기간을 설정한다.

▶ '종료일 없음'보다는 '특정 기간'을 7일 단위로 지정하여 사용하는 것을 권장한다.

(2) 광고상품 설정

❶ **광고그룹 이름:** 광고 상품 그룹을 관리하기 위한 이름을 150자 이내에서 설정

❷ **광고상품 설정**

  – **수동 상품 설정:** 원하는 상품을 선택하여 광고할 수 있다.

  – **AI스마트광고:** 광고주가 판매하는 모든 상품을 대상으로 광고가 진행되며, 쿠팡 시스템이 자동
  으로 상품을 선택하고 바꿔주면서 광고한다. 광고를 원하지 않는 상품은 제외할 수 있다.

❸ **광고효율 UP:** 쿠팡의 사용자 선호도 지수를 분석하여 판매 상품 중 광고 진행 시 높은 구매전환
  율이 예상되는 상품을 추천한다.

❹ **광고 등록할 상품 검색**

  ▶ 광고를 하고자 하는 제품을 상품명과 노출상품 ID, 옵션 ID로 검색 후 설정한다.

  ▶ 상품 추가 시 모든 옵션 선택 또는 옵션별 등록 가능하다.

(3) 광고 운영방식 / 상세 설정

❶ 광고 운영 방식

▶ **자동운영**: 쿠팡에서 키워드와 입찰가를 자동으로 설정하여 운영하는 방식(매출 최적화)

▶ **직접입력**: 운영자가 원하는 키워드와 입찰가를 설정하여 진행하는 방식(수동 성과형)

❷ 스마트 타겟팅

고객이 검색하는 다양한 키워드에 광고상품을 자동으로 매칭해 노출합니다.

▶ ON(자동키워드 모드)으로 설정하면 상품등록 시 설정한 상품명과 검색어를 기반으로 다양한 키워드로 노출되어 상품 판매로 이어지므로, 반드시 수동 성과형 광고 집행 시 실행해야 한다.

▶ 스마트 타겟팅 입찰가는 '제안입찰가'가 600원 이하일 때는 제안가대로 설정하고, 600원 이상일 때는 기본적으로 600원으로 세팅을 시작한다.

▶ OFF(수동키워드 모드)로 하면 지정한 키워드를 직접 입력 또는 연관키워드를 선택하여 추가할 수 있다. 판매 제품이 브랜딩이 되어 있어 구매가 정해져 있는 상품에 적합한 방식이다.

❸ 키워드 제외

▶ 수동 성과형 광고를 하는 목적은 불필요한 키워드를 제거하여 광고 상품을 최적화시키는 데 있다. 따라서 광고 집행 전에 입찰가가 높은 키워드는 제외시켜야 하고, 광고 집행 후에는 광고 보고서를 통해 진환률이 약한 키워드를 반드시 제외시켜 광고 효율을 높여야 한다.

❹ 키워드 추가

▶ 브랜드 키워드와 구매전환율이 높은 세부 키워드를 선별하여 세팅한다.

▶ 키워드를 입력하고 **추가** 버튼을 클릭하면 키워드가 추가된다.

❺ 키워드별 입찰가: 제안가가 없는 키워드는 최저 입찰가 100원보다 높게 150원 설정을 권장하고, 제안가가 1000원 이상이면 제품 마진을 감안하여 제안가를 1000원 전후로 설정한다.

❻ 비검색 영역 설정하기: 비검색 영역에서의 노출은 검색 영역에서의 노출보다 높은 전환율을 기대할 수 없기에 최저가 100원을 설정하여 최소 7일 정도를 광고 집행한다. 그리고 보고서를 통해 비검색 광고의 전환율을 보고 제안입찰가의 상향을 검토한다.

모든 설정이 끝났으면 **완료** 버튼을 클릭하면 광고가 진행된다.

② 매출 최적화 광고 세팅하기

매출 최적화 광고는 **구매전환율이 높은 제품**이거나 **마진이 30% 이상인 제품**을 공격적으로 운영하기에 좋은 광고이다. 쿠팡 알고리즘에 의해 입력한 '목표 광고수익률'을 기반으로 키워드와 노출 입찰가가 최적으로 집행된다.

(출처: 쿠팡 광고상품 안내)

[매출 최적화 광고 진행하기]

매출 최적화 광고는 '수동 상품 설정'으로 광고할 상품을 운영자가 직접 설정한 후 '광고 운영 방식'을 **'자동운영'**으로 설정하는 광고와 **'AI스마트 광고'**가 있다. AI스마트 광고는 광고 상품을 쿠팡 시스템이 자동으로 설정하는데, 운영자가 광고 제외 상품을 설정할 수 있다.

1. 쿠팡 WING → **광고센터**를 클릭한다. **광고 만들기** 버튼 또는 **캠페인 추가** 버튼을 클릭한다.

2. '매출 성장'을 선택하고 **다음** 버튼을 클릭한다.(AI스마트광고 만들기를 클릭하면 AI스마트광고를 진행할 수 있다.)

(1) 캠페인 설정

❶ **캠페인 이름:** 캠페인 목록을 관리하기 위한 이름을 설정한다.

❷ **일예산 설정**

- ▶ 설정한 예산이 광고비로 다 쓰여지지 않아 미사용 금액이 생기게 되면, 고객이 많이 유입되어 일예산이 부족한 날에 미사용 금액을 추가로 사용하게 된다. 이때 추가 가능 금액은 최대 일예산의 20%이다.
- ▶ 광고 집행 일예산을 최소 1만 원에서 최대 10억 원까지 설정 가능하다.
- ▶ 최초 집행 시 하루 최대 3만 원을 권장하고, 1만 원 오전, 2만 원 오후로 분산 집행을 권장한다.

❸ **예산규칙 설정:** 캠페인의 상태가 특정한 조건에 해당할 때만 일예산을 원하는 만큼 자동으로 올려서 광고를 운영할 수 있는 기능이다.

❹ **캠페인 기간 설정**

- ▶ 광고 기간을 설정한다.
- ▶ '종료일 없음'보다는 '특정 기간'을 7일 단위로 지정하여 사용하는 것을 권장한다.

(2) 광고상품 설정

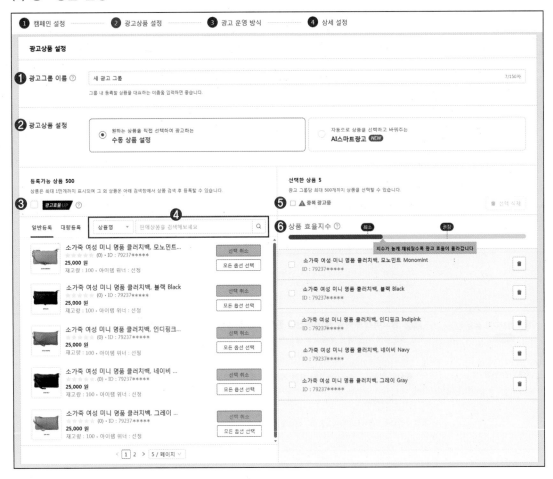

❶ **광고그룹 이름:** 광고 상품 그룹을 관리하기 위한 이름 설정

❷ **광고상품 설정:** 'AI스마트 광고'는 알고리즘이 자동으로 설정하는 기능이라 효율이 나오기 힘든 구조이니 반드시 구매 트렌드가 살아 있는 상품으로 '수동 상품 설정'을 해야 한다.

❸ **광고효율 UP:** 쿠팡의 사용자 선호도 지수를 분석하여 판매 상품 중 광고 진행 시 높은 구매전환율이 예상되는 상품을 추천한다.

❹ **광고 등록할 상품 검색:** 광고할 제품을 검색한 후 설정한다. 상품 추가 시 모든 옵션 선택 또는 옵션별 등록 가능

❺ **중복 광고 중:** 광고 선택한 옵션이 다른 캠페인에 광고 중임을 안내하는 표시이다. 광고 효율을 위해 한 상품은 한 캠페인에만 광고 진행하기를 권장한다.

❻ **상품 효율지수:** 광고 집행하는 상품의 쿠팡 랭킹 지수를 종합적으로 점검하여 표시한다.

▶ 신규 등록상품은 **'최소'** 이상의 조건을 맞추는 게 광고 효율에 유리하며, 100% 충족할수록 광고 노출에 유리하다.

(3) 광고 운영 방식

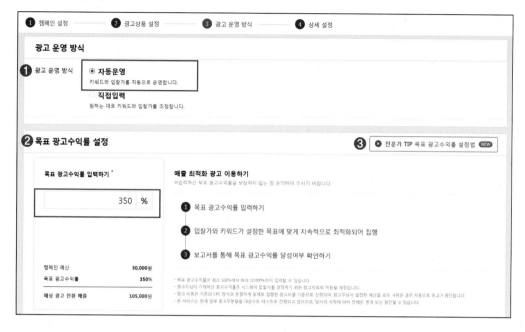

❶ 광고 운영 방식: 매출 최적화 광고를 진행하기 위해 '자동운영'을 선택한다.

❷ 목표 광고수익률 설정

▶ 수익률은 광고할 상품의 카테고리 평균 광고수익률 등을 고려하여 쿠팡 시스템이 제안하는 '제안 광고수익률'을 입력할 것을 권장한다.

　• **공격적인 광고 운영:** 빠른 시간 안에 노출을 많이 해야 할 경우에는 수익률을 제안 광고수익률보다 낮게 설정한다. → 광고비가 증가하므로 광고비 대비 수익률을 잘 따져봐야 한다. '최소 광고수익률'보다 높아야 광고로 인한 수익이 생기게 된다.

최소 광고수익률

$$\frac{\text{매출액}}{[\text{판매가} - (\text{생산원가} + \text{판매수수료})]} \times 100(\%)$$

　• **보수적인 광고 운영:** 목표 광고수익률을 높게 설정하면 광고 입찰가가 낮아져 다른 셀러와의 경쟁에서 밀려 노출/클릭이 저조할 수 있다. 비검색 영역으로 광고가 밀릴 수 있다. → 광고비 소진은 적지만 목표 매출을 달성하지 못할 수 있다.

▶ 목표 광고수익률을 입력하면 캠페인 예산에 따른 예상 광고 전환 매출을 보여준다.

▶ 앞서 설명한 '광고의 기본 ROAS와 ROI 이해하기'를 참조하여 원하는 ROAS를 입력하면 된다.

▶ 목표 광고수익률은 최소 100%에서 최대 10,000%까지 입력할 수 있다.

❸ 목표 광고수익률 설정법에 관한 동영상을 참고할 수 있다.

(4) 상세 설정

❶ **쿠팡 외부채널 광고 설정:** ON으로 하면 쿠팡 외부채널에도 광고가 노출된다.

❷ **캠페인 중지 기능**

▶ 지난 7일 동안의 합산 광고 수익률이 입력값보다 작을 경우 광고가 중지되는 기능으로, 보수적으로 운영을 할 때 사용을 권장한다.

❸ **키워드 제외**

▶ 매출 최적화 광고 집행 후 초기 3일~5일 정도는 광고 보고서 데이터를 통해 불필요한 키워드를 제거해야 광고 효율이 올라가니 반드시 키워드 제거를 해야 한다.

03 광고 성과 확인하기

　　　　　　　광고 집행 후에는 반드시 광고 성과를 확인해야 한다. 설정한 키워드 중에서 클릭률은 높은데 판매로 이어지지 않는 키워드, 즉 광고비만 소비하고 성과가 없는 키워드가 있다면 삭제해야 한다. 또 광고 금액을 좀 더 높이면 많은 효율을 가져올 수 있는 키워드가 있다면 금액을 증액해야 한다. 광고를 시작하고 나면 바로 다음날부터 매일 광고 상품의 순위와 판매량을 체크하고, 광고 효과를 분석해야 한다. 그래야 광고비 대비 효율적인 광고를 할 수 있다.

1 광고 대시보드에서 성과 확인하기

쿠팡 WING → **광고센터** → **광고 요약**에서 광고 진행에 관한 성과를 확인할 수 있다.

❶ **오늘의 상품 광고 캠페인:** 현재 진행 중인 광고의 상태를 요약하여 보여준다.

❷ **주간 성과 요약:** 광고 성과를 최근 7일 기준으로 요약하여 보여준다.

❸ **어제의 광고 수익률:** 전체 상품 광고의 어제의 광고 수익률을 보여준다.

❹ **오늘의 상품 광고 예산:** 전체 캠페인 일예산과 오늘 0시부터 사용된 오늘의 광고비를 보여준다.

광고센터→광고관리에서 광고 성과 요약과 성과 그래프를 확인할 수 있다.

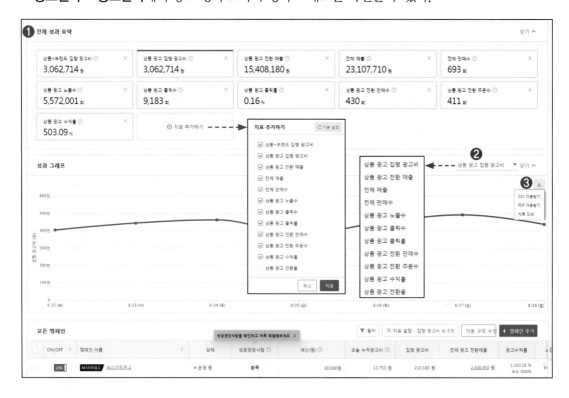

❶ **전체 성과 요약:** 광고 성과를 요약하여 한눈에 볼 수 있다.

❷ **성과 그래프 지표 선택:** 한 번에 하나의 지표를 선택하여 그래프를 조회할 수 있다.

지표명	지표 설명
상품 광고 집행 광고비	조회 기간 동안 광고가 클릭되어 발생한 광고비
상품 광고 전환 매출	고객이 조회 기간 동안 광고를 클릭한 후, 14일 이내 해당 광고상품을 주문한 금액(직접 전환)과 판매자의 다른 상품을 주문한 금액(간접 전환)의 총합
전체 매출	조회 기간 동안 쿠팡에서 판매한 모든 상품의 총매출
전체 판매수	조회 기간 동안 쿠팡에서 고객이 구매한 판매자의 상품 수량
상품 광고 노출수	조회 기간 동안 광고로 등록된 상품이 고객에게 노출된 수의 총합
상품 광고 클릭수	조회 기간 동안 광고로 등록된 상품을 고객이 클릭한 수의 총합
상품 광고 클릭률(%)	노출수 대비 클릭수의 비율(클릭수/노출수 * 100)
상품 광고 전환 판매수	고객이 조회 기간 동안 광고 클릭 후, 14일 이내 해당 광고상품을 구매한 수량(직접 전환)과 판매자의 다른 상품을 구매한 수량(간접 전환)의 총합
상품 광고 전환 주문수	고객이 조회 기간 동안 광고 클릭 후, 14일 이내 해당 광고상품을 주문한 횟수(직접 전환)와 판매자의 다른 상품을 주문한 횟수(간접 전환)의 총합
상품 광고 수익률(%)	광고비 대비 광고 전환 매출의 비율(광고 전환 매출/광고비 * 100)
상품 광고 전환율(%)	클릭수 대비 광고 전환 주문수의 비율(광고 전환 주문수/클릭수 * 100)

❸ **다운로드 버튼:** 분석 결과를 다운로드하고 인쇄할 수 있다.

2 광고 보고서로 성과 확인하기

수동 성과형 광고와 매출 최적화 광고를 집행한 후에는 반드시 '광고 보고서' 성과 자료를 통해 키워드 제거와 추가를 통해 광고 상품 최적화 작업을 해야 한다.

1. 쿠팡 WING→**광고센터**→**광고 보고서**를 클릭한 후 **쿠팡 보고서**→**쿠팡 상품광고 보고서**를 클릭한다.

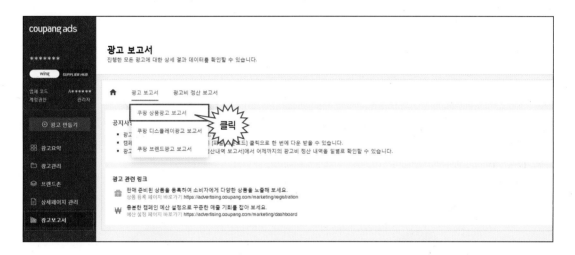

2. 왼쪽 섹션에서 만들고자 하는 보고서의 '보고서 기간', '기간 구분', '캠페인 선택'을 하고 **보고서 만들기** 버튼을 클릭하면 오른쪽 섹션에 보고서가 만들어진다. **차트보기**를 클릭한다.

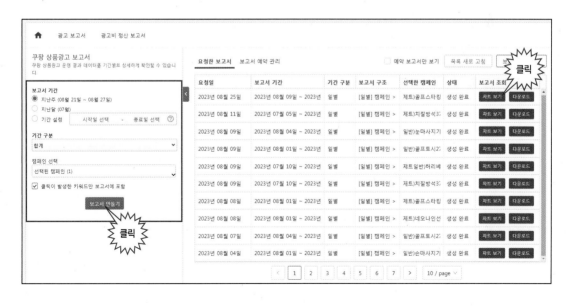

3. 쿠팡 상품보고서를 확인할 수 있다. '상세내역 보기'와 '요약보기', '인사이트 상세보기'를 하면서 광고의 성과를 분석할 수 있다.

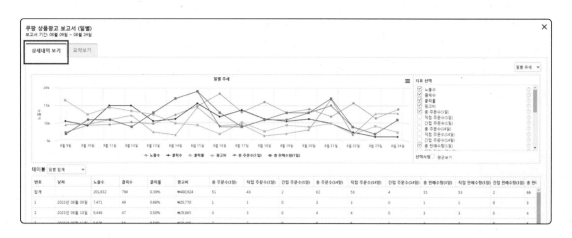

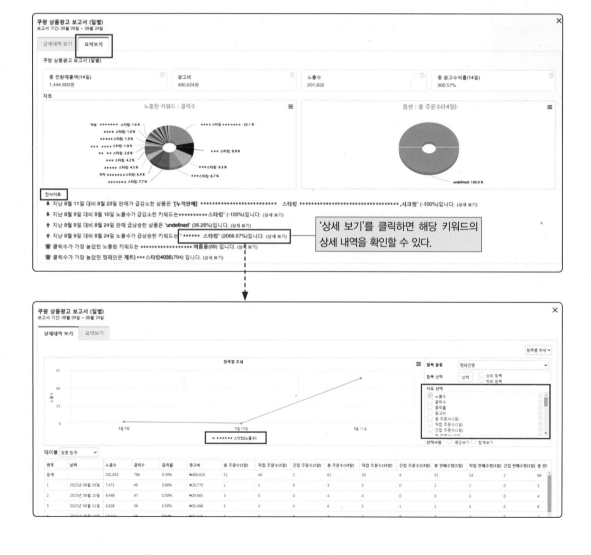

3 쿠팡 상품광고 FAQ

구분	질문	답변
상품	어떤 상품이든 광고 노출이 가능한가요?	• 불필요한 광고비 지출을 막기 위해 재고가 있는 상품, 그리고 동일 상품의 경우 아이템위너만 광고에 노출됩니다. • 품절 및 아이템위너 미선정으로 광고에 노출되지 않을 경우, [광고관리] 캠페인 목록 〉 운영 항목에서 이유와 광고 상태를 바로 확인하실 수 있습니다.
상품	상품에 표기된 [광고효율 UP]은 무엇을 의미하나요?	• 광고주님의 판매 상품 중, 상품 광고 등록 시 광고 효율이 좋을 것으로 예상되는 상품에는 [광고효율 UP] 배지가 자동으로 제공됩니다. 즉, 광고 진행을 추천하는 상품입니다. • [광고효율 UP] 배지는 각 상품의 클릭률 및 전환율 등을 전반적으로 고려하여 시스템에 의해 자동 추천되므로, 광고한 상품 선택 시 [광고효율 UP] 상품을 우선적으로 등록하는 것을 권장합니다.
예산	광고 예산이 다 소진되면 어떻게 되나요?	• 광고 캠페인에 설정하신 예산이 모두 소진되면, 해당 캠페인 광고는 중단되고 더 이상 광고비가 지출되지 않습니다. 끊김없는 광고 노출을 위해서는 충분한 예산을 설정해주세요. • 운영 중인 매출 최적화 광고 캠페인의 예상 상태는 서플라이어 허브/WING 〉 광고센터 〉 광고 관리 〉 캠페인 목록의 '예산' 탭에서 빠르게 확인할 수 있습니다. 예산이 부족한 경우 알림창 내에서 적정 일예산이 제안되며 간편하게 예산을 조정하실 수 있습니다.
노출 지면	특정 지면만 노출할 수 있도록 지정할 수 있나요?	• 특정 지면에만 광고할 수는 없습니다. • 쿠팡 알고리즘 기반의 노출 지면 최적화를 통해 구매 가능성이 가장 높은 고객에게 자동 노출됩니다.
매출 최적화 광고	목표 광고수익률이 보장되나요?	• 입력하신 목표 광고수익률은 보장하지 않으며 시스템이 입찰가를 결정하기 위한 참고 자료로 적용됩니다.
매출 최적화 광고	광고 결과는 어떻게 확인할 수 있나요?	• 서플라이어 허브/WING 〉 광고센터 〉 광고 관리 〉 캠페인 목록에서 각 캠페인의 광고 결과를 한눈에 확인할 수 있습니다. • 더 자세한 결과 보고서는 서플라이어 허브/WING 〉 광고센터 〉 광고 보고서에서 확인할 수 있습니다. 원하는 기간과 캠페인, 보고서 내용을 선택하시면 그래프로 내용을 조회하거나 결과 데이터를 엑셀 파일로 다운받을 수 있습니다.
매출 최적화 광고	기존의 수동 캠페인을 매출 최적화 광고 캠페인으로 전환할 수 있나요?	• 네, 각 캠페인 우측에 있는 '매출 최적화 광고로 복사' 버튼을 이용해 간편하게 변경할 수 있습니다. • '매출 최적화 광고로 복사' 버튼 클릭 후 추가 캠페인 정보(예산, 기간, 목표 광고수익률)를 입력합니다. • 매출 최적화 광고 성공 가이드를 꼭 참고하여 설정해주세요.
수동 성과형 광고	한 캠페인에 스마트 타겟팅과 수동 설정을 동시에 사용할 수 있나요?	• 네, 하나의 광고 캠페인에 스마트 타겟팅과 수동 키워드 설정을 함께 진행할 수 있습니다. 즉, 스마트 타겟팅 설정 및 입찰가 입력 후 [키워드 추가] 형태로 원하는 키워드를 설정할 수 있습니다.
수동 성과형 광고	수동으로 키워드 등록 시 바로 광고로 노출되나요?	• 아니요. 수동으로 설정하신 키워드는 광고 상품과의 적합성을 검수하며, 검수 소요 시간은 평균 2영업일 이내이나 전체 검수량에 따라 달라질 수 있습니다. • 단, 스마트 타겟팅을 설정하신 경우에는 검수 없이 바로 광고 노출이 가능합니다.
수동 성과형 광고	키워드별 광고 성과도 확인할 수 있나요?	• 서플라이어 허브/WING 〉 광고센터 〉 광고 보고서에서 [보고서 항목]을 '캠페인 〉 광고그룹 〉 상품 〉 키워드'로 선택하시면 조회 기간 내 키워드별 광고 결과를 확인할 수 있습니다.

구분	질문	답변
수동 성과형 광고 – 입찰가	키워드 입찰가는 어떻게 정하나요?	• 상품 광고의 입찰 시작가는 키워드당 100원이며, 10원 단위로 최대 10만 원까지 설정할 수 있습니다.
	적정 CPC 입찰가를 어떻게 알 수 있나요?	• 광고 집행 후 성과 데이터를 확인하면 클릭당 단가를 확인할 수 있습니다.(총 광고비 ÷클릭수) • 지불 가능한 최대 CPC 입찰가를 입력하고, 광고 집행 익일 후 적정 CPC 입찰가를 확인합니다. • 과거 데이터를 기반으로 제공되는 제안 입찰가를 참고하시면 보다 쉽게 입찰가를 설정할 수 있습니다.
	제안 입찰가는 어떤 기준으로 산정되나요?	• 제안 입찰가는 과거 14일간 클릭이 발생된 광고의 광고주가 최근 입력한 평균 CPC 입찰가입니다. • 단, 과거 데이터를 기반으로 산정되므로 광고의 노출 및 광고 효율을 보장하지 않습니다.
	입찰 시 최종 낙찰 기준은 무엇인가요?	• 실시간 입찰 시 판매자가 입력한 입찰가 및 광고 적합도와 인기도 등을 종합 반영하여 낙찰 상품이 정해집니다.
키워드 제한	광고 키워드는 몇 개까지 등록할 수 있나요?	• 상품광고에서는 기본적으로 광고 상품과 관련된 모든 키워드에 입찰/구매할 수 있습니다. 단, 키워드 검수 과정에서 상품과 연관성이 없는 키워드에는 광고 노출이 제한됩니다.(매출 최적화 광고 및 스마트 타겟팅은 별도 검수 과정 없이 시스템이 자동 등록/입찰) • 또한 현재 쿠팡 광고 운영과 관련하여, 소비자에게는 적합한 상품이 더 많이 보여지고 판매자에게는 상품 노출의 기회를 높이기 위해 〈상표권 확인정책〉을 시행 중입니다. • 해당 정책에 따라 판매자의 자사 상표권이 확인되고 고객분들에게 혼동을 주지 않는 경우라면, 해당 상품의 카테고리에 한하여 모든 키워드에 광고를 노출할 수 있습니다. 한편, 판매자의 자사 상표권이 확인되지 않은 경우에는 다른 브랜드 키워드에 광고 노출이 제한됩니다.

(출처: 쿠팡 상품광고 통합 소개서)

10장

상위노출을 위한
프로모션 세팅하기

01 쿠팡 무료노출 프로모션

　　　　　　무료노출 프로모션이란 쿠팡의 프로모션 영역에 상품 노출을 신청하는 기능이다. 쿠팡의 주요 프로모션 영역에 상품을 노출하여 더 많은 트래픽의 유입으로 추가 매출 기회를 확보할 수 있는 기능이다.

　판매자는 프로모션 페이지에서 추천된 상품을 확인하고, 프로모션의 가격과 수량, 배송비를 설정하여 프로모션을 신청할 수 있다. 프로모션을 진행하는 동안 제안한 프로모션 가격을 유지해야 하며, 판매수수료 외에 노출에 따른 추가 비용은 발생하지 않는다. 프로모션 진행 기간 동안 제안가격은 프로모션 영역뿐만 아니라 일반 검색 영역에서도 할인된 가격에 노출된다.

　식품 카테고리의 상품 중 쿠팡이 추천하는 상품만 신청할 수 있으며, 해당 카테고리와 상품은 추후 확대될 수 있다.

　프로모션을 신청하면 운영자의 검수를 거쳐 아래의 채널 중 판매자의 상품과 가장 적합한 영역에 노출된다.

1 프로모션 요청하기

1. 쿠팡 WING에서 **프로모션→무료노출 프로모션→프로모션 요청** 탭에서 '프로모션 요청 가능한 모든 상품'을 확인할 수 있다. '일반 프로모션'과 '스마트 프로모션' 요청을 진행할 수 있다.

(**일반 프로모션**) 프로모션을 진행할 상품을 선택하고 **프로모션 요청**을 클릭한다.

🌟 **TIP** + **프로모션 진행 조건**

① 자동가격조정이 설정된 상품

② 출고 소요일 1일 또는 2일

③ 무료배송/9800원 이상 무료배송 상품

④ 프로모션 재고 진행 수량: 50개 이상(수량을 충분하게 기재해줄수록 좋다. 그만큼 쿠팡 측에서도 더 많은 고객에게 혜택을 누리게 할 수 있기 때문이다.)

⑤ 할인쿠폰이 적용된 상품은 불가하다.

2. 무료노출 프로모션을 진행하기 위해서는 '자동가격조정'이 설정되어 있어야 한다. 자동가격조정이 설정되어 있지 않은 상품이라면 **자동가격조정범위 일괄조정** 버튼을 클릭한다.

3. 팝업창에서 가격을 설정하고 **완료** 버튼을 클릭한다.

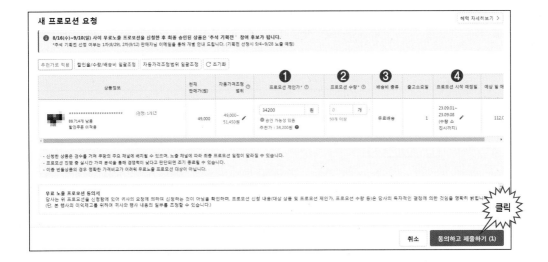

▶ 가격 단위를 '%'가 아닌 '원'으로 바꾼다. '시작가격'을 현재 판매가 대비 '0원'으로 설정하고, '최고가격'은 '10원'으로 변경한다. 예를 들어 정상 소비자가격이 50,000원이었던 상품은 이와 같은 자동가격조정 설정을 하게 되면, 50,000원부터 판매가 시작되며 추후 아이템위너에 묶이게 되어 경쟁판매자들과 가격경쟁이 시작되면 그 가격조정 범위가 50,000원~50,010원이 되는 것이다. 즉, 이는 의미가 없는 숫자이며 무료노출 프로모션을 신청하기 위한 조건에 부합하기 위해 설정하는 것이라고 보면 된다.

4. 프로모션 제안가, 수량, 기간을 설정하고 **동의하고 제출하기** 버튼을 클릭하여 진행할 수 있다.

① **프로모션 제안가:** 프로모션을 진행할 가격을 입력한다. 할인가 또는 할인율로 지정할 수 있으며, 쿠팡 추천가를 확인할 수 있다.

② **프로모션 수량:** 프로모션을 진행할 재고수량을 입력한다. 프로모션 진행 전날 입력한 재고수량보다 부족한 경우 입력한 재고수량으로 자동 업데이트된다.

③ **배송비 종류:** 프로모션 상품의 배송비는 '무료배송' 또는 '9,800원 이상 무료배송' 중 한 가지를 선택할 수 있다.

★ 선택한 배송비 종류는 프로모션 진행 전날 해당 상품의 다른 판매 옵션에도 함께 적용된다. 예를 들어 '유료배송'이나 '조건부 무료배송'으로 판매 중이던 상품 중 1개의 옵션이 프로모션이 진행된다면 해당 기간 동안 같은 상품(같은 노출상품 ID)의 다른 옵션들도 배송비가 '무료배송' 또는 '9,800원 이상 무료배송'으로 바뀐다.

④ **프로모션 시작 예정일:** 프로모션을 시작할 날짜를 선택한다. 운영자의 검수를 거쳐 최종 시작일이 확정된다. '수량 소진 시까지'를 체크한 경우 '오늘의 할인'에 노출되었을 때 수량 소진시까지 제안가격으로 노출된다.

(**스마트 프로모션**) 해당 상품의 **스마트 요청** 버튼을 클릭하면 스마트 프로모션을 요청할 수 있다.

스마트 프로모션은 쿠팡에서 제안하는 조건으로 진행된다. 할인율이 약 30%로 판매자에게 부담스러울 수는 있으나, 승인이 빠르고 채택될 확률이 높다고 할 수 있다. 일반 프로모션은 제안가, 수량, 기간 등을 판매자가 직접 설정할 수 있는데 반해 스마트 프로모션은 수량만 설정할 수 있다.

가능한 한 스마트 프로모션으로 진행하고 마진이 충분하지 않을 시 일반 프로모션으로 진행한다.

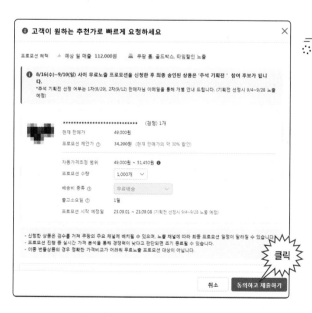

TIP 무료 프로모션의 가격 설정

무료 프로모션은 서비스부터 초기까지는 제한된 수의 셀러에게만 오픈되었고, 그 이후에도 참여하는 셀러가 많지 않아서 경쟁률도 낮고, 시장가격에 맞추지 않은 가격을 제안해도 승인되는 경우가 많았다. 하지만 참여하는 셀러가 늘어남에 따라 경쟁력 있는 가격이 중요해지고 있다. 즉 '스마트 프로모션'을 사용하여 가능한 쿠팡 제안가로 요청하는 것이 승인될 확률이 높다.
또한 시즌에 맞는 제품을 제안하여 판매수량이 급증할 수 있는 상품을 제안한다면 그 확률은 더욱 높아진다.

1. 쿠팡 WING에서 **프로모션→무료노출 프로모션→내 프로모션 내역** 탭에서 프로모션에 대한 성과 요약과 상세 내역(프로모션 상태, 재고수량, 시작/종료일시, 매출액, 노출수, 주문수량, 구매전환율 등)을 확인할 수 있다.

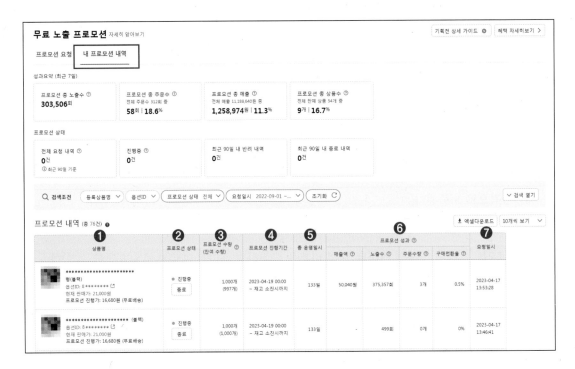

① **상품명:** 프로모션을 신청한 상품의 정보

② **프로모션 상태:** 프로모션의 진행 상태

③ **프로모션 수량:** 프로모션을 신청한 상품의 수량과 잔여 수량

④ **프로모션 진행기간:** 프로모션의 시작과 종료일시

⑤ **총 운영일시:** 프로모션을 진행한 일수

⑥ **프로모션 성과:** 매출액, 노출수, 주문수량, 구매전환율을 확인할 수 있다.

⑦ **요청일시:** 프로모션 요청일시

02 쿠폰 발행하기

같은 가격의 상품이라도 혜택이 많은 상품에 고객들의 마음이 끌리기 마련이다. 쿠팡에서 고객에게 혜택을 주기 위해 판매자가 발행할 수 있는 쿠폰은 '즉시할인 쿠폰'과 '다운로드 쿠폰'이 있다.

즉시할인 쿠폰은 판매자가 직접 원하는 상품에 할인액 혹은 할인률을 적용할 수 있는 기능으로, 검색결과 페이지에 할인이 적용된 가격이 '즉시할인가'로 노출된다. 할인 혜택을 직관적으로 보여줌으로써 고객의 마음을 끌어 매출을 높이는 데 효과적이다.

다운로드 쿠폰은 고객의 총주문 금액을 기준으로 사용 가능한 다운로드 쿠폰으로, 고객이 상세페이지에서 직접 다운로드받아 특정 금액 이상 주문 시 사용할 수 있다. 다운로드 쿠폰을 발행한 상품은 검색결과 리스트에서 '추가할인 쿠폰'이라는 문구가 표시되고 상세페이지엔 '쿠폰받기'라는 배너가 생긴다. 상품 1개의 가격이 다운로드 쿠폰 최소 주문 조건을 충족시키는 경우에만 쿠폰할인가가 자동 노출된다.

즉시할인 쿠폰과 다운로드 쿠폰은 중복 적용이 가능하다.

즉시할인 쿠폰

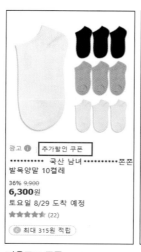

다운로드 쿠폰

1 월별 예산 설정하기

쿠폰을 발행하기 위해서는 먼저 '월별 예산 금액'을 설정해야 한다.

1. 쿠팡 WING → **프로모션** → **할인쿠폰 관리**에서 **월별 예산 설정** 버튼을 클릭한다.

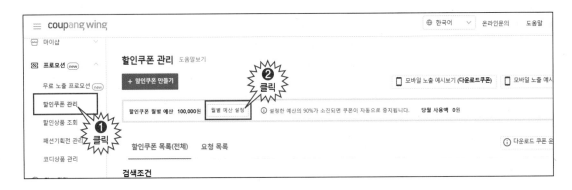

2. 예산 금액을 입력하고 **저장하기**를 클릭하면 적용된 금액을 확인할 수 있다.

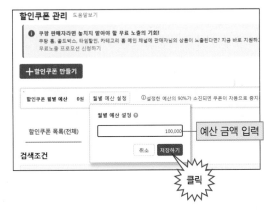

▶ 설정한 예산은 매월 동일하게 적용되며, 언제든지 변경할 수 있다.

▶ 당월 사용액이 예산의 90%가 넘으면 쿠폰이 자동으로 중지된다.

3. 예산 수정을 하고자 할 때는 '월별 예산 설정' 버튼을 클릭한 후 원하는 금액을 입력하고 '저장하기' 버튼을 클릭하면 된다.

▶ 예산 감액 수정은 당월 사용액의 25%에 해당하는 금액만큼만 줄일 수 있다.

예시: 월별 예산 200만 원이고 당월 사용액이 90만 원인 경우, 차감할 수 있는 금액은 22만 5천 원 (90만 원×25%)이므로 177만 5천 원(200만 원 - 22만 5천 원)까지 예산을 줄일 수 있다.

▶ 증액 수정은 최소 10만 원 이상부터 가능하다.

2 즉시할인 쿠폰 발행하기

즉시할인 쿠폰은 판매자가 직접 원하는 상품에 할인쿠폰을 적용할 수 있는 기능이다. 판매자가 월별 예산을 설정하고, 쿠폰을 발행하면 고객에게 '즉시할인가'로 제공되어 매출을 높이는 데 효과적이다. 즉시할인 쿠폰을 발행하면 경쟁력 있는 가격으로 많은 판매를 일으킬 수 있다.

쿠폰 발행 금액은 정산에서 차감되고, 판매수수료는 쿠폰 적용 후 금액을 기준으로 부과된다.

1. WING → **프로모션** → **할인쿠폰 관리** 메뉴에서 **할인쿠폰 만들기** 버튼을 클릭한다.

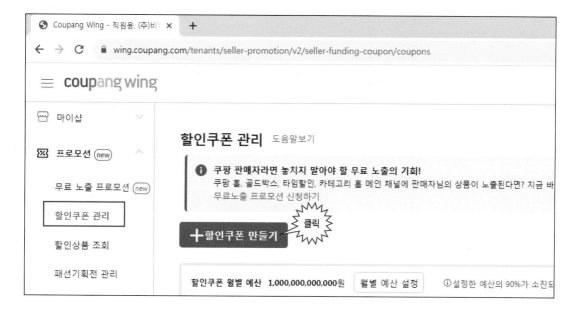

2. 팝업창의 'STEP 1. 쿠폰 정보 입력'에 있는 '쿠폰 종류' 항목에서 생성할 쿠폰을 선택한다. '즉시할인쿠폰'을 선택하고 쿠폰 정보를 입력한다.

할인쿠폰 만들기

즉시할인쿠폰과 다운로드쿠폰으로 매출을 10배 높여보세요!
1. 두 쿠폰을 동시에 활용해보세요. 매출 상승 효과가 더 좋아집니다.
2. 쿠폰으로 수수료 부담을 덜어보세요. 쿠팡은 쿠폰 할인이 적용된 최종 가격을 기준으로 수수료를 부과합니다.

STEP 1. 쿠폰 정보 입력

쿠폰 종류	⦿ 즉시할인쿠폰 ○ 다운로드쿠폰
쿠폰명	발열조끼 2월 할인쿠폰 ⓘ 판매자 관리용 쿠폰명을 입력해주세요. (쿠팡 판매페이지 비노출)
쿠폰 발행일시	2022-01-27 15:53

① **쿠폰명:** 관리하기 편한 이름으로 설정한다. 고객에게는 '즉시할인가'로 노출된다.

② **쿠폰 유효기간:** 고객이 쿠폰을 사용할 수 있는 기간

③ **할인 방식:** 정률, 수량별 정액, 정액할인 중 원하는 할인방식을 선택한다. 즉시할인 쿠폰 설정 시 할인율은 2%부터 설정할 수 있으며, 할인 금액에 제한은 없다.

- 정률: 총 구매 금액에 설정한 할인율을 적용하는 방식
- 수량별 정액: 고객이 구매하는 수량마다 할인액을 적용하는 방식
- 정액: 총 구매 금액에서 설정한 할인 금액을 차감하는 방식

③ **발행대상:** 로켓와우 고객에게 추가 할인 혜택을 제공하는 기능. 로켓와우 고객 대상 기획전 등에 선정된 상품에 할인을 적용할 경우 반드시 체크한다.

4. 'STEP 2. 쿠폰 적용 상품 추가'에서 쿠폰을 적용할 상품을 설정한다.

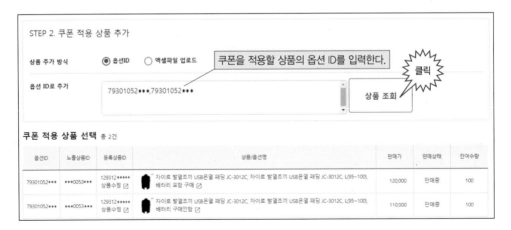

▶ **옵션 ID:** 한번에 최대 300개까지 줄바꿈(enter), 또는 콤마(,)로 구분하여 복수 입력이 가능하다.

▶ **엑셀파일 업로드: 엑셀양식 다운로드** 버튼을 클릭하고 양식을 다운로드한다. → 옵션 ID를 입력한 후 **파일선택** 버튼을 눌러 해당 파일을 업로드한다. 엑셀 파일 업로드 시 한 번에 쿠폰을 적용할 수 있는 상품의 수는 다운로드 쿠폰은 최대 1천 개이며, 즉시할인 쿠폰은 제한이 없다.

5. 설정 완료 후 우측 하단의 **할인쿠폰 적용** 버튼을 클릭한다.

6. '요청 목록' 탭에서 쿠폰 생성 결과(총건수, 성공건수, 실패건수)를 확인한다. 쿠폰 적용에 실패한 상품이 있는 경우 실패 사유를 해결한 후 다시 쿠폰을 생성한다.

'요청결과' 열의 '아래 화살표(⬇)'를 누르면 쿠폰 적용에 실패한 상품 및 실패 사유를 엑셀 파일로 확인할 수 있다.

7. '할인쿠폰 목록(전체)' 탭에서 생성된 할인쿠폰을 확인할 수 있다. 성공한 경우 쿠폰 적용에 성공한 상품수가 노출된다. '쿠폰상태'에 보면 '사용전'으로 나와 있는데 약 1시간 후 '사용중'으로 바뀌고 상품 상세페이지에도 즉시할인가가 적용된 것을 확인할 수 있다.

8. [쿠폰 수정하기] 즉시할인 쿠폰은 쿠폰 생성 후 쿠폰 적용 상품을 변경할 수 있다. '쿠폰명/적용상품' 항목에 있는 **상품수정** 버튼을 클릭하여 팝업창에서 상품을 추가하거나 해지할 수 있다.

▶ **상품 추가:** 옵션 ID를 직접 입력하거나 엑셀 파일 업로드를 통해 쿠폰을 적용할 상품을 추가하거나 쿠폰 적용을 해지할 수 있다.

▶ **상품 해지:** 쿠폰 적용 상품 목록에서 쿠폰을 해지하고자 하는 상품의 체크박스를 선택하고 목록 좌측 상단의 '할인쿠폰 해지' 버튼을 클릭한다.

▶ 상품 추가 또는 해지 요청 시 쿠팡 판매페이지에 반영되는데 최대 30분까지 소요될 수 있다.

9. '쿠폰명/적용상품' 항목에 있는 **쿠폰상세** 버튼을 눌러 할인쿠폰의 정보 및 이력을 확인할 수 있다.

3 다운로드 쿠폰 발행하기

다운로드 쿠폰은 쿠폰이 붙은 상품의 총 주문액이 판매자가 설정한 일정 금액을 충족할 경우 사용할 수 있는 쿠폰이며, 고객이 직접 쿠폰을 내려받아 사용할 수 있다.

다운로드 쿠폰이 붙은 상품은 검색결과 페이지에서 '쿠폰할인'이 표시되며 상품 상세페이지에서는 쿠폰할인 상품을 모은 페이지로 이동하는 배너가 생성된다.

1. WING → **프로모션** → **할인쿠폰 관리** 메뉴에서 **할인쿠폰 만들기** 버튼을 클릭한다.

2. 팝업창의 'STEP 1. 쿠폰 정보 입력'에서 '다운로드쿠폰'을 선택하고 각 항목의 정보를 입력한다.

① **쿠폰명**: 상품 상세페이지에서 쿠폰명이 노출된다. 혜택을 정확히 알 수 있는 이름으로 설정한다.

② **쿠폰 유효기간**: 고객이 쿠폰을 사용할 수 있는 기간

③ **할인방식**: 정률 혹은 정액할인 중 원하는 할인방식을 선택

　• 정률: 설정한 금액 이상 구매 시 총 구매 금액에 설정한 할인율을 적용하는 방식

　• 정액: 설정한 금액 이상 구매 시 총 구매 금액에서 설정한 할인 금액을 차감하는 방식

④ **+ 추가**: 클릭하여 할인 구간을 최대 3개까지 등록할 수 있다.

　(예: 10,000원 구매 시 1천 원 할인, 20,000원 구매 시 3천 원 할인, 30,000원 구매 시 5천 원 할인 등)

⑤ **최대 발급 개수**: 고객 한 명이 하루 동안 발급받을 수 있는 쿠폰의 수를 설정한다.

3. 'STEP 2. 쿠폰 적용 상품 추가'에서 옵션 ID를 직접 입력하거나 상품 리스트를 엑셀 파일로 업로드하여 쿠폰을 적용할 상품을 설정해준다. 설정 완료 후 **할인쿠폰적용** 버튼을 눌러준다.

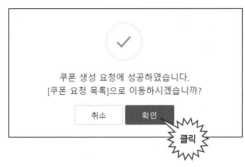

4. '요청 목록' 탭에서 쿠폰 생성 결과(총 건수, 성공건수, 실패건수)를 확인한다. 쿠폰적용에 실패한 상품이 있는 경우 실패 사유를 해결한 후 다시 쿠폰을 생성한다.

쿠폰ID		쿠폰명	요청일시	요청사항	요청상태	요청결과
50738617	다운로드	시즌 오프 쿠폰 할인	2022-01-27 17:08	쿠폰적용(상품추가)	완료	총 2건 : 성공 2건
50733412	즉시할인	발열조끼 2월 할인쿠폰	2022-01-27 14:58	쿠폰적용(상품추가)	완료	총 2건 : 성공 2건

할인쿠폰 목록(전체) / 요청 목록

ⓘ 지난 14일간 요청한 쿠폰에 대한 요청 사항 및 결과가 노출됩니다.

5. '할인쿠폰 목록(전체)' 탭에서 생성된 할인쿠폰을 확인할 수 있다. 요청 완료 후 약 1시간 정도 후에 '쿠폰상태'가 '사용전'에서 '사용중'으로 바뀌고, 상품 상세페이지에도 '쿠폰할인'이 표기되고 다운로드 쿠폰이 적용된 것을 확인할 수 있다.

	쿠폰ID	쿠폰명/적용상품			상품(옵션)수	쿠폰상태	쿠폰사용기간	사용액	할인방식	요청일시
☐	50738617 ↻	다운로드 시즌 오프 쿠폰 할인	쿠폰상세	상품조회	2	사용중	2022-01-27 17:58 ~ 2022-02-26 23:59	0원	정액 (최대발급개수 : 1개)	2022-01-27
☐	50733412	즉시할인 발열조끼 2월 할인쿠폰	쿠폰상세	상품수정	2	사용중	2022-01-27 15:53 ~ 2022-02-26 23:59	0원	10 % (정률) 최대 10,000원까지	2022-01-27

▶ 다운로드 쿠폰이 붙은 상품은 쿠폰할인 상품 전용 배너가 생성된다.

클릭하면 판매자의 쿠폰할인 상품을 모아놓은 페이지로 이동한다. 고객은 이 페이지에서 할인기준 금액을 충족하기 위한 더 많은 상품을 장바구니에 담을 수 있고, 쿠폰을 다운로드할 수 있다.

6. [쿠폰 수정하기] '쿠폰명/적용상품' 항목에 있는 **상품조회** 버튼을 클릭하여 쿠폰이 적용되고 있는 상품을 확인할 수 있다. 다운로드 쿠폰은 최초 생성 시 설정한 쿠폰 적용 상품을 추후 바꿀 수 없다. '쿠폰 기본 정보 / 이력' 탭에서는 할인쿠폰의 정보 및 이력을 확인할 수 있다.

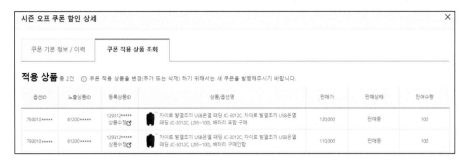

▶ 다운로드 쿠폰은 전체 상품의 쿠폰 사용 중지만 할 수 있고, 일부 상품을 추가, 삭제할 수 없다. 쿠폰 적용 상품을 추가, 삭제하고자 한다면 기존 발행 쿠폰을 중지하고 새로운 쿠폰을 생성해야 한다.

▶ 즉시할인 쿠폰과 다운로드 쿠폰은 중복 적용이 가능하다. 1개의 상품(옵션 단위)에 최대 3개의 쿠폰 중복 적용이 가능하다.(즉시할인 쿠폰 1개, 다운로드 쿠폰 정률 1개, 다운로드 쿠폰 정액 1개)

▶ 상품 1개의 가격이 다운로드 쿠폰 최소 주문 조건을 충족시키는 경우에만 쿠폰할인가가 자동 노출된다.(2만 원 이상 3천 원 할인 다운로드 쿠폰인 경우, 상품가가 2만 원 이상이면 쿠폰할인가가 자동으로 노출된다.)

▶ 다운로드 쿠폰은 생성한 그날부터 활성화할 수 있으며, 활성화까지는 생성 요청한 시점으로부터 최대 30분까지 소요될 수 있다. 쿠폰 유효기간은 쿠폰 생성 후 1시간 후부터 적용된다.

TIP + 다운로드 쿠폰 적용 팁

• 고객이 다운받은 쿠폰은 유효기간(쿠폰을 사용할 수 있는 기간) 이후 자동 소멸된다. 단, 쿠폰 유효기간 만료일(쿠폰 종료일) 이전에 판매자가 쿠폰을 수동으로 중지한 경우, 판매자가 쿠폰을 중지하기 전에 이미 다운로드한 쿠폰은 계속 유효하므로 고객이 사용할 수 있다.

• 할인은 상품 판매가에 적용되며 배송비가 있는 상품의 경우, 배송비를 제외한 상품 판매가에 할인이 적용된다.

• 쿠폰 할인이 여러 상품에 적용된 경우, 부분환불이나 부분취소 시 각 상품 판매가의 비율에 따라 할인이 차등 적용된다.

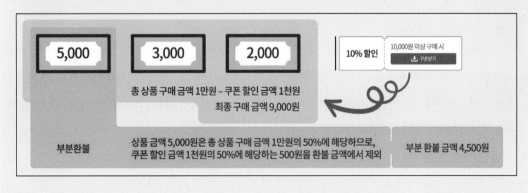

4 쿠폰 중지와 삭제하기

1. 쿠팡 WING → **프로모션** → **할인쿠폰 관리**를 클릭한다. 쿠폰을 검색한 후 검색결과 목록에서 중지하고자 하는 쿠폰의 체크박스를 체크한 후 **사용중지** 버튼을 클릭한다.

▶ 삭제를 하고자할 때는 **삭제** 버튼을 클릭한다. 삭제는 쿠폰상태가 '사용종료'일 때만 가능하다.

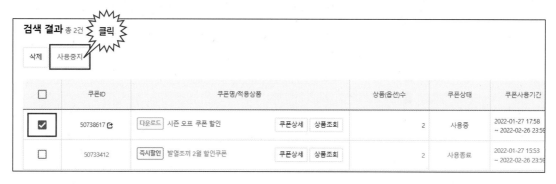

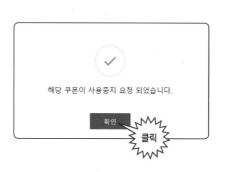

2. '쿠폰상태'가 '사용종료'로 바뀌었다.

▶ 사용중지 즉시 상품에 적용된 모든 쿠폰을 사용할 수 없게 된다. 만약 고객이 다운로드 쿠폰을 다운로드받았더라도 더 이상 사용할 수 없다(단, 쿠폰 생성 시 입력한 종료일자 이전에 쿠폰을 판매중지하는 경우, 이미 다운받은 쿠폰은 고객이 적용할 수 있다).

▶ '사용중지'한 쿠폰은 다시 복구할 수 없다.

▶ 상품 추가 또는 해지 요청 시 쿠팡 판매페이지에 반영되는 데 최대 30분까지 소요될 수 있다.

5 쿠폰 정산 확인하기

1. 쿠팡 WING → **정산** → **정산 현황** 메뉴에서 확인하고자 하는 정산일의 **상세열기**를 클릭한다.

2. 매출 상세내역에서 '공제금액(F)'에서 '판매자할인쿠폰(h)'에 해당하는 '즉시할인쿠폰'과 '다운로드쿠폰' 상세 정산 내역에서 확인할 수 있다. 엑셀 다운로드 파일에도 각 항목을 확인할 수 있다.

▶ 쿠팡은 할인이 적용된 최종 금액에 수수료를 부과한다.

▶ 취소/반품 시 할인되었던 금액만큼 '당월 사용액'에 반영된다.
예산보다 취소된 할인금액이 더 많을 경우 '당월 사용액'은 마이너스가 될 수 있으며, 이에 따라 할인쿠폰 월별 예산 금액이 늘어날 수 있고 할인쿠폰을 사용한 주문 건이 익월에 취소될 경우 익월 사용액에 반영된다.

대상액 (A-B=C)		1,701,268
지급액 (D)	정산대상액의 70%	1,190,888
보류액 (E)		0
공제금액 (F)	전담택배비(a)	0
	판매자서비스이용료(b)	0
	패널티(c)	0
	정산차감(d)	0
	전주채권(e)	0
	쿠런티이용료(f)	0
	ㄴ기본이용료(5%)	0
	ㄴ프로모션 기간 할인(4%)	0
	쿠런티보상금(g)	0
	판매자할인쿠폰(h)	35,000
	ㄴ 즉시할인쿠폰	35,000
	ㄴ 다운로드쿠폰	0
	우대수수료 환급액(i)	0
	마이샵수수료할인(j) ⓘ	0
소계(a+b+c+d+e+f+g+h+i+j)		35,000

03 마이샵 운영과 기획전

쿠팡 마켓플레이스에 판매자로 가입하고 상품등록을 하면 나만의 마이샵이 생긴다. 마이샵은 쿠팡 내에 존재하는 나의 개인 쇼핑몰 개념이다. 고객들은 상품페이지에서 판매자명을 클릭하면 판매자의 마이샵으로 이동할 수 있다.

판매자는 마이샵 내에 판매 상품의 기획전을 구성하여 상품 홍보와 판매를 촉진할 수 있다.

기획전은 마이샵 최상단에 신규상품, 추천상품, 시즌상품, 인기상품, 특가상품 등 그때그때 전략적으로 미는 상품을 20개까지 노출시킬 수 있다.

마이샵 기획전은 말 그대로 쿠팡에서 나만의 제품을 모아놓은 공간에서 진행하는 기획전이다. 그래서 소비자들로 하여금 마이샵 기획전을 확인하게 하려면 보유한 고객들에게 마케팅 메시지를 보내거나 제품 상세페이지에 안내 문구를 넣어서 마이샵에 방문하도록 해야 한다는 한계점이 있다.

> **TIP** **마이샵과 기획전**
> 마이샵은 한 명의 판매자당 한 개의 마이샵을 가질 수 있으며, 마이샵당 노출 가능한 기획전은 1개이며 여러 기획전을 동시에 노출할 수 없다.

1 마이샵 설정하기

1. 쿠팡 WING에서 **마이샵→마이샵 관리**를 클릭한다.

2. '마이샵 관리'에서 마이샵 이름, 마이샵 소개, 마이샵 상단 이미지, 마이샵 URL을 설정할 수 있다.

① 마이샵 소개는 내 마이샵을 잘 알릴 수 있는 소개 글을 입력한다.

② 상단 이미지는 980×650px 이상, 3:2비율, 3MB 이하의 jpg, jpeg 파일을 업로드할 수 있다.

③ 마이샵 URL은 최초 1회만 변경할 수 있다. 기본으로 제공되는 URL은 너무 길고 내 스토어와 연관성도 없어 보인다. 내 스토어의 이름을 넣어 URL을 만들면 고객들이 기억하기 쉬울 것이다.

3. 설정을 완료했으면 **승인요청**을 클릭한다. 그러면 담당부서의 검수가 완료되면 변경된다. 영업일 기준 1~2일이 소요된다.

2 마이샵 활용하기

쿠팡 마이샵은 메리트가 없다고 느낄 수 있으나 가장 큰 장점 한 가지가 있다. 바로 마이샵 다이렉트 링크를 통해 유입된 고객이 24시간 내에 상품을 구매하면 매출에 대한 수수료가 3.5%(부가세 별도)로 비교적 낮다는 것이다.(이 정책은 쿠팡 사정에 따라 언제든지 변경 및 중지될 수 있다.)

또한, 쿠팡을 이용하는 소비자들로 하여금 자사의 브랜드를 알리고 다음에도 자사의 다른 상품을 구매할 수 있게 유도할 수 있다.

다음과 같은 방법으로 마이샵을 활용할 수 있다.

① 외부 채널을 통해 내 마이샵 링크를 홍보한다.

페이스북이나 인스타그램, 카페, 블로그 등의 게시물에 내 마이샵 링크를 삽입하여 고객의 유입을 유도할 수 있다.

② 고객 주문 상품에 내 마이샵 주소를 넣어 홍보한다.

내 마이샵 주소가 적힌 전단지를 고객 주문 상품에 동봉하여 내 마이샵으로 고객의 유입을 유도하고 내 상품을 홍보할 수 있다.

③ 광고 진행 시 마이샵 링크를 걸어 홍보한다.

쿠팡 광고가 아닌, 페이스북이나 네이버 등에서 상품 광고를 할 때 내 마이샵 링크를 걸어 홍보할 수 있다.

이렇게 마이샵 다이렉트 링크를 통해 유입된 고객이 24시간 내에 내 상품을 구매하면 카테고리에 상관없이 판매금액의 3.5%만 운용료로 지불하면 된다. 쿠팡의 카테고리 판매수수료가 평균 10% 정도인 걸 감안하면 판매수수료에 있어서 많은 절감 효과가 있다.

> **TIP** + **마이샵의 장점**
> - 마이샵은 쿠팡 입점과 동시에 자동으로 개설된다.
> - 쿠팡에 상품등록을 하면 마이샵에 전시되고, 쿠팡 고객에게도 노출된다.
> - 판매 상품에 맞게 상품을 진열하면서 기획전을 할 수 있다.
> - 카테고리 판매수수료 절감 효과: 현재 SNS나 블로그 등 외부 채널에서 내 마이샵 링크를 통해 고객이 유입되어 24시간 이내에 상품을 구매하면 카테고리 판매수수료가 없다. 이때는 운용료 3.5%만 부과된다.

3 기획전 만들기

1. 쿠팡 WING에서 **마이샵 → 마이샵 기획전 관리**를 클릭한다. 그리고 **신규기획전 생성하기**를 클릭한다.

2. '기획전 타입'의 콤보박스를 클릭하여 기획전을 선택하고, 기간을 설정한다. 기간은 최대 30일까지 가능하며, 운영기간 중 연장할 수 있다. **상품추가**를 클릭한다.

3. '상품명'에 기획전에 전시할 상품명을 입력하고 **검색**을 클릭하면 검색결과에 마이샵에 있는 상품이 나타난다. 전시할 상품을 선택하고 **상품추가** 버튼을 클릭한다. 상품을 최소 5개 이상 추가해야 한다. 만일 내 상품이 아이템위너가 아닌 상품을 추가하면 다른 판매자의 위너아이템이 기획전에 노출된다.(마이샵에는 아이템위너의 상품만 보여진다.)

4. 전시할 상품을 다 선택했으면 **운영하기** 버튼을 클릭한다. **확인**을 클릭하면 기획전이 시작된다. 마이샵에서 기획전이 적용되고 있는 것을 확인할 수 있다.

쿠팡 상위유지를 위한
착륙 로직 - 신뢰도

11장

상품등록 후
해야 할 일

01 주문확인과 배송처리 하기

1 주문확인과 배송처리

1) 단일 상품 배송처리

1. 쿠팡 WING에서 **주문/배송 → 배송 관리**를 클릭한 후 **결제완료**의 건수를 클릭한다.

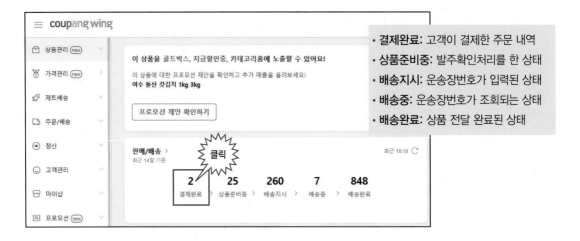

- **결제완료:** 고객이 결제한 주문 내역
- **상품준비중:** 발주확인처리를 한 상태
- **배송지시:** 운송장번호가 입력된 상태
- **배송중:** 운송장번호가 조회되는 상태
- **배송완료:** 상품 전달 완료된 상태

2. 상품을 선택하고 **발주확인 처리**를 클릭한다.

3. 그러면 '상품준비중' 단계로 넘어간다. '택배사 선택'을 하고 '운송장번호'를 입력한 후 **선택물품 배송**을 클릭한다.

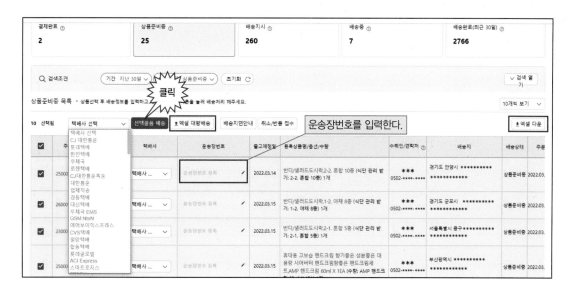

송장 입력이 안 될 시 확인해볼 사항

① 중복된 송장이 아닌지 확인한다. 1개의 주문번호에 1개의 송장번호만 입력할 수 있다.

② 택배사 선택과 송장번호가 맞게 입력되었는지 확인한다.

[대량건 송장 입력]

위 화면에서 ① **엑셀 다운** 버튼을 클릭하여 다운받은 엑셀 파일에 운송장번호를 입력하고 저장한다.

→ ② **엑셀 대량배송** 버튼을 클릭하여 파일을 업로드하면 된다.

4. 그러면 상품은 '배송지시' 상태로 넘어가서 발송 대기 중 상태가 된다.

5. 배송이 시작되면 '배송중' 상태로 넘어간다. 이때부터는 **배송조회** 버튼을 클릭하여 운송장번호로 배송추적을 할 수 있다.

6. 고객에게 배송이 완료되면 '배송완료' 단계로 넘어간다.

TIP⁺ 출고 상품 확인하기

상품준비중/배송지시/배송중으로 되어 있는 상품은 최대한 빠르게 고객에게 전달될 수 있게 한다. 상품등록 시 입력한 배송일수 초과 시 지속적으로 판매자점수가 차감될 수 있으므로 상시 체크한다.

2) 분리배송 처리하기

분리배송은 고객이 여러 옵션을 한 번에 주문했으나 판매자의 사유로 인해 옵션별로 나누어 배송하는 것을 말한다.

하나의 주문건에 대해 각각의 옵션 단위로만 분리할 수 있으며, 같은 옵션을 여러 개 주문했을 때 수량을 나누어 발송하는 것은 불가능하다.

분리배송되는 상품은 분리 단위에 따라 개별 운송장이 필요하며, 각 옵션의 출고일을 WING에 등록해야 한다.

TIP **+** 상품등록 시 설정한 배송방법으로 배송하자

상품등록 시 설정한 배송방법과 다른 방법으로 배송하여 송장 흐름이 확인되지 않거나 고객이 배송 진행상황을 확인하지 못하도록 하는 경우는 쿠팡 이용정책 위반이다.(단, 고객의 배송방법 변경 요청, 쿠팡 시스템 오류, 송장 입력이 불가한 경우 등 판매자 귀책이 아닌 경우는 제외됨.)

분리배송 시 유의사항
① 분리배송한 모든 상품의 배송비와 반품배송비는 판매자가 부담한다.
② 분리배송으로 처리한 주문은 다시 묶음배송으로 바꿀 수 없다.
③ 출고예정일이 늦춰져 배송이 지연되면 판매자점수에 영향을 준다.

---

1. 쿠팡 WING → **주문/배송 관리** → **배송 관리**의 '상품준비중' 상태에서 발송해야 할 상품을 확인할 수 있는데, 주문번호 한 개에 옵션이 여러 개 있을 경우 '분리배송' 버튼이 생성된다. 분리배송을 하고자 한다면 **분리배송** 버튼을 클릭한다.

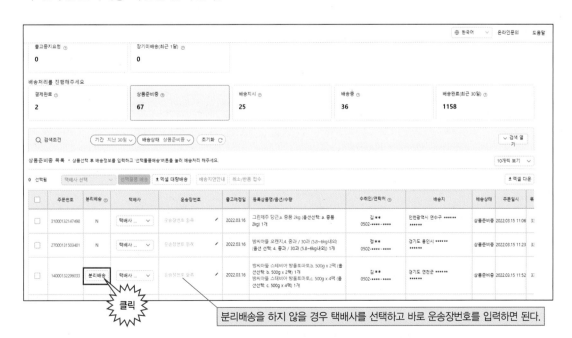

2. 팝업창에서 분리배송할 상품을 선택하고 **완료** 버튼을 클릭한다.

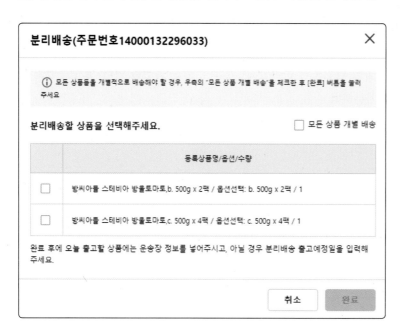

3. 분리배송에 따른 옵션별 '택배사'를 선택하고 '운송장번호'를 등록한 후 **선택물품 배송**을 클릭하면 운송장 등록이 완료된다.

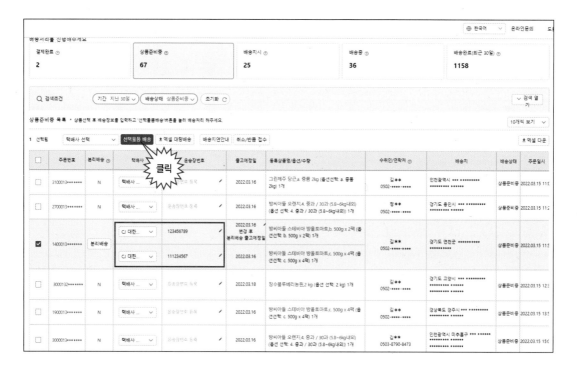

3) 묶음배송 처리하기

'묶음배송'은 구매자가 판매자의 각기 다른 상품을 주문하였을 때 한꺼번에 포장하여 '합포장', '합배송'하는 것을 말한다.

고객이 판매자의 상품 A, B, C를 구매하였는데, 세 가지 상품 모두 출고지가 같아서 합배송이 가능한 상품이라면, 묶음배송이 가능하도록 설정해주어야 한다. 왜냐하면 그렇게 해야 소비자는 배송비를 한 번만 부담하면서 여러 가지 상품을 구매할 수 있고, 판매자도 한 번에 여러 가지 물건을 판매할 수 있기 때문이다.

이러한 묶음배송을 하기 위해서는 묶음배송이 가능하도록 상품이 등록되어 있어야 한다.

1. **상품등록** 시 또는 **상품 조회/수정**에서 '**배송**' 항목에서 **판매자 주소록**을 클릭하여 출고지를 선택한다. 그리고 '묶음배송'을 '**가능**'을 선택한다.

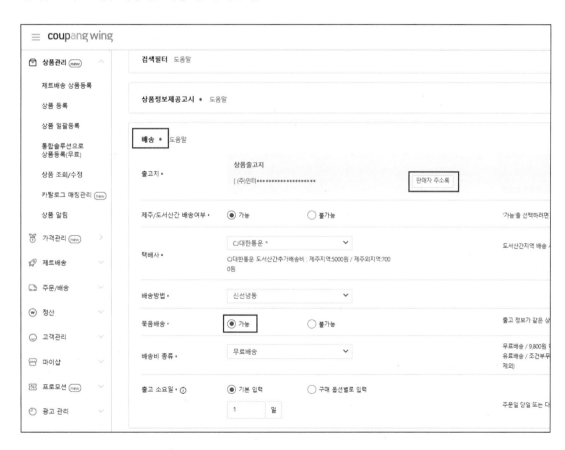

▶ 묶음배송이 가능하기 위해서는 A, B, C 각각의 상품의 출고지를 동일하게 설정해야 한다.

▶ '묶음배송'이 '가능'으로 등록되어 있어야 한다.

▶ A, B, C 상품의 반품지 주소가 다르더라도 묶음배송은 가능하다.

이렇게 설정해 놓은 A, B, C 상품이 고객에게 판매가 되었다면, 묶음배송 처리가 가능하다. 묶음배송 처리하는 과정은 다음과 같다.

2. 쿠팡 WING → **주문/배송 관리** → **배송 관리**의 '상품준비중' 상태에서 발송해야 할 상품을 확인할 수 있다. 이 중에서 합포장이 가능하도록 설정해둔 상품은 소비자가 주문한 2개의 상품이 같은 탭안에 묶여 있고 분리배송이 가능하다고 나온다. '주문번호'를 클릭한다.

3. '주문상세조회' 팝업창에서 동일한 주문번호에 복수의 주문상품이 있는 것을 확인할 수 있다.

4. 해당 주문건을 선택해서 '택배사'를 선택하고 하나의 '운송장번호'를 입력한 뒤 **선택물품 배송**을 클릭하여 발송처리를 하면 된다.

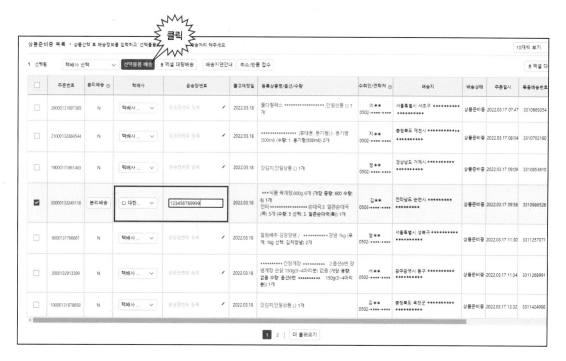

02 주문취소와 반품처리 하기

'반품/취소'란 상품이 판매되고 난 후 고객 변심 또는 상품 불량, 오배송 등의 사유로 고객이 주문을 취소하고 판매자에게 돌려보내는 것을 말한다.

반품 및 취소는 고객이 접수하는 시점의 배송현황 상태에 따라 '주문취소' 또는 '반품'으로 처리된다.

▶ **주문취소:** 판매자가 주문 내역을 확인하지 않아 배송현황이 '결제완료'일 때 주문취소로 처리한다. 고객이 취소를 접수하는 즉시 비용이 발생하지 않고 바로 주문이 취소된다.

▶ **반품:** 판매자가 발주서를 내려받아 배송현황이 '상품준비중'으로 바뀐 후부터 반품으로 처리한다. 반품 사유에 따라 고객 또는 판매자가 반품배송비를 부담한다.

상품 출고 전일 때는 '주문/배송→출고중지요청'에서 확인할 수 있고, 출고 후에는 '주문/배송→반품 관리'에서 확인할 수 있다.

분류	배송현황 상태	판매자 확인 필요 사항
주문취소	결제완료	고객 주문 취소 시, 즉시 취소 및 환불완료 판매자 확인 필요 사항 없음
반품	상품준비중 이후 ～	다음 절차에 따라 진행한다. 1. 출고중지요청 주문 확인 – 출고 전: [출고중지완료] 버튼 클릭 → 종료 – 출고 후: [이미 출고] 버튼 클릭 2. 회수 확인 – [입고 완료] 버튼 클릭 3. 회수 상품 확인 – 상품에 문제 없음: [반품완료] 버튼 클릭 → 환불 완료 → 종료 – 상품에 문제 있음: [쿠팡확인요청] 버튼 클릭

출고중지요청에도 불구하고 상품을 출고하거나, 출고 후 운송장이 업로드되지 않았다면 왕복배송비는 판매자가 부담한다.

1 단계별 취소/반품 방법 요약정리

단계	취소/반품접수 방법
결제완료 단계	※ 접수: 판매관리시스템(WING) → 주문/배송 → 배송 관리 or 판매관리시스템(WING) 홈 → 판매/배송 → 주문 건 체크 → [취소접수] 클릭 → '취소접수수량' 입력 → '취소사유' 선택(빈칸 없이 작성) → [접수] 버튼을 클릭한다. ※ 환불: 취소접수 후 시스템상에서 자동으로 환불된다. * 참고: 취소접수 후 환불이 진행되면 입력한 취소사유로 고객에게 취소 SMS가 자동 발송된다.
상품준비중 단계	※ 접수: 판매관리시스템(WING) → 주문/배송 → 배송 관리 or 판매관리시스템(WING) 홈 → 판매/배송 → 주문 건 체크 → [반품접수] 클릭 → '반품접수수량' 입력 → '반품사유' 선택(빈칸 없이 작성) → '반품상품 회수여부' 선택 → '상품 회수지 정보' 선택 → [환불예정금액 조회] 클릭 → [접수] 버튼을 클릭한다. ※ 환불: 판매관리시스템(WING) → 주문/배송 → 출고중지 요청 or 반품 관리 → [출고중지완료] or [이미출고] 버튼을 클릭한다. 1. 출고중지완료: 취소접수 후 시스템상에서 자동으로 환불된다. 2. 이미출고: 출고송장 입력(추후 수정 불가) → 상품회수 진행(원송장이 배송완료가 되면 자동으로 회수접수 진행/수동회수일 경우 직접 택배사로 회수 요청) → [입고완료] 버튼 클릭 → [반품완료] 버튼 클릭 → 시스템상에서 자동으로 환불된다. ※ 상품준비중 단계에서 반품이 접수되었다면. 고객은 배송비 차감없이 환불된다.
배송지시~배송완료 단계	※ 접수: 판매관리시스템(WING) → 주문/배송 → 배송 관리 or 판매관리시스템(WING) 홈 → 판매/배송 → 주문 건 체크 → [반품접수] 클릭 → '반품접수수량' 입력 → '반품사유' 선택(빈칸 없이 작성) → '반품상품 회수여부' 선택 → '상품 회수지 정보' 선택 → [환불예정금액 조회] 클릭 → [접수] 버튼을 클릭한다. ※ 환불: 판매관리시스템(WING) → 주문/배송 → 반품 관리 → [입고완료] 버튼 클릭 → [반품완료] 버튼 클릭 → 시스템상에서 자동으로 환불된다.
배송완료 이후, 구매확정 이후 단계	※ 접수: 판매관리시스템(WING) → 주문/배송 → 주문조회 → 주문번호 or 고객정보로 조회 → 주문번호 클릭 → [반품 접수] 클릭 → '반품접수수량' 입력 → '반품사유' 선택(빈칸 없이 작성) → '반품상품 회수여부' 선택 → '상품 회수지 정보' 선택 → [환불예정금액 조회] 클릭 → [접수] 버튼을 클릭한다. ※ 환불: 판매관리시스템(WING) → 주문/배송 → 반품 관리 → [입고완료] 버튼 클릭 → [반품완료] 버튼 클릭 → 시스템상에서 자동으로 환불된다. 만약 배송완료 후 7일이 경과하여 고객이 직접 반품접수를 할 수 없는 경우, 판매자와 고객 간 협의가 완료된 부분이라면, 직접 판매관리시스템(WING)에서 반품접수를 진행해주면 된다.

주문취소 – '결제완료' 단계에서 진행

1) 판매자가 주문 취소하기

'결제완료' 상태일 때 판매자가 주문을 취소해야 할 때가 있다. 재고가 부족하거나 위탁 판매자의 경우 도매사이트의 제품이 품절 또는 판매 종료인 경우 부득이하게 판매자가 주문 취소를 해야 한다.

1. 쿠팡 WING에서 **주문/배송→배송 관리 →결제완료**를 클릭하여 상품을 확인한다.

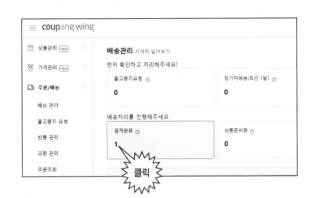

2. 해당 상품의 '접수' 항목에서 **취소접수** 버튼을 클릭한다.

3. 팝업창에서 '취소사유'를 선택하고 **접수** 버튼을 클릭한다. 그러면 고객에게 자동으로 취소 문자가 발송되고, 결제금액이 고객에게 환불된다.

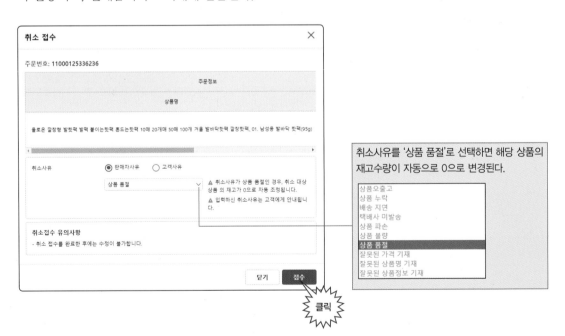

취소사유를 '상품 품절'로 선택하면 해당 상품의 재고수량이 자동으로 0으로 변경된다.

2) 고객이 주문 취소를 요청할 때

고객이 결제완료 후 단순변심으로 주문 취소를 요청한 경우, 취소사유가 고객 귀책이라면, 고객이 직접 '마이쿠팡' 또는 고객센터를 통해 고객 귀책 사유로 주문취소 접수를 하도록 안내한다. 고객 접수건의 고객 귀책 취소사유는 판매자점수에 반영되지 않는다.

[고객의 주문 취소]

1. 쿠팡에서 **마이쿠팡**→**주문취소**를 클릭한다.

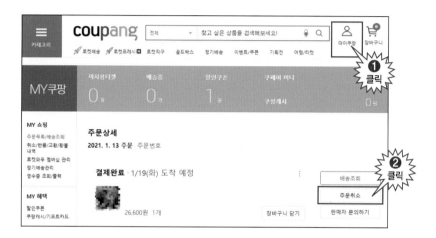

2. '취소사유'를 선택 및 입력하고 **신청**을 클릭한다. '결제완료' 상태일 때 고객이 이렇게 취소를 신청하면 자동 환불처리된다.

3 반품 – '상품준비중' 이후 단계에서 진행

1) 판매자가 반품 접수하기

1. 쿠팡 WING에서 **주문/배송 → 배송 관리**에서 '상품준비중' 상품의 **반품접수** 버튼을 클릭한다.

2. '반품접수수량', '반품사유', '배송비 부담 주체', '반품상품 회수여부', '상품 회수지 정보'를 선택하고 **환불예정금액 조회**를 클릭한다.

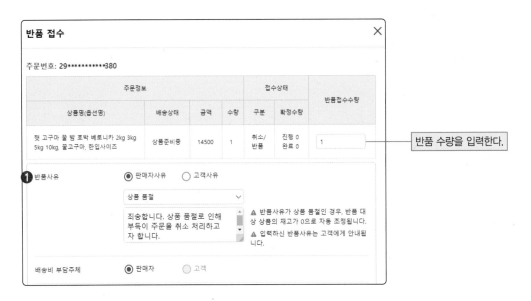

반품 수량을 입력한다.

① **반품사유:** 반품 사유가 판매자에게 있는지 고객에게 있는지를 선택하고 반품사유를 입력한다. 입력한 반품사유는 고객에게 안내된다.

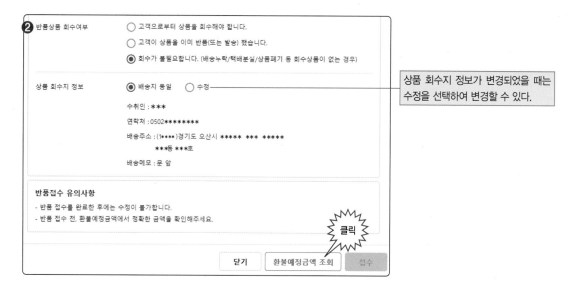

상품 회수지 정보가 변경되었을 때는 수정을 선택하여 변경할 수 있다.

② 반품상품 회수여부

- **고객으로부터 상품을 회수해야 합니다.**: 이미 출고한 경우 선택한다. 자동회수가 연동되었다면 '회수 자동 연동' 대상으로 표시되고, 택배사에 따로 반품회수를 요청할 필요가 없다.

- **고객이 상품을 이미 반품(또는 발송) 했습니다.**: 고객이 직접 회수를 진행했거나, 택배사에서 임의반송 한 경우 선택한다. 정산 시 초도배송비만 차감된다. 회수 송장번호를 안다면 입력하여 회수 현황을 확인할 수 있다.

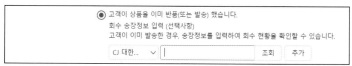

3. '환불정보'를 확인하고 **접수**를 클릭한다. 판매자 사유의 반품처리 시 차감금액 없이 전액 환불된다.

4. 접수 완료 팝업창이 뜬다. **출고중지 요청으로 이동** 버튼을 클릭한다.

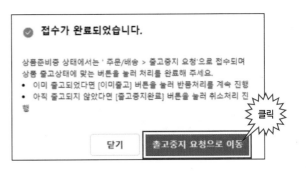

5. '출고중지관리' 페이지로 넘어간다. '출고중지 처리' 항목에 있는 '출고중지완료'와 '이미출고' 버튼이 있다. 출고를 하지 않았다면 **출고중지완료** 버튼을 클릭한다.

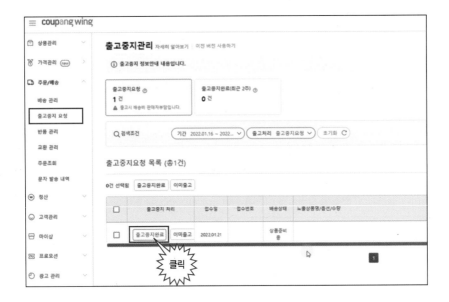

6. 완료 버튼을 클릭한다.

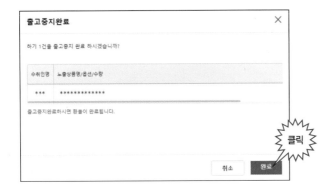

7. 그러면 '출고중지완료(최근 2주)'로 넘어가고, '출고중지 처리' 상태에 '출고중지 완료'로 표시된다. 주문건 취소가 완료되었다.

8. 접수번호를 클릭하여 주문상세조회를 해보면 배송상태를 '(반품)환불처리 대기'를 확인할 수 있다.

그러면 고객에게 자동 환불처리된다. '상품준비중' 단계에서 반품이 접수되면 고객은 배송비 차감 없이 환불받게 된다.

2) 고객이 반품을 요청한 경우

　'상품준비중' 이후 단계에서 고객의 단순변심이나 상품 파손, 오배송 등으로 고객이 반품을 요청하는 경우가 있다. 판매자는 취소 접수된 상품이 출고되지 않도록 송장번호 입력 전 출고중지 요청이 있는지 확인한 후 처리한다. 출고중지요청 건으로 발생한 왕복 배송비는 판매자 귀책이므로, 반드시 상품 출고 전 출고중지요청 건이 있는지 확인해야 한다.

1. '상품준비중'일 때 고객이 취소요청(반품요청)을 하면 **주문/배송→출고중지 요청**에서 확인할 수 있다.

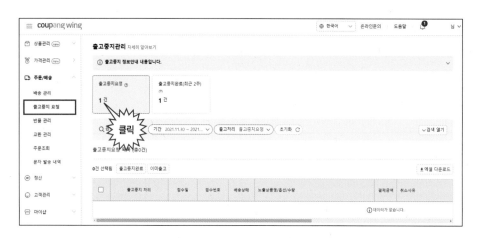

2. 해당 상품의 '반품처리상태'에서 '이미출고'와 '출고중지완료' 버튼을 확인할 수 있다.

| 요청번호
접수일시 | 주문번호 | 반품신청자명
안심번호 ⓘ | 출고중지
요청 ⓘ | 배송비
부담 | 회수 | | | | | 반품처리상태 |
					종류	방법	상태	완료일시	택배사 운송장번호	
	상세보기 ⓒ		미처리	판매자	수기관리	회수필요 (수동회수접수)				미확인 이미출고 출고중지완료
	노출상품명 (옵션명) / 수량 환불사유	필요 없어짐 (단순 변심) > 단순변심								

[상품 출고 전] 상품을 아직 출고하지 않았다면 **출고중지완료** 버튼을 클릭하면 반품 처리가 종료되고 고객에게 자동 환불처리된다.

3. [이미 출고한 경우] 제품을 이미 출고한 경우 **이미출고** 버튼을 클릭한다. **확인**을 클릭한 후 운송장번호를 입력하고 **확인**을 클릭한다. 기재한 운송장이 배송완료 처리가 되면 반품을 위해 회수접수가 자동으로 이루어진다. 등록한 운송장번호 변경은 불가하므로 정확하게 입력해야 한다.

| 요청번호 접수일시 | 주문번호 | 반품신청자명 안심번호 ⓘ | 출고중지 요청 ⓘ | 배송비 부담 | 회수 | | | | 택배사 운송장번호 | 반품처리상태 |
					종류	방법	상태	완료일시		
상세보기 ⟳			미처리	판매자	수기관리	회수필요 (수동회수접수)				미확인 이미출고 출고중지완료
노출상품명 (옵션명) / 수량										
환불사유	필요 없어짐 (단순 변심) > 단순변심									

이미출고 하셨습니까?

취소   확인

운송장 번호 등록

운송장 번호 등록
* 운송장 번호를 입력하셔야 이미 출고 처리가 가능합니다.

우체국 ▼   12*******

확인   ✖ 취소/닫기

4. 그러면 반품 관리 페이지로 넘어가며, 이때는 고객에게 이미 출고되었음을 알리고 반품으로 진행한다.(출고중지 요청건 중에서 송장번호를 입력하지 않은 것은 판매자의 귀책 사유로 보고 왕복 배송비를 판매자가 부담한다.) ※ 위탁판매자의 경우 도매업체에 반품을 접수한 후 반품 입고 여부를 체크한다.

5. 반품 수거가 완료되면 **주문/배송→반품 관리**에서 **입고(회수)완료** 버튼 클릭→**확인**을 클릭한다.

반품관리 도움말보기

ⓘ
- [취소승인] 고객이 요청한 반품건에 대한 승인을 진행하는 기능입니다. 취소승인 시 고객에게 금액이 환불됩니다.
- [입고(회수)완료] 회수 완료 이전에 반품을 승인해야 하거나, 판매자에게 직접 반송되어 입고(회수)해야 하는 경우 사용하는 기능입니다.
- [쿠팡확인요청] 반품 회수한 상품에 문제가 있을 경우 판매자가 받은 날짜 기준 72시간(영업일 기준) 안에만 접수할 수 있습니다.
- 승인 완료된 쿠팡확인요청 보상금액은 매월 말일 또는 익월 15일에 WING > 정산관리 > 추가지급 메뉴에서 확인할 수 있습니다.
- 반품이 접수되면 회수 지연에 따른 고객 불편이 발생하지 않도록 택배사 현황와 고객 회수 여부를 확인해주세요.

| 요청번호 접수일시 | 주문번호 | 반품신청자명 안심번호 ⓘ | 출고중지 요청 ⓘ | 배송비 부담 | 회수 | | | | 택배사 운송장번호 | 쿠팡확인요청 상태 ⓘ | 처리상태 |
					종류	방법	상태	완료일시			
상세보기 ⟳			처리(이미출고)	판매자	수기관리	회수필요 (수동회수접수)					반품접수 입고(회수)완료
노출상품명 (옵션명) / 수량											
환불사유	필요 없어짐 (단순 변심) > 단순변심										

▶ '입고(회수)완료' 버튼은 회수상태가 '회수중'일 때까지만 보인다. 택배사가 정상적으로 상품을 회수해 판매자에게 입고하면 회수상태가 '업체전달완료'로 바뀌고 '입고(회수)완료' 버튼은 자동으로

사라진다. 상품이 입고되었는데도 회수상태가 '업체전달완료'로 바뀌지 않았다면 **입고(회수)완료** 버튼을 직접 클릭한다.

[반품상품 회수하기]

　쿠팡의 반품 회수하기는 반품 진행 과정이 자동연동인지, 수동연동인지에 따라 달라진다.

▶ 자동연동 시스템으로 회수되는 상품은 판매자는 상품 입고 후 반품 처리만 진행하면 된다.

▶ 업체에서 직접 수동으로 회수를 진행하는 상품은 판매자가 반품을 매일 체크하여 계약된 택배사로 회수접수를 진행하여 반품 회수가 원활하게 될 수 있도록 처리해야 한다.

[반품상품 자동회수 서비스 연동]

▶ 'WING → 판매자정보 → 주소록/배송정보 관리'에서 반품지를 추가하고, 상품등록을 할 때 반품지를 선택하면 반품 상품 자동회수 서비스가 연동된다.

▶ 택배사명, 계약코드, 업체코드가 정확하지 않으면 승인되지 않아 자동회수 서비스가 연동되지 않는다.

▶ 신선식품은 자동회수 서비스가 연동되지 않는다.

▶ 자동회수 서비스가 연동된 상품인 경우, 'WING → 판매자정보 → 주소록/배송정보 관리'에서 반품지 주소와 전화번호를 수정하면 해당 반품지 정보가 연동된 모든 상품의 반품지 정보가 일괄 변경된다.

▶ 상품등록 시 반품지를 직접 입력한 경우 자동회수 서비스가 연동되지 않으며, 반품지 주소와 전화번호를 바꾸려면 상품 하나씩 반품지 정보를 수정해야 한다.

▶ 반품지 정보가 부정확하면 상품 회수 및 비용 정산이 지연된다. 반품지 정보가 올바르게 등록돼 있는지 확인하고 잘못됐다면 수정한다.

6. 그러면 '회수 상태'에 '업체전달완료'가 표시되고 '처리상태'에 '취소승인'과 '쿠팡확인요청' 버튼이 생긴다.

요청번호 접수일시	주문번호	반품신청자명 안심번호 ⓘ	출고중지 요청 ⓘ	배송비 부담	회수					쿠팡확인요청 상태 ⓘ	처리상태
					종류	방법	상태	완료일시	택배사 운송장번호		
2021-01-06 15:01:12	상세보기 ↻ 노출상품명 (옵션명) / 수량 환불사유		저리(이미출고)	판매자	수기관리	회수필요 (수동회수접수)	업체전달완료	2021.01.07 18:40:34		쿠팡확인요청 ❷	반품접수 취소승인 ❶
	필요 없어짐 (단순 변심) > 단순변심										

① **취소승인:** 상품 수거 후 문제가 없어 환불해주면 되는 경우 클릭. 고객에게 바로 환불처리된다.

② **쿠팡확인요청:** 반품된 제품이 훼손되는 등 환불에 문제가 있는 경우 고객과 협의가 안 될 시에 클릭.

[쿠팡확인요청]

▶ 반품/교환 시 회수한 상품에 문제가 있거나, 고객에게 추가로 배송비를 받아야 하는 경우, '쿠팡확인요청'을 접수해 쿠팡에 확인을 요청할 수 있다.

▶ 상품이 판매자에게 입고 완료된 시점부터 영업일 기준 168시간 이내에 접수할 수 있다.

▶ **주문/배송 → 반품 관리** 또는 **주문/배송 → 교환 관리** 메뉴에서 쿠팡확인요청을 접수하고, 진행 상태 및 결과를 확인할 수 있다.

▶ 다음의 경우 쿠팡확인요청을 할 수 있다.

- **반품배송비가 부족한 경우**
  - 고객이 판매자 귀책으로 반품/교환을 접수했으나 실제로 고객 귀책인 경우
  - 판매자와 계약한 택배사가 아닌 다른 택배사로 상품을 회수해 추가 비용이 발생한 경우 등
- **회수한 상품 상태가 이상한 경우**
  - 회수한 상품에 구성품이 일부 누락된 경우
  - 회수한 상품이 훼손된 경우
  - 회수한 상품의 수량이 부족한 경우
  - 다른 판매자의 상품을 회수한 경우 등

▶ 쿠팡확인요청 오남용 사례가 3회 이상 발각되는 경우, 쿠팡확인요청 접수가 1개월간 제한된다.

- 같은 고객의 주문 건에 대해 동일 사유로 반복적으로 쿠팡확인요청 하는 경우
- 가품 상품을 판매하여 고객 반품 사유가 가품으로 인한 반품이 다수인 경우
- 판매페이지와 다른 상품을 배송하여 고객 반품 유도 후 쿠팡확인요청으로 인한 배송비를 반복적으로 요청하는 경우
- 질 낮은 상품을 배송하여 고객 반품 유도 후 쿠팡확인요청으로 인한 배송비를 반복적으로 요청하는 경우
- 여러 주문 건에 대해 증빙자료 없이 동일한 멘트로 쿠팡확인요청으로 인한 배송비를 반복적으로 요청하는 경우
- 여러 주문 건에 대해 동일한 증빙자료를 사용하여 쿠팡확인요청 배송비를 반복적으로 요청하는 경우
- 상품페이지에 주문제작이라는 안내가 없으나 주문제작 상품이라 반품이 불가하다며 쿠팡확인요청을 접수하는 경우
- 상품페이지에 해외배송이라는 안내가 없으나 해외배송 상품이라 반품이 불가하다며 쿠팡확인요청을 접수하는 경우
- 기타 합리적인 근거에 의해 쿠팡확인요청 오남용 사례로 판단되는 경우

7. [쿠팡확인요청] 회수한 상품에 문제가 있거나 고객에게 추가로 배송비를 받아야 하는 경우 **쿠팡 확인요청** 버튼을 클릭한다. '쿠팡확인요청' 팝업창에서 '사유'를 선택한다.

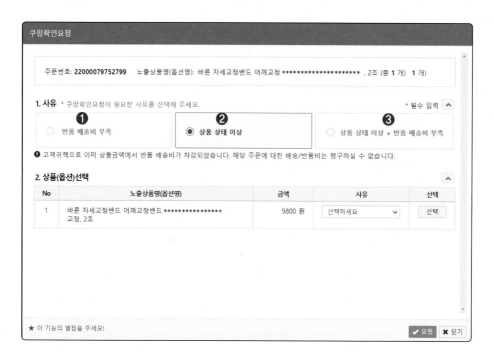

① 반품 배송비 부족: 고객에게 추가로 받을 배송비가 있을 때 선택한다.

- 고객이 반품 사유 제공 시
  - 회수가 필요한 경우: 고객에게 반품 배송비를 차감하고 환불한다. 따라서 판매자가 추가로 반품 배송비 부족으로 쿠팡확인요청을 접수할 수 없으므로 '반품 배송비 부족'과 '상품 상태 이상 + 반품 배송비 부족' 선택 칸이 비활성화되어 있다.
  - 고객이 직접 반품한 경우: 고객에게 편도 배송비를 차감하고 환불한다. 만약 고객이 착불로 반품한 경우, 판매자는 남은 편도 배송비에 한해 쿠팡확인요청을 청구할 수 있다.
- 판매자가 반품 사유 제공 시: 반품 사유를 판매자가 제공한 경우 반품 배송비는 판매자가 부담한다.

② 상품 상태 이상: 고객으로부터 회수한 상품에 이상이 있을 때 선택한다. 같은 주문 아래 상품이 여럿일 경우, 상품별로 각기 접수할 수 있다.

- 구성품 누락: 구성품이 누락된 채 회수되었다.
- 상품 훼손: 상품이 훼손돼 회수되었다.
- 수량 부족: 회수된 상품의 수량이 부족하다.
- 타 판매자 상품: 다른 판매자 상품이 회수되었다. 이때는 온라인문의를 접수한다.
  ※ 온라인문의 접수 경로: 온라인문의→반품/취소/교환→'다른 판매자의 상품이 잘못 입고되었을 (반품 오입고) 경우 어떻게 처리해야 하나요?' 또는 '다른 판매자의 상품이 잘못 입고되었을 (교환 오입고) 경우 어떻게 처리해야 하나요?'

③ '반품 배송비 부족'과 '상품 상태 이상' 2가지 사유를 동시에 접수할 때 선택한다.

8. '상품(옵션)선택'에서 '사유'를 선택하고 **선택** 버튼을 클릭하면 '상세 사유' 입력 칸이 나타난다. 상세 사유 내용을 입력하고 파일을 첨부한 후 **요청** 버튼을 클릭하면 접수가 완료된다.

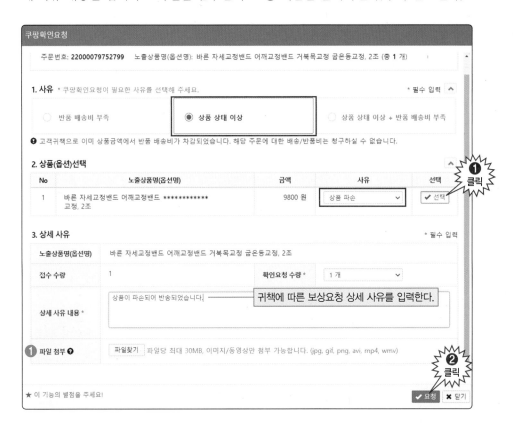

① **파일 첨부:** 접수 내용을 증명할 수 있는 이미지나 영상을 업로드한다.(최대 30MB 이내 JPG, PNG, AVI, MP4, WMV 파일)

• 반품배송비 부족: 고객에게 추가로 배송비를 받아야 하는 사실을 증명하는 자료를 첨부한다.

• 상품 상태 이상: 회수한 상품의 상태를 증명하는 이미지를 첨부한다.

• 기타

   – 불량으로 반품된 상품이 정상일 경우: 불량으로 반품된 상품이 정상임을 증명할 수 있는 자료를 첨부한다.

   – 사이즈 문제로 반품된 상품이 정상일 경우: 회수한 상품을 실제 측정한 사이즈와 상세페이지에 표기된 사이즈가 동일하다는 것을 증명하는 자료를 첨부한다.

   – 증명하기 어려운 사유로 반품됐을 경우: 반품 사유가 냄새 등 증명하기 어려운 경우, 운송장 또는 회수한 상품 이미지를 첨부한다.

   – 배송지연으로 주문이 취소된 경우: 정상 출고된 운송장 이미지를 첨부한다.

9. [쿠팡확인요청 진행상태 확인하기] '쿠팡확인요청 상태' 열에 '보상접수', '보상검토중', '보상승인', '보상반려'로 진행상태가 표시된다.

검색결과 총 9건											
↓ 엑셀 다운로드											10개씩 보기 ∨
요청번호 접수일시	주문번호	반품신청자명 안심번호 ⑦	출고중지 요청 ⑦	배송비 부담	회수					쿠팡확인요청 상태 ⑦	처리상태
					종류	방법	상태	완료일시	택배사 운송장번호		
261183709 2020-09-03 13:34:27	280000798●●●●● 상세보기 ☑	김** 0503-****-****	처리(이미출고)	판매자	연동택배	회수필요 (자동회수 접수)					반품접수 입고(회수)완료
	노출상품명 (옵션명) / 수량	바른 자세교정밴드 어깨교정밴드 거북목교정 굽은등교정 (욜로온 바른 자세교정밴드 어깨교정밴드 거북목교정 굽은등교정, 2조) / **1개** 반품정보보기									
	환불사유	상품의 옵션 선택을 잘못함									
259901948 2020-08-31 11:30:44	220000797●●●●● 상세보기 ☑	김** 010-*******	비대상	고객	연동택배	회수필요 (자동회수 접수)	업체전달완료	2020.09.02 14:38:00	CJ 대한통운 842208●●●●●●	보상접수 수정 철회	반품완료
	노출상품명 (옵션명) / 수량	바른 자세교정밴드 어깨교정밴드 거북목교정 굽은등교정 (바른 자세교정밴드 어깨교정밴드 거북목교정 굽은등교정, 2조) / **1개** 반품정보보기									
	환불사유	색상/ 사이즈가 기대와 다름									

▶ 반품 관련 심사결과는 접수 완료 후 5일, 교환 관련 심사결과는 8일 이내 확인할 수 있다.

▶ **보상접수**: 쿠팡확인요청을 접수 완료한 상태. 이때는 접수 내용을 수정하거나 철회할 수 있다. 접수 내용을 바꾸려면 **수정** 버튼을, 접수를 철회하려면 **철회** 버튼을 클릭한다. 단, 배송비 부족으로 접수한 경우 '철회' 버튼을 누르면 다시 접수할 수 없다.

59901 020-08-31 11:30:44	2200007●●●●●●●● 상세보기 ☑	김** 010-*******	비대상	고객	연동택배	회수필요 (자동회수 접수)	업체전달완료	2020.09.02 14:38:00	CJ 대한통운 842208 ●●●●●●	보상접수 수정 철회	반품완료
	노출상품명 (옵션명) / 수량	바른 자세교정밴드 어깨교정밴드 거북목교정 굽은등교정 (바른 자세교정밴드 어깨교정밴드 거북목교정 굽은등교정, 2조) / **1개** 반품정보보기									
	환불사유	색상/ 사이즈가 기대와 다름									

▶ **보상검토중**: 접수한 내용을 검토하고 있는 상태

▶ **보상승인**: 접수된 내용을 승인한 상태

▶ **보상반려**: 접수된 내용을 반려하거나 부분승인한 상태. 반려 또는 부분승인된 쿠팡확인요청은 심사결과를 받은 날짜 기준 3영업일 안에 1회에 한해 재접수할 수 있다.

10. 진행 상태를 클릭하면 '쿠팡확인요청 진행내역' 팝업창이 나타난다. 처리상태를 확인할 수 있다.

3) 반품을 신청한 고객이 제품을 그냥 사용하고 싶다고 하는 경우

반품을 신청했던 고객이 마음이 바뀌어 반품을 취소하고 상품을 그냥 사용하고 싶다고 하는 경우가 있다. 그럴 때는 고객에에 다음과 같이 안내를 한다.

▶ 고객에게 **마이쿠팡 → 취소/반품/교환/환불내역**에 들어가 **반품철회** 버튼 클릭하여 철회 요청을 하라고 한다.

▶ 쿠팡 앱에서는 **취소·반품·교환목록**을 터치하여 **반품철회**를 터치한다.

4 **환불완료한 상품을 회수한 후 문제가 확인되었을 때**

쿠팡은 '빠른 환불' 정책으로 인해 택배사가 집화 스캔 처리하면 자동으로 환불완료가 된다. 회수된 상품에 문제가 있다면 '쿠팡확인요청'으로 접수할 수 있는데, 판매자에게 상품이 입고된 후로부터 영업일 기준 168시간 내 쿠팡확인요청을 접수해야 한다.

만일 쿠팡에서 환불완료한 상품을 회수한 후 문제가 확인되었는데 쿠팡확인요청 접수가 어려울 경우 온라인문의를 접수하면 된다.

1. 쿠팡 WING에서 **온라인문의 →반품/취소/교환**을 클릭한다.

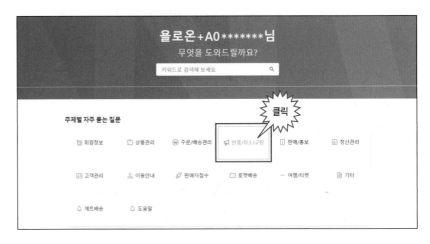

2. '쿠팡확인요청' 항목의 **'쿠팡확인요청(온라인)'**을 클릭한다.

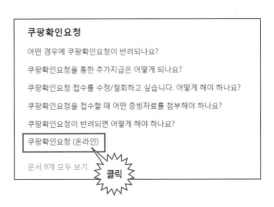

3. 화면 하단에 이는 '**온라인 문의
하기**'를 클릭한다.

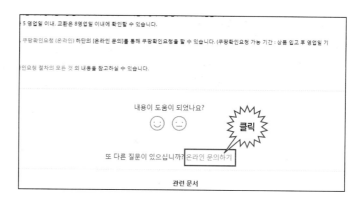

4. 제목, 설명, 반품/교환 구분, 반품/교환 접수번호, 주문번호, 보상접수 금액 등 문의할 정보를 입력하고, 첨부할 파일이 있는 경우 **파일 추가**를 클릭하여 파일을 첨부한다. 그리고 **제출** 버튼을 클릭하면 된다.

< wing 돌아가기 | 온라인 문의

온라인 문의하기

요청 유형을 아래에서 선택하세요.

[마켓플레이스/로켓그로스]쿠팡확인요청 (온라인)

제목 *

설명 *

요청에 관한 세부 정보를 입력하세요. 저희 지원 스태프가 가능한 빨리 자세한 답변을 드리도록 하겠습니다.

로켓그로스 문의인 경우에만 체크해주세요

☐

재고전환 전 로켓그로스 문의라면, https://helpseller.coupangcorp.com/hc/ko/requests/new?ticket_form_id=360000041421 를 통해 문의 접수해주시기 바랍니다. (CGF/CGF LITE 체크 X. 마켓플레이스 문의 체크 X)

쿠팡확인요청 접수 유형을 선택하세요. *

-

※ 보장환불(=회수지원 프로그램)이란? 반품 접수일로부터 영업일 기준 60시간까지 환불되지 않았음이 확인되면, 자동으로 해당 상품 가격이 환불되는 정책입니다. 보장환불된 상품은 회수지원프로그램을 통해 쿠팡에서 상품을 회수합니다. 고객센터 문의 글 [문의유형 : 보장환불 회수지연]을 확인하세요.※ 보상이 필요한 경우, "보상접수 금액" 필드를 입력해주세요.

판매자 코드(Vendor ID)

판매자님의 업체코드를 입력해주세요.

첨부 파일

⬆ 파일 추가 또는 파일을 여기로 드래그

제출

클릭

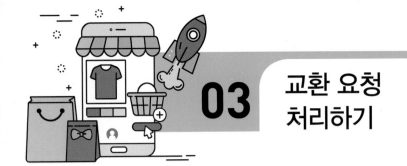

03 교환 요청 처리하기

쿠팡 WING '주문/배송→교환 관리'에서 고객이 교환 접수한 주문을 확인할 수 있다. 회수한 상품에 문제가 있거나 추가로 배송비를 받아야 하는 경우, 쿠팡확인 요청을 접수할 수 있다.

1 교환 요청 처리하기

1) '결제완료' 단계에서 교환 요청한 경우

'결제완료' 단계에서 고객이 상품 옵션 변경 등 단순변심에 의한 교환을 요청하는 경우가 있다. 쿠팡에서는 고객의 단순변심 사유에 의한 교환처리는 제한하고 있다. 결제완료 단계에서는 따로 교환 접수 처리 기능이 없어 고객에게 주문 취소 후 다시 원하는 상품으로 재주문하라고 요청하면 된다.

[고객의 주문 취소 진행]

고객에게 **마이쿠팡→주문취소**를 클릭하여 '취소사유'에 고객 취소사유를 입력한 후 **신청**을 클릭하여 주문 취소를 진행하라고 한다. 그리고 재주문하라고 이야기한다.

2) '상품준비중' 단계에서 교환 요청한 경우

상품준비중 단계에서 고객이 상품 옵션 변경 등 단순변심에 의한 교환을 요청하는 경우가 있다. 상품준비중 단계에서는 따로 교환접수가 불가능하므로 고객에게 '반품접수' 후 다시 원하는 상품으로 재주문하라고 요청한다.

1. 반품이 접수되면 '출고중지요청' 또는 '반품 관리' 부분으로 넘어간다. 해당 상품의 '처리상태'에 보면 **'이미출고'**와 **'출고중지완료'** 버튼이 있다.

요청번호 접수일시	주문번호	반품신청자명 안심번호 ⑦	출고중지 요청 ⑦	배송비 부담	회수					쿠팡확인요청 상태 ⑦	처리상태
					종류	방법	상태	완료일시	택배사 운송장번호		
2021-01-13	상세보기 ⤴		미처리	판매자	수기관리	회수필요 (수동회수접수)					반품접수 이미출고 출고중지완료
	노출상품명 (옵션명) / 수량										/ 1개 반품정보보기
	환불사유	상품의 옵션 선택을 잘못함 > 옵션 변경요청									

2. 상품 발송 전이라면 '출고중지완료' 클릭한다. 그리고 고객에게 재주문하라고 요청한다.
상품 발송 후라면 '이미출고' 클릭한 후 반품으로 처리한다. 그리고 고객에게 재주문하라고 요청한다.(위탁 상품의 경우 도매업체에도 반품 신청을 한 후 재주문한다.)

3) '배송' 단계에서 교환 요청한 경우

'배송' 단계에서 고객이 상품 옵션 변경 등 단순변심에 의한 교환을 요청하는 경우가 있다. 배송 진행 상태일 때 고객 단순변심에 의한 교환접수는 제한하고 있다. 고객에게 반품접수 후 다시 원하는 상품으로 재주문하라고 요청한다.

1. 상품이 '배송지시', '배송중' 상태일 때 교환 요청을 하면 쿠팡 WING → **주문/배송** → **반품 관리**에서 확인할 수 있다.

2. 상품 회수가 완료되면 **입고(회수)완료** 버튼을 클릭하면 된다.

요청번호 접수일시	주문번호	반품신청자명 안심번호 ⓘ	출고중지 요청 ⓘ	배송비 부담	회수					쿠팡확인요청 상태 ⓘ	처리상태
					종류	방법	상태	완료일시	택배사 운송장번호		
	상세보기 ⓒ		처리(이미출고)	판매자	수기관리	회수필요 (수동회수접수)					**반품접수** 입고(회수)완료
	노출상품명 **(옵션명) / 수량** 환불사유	필요 없어짐 (단순 변심) > 단순변심									

클릭

4) '배송완료' 단계에서 교환 요청한 경우

배송 완료 후 고객이 상품 하자 등 판매자 사유에 의한 교환을 요청하는 경우가 있다. 배송 완료 후 고객의 단순변심에 의한 교환접수는 제한되며, 상품 하자 등 판매자 사유에 의한 교환 접수만 가능하다.(위탁판매자의 경우 고객이 교환 접수를 하면 → 내용 확인 후 도매사이트에 교환 접수→도매업체에서 상품 회수 진행한다.)

1. 쿠팡 WING→**주문/배송**→**교환 관리**에서 교환 요청을 확인할 수 있다.

2. 해당 상품을 확인하고 '처리상태'에서 해당 버튼을 클릭한다.

검색결과 총 1건

	접수번호 주문번호	운송장번호 (택배사) 등록일시	교환배송비	배송비 부담주체	접수자 접수일시	회수상태 회수택배사 회수운송장번호 완료일시	교환진행상태	처리상태 변경일시 철회/불가사유	쿠팡확인요청 상태 ⓘ
□			0	판매자 부담	고객 ()		배송연동 전	교환접수 교환불가처리 입고(회수)완료	
□	상세보기 ⓒ	노출상품명 옵션명 / 수량 교환배송정보 교환사유							

▶ **교환불가처리:** 교환 가능한 재고가 없거나 고객이 교환 철회를 요청한 경우 클릭한다.

▶ **입고(회수)완료:** 교환 요청한 상품이 정상적으로 회수 완료된 경우 클릭한다.

3. 상품 회수가 완료되면 '**입고(회수)완료**' 버튼 클릭한 후 재배송 송장 정보를 입력한다. 교환하는 상품에 대한 재배송 송장번호 및 택배사 입력한 후 **선택물품 배송**을 클릭한다. 재배송 완료되면 교환처리가 완료된다.

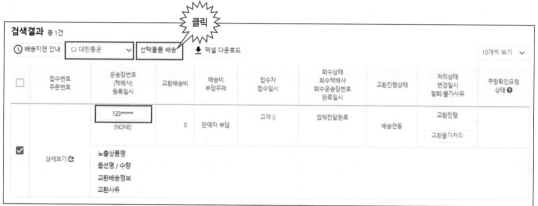

2 반품 중 교환으로 변경 처리하기

1) 고객 귀책 반품일 경우

환불 전 – 상품이 고객에게 있을 경우	① 마이쿠팡에서 고객이 직접 반품 철회 후 상품에 왕복배송비, 교환 요청 메모 동봉하여 발송할 수 있도록 안내한다. ② 이후 상품이 입고되면 왕복배송비 확인 후 교환 상품을 발송해준다.
환불 전 – 상품이 회수 중 또는 업체 입고 완료인 경우	① 마이쿠팡에서 고객이 직접 반품 철회 및 왕복배송비를 판매자의 계좌로 입금할 수 있도록 안내한다. ② 상품 입고와 배송비 확인 후 교환 상품을 발송해준다.
환불 후	고객이 원했던 상품을 재구매할 수 있도록 안내한다.

2) 판매자 귀책 반품일 경우

환불 전	① 마이쿠팡에서 고객이 직접 반품 철회 및 교환접수를 할 수 있도록 안내한다. ② 상품 입고 확인 후, [입고(회수)완료] 버튼 클릭 후 교환 운송장 등록 및 교환상품을 발송해준다.
환불 후	고객이 원했던 상품을 재구매할 수 있도록 안내한다.
웹반품 불가 상품	전산상 교환 접수가 불가하다. 고객에게 환불 여부와 관계없이 반품 완료 후 원했던 상품 재구매할 수 있도록 안내해준다.

04 쿠팡 1:1 채팅 상담하기

쿠팡 판매 활동을 하면서 궁금한 사항에 대해서 쿠팡 상담자와 1:1 채팅으로 상담을 진행할 수 있다.

1. 쿠팡 WING에서 우측 상단 **온라인문의**를 클릭한 후, 화면 하단에 있는 **채팅** 버튼을 클릭한다.

2. **새로운 채팅**을 클릭한 후 '문의타입'을 단계별로 선택한 후 하단 채팅 창에 문의 내용을 입력하면서 채팅 상담을 진행하면 된다. '그 외 문의'를 선택하면 직접 키워드를 입력한 후 진행할 수 있다.

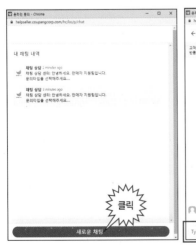

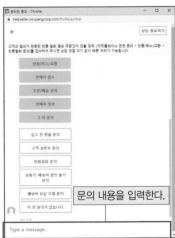

05 판매 현황 분석하기

1 판매 통계 살펴보기

통계 메뉴에서는 매출 현황과 판매 추이, 매출 기회가 있는 상품을 확인할 수 있다.

1. 쿠팡 WING에서 **판매통계**를 클릭한다.

2. '검색조건변경'을 클릭하면 특정 옵션이나 카테고리를 선택하여 통계를 확인할 수 있다. 기간 설정 후 매출금액, 판매상품 수, 아이템위너 비율 등을 선택하여 판매 통계를 확인할 수 있다.

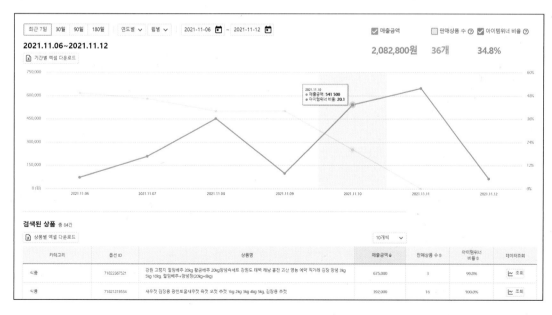

3. '검색된 상품' 항목에서 상품별 상세 데이터를 확인할 수 있다. **조회**를 클릭하면 해당 상품의 데이터가 표시된다.

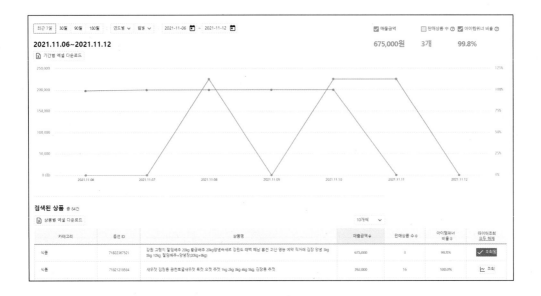

카테고리	옵션 ID	상품명	매출금액	판매상품 수	아이템위너 비율	데이터조회
식품	71822307521	강원 고랭지 절임배추 20kg 황금배추 20kg양념속세트 강원도 태백 해남 홍천 괴산 영농 예약 직거래 김장 양념 3kg 5kg 10kg, 절임배추+양념장(20kg+8kg)	675,000	3	99.8%	조회
식품	71821219534	새우젓 김장용 굴천토굴새우젓 육젓 오젓 추젓 1kg 2kg 3kg 4kg 5kg, 김장용 추젓	392,000	16	100.0%	조회

- 매출금액: 조회한 기간 중 총 매출액. 구매 및 취소된 금액도 적용되므로, 취소 금액이 구매 금액보다 클 경우 마이너스(–)로 나타날 수도 있다.
- 판매상품 수: 고객이 구매한 건수와 취소한 건수의 총합. 취소 건수가 구매 건수보다 많을 경우 마이너스(–)로 나타날 수도 있다.
- 아이템위너 비율: 조회 기간 동안 내 상품이 아이템위너였던 비율

$$\frac{\text{해당 아이템(옵션)에서 내 상품이 위너였던 조회수}}{\text{각 아이템(옵션) 페이지 조회수}} \times 100$$

예를 들어 각 아이템(옵션) 페이지 조회수가 10,000이고, 해당 아이템(옵션)에서 내 상품이 위너였던 조회수가 6,000이라면 아이템위너 비율은 60%이다.

TIP ⁺ **판매 통계를 활용하는 법**

- 'WING이 제안하는 매출 기회 높은 상품 BEST 5'를 수시로 확인하고 상품을 관리한다.
- 상품의 품절 여부를 확인하고, 품절된 상품의 재고를 추가한다.
- 판매 중인 상품별 아이템위너 여부를 확인한다. 아이템위너인 비율이 낮은 상품은 가격 조정을 고려해 아이템위너의 비율을 높인다.
- 판매 추이를 확인하고 매출 현황에 맞는 전략을 수립한다.

06 고객 문의 관리하기

1 고객 문의 확인과 답변하기

상품을 등록하고 나면 판매자는 수시로 고객 문의가 있는지 확인해야 한다. '고객관리' 메뉴에서 고객 문의를 확인하고 답변을 달 수 있다.

고객 문의에 대한 답변은 '판매자점수'에 영향을 미친다. 지난 90일 동안의 '24시간 내 답변 수/전체 문의 수'가 95점 이상이 되게 관리해야 한다. 그렇지 않으면 주의, 경고 단계로 내려가면서 판매 활동에 제한을 받게 된다.

1) 고객 문의

고객 문의는 상품, 배송 등에 관해 고객이 판매자에게 문의한 내용으로 '주문문의'와 '상품문의'가 있다. **주문문의**는 상품 구매 후 주문목록을 통한 문의로, 주문을 완료한 고객의 문의이다. **상품문의**는 상품 상세페이지 내 '상품문의'를 통한 문의로, 구매를 하지 않은 고객도 문의를 남길 수 있다.

1. WING에서 **고객관리 → 고객 문의** 클릭 후 '검색조건'을 설정하여 문의 내용을 검색할 수 있다.

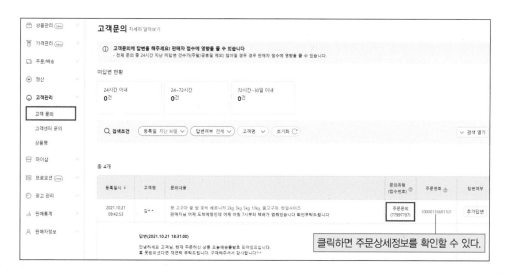

2. 고객 문의가 있으면 **답변하기** 버튼을 클릭한 후 답변을 입력하고 **등록하기**를 클릭하면 답변이 완료된다.

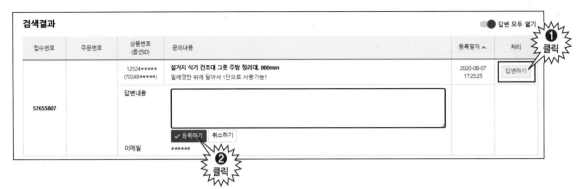

> **TIP ⁺ 고객의 재문의에 대한 댓글**
>
> 고객 문의에 답변하였더라도 고객이 해당 문의에 또 다시 댓글을 단 경우 '미답변' 문의가 된다. 재문의 시에도 판매자는 신속하게 답변을 해야 한다.

■ 상품문의 글 수정

상품문의 글에 답글을 달고 나면 수정 및 삭제를 할 수 없다. 만일 답변이 잘못되었거나 수정해야 한다면 '추가답변' 버튼을 클릭하여 추가로 작성하면 된다.

■ 아이템페이지의 고객 문의

쿠팡은 아이템마켓으로, 한 아이템에 여러 명의 판매자가 있을 수 있다. 쿠팡의 아이템페이지에서 상품문의는 실시간으로 아이템위너에게 접수된다. A 판매자 상품이 아이템위너일 때 접수된 상품문의는 B 판매자 상품이 아이템위너로 변경될 경우 A 판매자에게 전달되지 않는다.

예를 들어, A 판매자가 아이템위너일 때 고객이 상품을 구매한 후 B 판매자가 아이템위너로 변경된 후 상품 문의에 글을 남기면 현재 아이템위너인 B 판매자에게 고객 문의가 가게 된다. 이렇게 상품 문의로 유입된 문의가 해당 판매자의 문의가 아닐 경우는 "쿠팡 고객센터 1577-7011 또는 1:1 문의로 문의하시기 바랍니다."라고 고객에게 안내 답변을 해주면 된다.

2) 고객센터 문의

'고객센터 문의'는 고객이 쿠팡 고객센터로 1차 문의한 내용에 답변하기 위해 쿠팡 고객센터에서 판매자에게 확인을 요청한 문의이다. 문의 유형은 2가지로, 문의 내역을 확인만 하면 되는 문의와 문의 내역에 판매자가 직접 답변해야 하는 문의가 있다. 한 번 작성한 답변은 수정하거나 재답변할 수 없다. 영업일 기준으로 24시간 내에 답변과 확인을 해야 한다.

1. **고객관리** → **고객센터 문의**를 클릭하면 고객센터를 통한 문의와 상담 이력을 확인할 수 있다.

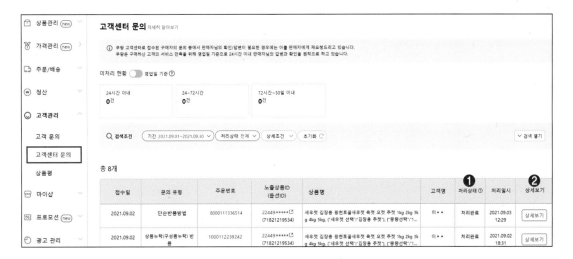

① **처리상태:** 미확인(판매자의 확인이 필요한 상태), 미답변(판매자의 답변이 필요한 상태), 처리완료(처리 완료 상태)

② **상세보기:** 고객 문의에 대한 상세 내용을 확인할 수 있다. 문의 내용, 문의 정보, 답변 내역 등을 확인할 수있다.

2. 처리상태가 '미답변' 또는 '미확인'일 때는 클릭하여 확인 및 답변을 등록할 수 있다.

쿠팡이 상담 완료한 업체이관 건, 즉 판매자의 답변이 필요없는 '미확인' 건이라 하더라도 판매자의 확인이 필요한 '미처리' 건으로 분류되니 CS 미처리 건이 발생하지 않도록 빠른 확인이 필요하다. 예를 들어, 고객에게 안내된 배송예정일이 경과 되었으나 상품 출고 여부가 확인되지 않는 경우, 고객 요청에 따라 쿠팡에서 직권으로 주문을 취소하고, 판매자에게 '미확인' 건으로 이관한다.

3) 상품평

1. **고객관리**→**상품평**을 클릭하면 고객의 상품평을 확인할 수 있다.

2. '검색조건'에서 기간, 별점, 판매상태, 상세조건으로 검색하여 상품평을 확인할 수 있다.

4) 상품평 신고하기

상품평은 상품을 구매한 고객의 주관적인 의견으로, 부정적인 글이라 하더라도 삭제 처리할 수 없다. 다만 비방, 욕설, 광고, 도배글, 복사글, 허위정보, 개인정보, 저작권 불법 도용, 상업적 목적에 해당하는 글이라면 상품페이지의 '상품평' 항목에서 해당 상품평의 '신고하기'를 클릭하여 쿠팡에 신고 접수를 할 수 있다. 신고한 내용은 1~2일 내 쿠팡 홈페이지 약관 및 정책 중 '상품평 및 상품문의 운영원칙'에 근거하여 처리되며, 처리 결과는 별도로 신고자에게 안내하지는 않는다.

1. 상품 상세페이지에서 '상품평' 항목에 있는 해당 상품평의 **'신고하기'**를 클릭한다.

2. 쿠팡 회원 아이디로 로그인 한 후 '상품평 신고하기'에서 신고서를 작성하고 **등록하기**를 클릭한다.

2 CS 관리하기

고객의 문의나 클레임 등 고객 서비스 관리를 철저히 하여 악성 리뷰가 달리지 않도록 해야 한다. 다음은 CS(customer service, 고객 서비스) 요령이다.

① 문의건 이력 남기기

고객 혹은 고객센터를 통해 인입된 클레임은 내부 공유가 될 수 있도록 정리해서 파일로 보관한다. 문의건 이력을 남기는 것은 단순히 CS 처리뿐만 아니라 제품 불량의 원인과 클레임 유형을 확인할 수 있어 이후 판매 건에도 중요한 지표로 사용할 수 있다.

② 눈으로 보이는 불량건은 맞교환 처리하기

일반적으로 교환 시 회수되어 재발송하기까지 시일이 소요되어 항의하는 건들이 많이 발생한다. 사진을 받아 증명 가능한 파손건, 불량건 등에 한해서는 빠르게 맞교환으로 처리 진행한다.

③ 저가형 상품은 회수 없이 처리해주기

편도 배송비보다 가격이 저렴한 저가형 상품은 회수 후 재발송하는 것이 더 손해이므로 저렴한 제품의 경우 회수 없이 고객에게 안내 후 재발송으로 처리한다.

생물 제품은 고객신뢰를 위해 업체 오배송일 경우 회수 없이 재발송 처리 진행하기도 한다.

④ 배송 중 파손상품 택배사 보상 신청하기

회수 또는 발송 과정에서 파손된 상품은 계약된 택배사로부터 보상신청이 가능하다. 파손된 상품 사진, 고객주문내역 등이 필요하며, 택배사마다 정책 및 보상 정도가 조금씩 다르니 담당자에게 확인 후 보상신청을 진행한다.

07 상품알림 설정하기

상품알림 페이지에서는 상품의 정보에 관한 이메일/SMS 수신 알림을 설정할 수 있다. 엑셀 업로드 기능을 통해 여러 상품의 정보를 한 번에 업데이트할 수 있다.

1. 쿠팡 WING에서 **상품관리 → 상품알림**을 클릭한다. **SMS / 이메일 수신 관리** 버튼을 클릭하면 상품알림 수신 주기를 설정할 수 있다.('판매자정보 → SMS / 이메일 수신관리' 화면이 나온다.) 매일, 주간, 월간 중에서 SMS와 이메일의 원하는 수신 주기를 선택할 수 있다.

알림 설정을 통해 '품절', '품절임박', '아이템위너가 아닌 상품', '매출 기회가 높은 상품', '판매 진행 현황'(신규 주문, 교환/반품 요청, 상품 문의 등)에 대한 정보를 이메일과 문자 메시지로 받아볼 수 있다.

2. 상품알림 수신을 원하지 않는 경우 수신 빈도 선택란에서 '없음'을 선택한다.

3. '**품절상품**' 탭에서는 품절 상품의 재고를 수정할 수 있고, 알림수신 여부를 설정할 수 있다. '품절' 상품 및 '품절임박상품' 알림은 매일 업데이트된다.

4. '아이템위너가 아닌 상품' 탭을 클릭하면 가격관리 화면으로 넘어간다. '아이템위너 대비 내 판매가'를 확인할 수 있고, 알람수신 여부를 설정할 수 있다.

12장

쿠팡 마켓플레이스 운영 꿀팁

1 가격관리(판매자 자동가격조정)

쿠팡에서는 상품가격을 '고정가'가 아닌 '가격 범위'로 정해놓고 판매할 수 있다. 판매자가 '시작가격'과 '최고가격'을 설정하고 '자동가격조정'을 하면, 쿠팡 알고리즘이 판매 조건을 실시간으로 분석해 지정한 가격 범위 내에서 매출 및 판매를 극대화할 수 있는 가격으로 자동 조정한다.

판매자 자동가격조정은 상품등록 후 '쿠팡 WING → 가격관리'에서 설정할 수 있다. 적용한 이후에도 가격 범위를 자유롭게 조정할 수 있으며 언제든 켜고 끌 수 있다.

높은 가격부터 10원 단위로 단계적으로 내려가면서 찾기 때문에 고객을 만날 수 있는 합리적인 가격을 찾는 좋은 방법이다.

[가격관리 설정의 이점]

▶ **더 많은 매출 기회:** 24시간 판매 조건을 분석해 가격 범위 안에서 아이템위너가 될 수 있는 가장 높은 가격을 찾아준다. 더 많은 판매가 일어날 수 있도록 해준다.

▶ **가격관리 업무 시간 절약:** 반복적인 가격 관리 업무에 들어가는 시간을 절약할 수 있고, 수동 가격관리보다 훨씬 편리하다. 놓칠 수 있었던 틈새 매출을 잡을 수 있다.

▶ **가격대별 상품 판매량 확인 용이:** 내 상품이 어떤 가격에 얼만큼 팔렸는지 상세보기를 통해 판매량을 한눈에 확인할 수 있다.

(1) 가격관리 설정하기

쿠팡의 '가격관리' 기능인 '판매자 자동가격관리'는 쿠팡의 내부 데이터를 기반으로 판매자가 설정한 가격 범위 내에서 매출 및 판매수량을 극대화할 수 있는 가격을 찾아 적용하는 기능이다.

상품가격은 시장 가격에 따라서 낮아지거나 높아질 수 있으며, 상품 매출 및 판매수량을 극대화하는 것에 초점이 맞춰져 있다.

1. 쿠팡 WING → **가격관리**를 클릭한다.

현재 재고가 있는 상품 기준으로 '아이템위너 상품', '아이템위너가 아닌 상품', '예상매출 높은 상품', '어제 대비 아이템위너', '판매자 자동가격조정 상품'을 확인할 수 있다. 가격관리에서 확인되는 상품, 매출기회, 쿠팡추천가 등은 실시간으로 변경되며, 우측 상단 '최근' 버튼을 누르면 현재 시각 기준 상황을 확인할 수 있다.

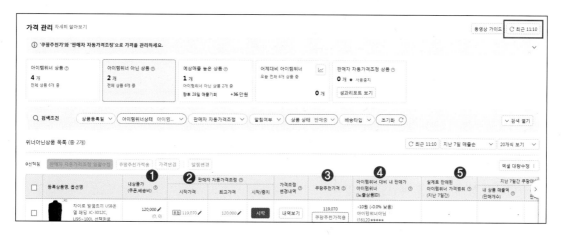

① **내 상품가:** 쿠폰과 배송비가 포함되지 않는 내 상품 가격. (내 판매가 = 내 상품가 - 쿠폰 + 배송비)

② **판매자 자동가격조정:** 쿠팡 내부 데이터를 기반으로 판매자가 지정한 가격 범위 내에서 매출 기회를 극대화시킬 수 있는 가격으로 자동 조정한다.

③ **쿠팡추천가격:** 상품 판매 기회를 높이기 위해 쿠팡에서 추천하는 가격으로 '쿠팡추천가적용' 버튼을 클릭하면 바로 가격이 적용되면서 아이템위너가 된다.

④ **아이템위너 대비 내 판매가 아이템위너(노출상품 ID):** 아이템위너 판매가에서 내 판매가격을 차감한 가격(쿠폰과 배송비 포함).

⑤ **실제로 판매된 아이템위너 가격범위(지난 7일간):** 지난 7일간 실제로 쿠팡에서 판매된 아이템위너 상품들의 가격 범위. 이를 참고하여 내 상품의 가격을 설정할 수 있다.

⑥ **지난 7일간 쿠팡데이터:** 지난 7일간 쿠팡에서 실제로 판매된 나의 매출금액과 판매개수 / 실제로 판매된 아이템위너 전체 상품들 중 내 상품이 판매된 비율.

▶ 이러한 데이터를 가지고 이 상품이 쿠팡에서 가진 매출 가능성을 확인하고 나의 판매 상태를 체크할 수 있다. 아이템위너가 되고 잘 유지하면 판매점유율이 더 올라간다.

⑦ **출고일:** 클릭하여 팝업창을 통해 '출고 소요일'을 수정할 수 있다.

2. 해당 상품의 '판매가 자동가격조정'에서 아이템위너 상태를 유지하기 위한 '시작가격'과 '최고가격'을 설정하고 **시작** 버튼을 클릭하면 된다. 쿠팡추천가격을 참조하여 설정하면 된다.

2 쿠팡 중복 상품 등록 금지 정책

　쿠팡은 동일한 판매자가 동일한 상품을 중복으로 등록하는 경우 판매금지 정책과 페널티 정책을 운영하고 있다. 판매관리시스템(WING)→도움말→'금지 정책' 검색→'중복 상품 등록 금지 정책'을 클릭하면 상세 내용을 확인할 수 있다.

■ 중복이란?
　• 신규로 등록하려는 상품과 중복된 상품이 이미 쿠팡에 등록되어 있는 경우를 말한다.

■ 중복 판단 기준
　• 브랜드, 디자인, 제품 사양, 동일한 구성품 등 상품 자체의 정보가 일치할 경우 중복으로 판단한다.

■ 처리 방안
　• 고의적, 상습적이라 판단될 경우 횟수와 관계없이 판매금지, 이용중지 처리가 될 수 있다.
　• 중복 등록 상품 적발 시, 이용 고객과 다른 판매자의 피해 확산을 최소화하기 위해 통보 없이 조치될 수 있고, 판매자는 이 조치에 대해 이의를 제기할 수 있다.

　※ 실수로 중복 등록한 경우 '온라인문의'를 하면 된다.
　쿠팡 WING → **온라인문의** → **상품관리** → **상품수정요청** 항목에 있는 **'동일한 상품이니 하나의 상품 ID로 결합해주세요.'**를 클릭하여 문의하면 된다.

3 상품등록 시 동영상 등록하기

상품등록 시 '상세설명'에 동영상을 넣고 싶다면 다음과 같이 하면 된다.

유튜브 등에 게시되어 있는 동영상의 HTML 소스를 복사하여 상품등록(수정) 시에 '상세설명'에 HTML로 소스를 붙여넣으면 된다.

(1) 유튜브 동영상 가져오기

1. 유튜브의 동영상 하단에 있는 **공유** 버튼을 클릭한다.

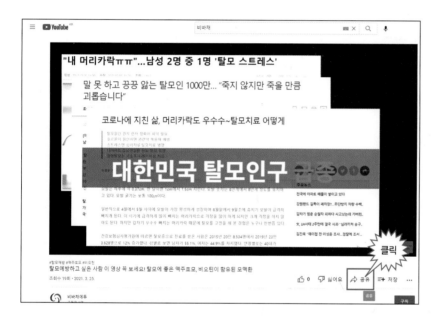

2. 팝업창에서 **퍼가기** 버튼을 클릭한 후 오른쪽의 HTML을 복사하여 상품등록 시 '상세설명'에 등록하면 된다.

소스를 복사하여 상품등록 시 붙여넣는다.

(2) 상품등록 시 상세설명에 동영상 등록하기

1. 쿠팡 WING →**상품관리**→**상품 등록**을 클릭한다.(상품 수정 시는 WING→상품관리→상품조회/수정
→ 수정할 상품의 '수정' 버튼 클릭)

2. '상세설명' 항목에서 '이미지 업로드', '에디터 작성', 'HTML 작성' 버튼 중 원하는 것을 클릭 후
진행하면 된다.

[이미지 업로드]

3. 이미지 업로드 클릭→**이미지 등록**→이미지 파일을 선택하여 업로드하거나 **취소** 버튼 클릭→
텍스트(HTML) **추가** 버튼 클릭한다.

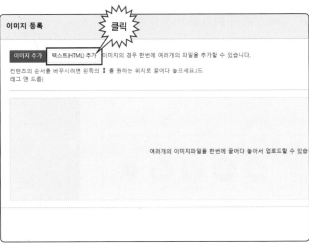

4. 그러면 텍스트를 입력할 수 있다. 동영상을 등록하기 위해 'html'을 클릭한다.

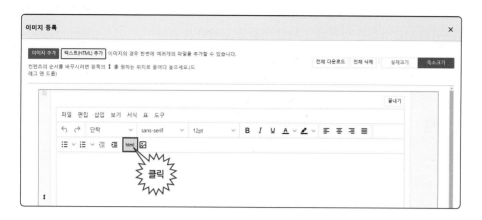

5. 소스 코드를 입력하고 **저장** 버튼을 클릭한다. 동영상이 첨부된 것을 확인할 수 있다.

[에디터 작성]

　'에디터 작성' 방식으로도 동영상을 등록할 수 있다. 앞의 3번 과정에서 **에디터 작성→작성하기**→'html' 버튼 클릭→HTML 소스를 입력하고 **저장** 버튼을 클릭하면 된다.

　이렇게 상세설명에 '이미지 추가'와 '텍스트(HTML) 추가' 버튼을 선택해가면서 '이미지'와 '텍스트', '동영상' 파일을 첨부할 수 있다.

4 ## 해외구매대행 상품 등록하기

쿠팡에서 해외구매대행 상품을 등록하여 판매하기 위해서는 사업자 업종에 '해외직구대행'을 추가하거나 새로운 사업자등록 신청을 해야 한다.

[사업자등록 신청 및 업종 추가하기]

1. 국세청 홈택스에 로그인 후 새로운 사업자를 신청하거나 기존 사업자에 '해외직구대행' 업종을 추가한다.

- 기존 사업자에 해외직구대행 추가 → 사업자등록정정
- 기존 사업자와 별도로 해외직구대행 사업자 새로 신청 → 사업자등록신청

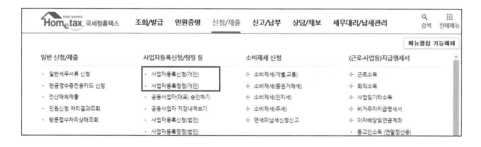

2. '업종 선택' 항목에서 '업종 입력/수정' 버튼을 클릭한다.

3. 업종코드의 검색 버튼을 클릭한 후 '업종'에 '해외직구대행'을 입력하고 **조회하기**를 클릭하면 업종코드목록이 나타난다. '해외직구대행업'을 **선택**한다.

이후 과정을 진행하여 사업자 등록 및 정정 신청을 마무리한다.

[해외구매대행 상품 등록하기]

1. 상품등록 전에 쿠팡 WING → 오른쪽 상단 **판매자명** → **추가판매정보**를 클릭한 후 '해외 상품 배송 여부'에 '유'를 선택한다.

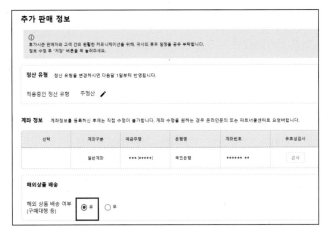

2. 상품등록 시 '배송'에서 출고지, 배송방법, 출고 소요일 등을 설정한다.

① **상품출고지:** 반드시 '해외'로 된 출고지를 등록한다. (해외구매대행 상품의 '출고지 판매자 주소'는 실제 출고지 정보를 해외 업체에 확인하여 영문으로 주소를 입력한다.)

② **배송방법:** '구매대행'을 선택한다.

③ **개인통관부호입력:** '사용'을 선택한다.

④ **출고 소요일:** 배송지연으로 판매자점수에 영향을 주지 않도록 해외배송 상품의 경우 '출고 소요

일'을 여유 있게 설정한다. 구매대행 상품은 1~20일을 설정할 수 있다.

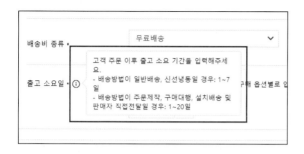 

3. '반품/교환' 항목에서 반품지는 판매자의 국내 사업자 주소를 등록한다.

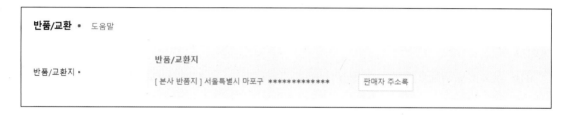

4. '구비서류'에 해외구매대행 상품의 경우 '인보이스' 파일을 첨부한다.

▶ '인보이스'는 거래 상품의 주요사항을 표기한 문서로, 상품명 및 수량, 단가, 품질 등 거래상품의 주요사항이 표기되어야 한다. 인보이스 영수증 첨부 시 단가만 마킹 처리할 수 있다.

▶ 아직 구매하지 않아 인보이스가 없는 경우, 백지 이미지를 먼저 등록한 후 인보이스가 발행되면 이후에 수정하면 된다. 구매대행 상품은 진품 여부를 확인하기 위해 영수증이 꼭 필요하며, 인보이스 등록이 안 된 상품은 사후 모니터링에 의해 블라인드 처리될 수 있으므로 발행 이후 반드시 수정해야 한다.

1 출고 소요일과 상관없이 고객이 지정일 배송을 요청하는 경우

기념일, 명절 선물 등 고객이 특정일을 지정하여 배송을 받아보고 싶다고 요청하는 경우가 있다. 물론 출고 소요일에 상관없이 상품을 조금 더 늦게 보내도 상관없지만, 이 경우 2가지 리스크가 존재한다.

첫째, 쿠팡은 판매자점수 제도를 활용하고 있는데, 그중 하나가 판매자가 출고 소요일에 맞게 물건을 보냈는지 확인하는 것이다. 배송일이 늦어지면 정시출고 점수에서 페널티가 발생된다.

둘째, 출고 소요일보다 상품을 늦게 보냈는데 고객이 물건이 마음에 들지 않는다고 환불요청을 하게 되면 고객은 단순변심으로 인한 교환/환불이 아니라, 쿠팡의 교환환불정책을 악용하여 판매자가 배송일보다 늦게 보냈다는 명목으로 무료 교환/환불을 요청할 수 있다. 이러한 사례를 예방하기 위해서는 고객에게 회신받은 문자 등 증빙 자료를 보관했다가 문제가 발생하면 쿠팡에 제출하면 된다.

이런 일을 방지하기 위해 다음과 같은 방법으로 처리하는 게 좋다.

첫째, 고객에게 상품을 받아보고 싶은 날에 가깝에 주문해달라고 요청하는 것이다. 단, 이 방법은 고객이 그동안 다른 상품을 주문할 가능성이 있다.

둘째, 고객과 사전에 합의하여 '업체직송' 처리를 하는 것이다. 예를 들어, 오늘이 5월 1일이고 고객이 출고 소요일 1일인 상품을 5월 15일에 받아보고 싶어한다. 그렇다면 고객에게 5월 15일에 물건을 보내드릴 테니 먼저 배송완료처리를 해놓겠다고 설명드린다. 그리고 '업체직송' 처리를 해서 배송완료 처리 후, 따로 체크해두었다가 5월 14일에 상품을 발송하여 5월 15일에 받아볼 수 있도록 하는 것이다.

만약 여러분이 판매하는 상품이 고객지정일 배송이 잦은 품목일 경우, 상품등록을 할 때 배송 방법을 일반배송이나 신선냉동이 아닌 '주문제작', '설치배송 또는 판매자 직접전달'로 하는 것이 좋다. 이렇게 하면 소비자들로 하여금 추가정보 요청 메시지를 작성토록 할 수 있는데, 여기에 희망배송일을 기재하도록 하면 되기 때문이다.

2 배송지연 안내하기(SMS 문자 발송하기)

쿠팡은 배송예정일을 지키는 것이 무엇보다 중요하다. 배송이 늦어질 우려가 있는 상품은 사전에 상품 '출고 소요일'을 늘려 놓거나 부득이하게 배송이 늦어질 경우 고객에게 배송지연을 알려야 한다.

1. 쿠팡 WING → **주문/배송** → **배송관리**에서 배송이 지연될 상품의 주문번호를 체크하고 **배송지연 안내** 버튼을 클릭한다.

2. 팝업창에서 안내 유형, 지연 사유를 선택하고, 출고예정일에서 출고 가능한 예정일을 선택한다. '안내 내용 미리보기'를 확인한 후 **문자발송** 버튼을 클릭하면 고객에게 배송지연 문자 안내가 간다.

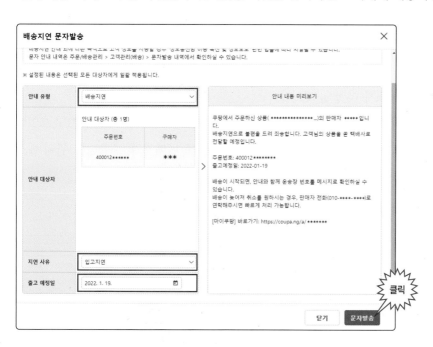

이렇게 배송지연 안내를 한 다음 왜 지연이 되었는지 고객에게 이유를 설명한다. 쿠팡은 철저히 구매자 중심이기 때문에 배송지연 안내는 반드시 해주어야 한다.

3 재고 및 배송관리에 신경을 쓰자

쿠팡 판매자는 무엇보다 배송에 신경을 써야 한다. 쿠팡하면 사람들은 '빠른 배송'을 떠올린다. 그만큼 쿠팡 고객은 오늘 주문하면 내일 상품을 받는다는 것을 기대하고 있다. 쿠팡에서도 빠른 배송을 하는 상품을 우대해주고 있으며, 정시 배송을 하지 못하는 판매자는 페널티를 주고 있다.

쿠팡 판매자는 '출고 소요일'(출고소요기간)을 정확히 설정함으로써 '도착예정일'(배송예정일)을 더 정확하게 예측할 수 있다.

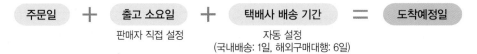

‘출고 소요일’은 주문이 접수된 시점부터 상품을 택배사로 보낼 때까지 걸리는 시간으로, 상품등록 시 '배송' 항목에서 설정할 수 있다. 만약 등록한 상품 중에서 출고 소요일 내에 출고할 수 없는 상황이 발생하면 쿠팡 WING에서 **상품관리→상품조회/수정→**해당 상품의 **수정** 버튼을 클릭하여 '배송' 항목에서 '출고 소요일'을 수정해주면 된다.

★ 배송달력에서 휴무일 지정하기

배송달력을 활용(휴무일 지정)하여 변경된 배송일자를 고객에게 알려주면 좋다. **WING→판매자정보→배송달력 관리**에서 휴무일을 지정해주면 상품 상세페이지에 휴무일을 감안하여 도착(배송)예정일이 표시된다. 도착예정일은 꼭 지켜야 하는 것이지만 부득이한 사정이 생겼을 때는 미리 공지를 해주면 구매자와 판매자 간에 신뢰가 더 쌓일 것이다.

아래 상품은 출고 소요일이 2일로 되어 있는 상품이다. 1월 24일 현재 주문을 하면 출고 소요일이 +2일 되어 26일에 출고되고, 도착예정일은 27일이 된다. 그런데 판매자가 '배송달력 관리'에서 26일을 휴무일로 설정해놓으면 도착예정일은 28일로 표시된다.

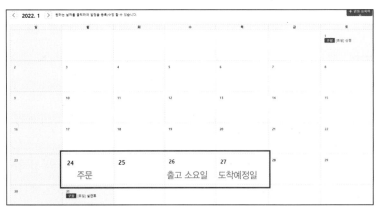

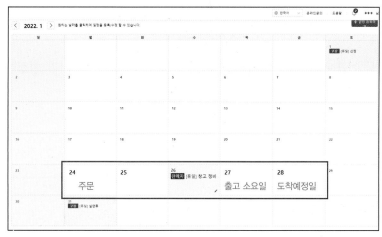

★ 출고 소요일과 배송예정일

쿠팡에서 상품등록을 하면 상품 상세페이지에는 배송예정일(도착예정일)이 표시되는데, 이는 상품 등록 시 판매자가 설정한 '출고 소요일'을 기준으로 자동 계산된다.

일반배송, 신선제품, 도서산간지역, 구매대행 상품 등 제품에 따라 배송예정일이 다르다.

① **일반배송/신선냉동/주문제작 상품:** 주문일로부터 판매자가 설정한 출고소요기간＋1일 후 날짜(일요일/공휴일 제외)

② **도서산간지역:** 주문일로부터 판매자가 설정한 출고소요기간＋3일 후 날짜(일요일/공휴일 제외)

③ **구매대행 상품:** 주문일로부터 판매자가 설정한 출고소요기간＋6일 후 날짜(일요일/공휴일 제외)

④ **도서산간지역＋구매대행 상품 배송예정일:** 주문일로부터 판매자가 설정한 출고소요기간＋8일 후 날짜(일요일/공휴일 제외)

⑤ **설치배송, 판매자 직접전달 상품:** 배송예정일이 노출되지 않으며, 판매자가 배송 일정을 별도로 안내해야 한다. '3~5일 후 전화/문자로 배송일정 안내'로 노출된다.

4 출고소요기간 변경 예정 상품 확인하기

'출고소요기간 변경 예정 상품'이란 지난 30일 동안 실제 상품 출고소요기간이 판매자가 설정한 기간보다 빨랐던 상품이다. 상품알림 2영업일 후 출고소요기간이 자동 변경된다.

쿠팡 WING에서 **상품관리 → 상품 알림 → '출고소요기간 변경 예정 상품'** 탭에서 확인할 수 있다.

★ 출고소요기간 자동 변경을 원하지 않을 경우

　상품알림 2영업일이 지나기 전에 **변경하지 않음** 또는 **모두 변경하지 않음** 버튼을 클릭한다. 단, 리스트는 일주일 단위로 업데이트되며, '변경하지 않음' 처리를 한 상품이라도 우수한 퍼포먼스가 유지된다면 업데이트 후 다시 리스트에 포함된다.

★ 자동 변경된 출고소요기간을 다시 변경하려는 경우

　출고소요기간이 자동 변경된 상품은 WING → **상품관리 → 상품 알림 → 출고소요기간 변경 예정 상품 → 출고소요기간 자동 변경 이력** 탭을 클릭하여 조회할 수 있다. 해당 목록에서 Product ID를 클릭한 후 '상품 조회/수정' 페이지로 이동하여 '배송' 항목에서 직접 수정하면 된다.

★ 자동 변경된 출고소요기간을 지키지 못할 경우

　출고소요기간이 자동 변경되면, 변경 후 옵션마다 자동 변경된 출고소요기간에 따라 배송예정일을 준수하였는지 쿠팡에서 측정한다. 최근 30일간의 정시배송완료 점수가 '우수 단계' 이하 수준으로 하락한다면 변경 전 출고소요기간으로 자동 변경된다.

　변경 전 출고소요기간으로 자동 변경될 경우 판매자에게 이메일을 통해 안내해준다.

5 택배사 변경과 상품에 적용된 출고지/반품지 변경하기

택배사가 변경되었다면 판매관리시스템(WING) → **판매자정보** → **주소록/배송정보 관리**에서 **새 주소지 등록** 버튼을 클릭하여 새로운 출고지와 반품지를 등록해야 한다.

택배사의 계약코드가 변경되는 것이라면, 등록된 모든 상품에도 변경된 출고지/반품지를 일괄 적용해야 한다.

수정한 정보는 수정이 완료된 이후 발생한 주문 건부터 반영되며 출고지/반품지 정보 수정 전 발생한 주문은 이전 출고지/반품지 정보로 처리된다.

★ 상품에 적용된 출고지/반품지 변경하기

1. 쿠팡 WING → **상품관리** → **상품조회/수정**에서 변경할 상품의 체크박스를 선택한다. **배송변경** → **배송정보 변경** 버튼을 클릭한다.(반품지 변경은 **반품/교환정보 변경**을 클릭한다.)

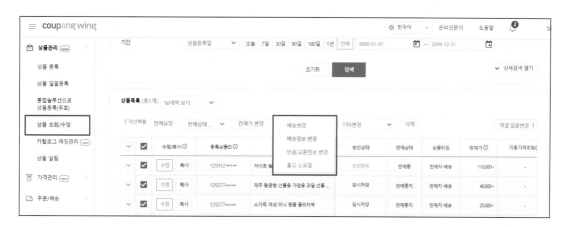

2. **판매자 주소록** 버튼을 클릭한다. 변경할 주소지를 **선택**하거나 '출고지 추가' 버튼을 클릭하여 변경된 주소지를 설정하고 **저장**을 클릭한다. 그러면 선택한 상품의 출고지/반품지가 변경된다.

6 묶음배송이란?

묶음배송은 고객이 같은 판매자의 상품을 여러 개 주문하면 하나로 합쳐서 포장, 배송하는 서비스를 말한다. 합배송, 합포장이라고도 한다.

상품등록 시 '묶음배송여부'를 '가능'으로 등록한 상품끼리는 묶음배송이 가능하며, 배송비는 중복 부과되지 않는다.

묶음배송 처리는 판매관리시스템(WING) → **주문/배송** → **배송 관리**에서 다른 주문과 동일하게 운송장번호를 입력하면 된다.

▶ **묶음배송 설정 기준**

- 상품 등록 시 '묶음배송여부'를 '가능'으로 선택한 상품이어야 한다.
- 동일한 판매자이며, 상품 출고정보가 같아야 한다.
- 수령인 정보가 같아야 한다.
- 배송비 종류가 '착불배송'이 아닌 나머지 배송 종류여야 한다.(무료배송, 9800원 이상 무료배송, 유료배송)
- 주문번호가 달라도 가능하다.

▶ **묶음배송 배송비 부과 기준**

- 유료배송 상품 여러 개가 묶음배송 될 경우 가장 큰 유료배송비가 결제된다.
- 무료배송 상품과 유료배송 상품이 묶음배송 될 경우 배송비는 부과되지 않는다.
- 조건부 무료배송 상품과 유료배송 상품이 묶음배송 될 경우 무료배송 조건이 충족되었다면 배송비는 부과되지 않는다. (미충족 시 유료배송비 결제)
- 조건부 무료배송 상품 여러 개가 묶음배송 될 경우, 무료배송 조건이 충족되었다면 배송비는 부과되지 않는다. (미충족 시 가장 큰 배송비 결제)

▶ **동일 고객이 따로 주문하여 주문번호 2개 이상 발생한 경우**

· 모두 무료배송인 경우 또는 무료배송＋유료배송인 경우 합배송하여 송장 등록에 실패하는 경우 해당 주문건은 '업체 직송' 처리해준다.

· 단, 업체직송 처리로 인한 고객 분쟁 발생 시 분쟁에 대한 책임과 처리 비용은 판매자가 부담해야 한다.

· 모두 유료배송인 경우 중복 결제된 배송비에 대해서는 고객 환불이 필요하다.

▶ **고객이 주문 취소 후 재구매 가능한 경우**

· 판매자가 고객에게 '전체 취소 후 묶음배송으로 재구매'하라고 안내해준다.

▶ **중복 결제된 배송비에 대해 고객 환불 필요 시**

판매자가 정산차감에 동의하면 판매자께 정산될 배송비를 고객에게 입금해준다.

아래 내용을 기재해주면 확인 후 답변해준다.

- 정산차감 동의 여부: 동의/비동의
- 주문번호:

▶ **'묶음배송 가능한 상품'에 함께 노출되기 위한 조건**

① 묶음배송 설정 기준을 충족해야 한다.

② 묶음배송 가능한 상품이 일정 개수 이상이어야 한다. (최소 4개 이상 등)

7 업체직송 처리는 어떻게 하나요?

상품 등록 시 배송방법을 '설치배송 또는 판매자 직접전달'로 선택한 경우 상품을 배송처리 할 때 운송장 입력 방법을 '업체직송'으로 선택할 수 있다. 또 묶음배송으로 배송 시 송장 등록에 실패하거나 부득이한 경우에는 '업체직송'으로 배송처리 할 수 있다.

업체직송 처리는 반드시 고객의 배송완료 확인 후에 처리해야 한다. 특별한 사유 없이 업체직송 처리 시 판매정지의 대상이 될 수 있으니 무분별한 업체직송은 하지 말아야 한다.

업체직송 처리로 인한 고객 분쟁 발생 시 책임과 처리 비용은 판매자가 부담해야 한다.

1. 쿠팡 WING→**주문/배송**→**배송 관리**를 클릭한 후 해당 주문 건을 체크하고 '운송장번호'에 고객수령일을 연월일 순서 8자리(예: 20220303)로 입력한다.

2. '택배사'에서 **업체직송**을 선택하고 **선택물품배송** 버튼 클릭한다.

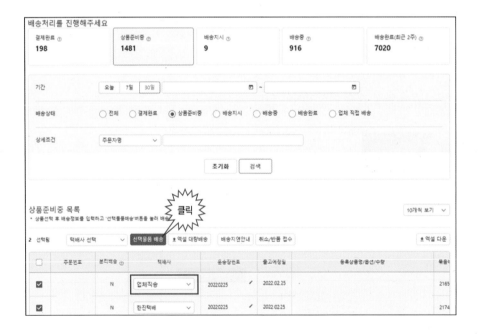

▶ 업체직송 처리를 하면 진행상태가 '업체 직접 배송(배송 연동 미적용), 추적불가'로 변경되며 '배송 완료'와 동일한 상태가 되어 운송장 수정은 할 수 없다.

※ 글로벌셀러의 업체직송 처리는 '운송장번호'에 고객수령일을 연월일 순서 8자리로 입력한 후 '발송 정보 추가/수정' 선택→국가: other 선택→택배사: 업체 직송 선택→'save' 버튼을 클릭하면 된다.

8 운송장 수정하는 방법

운송장 수정이 필요한 경우 판매자가 직접 수정할 수 있으며, 배송상태값이 '배송지시', '배송중', '배송완료'인 경우에 수정할 수 있다. 운송장번호 수정 후에는 반드시 배송 택배사를 다시 선택해주어야 한다.

1. 쿠팡 WING → **주문/배송** → **배송 관리**를 클릭한다.

2. 운송장을 수정할 상품을 체크하고, '운송장번호' 입력란에 수정할 운송장번호를 입력한다.

3. **택배사 선택**을 클릭하여 택배사를 선택하고 **선택물품 배송** 버튼을 클릭하면 운송장 수정이 완료 처리된다.

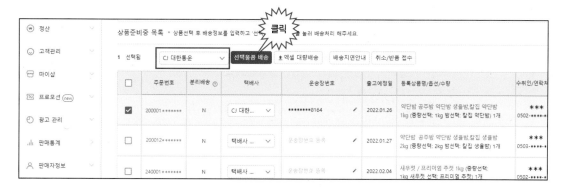

9 운송장이 '배송지시'로 변경되지 않는다면?

운송장번호를 입력했는데 '배송상태'가 '배송지시'에서 넘어가지 않는다면 다음 사항을 확인해본다.

① 운송장번호와 택배사 정보가 바르게 입력되었는지 확인한다.
② WING에서 운송장을 등록/수정한 후 24시간이 경과했는지 확인한다.
　- 운송장 등록/수정 후 쿠팡 전산시스템 반영까지 최대 24시간이 소요될 수 있다.
③ 검색포털에서 실제 운송장번호를 조회하고 배송 흐름이 있는지 확인한다.
　- 간혹 택배사에서 스캔 처리를 하지 않는 경우가 있는데, 이럴 경우 해당 택배사로 문의해야 한다.
④ 택배사에서 스캔 처리한 후 24시간이 경과했는지 확인한다.
　- 택배사에서 스캔 처리 후 쿠팡 전산에 반영되기까지 다소 시간이 걸릴 수 있다. 24시간이 지났음에도 상태값이 변경되지 않으면 고객명과 주문번호를 기재하여 쿠팡 고객센터에 문의한다.

10 배송완료된 주문번호인데 '배송지시'/'배송중'에 있다면?

운송장번호를 조회해보니 배송이 완료되었는데, WING에서는 '배송완료'로 안 넘어 가고 '배송지시'나 '배송중' 상태에 머무르고 있는 경우가 있다.

이럴 때는 판매자콜센터(1600-9879)로 전화를 하거나 쿠팡 WING에서 **온라인문의 → 주문/배송관리 → 배송관리 → '배송이 완료됐는데 배송상태가 배송완료로 바뀌지 않으면 어떻게 해야 하나요?'**를 클릭하여 **'온라인 문의하기'**를 하면 상태값 변경을 도와준다. 단, 배송흐름이 끊겼거나 조회가 되지 않을 경우 해당 택배사에 연락해 배송상태를 '배송완료' 처리 후 요청해야 한다.

Transferred Tickets	배송이 완료됐는데 배송상태가 배송완료로 바뀌지 않으면 어떻게 해야 하나요?
회원정보	배송이 완료되었으나 배송완료 처리 되지 않는다면 아래의 사항을 확인해보시기 바랍니다.
상품관리	1. 운송장 번호와 택배사 정보가 바르게 기입되어 있는지 확인합니다.
주문/배송관리	ex) C)대한통운 → 대한통운택송, 롯데택배 → 롯데글로벌 등으로 오류표기하지 않았는지 확인해주세요.
반품/취소/교환	2. 판매관리시스템(WING)에 운송장을 등록/수정한 후 24시간이 경과했는지 확인합니다.
판매/홍보	운송장 등록/수정 후 쿠팡 전산시스템 반영까지 최대 24시간이 소요될 수 있습니다.
정산관리	3. 검색포털 및 택배사 홈페이지에서 실제 운송장번호를 조회하고 배송흐름 스캔처리가 되었는지 확인합니다.
고객관리	간혹 택배사에서 스캔 처리를 하지 않는 경우가 있습니다. 택배사에서 스캔처리 하지 않은 경우 해당 택배사로 문의하시기 바랍니다.
이용안내	4. 택배사에서 스캔처리를 한 후 24시간이 경과했는지 확인합니다.
판매자접수	택배사에서 배송완료 스캔처리를 했음에도, 쿠팡 전산에 반영되기까지 다소 시간이 소요될 수 있습니다.
로켓배송	24시간이 경과했음에도 불구하고 상태값이 변경되지 않을 경우, 고객명과 주문번호를 기재하여 문의주시면 확인 후 답변하겠습니다.
여행/티켓	주문번호가 많을 경우, 발주서 파일을 첨부하여 온라인문의 접수 바랍니다.
기타	내용이 도움이 되었나요? ☺ ☹ 또 다른 질문이 있으십니까? 온라인 문의하기

11 도서산간 추가배송비 선결제 여부 확인하기

도서산간에서 배송이 들어왔을 때 배송비가 선결제가 되었는지 확인하고 싶을 때는 다음과 같이 하면 된다.

1. 쿠팡 WING → **주문/배송** → **배송 관리** → 해당 상품의 주문번호를 클릭한다.

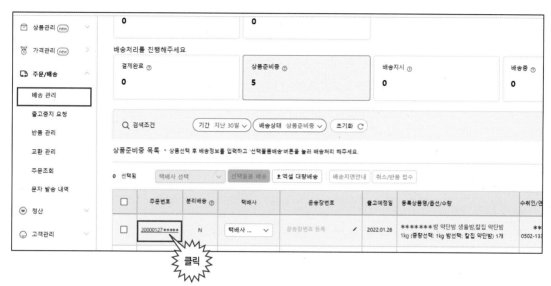

2. '주문상세조회' 팝업창에서 '도서산간 배송비'를 확인할 수 있다.

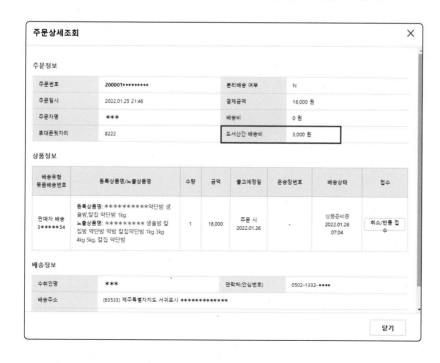

12 배송비 부담 주체 확인하는 방법

쿠팡에서 반품 접수가 될 경우 귀책 사유에 따라 배송비 부담 주체가 달라진다. 쿠팡 배송비 부담 주체를 확인하는 방법은 다음과 같다.

1. 쿠팡 WING → **주문/배송** → **반품 관리**에서 해당하는 주문건의 '배송비 부담' 항목에서 배송비부담 주체를 확인할 수 있다.

▶ 반품 배송비는 반품 사유를 제공한 자가 부담한다.

고객 부담 반품 사유	• 상품에 이상이 없으나 구매의사가 사라진 경우 • 사이즈 또는 색상 등을 잘못 선택한 경우
판매자 부담 반품 사유	• 상품에 결함이 있는 경우 • 상품 설명과 다른 상품이 배송된 경우 • 배송이 지연돼 고객에게 도착하지 않은 경우 • 일부 구성품이 누락된 채 배송된 경우 • 상품이 품절된 경우

▶ 간혹 판매자 사유가 아닌데 고객이 반품접수를 판매자 사유로 하는 경우도 있는데, 이 경우 판매자가 직접 고객과 협의하여 처리해야 한다.

▶ 만약 고객 언락 및 협의가 되지 않을 경우, 상품이 판매자에게 입고 완료된 시점부터 영업일 기준 168시간 이내 '쿠팡확인요청'을 접수할 수 있다.

03 반품/교환/환불 관련 운영 Tip

1 쿠팡 안심번호로 고객과 연락이 불가능한 경우

상품 품절이나 반품, 교환건으로 고객과 연락을 해야 할 때가 있다. 쿠팡은 고객의 개인정보(연락처)를 보호하기 위해 판매자와 택배사에게 가상의 전화번호인 안심번호 서비스를 제공하고 있다.

▶ 안심번호는 '배송완료 후 48시간(비영업일 포함)'까지 확인 가능하며, 그 이후에는 연결이 제한된다.

▶ 안심번호 수량이 부족할 경우 실제 만료일자보다 빠르게 만료될 수 있다.

▶ 안심번호로 단문 메시지는 발송 가능하나 장문의 메시지는 발송 제한된다.

▶ 안심번호로 고객과 연락이 되지 않을 경우 쿠팡 콜센터로 연락하여 확인하면 된다.

★ ARS self-service를 통해 고객 연락처 확인하기

안심번호로 고객과 연락이 되지 않을 경우, 쿠팡 판매자콜센터(1600-9879)로 문의하면 상담사 연결없이 ARS self-service 를 통해 안내받을 수 있다.

(1) 수취인 실번호 확인하기

쿠팡 판매자콜센터(1600-9879) → 업체코드 입력 → 1번(마켓플레이스 문의) → 2번(안심번호 문의) → 1번(개인정보 이용 동의) → 주문번호# 입력 → 1번(수취인 실번호 안내)

(2) 주문자 실번호 확인하기

쿠팡 판매자콜센터(1600-9879) → 업체코드 입력 → 1번(마켓플레이스 문의) → 2번(안심번호 문의) → 1번(개인정보 이용 동의) → 주문번호# 입력 → 2번(주문자 실번호 안내)

※ '구매대행' 배송 상품은 다운로드 된 발주서에 30일 동안 고객 실번호를 제공하고 있다. 또한 글로벌셀러의 경우, 해외배송을 위한 추가 정보(AK열 - 개인통관번호, AL열 - 통관용구매자전화번호)를 발주서에서 제공하고 있다. 30일 이후에는 전화번호, 개인통관고유부호가 마스킹되어 제공된다.

2 반품 오입고 해결 방법

다른 판매자의 상품이 잘못 입고되는(반품 오입고) 경우 다음과 같이 조치를 취하면 된다.

▶ 입고된 상품이 자사 상품이 아닐 경우

반송장에 기재된 보낸사람(고객)의 정보를 확인하여 판매자가 직접 처리해야 한다.(반품 상품 수령 시에는 자사 상품이 맞는지 확인한 후에 입고 처리하도록 해야 한다.)

▶ 반송장에서 고객 정보 확인이 가능한 경우

고객한테 연락하여 상품 반송처리와 반송비 등 발생된 비용 입금을 안내한다.

▶ 반송장에서 고객정보 미확인 또는 주문건 환불완료 전인 경우

쿠팡에서는 도움을 줄 수 없다고 하니 판매자가 직접 처리해야 한다.

▶ 고객 부재 또는 고객이 미수긍 하는 경우

상품을 발송하고 쿠팡 WING → 온라인 문의 → 반품/취소/교환 → 반품/취소관리 → '다른 판매자의 상품이 잘못 입고되었을(반품 오입고) 경우 어떻게 처리해야 하나요?'를 클릭하여 온라인 문의를 한다.

타사품 오입고	타 판매자에게 선불로 발송해주고 '온라인문의'를 통해 반송장 및 배송비를 기재해주면 담당부서로 전달하여 확인 후 답변해준다.
로켓배송 상품 오입고	로켓 물류센터로 선불로 발송해주고 '온라인 문의'를 통해 반송장 및 배송비를 기재해주면 담당부서로 전달하여 확인 후 답변해준다. • 물류센터 주소: (12659) 경기도 여주시 점봉길 44-18 (점봉동) 쿠팡 여주 물류센터 3F • 연락처: 1577-7011
그 외 경우	고객을 추적할 수 있는 정보를 기재해주면 담당부서로 전달하여 확인 후 답변해준다.

3 교환접수 철회 요청 시 해결 방법

고객이 교환접수를 했는데 철회하겠다고 요청할 경우 교환 출고 운송장번호 입력 전 상태에서는 '교환 불가처리'(교환철회)가 가능하다.

★ 교환철회 하기 경로

WING → **주문/배송** → **교환 관리** → **교환취소** 버튼 클릭한 후 사유에서 '교환철회(고객요청)'을 선택한다.

★ 교환철회 후 반품요청 + 상품이 고객에게 있을 때

1. 쿠팡 WING → **주문/배송** → **교환 관리** → 해당 상품을 선택하고 **교환불가처리** 버튼을 클릭한다. 사유에 '교환철회(고객요청)'을 선택한다.

2. 취소/반품 접수하기를 참고하여 '배송관리'에서 반품 접수를 진행한다.

3. 상품을 받은 후 WING → **주문/배송** → **반품 관리**에서 해당 상품의 **입고(회수)완료** 버튼 클릭 → **취소승인** 버튼을 클릭한다.(빠른 환불의 경우 자동으로 취소승인이 된다.)

★ 교환철회 후 반품요청 + 상품이 판매자에게 있을 때

1. 쿠팡 WING → **주문/배송** → **교환 관리** → 해당 상품을 선택하고 **교환불가처리** 버튼을 클릭한다. 사유에 '교환철회(고객요청)'을 선택한다.

2. 취소/반품 접수하기를 참고하여 '배송관리'에서 반품 접수를 진행한다.

3. WING → **주문/배송** → **반품 관리** → 처리상태 '반품접수' 항목의 해당 상품을 선택하고 **입고(회수)완료** 버튼 클릭 → **취소승인** 버튼을 클릭한다.

★ 교환 운송장번호를 이미 입력한 경우

교환 운송장번호를 입력한 후에는 '교환 불가처리'(교환철회)를 할 수 없다.

▶ 교환 상품 출고 전이라면 교환 출고한 송장번호를 '업체직송'으로 변경하여 교환완료 처리 후 반품 접수를 진행한다.

▶ 교환 상품 출고 후라면 판매자가 직접 고객과 반품 처리 및 반품비용 등을 협의해야 한다.

※ 고객 귀책 사유인 경우 왕복배송비 차감을 위해 '회수 필요'로 반품 접수를 해야 한다. 판매자가 진행하는 반품은 귀책과 관계 없이 판매자점수에 반영된다.

4 반품 상품 회수 입고 전 환불되었을 경우

반품 상품이 아직 판매자의 창고에 입고 되지도 않았는데, 고객은 이미 환불받았다고 하는 경우가 있다. 판매자로서는 당황스러운 일이지만, 쿠팡에서 고객에게 '빠른 환불' 제도를 시행하고 있기 때문이다. 쿠팡은 택배사가 회수 상품을 집화 스캔 처리하면 자동으로 환불 완료가 된다.

■ 쿠팡의 환불 제도

1. 빠른 환불

▶ 쿠팡은 고객에게 좋은 쇼핑 경험을 제공하기 위해 '빠른 환불' 제도를 시행하고 있다.

▶ 택배사가 회수 상품을 집화 스캔 처리하면 자동으로 환불 완료가 된다.

▶ 빠른 환불로 인해 판매자의 손실이 발생할 수 있는 경우는 '쿠팡확인요청' 신청을 통해 보상 신청을 할 수 있다.

2. 보장 환불

순금, 중고상품, C에비뉴를 제외한 판매가 10만 원 이하의 상품 중 고객의 반품 접수 후, 영업일 60시간이 경과된 일부 보장환불 주문 건에 대해서는 회수 지원 프로그램(Recovery Program)을 시행하고 있다.(온라인 문의 '주문이 보장환불 되었습니다. 어떻게 해야 하나요?' 참조)

3. 직권 환불

▶ 고객서비스처리기준에 따라 쿠팡이 판매자의 사전 동의 없이 상품의 주문을 취소할 수 있는 제도이다.

▶ 쿠팡 웹 또는 앱상 반품접수가 불가능한 상품에 대해 고객의 환불 요청이 있을 때 진행된다.

▶ 판매자 측 귀책 사유(예: 배송지연, 가송장, 가품, 예외적 사유 등)가 인정되면 판매자의 사전 동의 없이 직권으로 주문 취소 및 환불 조치를 진행할 수 있다.

4. 판매자 반품 완료

▶ 회수 상품이 입고되기 전이라도 판매자가 직접 반품 완료 처리할 수 있다.

▶ 이 경우 전자상거래법에 의거하여 상품 판매, 반품, 교환 등 모든 CS 처리는 고객과 직접 협의하여 처리해주어야 한다.

5 쿠팡확인요청 진행하기

'쿠팡확인요청'이란 회수된 상품에 문제가 있거나 배송비 부족 등의 손실이 발생한 경우, 정당한 손실에 한해 보상을 진행하는 쿠팡 정책이다.

▶ 교환/반품 과정에서 상품 및 배송 비용에 대해 확인이 필요한 경우, 1차적으로 고객 혹은 택배사에 직접 확인하여 처리해주면 된다.

▶ 고객 연락 및 협의가 되지 않을 경우, 상품 입고 후 영업일 기준 168시간 이내 쿠팡확인요청을 진행할 수 있다. 그러면 쿠팡에서 보상 가능 여부를 확인해준다.(판매자가 직접 '반품완료' 버튼을 누른 상품은 문제가 있어도 판매자의 책임이다.)

▶ 쿠팡확인요청에 대한 결과는 접수 시점 기준으로 반품은 5영업일 이내, 교환은 8영업일 이내에 확인할 수 있다.

■ 쿠팡확인요청 진행하기

쿠팡 WING → **주문/배송** → **반품 관리** 또는 **교환 관리**에서 해당 상품의 **쿠팡확인요청** 버튼을 클릭하여 진행한다.

〈쿠팡확인요청 사유〉

- 반품배송비 부족
- 상품 상태 이상(수량 부족, 상품 파손, 구성품 누락)
- 상품 상태 이상 + 반품 배송비 부족

〈구매대행 상품의 경우〉

'구매대행 상품 취소비용 접수 URL'(WING → 온라인문의 → 반품/취소/교환 → 쿠팡확인요청 → 쿠팡확인요청(온라인) → '온라인 문의하기' 클릭)을 통해 반품 접수일로부터 영업일 기준 14일 이내에 접수할 수 있다. 단, 아래의 경우에 한해 접수가 가능하다.

- 국내 반품지 및 택배사 계약 코드가 등록된 상품
- 국내 반품지 및 택배사 계약 코드 미등록된 상품이나 고객 귀책으로 회수 불필요 환불된 경우의 취소비용

▶ 배송예정일이 경과된 경우, 배송비 심사가 진행되지 않는다.

▶ 신선냉동 상품의 배송예정일이 경과되는 경우, 상품가 및 배송비 심사가 진행되지 않는다.

▶ 쿠팡확인요청 접수기간이 경과된 경우, 상품가 및 배송비 심사가 진행되지 않는다.

04 일반 운영 관련 Tip

1 쿠팡 '판매자 가이드'를 읽어보세요

쿠팡 판매자는 쿠팡 신뢰관리센터에서 판매자 가이드를 읽어보길 바란다.

쿠팡 마켓플레이스 하단에 있는 '**신뢰관리센터**'를 클릭한 후 **판매자 가이드 → 검수 가이드**를 클릭하여 내용을 확인한다. 지적재산권, 허위과장광고, 판매부적합, 준수사항 등을 확인할 수 있다. (https://www.coupang.com/np/safety/guide)

2 지식재산권을 보호받자 – 쿠팡 신뢰관리센터 신고 방법

쿠팡에서 판매를 하다 보면 타 판매자가 나의 지식재산권을 침해하는 경우가 있다. 내가 정성들여 만들어놓은 상세페이지를 도용하여 사용한다든가, 사용 권한이 없는데도 브랜드 등을 무단으로 도용하여 사용하는 경우도 있다.

쿠팡은 지식재산권(상표권, 디자인권, 저작권, 특허권, 실용신안권 등)을 침해하는 상품의 등록 및 판매를 허용하지 않고 있다.

지식재산권 보호를 위해 '지식재산권 상담센터'를 운영하고 있는데, 지식재산권을 침해하는 상품을 발견한 경우는 다음처럼 신고접수를 하면 된다.(접수 시 영업일 기준 1~2일 내에 답변을 받을 수 있다.)

■ 상품 상세페이지에서 '신고하기' 접수하기

해당 상품페이지에서 '신고하기'를 클릭하여 접수할 수 있는데, 쿠팡 회원일 경우만 가능하다.

1. 상품 상세페이지 하단에 있는 **신고하기** 버튼을 클릭한다.

2. 그러면 '쿠팡 신뢰관리센터' 페이지가 열린다. '쿠팡 고객'인 경우 '신고분류', '신고 내용'을 작성하고 **신고하기** 버튼을 클릭하면 된다.

3. 쿠팡 판매자인 경우 **쿠팡 판매자** 탭을 클릭하여 '**(KOR) 지식재산권 침해 신고서 양식.docx**'를 다운로드할 수 있고, **판매자 신고 사이트 바로 가기**를 클릭하여 '온라인 문의하기'를 통해 신고할 수 있다.

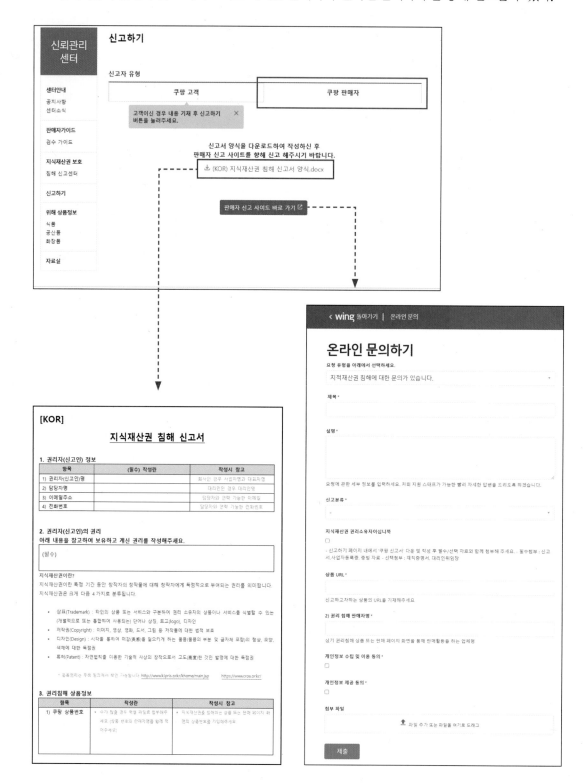

▶ 모바일에서도 상품페이지 → **상품문의** → **신고하기** 버튼을 통해 접수할 수 있다.

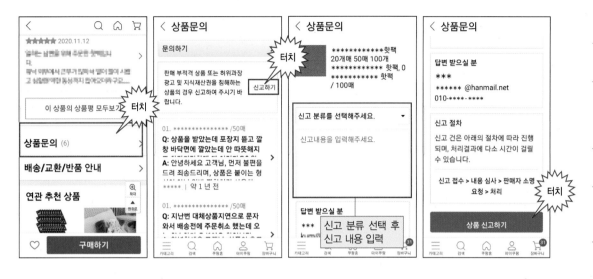

※ 지식재산권침해 신고하기 접수 시 필요 서류

쿠팡은 국내 오픈마켓 플랫폼으로 한국지식재산보호원의 가이드를 준수한다. 국내 상표권/특허권/디자인/실용신안 제출이 필요하며, 해외 권리의 경우는 특허청/키프리스 등에서 검증할 수 없으므로 유효하지 않다.

구분	서류 제출 시 참고사항
상표권	• 권리권자일 경우, 소유권 증명을 위해 상표등록증을 제출한다. • 권리권자는 아니나 권리 소유자와 관계가 있는 경우에는 해당 관계를 증명할 수 있는 관련 서류(라이선스 계약서, 공문 등)를 제출한다. • 상황에 따라 권리권자는 상표 사용의 증거를 제출해야 할 수도 있다.(상표가 포함된 상품 이미지)
저작권	• 권리권자일 경우, 해당 저작물에 대한 권리 소유자로 기재되어 있는 저작권등록증 사본이나 그에 준하는 기타 서류를 제출한다.
디자인권	• 권리권자일 경우, 해당 디자인의 권리 소유자임을 증명하는 디자인 등록증 사본 또는 해당 디자인을 사용할 수 있는 권한을 가지고 있음을 보여주는 계약서 사본을 제출한다.
특허권	• 권리권자일 경우, 해당 특허의 권리 소유자임을 증명하는 특허 등록증 사본 또는 해당 특허를 사용할 수 있는 권한을 가지고 있음을 증명하는 계약서 사본을 제출한다.

■ 쿠팡 신뢰관리센터에 접수하기

지식재산권 상담센터(1600-9876)에 전화하여 상담 및 신고를 할 수 있다.

■ E-mail로 접수하기

국내 판매자: cm112@coupang.com

중국 판매자: iprglobal@coupang.com

3 상품 상태 변경 이력 조회하기

판매자가 등록한 상품의 상태 변경 이력을 확인할 수 있다.

1. 쿠팡 WING에서 **상품관리 → 상품 조회/수정**을 클릭한다. 해당 상품의 수정 이력에 있는 **보기**를 클릭한다.

2. 상품 상태 변경 이력을 확인할 수 있다.

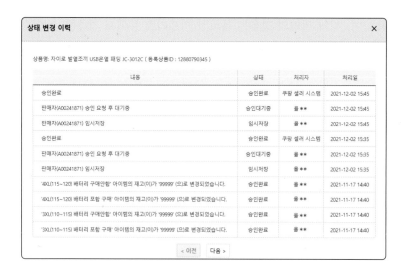

▶ 90일 이전의 '상품 수정 및 상태 변경 이력'은 조회할 수 없다. (최근 90일간의 수정 이력만 조회 가능)

▶ 90일 이전의 상품 수정한 이력은 온라인문의를 하면 된다.

   1. 쿠팡 WING → 온라인문의 → 상품관리 → 상품조회/수정 → '판매관리시스템(wing) – 상품목록에서 상품이 조회되지 않으면 어떻게 해야 하나요?' 클릭

   2. '제목'에 '90일 이전의 상품 상태 변경이력 확인요청'을 입력하고 **제출**을 클릭하여 문의하면 된다.

4 쿠팡 비밀번호 오류로 인한 계정 잠금 처리 시 해결 방법

판매관리시스템(WING)에서 5회 이상 로그인 실패 시, 5분 동안 로그인 시도를 할 수 없도록 잠금 설정이 된다. 5분 이후에는 자동으로 잠금이 해제되므로 로그인 가능하다.

만일 잠금 처리된 상태에서 지속적으로 로그인 시도를 반복할 경우, 잠금 해제시간이 5분씩 연장된다. 위와 같이 지속적인 로그인 오류로 장시간 계정 잠금 처리된 경우 다음과 같은 방법으로 계정 잠금 해제를 요청할 수 있다.

계정 잠금 해제처리 또는 2단계 인증 잠금 해제를 위해서는 본인 확인을 위한 서류를 쿠팡에 제출해야 한다. 쿠팡 WING에서 **온라인문의→회원정보→회원정보관리→'비밀번호 5회 이상 틀려서 계정이 잠금 처리되었습니다. 어떻게 해야 하나요?'** 클릭하여 온라인 문의를 하면 된다.

또는 helpseller@coupang.com으로 필수서류와 필수정보를 제출한다.

A. 필수서류

① 사업자등록증 또는 사업자등록증명(문의일 포함, 문의 일자 이후 발급분)

② 신분증 원본 컬러 촬영: 주민등록번호 뒤 번호 7자리는 마스킹

   - 개인사업자: 대표자 신분증

   - 법인사업자: 문의 요청자 신분증

B. 필수정보

- 계정ID: (모를 경우 사업자등록번호 기재)

- 휴대폰번호:

- 이메일주소:

- 요청 내용: 계정 잠금 해제

- SMS 수신 일자: SMS 미수신

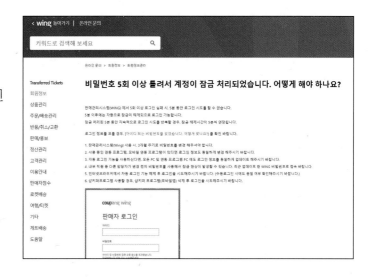

5 쿠팡 파트너스

쿠팡 파트너스(Coupang partners)는 일종의 제휴마케팅으로, 쿠팡이 제공하는 광고를 회원이 운영하는 미디어(웹사이트, 블로그, SNS 등)에 게재하고, 방문자의 광고 클릭을 통해 발생한 수익의 일정 비율을 회원에게 제공하는 서비스이다.

주로 블로그를 통해 게재를 하는 경우가 많으나 블로그 외에 본인이 운영하는 미디어 채널인 웹사이트, SNS 등에도 게재할 수 있다.

▶ 쿠팡 파트너스 홈페이지(https://partners.coupang.com/)를 통해 쿠팡 회원 ID로 가입할 수 있다.

▶ 쿠팡 파트너스 문의 메일: partners@coupang.com

6 품절상품 또는 품절임박 상품 확인하기

쿠팡 WING 판매관리시스템에서 내 상품 중 이미 품절되었거나 곧 품절 임박한 상품을 확인하여 재고관리를 할 수 있다.

1. 쿠팡 WING → **상품관리** → **상품알림**을 클릭한다. 그러면 내 상품에 대한 요약 정보를 확인할 수 있다. '품절상품', '품절임박상품' 탭에서 품절상품과 품절임박 상품에 대한 정보를 확인할 수 있다.

▶ **품절상품:** 최근 30일간 판매된 상품 중 품절된 상품의 목록을 보여주며, 품절된 순서대로 정렬되어 나타난다.

▶ **품절임박상품:** 재고수량 및 판매 데이터를 바탕으로 향후 28일 내에 품절이 예상되는 상품 목록을 보여주며, 품절 임박이 예상되는 순서대로 정렬되어 나타난다.

2. 품절된 상품 또는 품절 임박한 상품에 대해 재고수량을 변경할 수 있다. 품절이 되어 판매에 영향을 주는 일이 없도록 품절상품과 품절임박 상품을 수시로 확인하고 관리해야 한다.

'상품평'은 해당 상품을 구매한 고객이 자유롭게 의견을 남기는 것으로, 부정적인 글이라고 해서 판매자가 임의로 지울 수는 없다. 다만 비방, 욕설, 광고 도배, 복사글, 허위정보, 개인정보, 저작권 불법 도용, 상업적 목적에 해당하는 글이 확인될 경우에는 해당 상품평에 있는 [신고하기]를 통해 접수할 수 있다.

★ 상품평 신고하기

해당 상품 판매 페이지 하단의 '상품평' 항목에서 **신고하기** 버튼을 누르면 접수되며, 신고한 내용은 1~2일 내 쿠팡 '상품평 및 상품문의 운영원칙'에 근거하여 처리된다. 처리 결과는 별도로 신고자에게 안내되지는 않는다.

★ 상품문의 신고하기

문의유형은 '주문문의'(상품 구매 후 주문목록을 통한 문의)와 '상품문의'(상품 상세페이지 내 상품문의를 통한 문의)가 있다.

'상품 문의'의 경우, 해당 상품과 관계없는 글, 양도, 광고, 욕설, 비방, 도배, 개인정보 등의 글이 확인될 경우 '쿠팡 WING → **온라인문의** → **고객관리** → **상품평/상품문의** → **'상품평과 상품문의는 어떻게 지우나요?'**를 클릭하여 온라인 문의를 접수하면 된다. 그러면 쿠팡 내 '상품평 및 상품문의 운영원칙'에 근거하여 블라인드 여부 검토 후 답변을 준다.

온라인 문의 접수 시 기재사항

- 상품문의번호 :
- 상품문의 등록일 :
- 주문번호 :
- 상품ID :
- 옵션ID :
- 요청 사유 :

상품 문의번호를 모르겠다면 WING → **고객관리** → **고객 문의** 또는 WING → **미답변문의** → **고객 문의**를 클릭하여 '접수번호'(=상품 문의번호)를 확인하면 된다.

8 쿠팡 광고비 차감내역 확인하기

쿠팡 광고비 차감내역은 다음처럼 확인할 수 있다.

1. 쿠팡 WING → **정산** → **매출내역**을 클릭한 후 '정산차감(H)' 항목에서 '3P_SELF_SERVICE_상계' 로 해당 월 광고비 차감 내용을 확인할 수 있다.

※ WING → 매입 세금계산서 → 'ProductAD_3P~_SELF_SERVICE_+업체코드'인 해당 월 광고비 세금계산서 내용으로도 확인할 수 있다.

9 쿠팡 부당광고 상품에 대한 판매금지 정책

쿠팡은 부당광고 상품에 대해서 판매금지 정책을 펼치고 있다. 아래의 정책 내용을 확인하여 판매 활동에 불이익이 발생하지 않도록 주의해야 한다.

▶ 부당광고 상품

- 사실과 다르게 상품을 광고하거나 지나치게 과장하여 광고하는 경우
- 소비자가 가격, 수량, 재료, 성분, 품질, 규격, 원산지, 제조원, 제조방법, 효능, 기타의 내용을 오인하도록 속이거나 속일 우려가 있는 경우
- 비교기준을 명시하지 않거나 객관적 조건 없이 다른 상품과 비교하여 유리하다고 광고하는 경우
- 객관적으로 인정되지 않거나 근거 없는 내용으로 다른 상품을 비방하는 경우

▶ 부당광고의 사례

- 표시된 가격, 할인율이 실제 구매 가능한 상품정보와 다른 경우
- 가격이 변동되었음에도 변동 전 가격으로 표시하여 광고하는 경우
- 실제 가격변동이 없음에도 특정한 가격으로 판매하는 것으로 소비자를 오인시키는 경우
- 정확하지 않은 설명과 이미지로 소비자를 오인시킬 우려가 있는 경우
- 실제 거래가 가능하지 않은 상품, 가격을 허위로 기재하는 경우
- 추가 금액이 발생하는 상품을 대표이미지로 사용하여 소비자를 오인시키는 경우
- 추가 구매를 해야 하는 상품을 단독상품으로 소비자를 오인시키는 경우
- 상품, 색상, 수량, 용량 등이 실제 구매 가능한 상품정보와 다른 경우
- '균일가격', '옵션 없음' 등으로 광고하였으나 추가금액이 선택항목에 있는 경우
- '무료배송, 쿠폰, 사은품, 적립금' 등으로 광고하였으나 그 내용대로 이행되지 않는 경우
- 그 밖에 소비자를 기망하여 부당하게 유인하는 광고

▶ 처리방안

- 부당광고가 확인되는 경우, 해당 상품의 노출과 판매는 중지된다.
- 이미 판매된 상품의 반품/환불/피해 보상은 판매자가 책임져야 한다.
- 쿠팡은 소비자의 피해규제를 위해 '해당 상품의 노출 및 판매 중지' 및 '해당 상품의 반품/환불/피해보상'을 선조치할 수 있다.
- 2회 이상 반복되는 경우 판매자격이 영구정지 될 수 있다.

10 미정산 내역과 정산예정 금액 확인하기

미정산된 금액의 확인은 환불 주문 건으로 인해 정확한 확인은 어렵지만 '매출내역'과 '지급내역'을 비교해서 확인해볼 수 있다.

1. [매출내역 확인] 쿠팡 WING → **정산** → **매출내역**에서 매출내역을 확인한다.

2. [지급내역 확인] WING → **정산** → **지급내역**에서 확인한다.

3. [미구매확정 주문 건 확인] WING → **정산** → **정산현황** → **미구매확정** 탭에서 검색조건 설정 후 검색한다.

결제일, 옵션 ID 또는 주문번호 입력 후 검색 시 배송상태별로 미구매확정 주문 건을 조회할 수 있다. '주문상세내역'의 미리보기를 클릭하여 주문번호, 배송완료일, 배송상태 등을 확인할 수 있다. '엑셀 다운로드 요청' 버튼을 클릭하여 엑셀 파일로 다운로드하여 확인할 수도 있다.

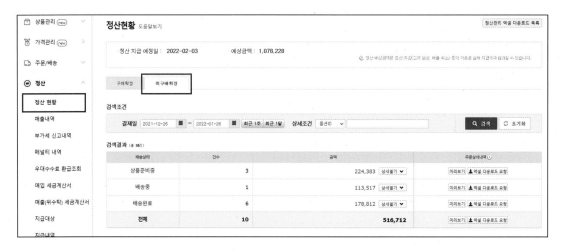

　　이렇게 매출내역과 지급내역, 미구매확정 건 등을 비교해봄으로써 쿠팡에서 정산되지 않은 금액을 확인할 수 있다.

★ 정산예정 금액 확인하기

WING → **정산** → **정산 현황**을 클릭한 후 '검색조건'에서 '정산예정'으로 검색하면 확인할 수 있다.

11 판매자점수 제외 신청 방법

쿠팡 '판매자점수'는 판매자가 제공하는 고객 경험을 점수로 나타낸 지표이다. 고객 경험에서 가장 중요한 주문, 배송, 서비스 활동을 기반으로 측정하며, 주문이행, 정시출고완료, 정시배송완료, 24시간 내 답변 등 평가항목으로 판매자점수를 산정한다.

만약 정당한 사유 없이 판매자점수가 차감되었을 경우, 증빙이 될 수 있는 자료와 함께 판매자점수 제외 신청을 할 수 있다. 신청 내용 검토 후 제외 사유가 인정되면 감점에서 제외된다.

다음이 3가지 경우를 참고하자.

▶ 고객 요청, 지정일 배송 등 판매자 귀책이 아닌 사유도 판매자점수에 반영되는가?

지정일 배송과 같이 고객 요청으로 인해 배송이 지연되어 정시배송완료 점수가 크게 하락하였을 경우에 한해 쿠팡 WING → **온라인문의** → **판매자점수**를 클릭하여 '**판매자점수에 적용되지 않은 예외 사항은 무엇입니까?**', '**판매자 잘못으로 인한 취소가 아닌데 판매자점수에 반영되었을 경우 제외 가능한가요?**' 등을 클릭하여 온라인 문의를 하여 제외 신청을 할 수 있다.

신청 내용 검토 후 제외 사유가 인정되면 정시배송완료 점수 감점에서 제외될 수 있다.

▶ 주문 다음날 출고했는데 택배사 지연으로 점수가 하락했는데, 점수에서 제외 가능한가?

고객은 상품을 언제 출고했는지가 아닌 언제 받았는지가 중요하기 때문에, 정시배송률을 유지하기 위해 최선을 다해야 한다. 택배사 지연이지만 결국은 고객과의 약속된 배송일을 지키지 못한 것이므로 판매자점수에 반영된다. 출고소요기간 조절, 이용하는 택배사 관리 등으로 점수 개선을 위해 노력해야 한다.

▶ 송장번호를 오등록해서 판매자점수가 하락한 경우

오등록한 송장번호를 정상 출고된 송장번호로 수정하고 택배사 송장 추적이 정상적으로 된다면 자동으로 정시배송완료 점수에서 감점되지 않는다.

12 쿠팡 모바일 앱

쿠팡 판매자는 쿠팡 WING 모바일 앱을 구글 플레이스토어에서 설치하여 사용할 수 있다.

모바일 앱에서 상품등록부터 가격관리, 주문/배송관리, 고객관리 등을 이용할 수 있다. 판매관리를 위해 놓치면 안 될 중요한 정보를 알람으로 받아보고 알람을 터치하여 해당 메뉴로 이동해 즉시 처리할 수 있다.

 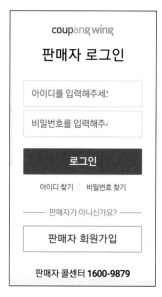 

13 쿠팡 추천

쿠팡 상품 중에 '쿠팡 추천' 배지가 붙은 상품은 배송, 상품평, 반품 편의성 등 다양한 요인을 기반으로 쿠팡에서 추천한 상품이다. '쿠팡추천'은 쿠팡 프로그램에 의해 자동으로 추천되고 수시로 변동된다.

이것이 붙은 상품이 반드시 좋은 상품이라고 할 수는 없지만, '쿠팡추천' 배지 노출효과와 고객 신뢰감 상승으로 인해 판매에 긍정적인 영향을 미친다고 볼 수 있다.

13장

로켓배송과 로켓그로스

진행하기

01 로켓배송 개요

1 로켓배송이란 무엇인가?

로켓배송은 쿠팡이 협력사(판매자)의 상품을 매입하여 등록, 관리, 배송하는 시스템이다. 로켓배송을 진행하기 위해서는 로켓배송에 입점해야 하며, 협력사가 로켓배송 상품을 등록하면 쿠팡 BM(브랜드 매니저)이 매입 여부를 결정하고, 매입가는 협력사와 쿠팡 BM이 협의한다.

간이과세자는 로켓배송 입점을 할 수 없으며, 카테고리에 따라서 상품 공급이 제한될 수 있다.

로켓배송은 판매자의 상품을 쿠팡이 매입하여 판매하는 것이므로, 해당 상품의 판매 데이터를 참고하여 신중하게 매입을 결정한다. 무턱대고 매입했다가 안 팔리면 쿠팡이 재고를 떠안아야 하기 때문이다. 따라서 로켓배송을 진행한다는 것은 쿠팡에서 어느 정도 판매가 되는 상품이라고 할 수 있다. 팔리지 않는 상품을 쿠팡에서 매입할 리가 없기 때문이다. 로켓배송 상품은 쿠팡에서 매입한 상품이니 어떻게든 많이 팔기 위해서 검색 랭킹에 베네핏을 주면서 상위에 노출시키고 있다.

2 로켓배송, 셀러에게 약인가 독인가?

쿠팡으로부터 대량 주문도 들어오고, 쿠팡 물류에 상품만 입고시키면 이후 과정은 신경 쓸 것도 없고, 재고 부담도 없으니, 로켓배송으로 판매하면 좋지 않을까? 하지만 로켓배송이 좋은 점만 있는 것은 아니다. 판매자는 로켓배송의 유불리를 잘 따져보고 진행 여부를 결정해야 한다.

① 어느 것이 많은 수익을 가져다 주는가?

판매자가 생각해볼 것이 수익이다. 마켓플레이스에서 판매하여 얻는 수익이 로켓배송 매출 수익보다 크다면 굳이 로켓배송을 진행할 필요가 없을 것이다. 수익을 비교할 때는 마켓플레이스에서 판매할 때 들어가는 주문처리, 반품처리, CS 등 관리비용과 시간비용, 배송비 등을 따져봐야 한다.

쿠팡 마켓플레이스에서는 카테고리별 요율에 따라 판매수수료를 부과하는데, 현재 4%(순금/골드바/

돌반지)~10.9%(면/라면) 정도로, 부가세 별도 금액이다.(배송비에도 부가세 별도 3%의 수수료가 부과된다.)

로켓배송은 쿠팡에서 매입하는 것이기에 공급가 개념이다. 판매자는 쿠팡 BM과 협의하여 공급가(쿠팡 매입가)를 결정하고, 상품 공급 후 그 금액을 정산 날짜에 받으면 된다.(공급가는 보통 온라인 판매가의 60~70% 정도 선에서 결정된다.) 그런데 이것이 판매자에게 꼭 불리한 것만은 아니다. 로켓배송 상품은 마켓플레이스에서 일반상품으로 판매할 때보다 판매가 잘되기 때문이다. 로켓배송 상품은 로켓배송 배지가 붙어 노출되고, 쿠팡에서 베네핏을 주어 상위노출도 잘되기에 판매량이 늘어난다.

따라서 판매자는 마켓플레이스와 로켓배송으로 진행할 때의 판매량, 수수료, 공급가 등을 비교하여, 어느 것이 순수익이 높은지를 따져보고 진입 여부를 결정해야 한다.

② 정산 기간을 고려하자.

마켓플레이스의 정산은 정산 유형에 따라 정산일자에 지급된다. '주정산'은 한 주간(월~일) 구매확정된 주문 매출액의 70%를 '매주 일요일 기준 15영업일' 후에 지급되고, 최종정산액 30%는 '매월 말일 기준 익익월 첫 영업일'에 지급된다. '월정산'은 한 달간(1일~말일) 구매확정된 주문 매출액의 100%를 '매월 마지막날 기준 15영업일' 후에 지급된다.

로켓배송의 정산은 지급전표 단위로 지급되는데, 발주서의 일별 입고 확정된 수량을 기준으로 계산서가 발행되며, **세금계산서 발행일자 +60일째**에 정산금이 지급된다. 정산일이 휴일(명절 포함)일 경우에는 가장 빠른 영업일에 지급된다. 단, 계산서를 승인해야만 정산금이 지급된다.

이러한 것을 보면 로켓배송의 정산기일이 마켓플레이스보다 다소 길다고 할 수 있다. 이러한 것도 판매자는 고려해야 한다. 긴 정산 기간은 금액이 많은 경우 자금 운용에 부담으로 작용할 수 있다.

③ 타 플랫폼에서의 판매에 영향은 없는가?

쿠팡뿐만 아니라 네이버쇼핑이나 오픈마켓, 자사몰 등에서 같은 상품을 판매하고 있다면, 로켓배송 진행으로 인해 이들 플랫폼에서의 판매에 영향은 없는지를 고려해봐야 한다.

쿠팡은 최저가를 지향하고 있기에 쿠팡에서의 판매가격이 내려가면 다른 플랫폼에서의 매출에도 영향을 미치게 된다. 네이버쇼핑에서 20,000원에 판매하는 제품을 쿠팡 로켓에서는 19,000원에 판매한다면 네이버쇼핑에서의 매출이 줄어들 것이다. 그래서 네이버쇼핑에서 19,000원으로 내리면 쿠팡은 가격을 더 내리게 될 수도 있다. 그러다 보면 지금 온라인 플랫폼에서 판매하고 있는 가격보다 판매가가 조금 더 내려갈 수 있다는 것을 염두에 둬야 한다.

이러한 여러 가지 상황을 종합적으로 판단하여 어떤 것이 자신에게 유리한지를 따져본 후 로켓배송 진입 여부를 결정하면 된다.

02 로켓배송 진행하기

로켓배송은 쿠팡이 판매자의 상품을 매입하여 등록, 관리, 배송하는 시스템으로, 상품 카테고리를 기반으로 여러 요소를 종합적으로 판단하여 쿠팡에서 매입 여부를 결정하게 된다. 전국에 있는 쿠팡 물류 시스템을 이용해 자체 배송 인력인 쿠팡친구(쿠팡맨)를 통해 고객에게 배송해주고, 반품/교환 역시 쿠팡이 직접 관리하게 된다.

1 로켓배송 입점 전에 알아야 할 사항

▶ 운영 제한

간이과세자는 로켓배송 운영이 제한되어 있어 입점이 불가하다.

▶ 로켓배송 매입 여부/공급가

로켓배송은 매입 방식으로, 입점 후 상품 제안은 수수료 기준이 아닌 협력사(판매자)에서 쿠팡에게 공급할 공급가를 작성하여 상품(견적서) 등록을 하면 된다. 그러면 쿠팡 담당 BM(브랜드 매니저)이 매입 여부를 결정한다.

▶ 로켓배송 납품 기준

단일 상품의 무게가 30kg 이하이면서, 상품 포장상태의 가로 + 세로 + 높이의 합이 250cm 이하의 상품만 납품이 가능하다.

▶ 로켓배송 입점 불가 상품

법적으로 온라인 판매가 금지된 의약품, 주류, 담배 등의 상품은 입점할 수 없다. 카테고리에 따라 상품 공급이 제한될 수 있다.

▶ 서플라이어 허브란?

서플라이어 허브(supplier.coupang.com)는 로켓배송 운영을 위한 사이트로, 입점 신청을 한 후 로그인을 하면 된다. 입점 계약 진행부터 상품등록, 발주서 확인, 입고 진행, 정산까지 로켓배송에 관한 전반적인 운영 및 관리를 하는 사이트이다. 마켓플레이스 상품 운영을 쿠팡 WING 어드민에서 하듯이 로켓배송 운영은 서플라이어 허브에서 한다.

2 로켓배송 입점하기

로켓배송은 쿠팡 마켓플레이스 판매자뿐만 아니라 쿠팡 마켓플레이스에서 판매를 하지 않고 있는 사람도 입점을 신청하여 상품을 판매할 수 있다.

▶ 로켓배송 입점 신청 절차

(출처: https://supplier.coupang.com/welcome/join/guide.html)

1) 로켓배송 가입하기-쿠팡 마켓플레이스 미입점자의 경우

쿠팡 마켓플레이스 판매자가 아닌 사람은 다음의 과정을 따라 하면 된다.

① 쿠팡 사이트 왼쪽 상단에 있는 **입점신청→로켓배송**을 선택한다.
② 각 항목별 올바른 정보를 입력한다.
③ 입력 후 **제출하기** 버튼 클릭 시 메일로 등록 코드가 발송된다.
④ 가입화면에 다시 돌아와 등록코드 및 필요 정보를 입력한 후 가입을 진행한다.
⑤ 가입 후 첫 화면의 상품공급계약(PSA)을 완료한다.

1. 쿠팡 사이트(https://www.coupang.com/) 왼쪽 상단에 있는 **입점신청 → 로켓배송**을 클릭한다.

2. 쿠팡 서플라이어 허브 로그인 창에서 **가입하기**를 클릭한다.

3. 공급사 기본정보 입력 후, '개인정보 수집 이용 동의'에 체크하고 **제출하기**를 클릭한다.

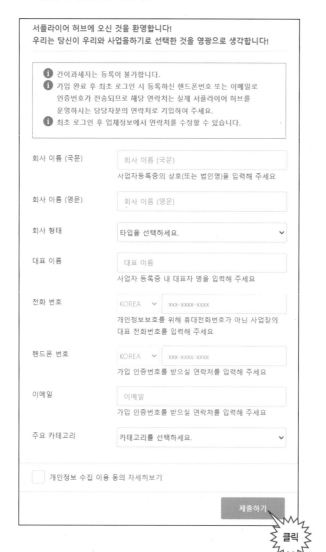

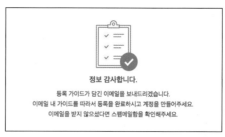

4. 등록한 이메일로 쿠팡에서 이메일이 온다. 메일에 있는 '임시 등록 코드'를 확인하고 supplier.coupang.com을 클릭한다.

5. 이메일 주소를 확인하고 임시 등록 코드를 입력한 후 **다음**을 클릭한다.

6. 본인의 사업자등록번호를 입력하고 **검색**을 한 후 사업자 등록 관련 세부사항을 입력한다. **다음**을 클릭한다.

7. 이용약관에 동의하고 **다음**을 클릭한다.

8. 사업자등록증, 통장사본 등 필수서류를 첨부하고 **다음**을 클릭한다.

9. 쿠팡 관계자 정보를 입력하고 **다음**을 클릭한다.

10. 쿠팡 서플라이어 허브 계정 생성을 위해 '사용자 ID'와 '비밀번호'를 설정하고 **인증하기**를 클릭한다.

11. 계정이 생성되면 서플라이어 허브로 자동 이동된다. 아니면 Supplier Hub **바로가기** 버튼을 클릭하여 아이디와 비밀번호를 입력하고 로그인한다.

2) 로켓배송 가입하기-마켓플레이스/트래블 판매자의 경우

쿠팡 마켓플레이스에 입점한 WING 사용자는 별도의 로켓배송 신규 가입을 할 필요 없이 기존 WING 계정으로 로켓배송 시스템을 이용할 수 있다. 로켓배송 시스템 사용은 담당 BM의 승인 이후 가능하며, 담당 BM을 통해 로켓배송 물류 계약을 진행한다.

마켓플레이스 셀러는 쿠팡 판매자콜센터(1600-9879)에 전화하여 문의하거나 '로켓배송 입점 이메일 문의하기'(https://supplier.coupang.com/welcome/join/email.html)를 통해 진행할 수 있다.

또 쿠팡 WING → **온라인문의** → **로켓배송** → **로켓-입점** 항목에 있는 **[로켓배송] 로켓배송에 어떻게 입점하나요?**'를 클릭하여 온라인문의를 통해 진행하면 된다.

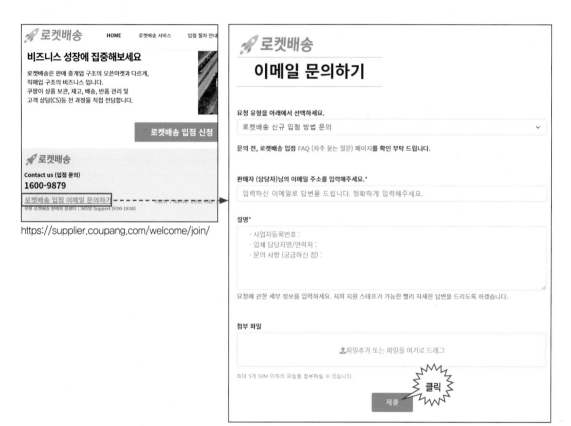

https://supplier.coupang.com/welcome/join/

3) 로켓배송 가입하기-글로벌셀러의 경우

다음 사항을 기재하여 담당자 메일(gs_bm@coupang.com)로 발송하면 담당자가 확인 후 입점 여부를 결정하고 입점 성공 시 연락으로 공유해준다. (입점이 불가할 수도 있음)

- 제목: [brand name][category]
- 언어: 한국어 or 영어
- 내용: 회사소개서, 상품리스트, 상품 URL

3 상품공급계약 체결하기

상품공급계약(PSA)이란 필요한 상품을 공급하는 것을 약정하는 문서이며, 계약서에는 공급으로부터 입고 및 검수를 거쳐 대금의 지급과 공급물품의 이상발생에 대한 처리에 이르기까지 일련의 사항이 포함된다. 입점이 완료되면 서플라이어 허브에 로그인해 계약서를 확인할 수 있으며, 상품공급계약을 체결해야 정상적으로 거래가 시작된다.

상품공급 계약은 **업체 담당자 서명 → 쿠팡 담당자 서명 → 입점완료**로 진행된다.

1) 계약서 확인과 서명하기

1. Supplier Hub → **계약** → '계약서 이름'에서 '[표준] 상품공급계약'을 검색한 후 **[표준] 상품공급계약**
이라는 계약서 이름을 클릭한다.

2. 계약 내용을 확인하고 전자서명을 진행한다.

3. 담당 BM이 최종 서명을 진행하면 상품공급계약이 완료된다. 계약이 완료되면 Supplier hub의
모든 메뉴를 열람 및 사용할 수 있다.

상품(견적서) 등록하기

상품등록은 협력사(판매자)가 견적서 작성/등록을 통해 쿠팡에 로켓배송 상품을 제안하는 것으로, 쿠팡 서플라이어 허브에서 진행할 수 있다. 상품 기본정보, 이미지, 공급가 등 상품정보를 입력하여 등록한다. 그러면 해당 상품의 카테고리 브랜드 매니저(BM)가 상품 매입 여부를 결정한다.

1. 상품등록을 하기 전에 협력사 정보 확인 및 업데이트를 한다.

서플라이어 허브 → 협력사명 → 내 계정 → 사업자 정보를 수정해주세요 → 업체 기본정보 → 담당자 정보에서 **추가** 버튼을 클릭하여 담당자 정보를 입력한다. 대표로 지정된 연락처로 '견적서 등록 여부, 반려 및 발주 메일'이 온다. (수정 사항이 없으면 해당 단계는 생략 가능)

2. 서플라이어 허브 → 상품 → 개별 상품 등록을 클릭한다.

[기본정보] '상품명'과 '카테고리'를 입력하고 **다음**을 클릭한다.

① **상품명**은 '브랜드+제품명+상품군'으로 구성하여 쿠팡에서 노출하고자 하는 상품명을 입력한다.

　• 상품명에는 반드시 속성값(색상, 사이즈, 무게 등)이 포함되어야 한다.
　• 하드 번들(같은 상품이 여러 개 묶음으로 되어 있는 형태) 상품은 상품명 앞에 PACK 또는 BOX를 기재한다.

② **카테고리**는 직접 입력 또는 '카테고리 구조로 선택'을 클릭하여 진행하면 된다. 상품등록 후 카테고리는 변경될 수 있다.

3. [상품정보] 상품 상세 정보를 입력하고 **다음**을 클릭한다.

① **브랜드:** 상표권이 등록된 상품 브랜드 입력. 브랜드가 없거나 자체 제작 상품은 '브랜드 없음' 체크.

② **공급가:** 공급사(판매자)가 쿠팡에 공급할 공급가를 제안한다. (부가세 포함 가격)

③ **쿠팡 판매가:** 공급사가 제안하는 소비자 판매가 입력. 공급가보다 금액이 커야 한다.

　• 제안하는 판매가는 실제 로켓배송 상품의 판매가는 아니다. 매입 후 쿠팡 내부 정책에 따라 판매 가격이 결정된다.

④ **상품 바코드:** 바코드가 있는 경우 제품의 바코드를 입력한다.

　• 바코드는 견적서, 제품 실물, 상세이미지(노출되어 있는 경우)의 바코드 정보가 일치해야 한다

⑤ **쿠팡 바코드:** 바코드가 없는 경우, 체크를 하면 쿠팡 바코드가 발주서에 자동 발급된다.

⑥ **제조사:** 상품 제조사의 등록 사업자명을 입력한다. 제조사의 등록 사업자명이 어려울 경우는 상품의 바코드 소유 업체명을 입력한다.

⑦ **거래타입**: 상품을 등록하는 협력사(판매자)의 업체 유형을 선택한다.

⑧ **검색태그**: 상품 관련 검색어를 입력한다.(최소 5개 이상 입력. 한 단어당 20자 이내, 최대 150자까지 입력 가능)

⑨ **검색 부가 정보**: 고객이 상품 구매할 때 검색 필터로 사용된다.

4. [이미지/콘텐츠] 대표이미지, 추가이미지, 상품 상세 콘텐츠를 등록하고 **다음**을 클릭한다.

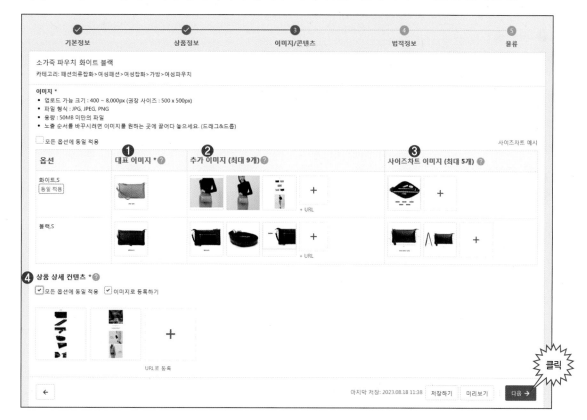

① **대표 이미지**: 검색결과 페이지에 보이는 이미지로 상품을 대표하는 이미지이다.
- 가로, 세로 500px 이상~5000px 이하의 정사각형 이미지(1000px×1000px 권장), 용량 50MB 미만
- 흰색 배경의 깔끔한 이미지, 상품 외의 요소 제거, 상품 외 텍스트 모두 제거

② **추가 이미지**: 상품 페이지 상단에 노출되는 이미지로 최대 9개까지 등록 가능.
- 연출 컷, 확대 컷 등록 가능. 가로, 세로 각 최소 400px 이상~8000px 이하

③ **사이즈차트 이미지**: 제품 사이즈 표시사항이 전부 표시되는 이미지 등록.(권장 사이즈 가로 400px)
- 의류/잡화 카테고리의 경우 '사이즈차트 이미지'를 필수로 등록해야 한다.

④ **상품 상세 컨텐츠**: '이미지로 등록하기'를 체크하여 상품 상세 이미지를 등록한다.(가로 780px, 세로 500px 이상 등록 가능)
- 쿠팡 스마트 에디터: 상세 이미지가 없으면 '이미지 등록하기' 체크를 해제하여 '쿠팡 스마트 에디터'로 작업할 수 있다. 이미지와 텍스트를 활용하여 등록할 수 있다.

5. [법적정보] 인증서, 상품정보제공고시를 입력하고 **다음**을 클릭한다.

① **인증서:** 해당 인증 번호를 입력하고 인증서를 업로드한다. (인증대상이 아니면 '해당사항없음' 선택)

   • 카테고리 설정에 따라 작성해야 할 상품 법적 정보 항목이 다르다.

② **추가 서류:** 인증정보, 인증서에 해당하지 않는 서류는 '추가 서류'에 업로드한다.

③ **상품정보제공고시**

   • 카테고리에 따라 작성해야 할 상품정보제공고시 사항이 다르다.

   • 상세페이지에 내용이 포함된 경우에는 '상품 상세페이지 참조'를 체크한다.

   • A/S 책임자와 전화번호: '쿠팡 고객센터 1577-7011'을 입력한다. 브랜드사에서 A/S 센터를 운영하는 경우 해당 브랜드의 서비스 센터 연락처를 입력한다.

6. [물류] 물류 정보를 입력하고 **상품등록**을 클릭한다.

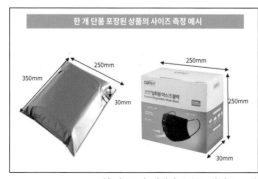

기본정보 — 상품정보 — 이미지/콘텐츠 — 법적정보 — ⑤ 물류

소가죽 파우치 화이트 블랙
카테고리: 패션의류잡화 > 여성패션 > 여성잡화 > 가방 > 여성파우치

❶ 박스 내 SKU 수량 *❓   1   ✕
　　상품 수량 입력 가이드

❷ 유통기간 *식품의 경우
　소비기간 또는 유통기간
　(일수기재) *❓   0   ✕

　취급주의 사유 *❓   ◉ 해당사항없음 ○ 유리

❸ 한 개 단품 포장 무게 *❓   1000   ✕

❹ 한 개 단품 포장 사이즈 *❓   150*300*400   ✕

　출시 연도 *❓   ○ 2016 ○ 2017 ○ 2018 ○ 2019 ○ 2020 ○ 2021 ○ 2022 ◉ 2023

　계절 *❓   ○ 봄 ○ 여름 ○ 가을 ○ 겨울 ◉ 사계절

클릭

←   마지막 저장: 2023.08.18 11:52 저장하기 미리보기 **상품 등록 →**

① **박스 내 SKU 수량:** 쿠팡 물류센터에 입고되는 한 박스 안의 SKU 단위당 총 개수 입력.

　• SKU 단위: 고객에게 발송되는 포장된 상태의 단품(상품 견적서에 등록한 상품 판매 단위)

② **유통기간:** 제조일로부터 유통기간 일수를 숫자로 입력.(유통기간이 없는 상품은 0을 입력한다.)

③ **한 개 단품 포장 무게:** 고객에게 발송되는 포장된 상태의 단품(등록한 상품 판매 단위) 무게 입력.
　단위(g)를 제외하고 숫자(정수)만 입력.

④ **한 개 단품 포장 사이즈:** 고객에게 발송되는 포장된 상태의 단품 포장 사이즈 입력. 단위(mm)는
　제외하고 숫자(정수)만 입력.

　• 단일 상품 포장 기준 가로＋세로＋높이의 합이 2500mm 이하의 상품만 납품 가능함.

한 개 단품 포장된 상품의 사이즈 측정 예시

(출처: 쿠팡 개별상품등록_가이드.pdf)

5 상품 등록 확인하기

1. 서플라이어 허브 → 상품 → 상품 등록 상태 **확인**을 클릭하여 상품 등록 상태를 확인할 수 있다.

상품명 ?		상품 등록일 ?	카테고리 ?	바코드 ?	견적서 ID ?	SKU ID ?	상태 ?	등록 진행 단계 ?
	***** 국산 **********	2021/02/02 5:56:27	뷰티 >> ************	R0***********	8*******.	14******	상품 검수중	가격/정책 상품 정보 발주서 발행
	***** 국산 **********	2021/02/02 5:56:27	뷰티 >> ************	R0***********	8*******.	14******	상품 검수 반려	가격/정책 상품 정보 발주서 발행
	국내 **************	2021/05/25 2:31:07		R0***********	d*******_	16******	상품 검수 완료	가격/정책 상품 정보 발주서 발행

회색	해당 단계가 아직 시작 전인 상태		**주황색**	해당 단계가 보류 중인 상태
파란색	해당 단계가 진행 중인 상태		**빨간색**	해당 단계가 반려된 상태
녹색	해당 단계가 완료된 상태			

6 상품 발주 확인하기

상품 검수가 완료되면 발주서가 생성된다. 그러면 발주서 확정을 진행한다.

1. [정산 담당자 입력 및 확인] **서플라이어 허브 → 협력사명 → 내 계정 → 사업자 정보를 수정해주세요**를 클릭한다. '업체기본정보' → '담당자 정보'에서 **추가** 버튼을 클릭하여 정산 담당자 정보를 입력한다. (이미 정산 담당자를 등록했거나 수정 사항이 없으면 해당 단계는 생략한다.)

2. [발주 확인] **서플라이어 허브 → 물류 → 발주리스트**에서 발주서를 확인한다. 발주 번호를 클릭하여 상세 발주 내역을 확인한다.

coupang SUPPLIER HUB 홈 상품▾ 물류▾ 정산▾ 애널리틱스▾ 광고 관리

상품 공급상태 관리 밀크런 발주-입고 스케줄 공동 발주 플래닝 발주리스트

발주리스트

	발주							거래처		첫 SKU명	발주센터	납품센터 (실입고지)	수량	
	번호	발주 유형	주문 유형	상태	일시	구분	운송	담당	거래처명				발주	입고
☐	3 ******* 클릭	일반	일반	발주확정	2022-01-03 11:54:54	리오더	업먼트				인천4	인천4	36	0

3. [발주 확정] 발주 상세 페이지 하단의 **수정** 버튼을 클릭한다.

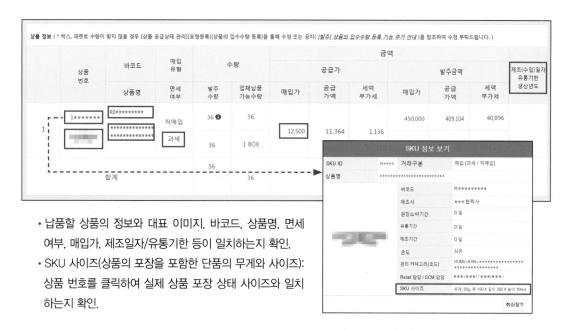

4. '회송 정보'와 '입고 유형'을 선택한다. (입고 방식은 택배, 트럭, 밀크런 등이 있다.)

- **택배:** 사용하고 있는 택배사를 통해 입고 가능. (납품 박스 기준 9박스 이하의 분량인 경우 가능)
- **트럭:** 팔레트에 포장하여 협력사가 트럭으로 입고하는 방식. 10박스 이상인 경우 사용할 수 있다.
- **밀크런:** 쿠팡이 계약된 차량을 통해 입고를 대행해 주는 서비스.

5. 상품 정보를 확인한다.

- 납품할 상품의 정보와 대표 이미지, 바코드, 상품명, 면세 여부, 매입가, 제조일자/유통기한 등이 일치하는지 확인.
- SKU 사이즈(상품의 포장을 포함한 단품의 무게와 사이즈): 상품 번호를 클릭하여 실제 상품 포장 상태 사이즈와 일치하는지 확인.

6. 실제 납품 가능한 수량을 입력한 후 **저장**을 클릭한다.

- 발주 수량보다 업체 납품 가능 수량이 클 경우 입력이 불가하다.
- 발주 수량보다 납품 가능 수량이 적을 경우 '사유입력'을 클릭하여 사유를 선택한다.
- 납품이 불가한 경우, 납품 수량을 '0'으로 입력한다.

7. 안내문을 읽고 체크한 후 **업체확인**을 클릭하면 발주 확정이 완료된다.

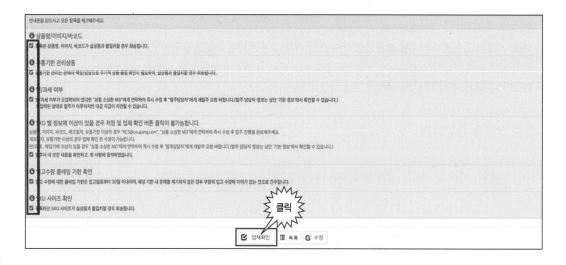

8. 발주서 확정 후 '쉽먼트 접수 안내'(택배/트럭) 또는 '밀크런 접수 안내' 팝업창이 뜬다. 팝업창 안내에 따라 다음 단계로 진행할 수 있다.

7 상품 입고하기

발주서 확정 후에는 쿠팡 물류센터에 상품을 납품하면 된다. 로켓배송 상품의 입고는 **쉽먼트 등록 → 상품 개별 포장 → 상품 발송 준비 → 상품 납품**의 단계로 진행된다.

- 쉽먼트는 협력사에서 쿠팡으로 상품을 운송하는 방법으로, 하나 또는 다수의 발주서(Purchase Order, PO)에 속한 상품의 운송 단위(=트럭 또는 택배)를 말한다.
- 입고 방식은 택배, 트럭, 밀크런 중 선택할 수 있다. 택배와 트럭으로 납품하는 경우 쉽먼트 작성은 필수이며, 트럭 납품 시에는 반드시 팔레트에 적재해야 한다.

1) 쉽먼트 등록하기

다음 과정은 '택배 쉽먼트'로 납품하는 방법이다. 트럭과 밀크런 납품 과정도 크게 다르지 않다.

1. 택배 쉽먼트 등록 전 출고지를 등록 또는 확인한다.(이미 출고지를 등록했거나 기존 등록한 출고지 정보에 수정 사항이 없다면 해당 단계는 생략) **서플라이어 허브 → 물류 → 쉽먼트 → 업체 기본정보 설정 → 출고지 추가**를 클릭하여 출고지 정보를 입력한다.

2. 서플라이어 허브 → 물류 → 쉽먼트 → 택배 쉽먼트 → 쉽먼트 생성을 클릭한다.

3. '쉽먼트 생성' 팝업창에서 출고지를 선택한 후 **다음**을 클릭한다.

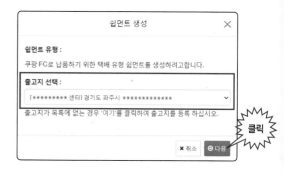

4. [발주서 선택] 발주서를 선택한 후 **발주서 선택 완료** 버튼을 클릭한다.(입고예정일과 납품 물류센터가 동일한 발주서는 쉽먼트를 함께 등록할 수 있다.)

5. [박스 수량] 발송할 전체 박스 수량을 입력한 후 **박스 수량 확인** 버튼을 클릭한다.

6. [SKU 선택] 박스를 선택하고 납품 수량을 입력한다. 입력 후 **SKU 선택 완료** 버튼을 클릭한다.

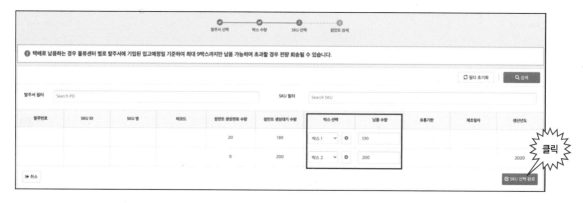

7. [쉽먼트 상세] 택배사, 발송일, 송장번호를 입력하고 **택배 쉽먼트 완료** 버튼을 클릭한다.

8. 생성된 쉽먼트는 **서플라이어 허브 → 물류 → 쉽먼트 → 택배 쉽먼트**에서 확인할 수 있다.

① 쉽먼트를 **조회/수정/삭제**할 수 있다.

② **Label** 버튼을 클릭하여 택배 쉽먼트 서류를 출력한다.

③ **내역서+거래명세서** 버튼을 클릭하여 서류를 출력한다.(서류 출력 버튼이 없는 경우 **수정**을 클릭해 송장 번호 입력 여부를 확인한다.)

2) 바코드 출력하기

1. **서플라이어 허브 → 물류 → 발주리스트**에서 해당 상품의 발주서 번호 아래에 있는 **SKU 바코드 출력** 버튼을 클릭한다.

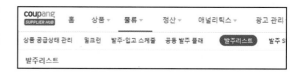

	발주							거래처		첫 SKU명	SKU개수	발주센터	납품센터 (실입고지)
	번호	발주유형	주문유형	상태	일시	구분	운송	담당	거래처명				
☐	⬇ SKU 바코드 출력 3******* 클릭	일반	일반	거래명세서확인	2022-01-03 11:54:54	리오더	쉽먼트	******* (***)	*******	******* ******* ******* ******* *******	1	인천4	인천4

2. 출력할 SKU ID를 선택한다. 출력할 'Page Type'을 선택하고 '인쇄할 라벨 수'에서 출력할 바코드 수량을 입력한다. **출력** 버튼을 클릭하면 바코드를 출력할 수 있다.

3) 상품 발송하기

택배 납품의 경우 개별 포장된 상품을 택배 아웃박스로 한 번 더 포장하여 상품을 보호해야 한다.

1. 택배 아웃박스 안에 '거래명세표'와 '쉽먼트 내역서'를 동봉한다.

2. '쉽먼트 라벨'은 택배 박스 윗면 우측 상단에, '택배 운송장'은 택배 박스 윗면 좌측 상단에 부착한다.
- 택배 박스에 바코드가 붙어 있다면 가리거나 제거한다.
- 쿠팡에 등록된 상품의 실 바코드는 상품당 1개만 존재해야 한다.

3. 택배 포장된 상품을 모두 같은 날 택배사로 발송한다.
- 택배 납품 박스가 10박스 이상인 경우 택배 입고가 불가하다.
- 10박스 이상은 트럭 또는 밀크런으로 납품해야 한다.

8 로켓배송 정산

로켓배송의 정산을 받기 위해서는 쿠팡에서 역발행되는 세금계산서를 협력사에서 승인해야 한다. 세금계산서 승인을 위해서는 '**전자 세금계산서전용**' 또는 '**범용 1등급**'(기업용) 공인인증서가 있어야 한다.

세금계산서는 발주서의 일별 입고 확정 수량을 기준으로 **상품 입고일**(입고 스캔 작업 완료일)로부터 **D+1일자**에 발행된다. 대금은 세금계산서 발행일자 **+60일째** 정산 지급된다.

1. [정산 담당자 등록] 서플라이어 허브 → 협력사명 → 내 계정 → 사업자 정보를 수정해주세요 → **업체 기본 정보** → **담당자 정보**를 클릭하여 정산 담당자의 정보를 등록 및 확인한다.

2. 서플라이어 허브 → 물류 → **발주리스트**를 클릭한다. '발주현황' 항목을 '거래명세서확인 요청'으로 설정한 후 **검색**한다. 하단 리스트에서 해당 **발주 번호**를 클릭한다.

3. 입고 수량 및 금액 등을 최종 확인 후 **거래명세서 확인** 버튼을 클릭한다.

4. 이후 발주리스트로 조회 시, 발주 상태 값이 '거래명세서 확인'으로 변경된 것을 확인할 수 있다.

5. 입고 확정 후 익일(영업일 기준)에 쿠팡에서는 협력사 정산 담당자 메일 주소로 세금계산서 승인 요청 메일을 발송한다. 협력사는 계산서 승인 요청된 날짜의 영업일 기준 3일 이내에 승인을 해야 한다.

　서플라이어 허브 → 정산 → 일반매입계정(구: 발주정산내역서)을 클릭한 후 미처리된 세금계산서 내역을 확인한 후 **계산서 보기**를 클릭하면 세금계산서가 팝업창으로 열린다.

　세금계산서 화면의 금액 등을 확인 후 하단 **승인** 버튼을 클릭한 후 공인인증서로 서명을 진행한다.

6. 발행된 세금계산서를 기준으로 대금 지급처리 결과를 확인할 수 있다.

　서플라이어 허브 → 정산 → 공제금액계정 → 지급처리결과를 클릭한다. '매출 발생일' 또는 '계산서 번호'를 입력하여 **검색**한다. **상세보기**를 클릭하면 상세 내역을 확인할 수 있다.

03 로켓그로스 개요

1 로켓그로스란 무엇인가?

'로켓그로스(Rocket Growth)'는 '제트배송'의 서비스 명칭을 변경(2022. 8. 8.)한 것으로, 쿠팡은 2023년 3월에 새롭게 업그레이드된 로켓그로스를 론칭하였다.

로켓그로스는 판매자가 쿠팡 물류센터에 상품을 입고시키면 이후 과정은 쿠팡풀필먼트에서 로켓배송 상품과 동일하게 입고, 보관, 배송, CS 응대 등 상품 관리를 해주는 서비스이다. 따라서 판매자는 오직 판매에만 집중할 수 있다는 장점이 있다. 하지만 서비스 이용료를 지불해야 하기에 판매자는 자신의 상황에 따라 무엇이 유리한지 잘 따져보고 진행 여부를 결정하면 된다.

로켓그로스는 일반 판매자가 하기 힘든 로켓배송이라는 특급 배송을 할 수 있고, 로켓배송 필터 및 '판매자로켓' 배지로 노출되어 판매에도 좋은 영향을 미친다. '판매자로켓' 배지 부착 여부와 로켓필터 노출 여부는 상품의 가격 경쟁력이나 쿠팡 정책 준수 여부 등에 따라 달라질 수 있다. 쿠팡 WING → **상품관리 → 로켓그로스 뱃지관리**에서 판매자로켓 배지 노출 여부를 확인하고 관리할 수 있다.

옵션ID/노출상품명, 옵션	내 상품가 (쿠폰)	현재 뱃지/노출상태	뱃지 최적가 적용 시 예상 뱃지/노출상태	뱃지 최적가 적용	뱃지 리포트	알림설정
🔒 아이템위너 아님 ⓘ ************ -박스펀존-, ************ (흰색)	115,430 (0)	상품 뱃지 / 뱃지 없음 노출 상태 ⚠ 나쁨	예상 데이터 없음	뱃지 최적가 없음	⬆	⚫
ⓛ ************ ************ 그레이	16,900 (0)	상품 뱃지 / 🚀 판매자로켓 노출 상태 ⚠ 보통	예상 데이터 없음	뱃지 최적가 없음	⬆	⚫

로켓그로스 상품 목록 (총 14개) · 지난 30일 매출 높은순 · 10개씩 보...

쿠팡 마켓플레이스 판매자는 별도 가입 절차 없이 쿠팡 WING에서 로켓그로스 메뉴를 이용할 수 있어서 바로 상품등록 및 입고 생성을 할 수 있다.(2023. 6. 9. 이전 입점 일부 판매자의 경우 로켓그로스 메뉴 및 배너가 미노출 될 수 있으며, 로켓그로스 내부 기준에 따라 순차 오픈 예정이다.)

로켓그로스 상품은 해당 상품을 얼마에 팔지, 얼마나 할인할지 등 모든 판매전략 설정권한을 판매자가 가진다.

■ 로켓배송, 로켓그로스, 판매자 배송 차이점

	로켓배송	로켓그로스	판매자 배송
배지	로켓와우, 로켓배송	판매자로켓	해당 없음
판매 주체	쿠팡	판매자	판매자
판매가격 결정 (할인율, 할인쿠폰)	쿠팡 BM과 협의	판매자가 WING에서 진행	판매자가 WING에서 진행
발주/입고요청	쿠팡 BM과 협의	판매자가 WING에서 진행	판매자가 WING에서 진행
배송	쿠팡이 로켓배송 진행	쿠팡풀필먼트서비스(CFS) – 쿠팡이 로켓배송 진행	판매자가 WING에서 진행
물류창고 내 재고관리	쿠팡	쿠팡풀필먼트서비스(CFS)	판매자
교환 및 반품처리	쿠팡	쿠팡풀필먼트서비스(CFS)	판매자가 WING에서 진행
고객 문의 대응	쿠팡	쿠팡	판매자
기타	쿠팡 BM과 협의	네이버 쇼핑 가격 노출	네이버 쇼핑 가격 노출

[로켓그로스 이용료]

로켓그로스를 이용해 판매를 하면 판매자가 부담하게 될 요금은 다음과 같다.

판매수수료	입출고 요금	배송 요금	보관 요금
카테고리별 상이 (4~11%)	크기/중량에 따라 상이 (1,750~2,400원)	크기/중량에 따라 상이 (2,350원~3,300원)	보관 공간, 보관 기간에 따라 달라짐
판매 완료된 상품에 부과되는 수수료	물류센터에 상품 도착 후 상품 입고 및 상품 판매로 인한 출고를 위해 부과되는 요금	상품을 고객에게 배송하기 위해 부과되는 요금	상품을 보관하는 공간에 대한 이용료
– 반품되는 상품에는 부과되지 않음	– 상품 1개당 부과되는 정액요금 – 개별포장 상품 크기 및 용량에 따라 상이 – 상품 판매되어 배송완료 시 청구	– 상품 1개당 부과되는 정액요금 – 개별포장 상품 크기 및 용량에 따라 상이 – 상품 판매되어 배송완료 시 청구	– 부피(m3)×보관 일수×적용 요율 – 일별 누적 금액으로 보관 기간에 따라 요금이 달라짐 – 매 입고 시마다 60일 동안은 면제
	입출고 & 배송요금은 상품 카테고리 및 최종 소비자 판매가에 따라 상이. 입출고 요금과 배송 요금의 합에 대해서 카테고리별로 특정 판매가격 미만일 경우 최대 2,000원까지 할인 적용(카테고리, 가격별 할인금액 상이)		

반품 요금	폐기 요금	부가서비스 요금
0원 (2023년 현재 프로모션 요금)	0원 (2023년 현재 프로모션 요금)	바코드 부착 서비스 묶음 배송 서비스(준비중)
고객 반품을 처리하는 데 소요되는 비용	판매자의 요청으로 CFS에서 제품을 폐기해주는 서비스에 대한 요금	
– 상품의 크기와 상관 없이 정액으로 부과	– 제품의 크기/중량에 따라 차등적으로 부과	

출처: 새로운 로켓그로스 둘러보기_신규 입점 판매자용.pdf   * 각 서비스 이용 요금이나 적용 조건 등은 변경될 수 있다.

쿠팡 WING → **도움말** → **로켓그로스** → **로켓그로스 서비스이용요금**을 클릭하면 로켓그로스 판매수수료와 이용 요금에 대한 자세한 사항을 알 수 있다.

[입고 제한 상품]

로켓그로스는 기본적으로 쿠팡 마켓플레이스에서 운영하는 카테고리의 상품을 취급할 수 있다. 단, 아래의 카테고리/상품군은 운영이 불가하다.

- 상품이 변질되기 쉬운 신선식품, 냉장냉동식품, 식물
- 특정 화학성분의 함양 지수가 높은 디퓨저, 손 소독제, 탈취제, 세정제, 연료, 액상형 각종 클리너, 살충제류
- 에어로졸, 스프레이 형태로 1mpa 이상의 고압가스를 이용하여 충전한 제품
- 개별 판매 단위 상품 1개 기준(포장재 포함) 가로＋세로＋높이 합이 250cm을 초과하거나 그 무게가 30kg 초과인 경우
- 설치배송 상품
- 기타 서비스제품 등

일부 카테고리에서는 로켓그로스 서비스 이용이 제한될 수 있다. 운영이 불가한 카테고리는 상품 등록 시 카테고리 선택에서 '로켓그로스 불가'로 표시된다.

다음 상품은 CFS 창고에 입고할 수 없다.

1. 신선/냉장/냉동식품군

2. 식물

3. 아래의 경우를 포함하여 개별 법령에서 별도의 취급/보관/진열 기준을 정하고 있는 상품군
   - 산업안전보건법 등에 의거 MSDS(물질안전보건자료)의 제공, 게시 의무 및 교육 의무가 적용되는 '대상화학물질'이 포함된 상품
   - 화학물질관리법에 따른 유해화학물질(유독물질, 허가 · 제한 · 금지물질, 사고대비물질, 그 밖에 유해성 또는 위해성이 있거나 그러한 우려가 있는 화학물질)에 해당하는 상품
   - 위험물안전관리법상의 위험물에 해당하는 상품
   - 액화석유가스의 안전관리 및 사업법에 따른 액화석유가스에 해당하는 상품
   - 총포화약법에 따른 총포, 도검, 화약류, 분사기, 전기충격기, 석궁 등에 해당하는 상품
   - 의료기기법 의료기기에 해당하는 상품

4. 개별 판매 단위 상품 1개 기준(포장재 포함) 가로＋세로＋높이 합이 250cm을 초과하거나 그 무게가 30kg 초과인 경우

5. 고객 방문이 필요한 설치배송 상품

6. 기타 관련 법령상의 규정을 준수하지 아니한 상품 (예. 식품 등의 표시·광고에 관한 법률 및 식품 등의 표시기준상 유통기한/소비기한 표시 위반)

7. 온도에 따라 녹거나 모양이 변형 혹은 상품이 변질될 수 있는 온도에 민감한 상품(코코아가공품류, 초콜릿류, 젤리, 푸딩 등 캔디류 일부, 캔들, 곡류 및 기타)

04 로켓그로스 진행하기

1 로켓그로스 진행 프로세스

쿠팡 풀필먼트서비스인 로켓그로스를 이용하기 위해서는 먼저 쿠팡 마켓플레이스에 판매자 회원으로 가입이 되어 있어야 한다. 마켓플레이스 판매자가 되면 별도 가입 없이 쿠팡 WING에서 로켓그로스 메뉴를 이용하여 상품등록 및 입고 생성을 할 수 있고, 로켓그로스를 이용할 수 있다.

다음의 로켓그로스의 진행 과정이다.

1. 판매자	쿠팡 WING 상품등록 / 입고 요청 → 상품 발송	• 상품 등록 후 입고 요청 • 상품 발송
2. 쿠팡풀필먼트서비스	상품 입고 → 하차 → 검수 → 보관 완료	• 상품 도착 후 차차 및 검수 • 보관
3. 쿠팡풀필먼트서비스	상품 집품 → 포장 → 배송	• 고객 주문이 발생하면 상품 집품, 포장 • 로켓배송 • 고객 반품은 쿠팡풀필먼트서비스가 처리
4. 쿠팡풀필먼트서비스	상품 반출/폐기	• 물류센터 내 보관상품 반출 • 고객 회수 상품 반출/폐기

2 로켓그로스 상품 등록하기

로켓그로스 상품도 마켓플레이스와 동일한 방식으로 '개별 등록' 판매방식으로 상품 등록을 하면 된다.

판매자는 동일 상품을 로켓그로스와 마켓플레이스에 동시에 등록하여 판매할 수 있다. 하지만 두 상품 중에서 고객경험이 뛰어난 상품 한 개만 노출된다. 아이템위너 선정 방식과 동일하다. 또 여러 판매자의 상품과 결합하여 묶이는 경우 가격, 빠른 배송, 고객 응대 등을 고려하여 고객 경험이 뛰어난 상품이 아이템위너로 선정된다.

로켓그로스 상품등록 시 유의사항

① 바코드 등록 시 상품의 바코드를 정확히 입력한다.

→ 옵션별로 실물 상품에 바코드와 상품명(등록상품명 + 옵션명)이 반드시 부착되어야 한다.

실물 바코드와 시스템 등록 바코드가 정확히 매칭되지 않으면 쿠팡에서 반려 조치된다.

② 등록 상품의 색상과 수량이 일치하는 대표이미지를 등록한다.

③ 상품명은 [브랜드명 + 제품명 + 상품군] 형식으로 등록한다.(상품 브랜드가 아닌 자체 브랜드는 입력할 수 없다.)

④ 캐릭터 라이선스, KC 어린이 필수서류 등 제품 필수 서류는 반드시 함께 첨부한다.

⑤ 브랜드명에 브랜드를 기재했다면 상세 콘텐츠에서 반드시 브랜드 정보가 확인되어야 한다. 확인되지 않는 브랜드의 경우 '브랜드 없음'으로 변경된다.

⑥ 등록 제한 대상 상품을 등록한 경우 검수에서 반려된다.

⑦ 로켓그로스 상품은 상품등록 후 콘텐츠 검수 및 퀄리티 향상 작업이 진행되기 때문에 일부 정보가 변경 및 삭제될 수 있다.

⑧ 판매가격을 제외하고는 수정이 불가하며, 검수 완료까지 상품이 노출되지 않는다.

⑨ 오등록 시 자료 추가 요청, 반려 등이 진행될 수 있어 쿠팡에 상품이 진열되기까지 시간이 다소 소요될 수 있다.

⑩ 상품등록 후 불가피하게 상품 수정이 필요한 경우 '온라인 문의하기'를 통해 수정 요청이 가능하다. 단, 카테고리 수정 및 옵션 추가/삭제는 불가하다.

1. 쿠팡 WING에서 **상품등록**을 클릭한다.

2. '판매방식 선택'에서 '**로켓그로스(쿠팡풀필먼트서비스 배송)**'을 선택한다.

3. 노출상품명에 '브랜드명 + 제품명'을 입력한다. 로켓그로스 상품등록이 제한되는 품목의 키워드를 입력하는 경우 제한 품목에 관한 안내가 나타나며, 등록이 불가할 수 있다. 물류입고용 상품명은 노출상품명과 동일하게 자동 입력된다.

> **노출상품명 *** 도움말
>
> 노출상품명 입력
>
> ⓘ 노출상품명에 옵션명을 중복 입력하지 않도록 주의해주세요
>
> 등록상품명(판매자관리용) ⓘ ∨

4. 카테고리를 선택한다. 로켓그로스는 등록할 수 있는 카테고리가 제한되어 있으며, 등록 후에는 카테고리를 수정할 수 없다.

카테고리 선택 시 로켓그로스 불가 상품은 '로켓그로스 불가'라고 표시된다.

5. 카테고리별로 등록할 수 있는 옵션명이 정해져 있다. 옵션명과 옵션값을 설정하고 '상품바코드' 항목에 실제 상품에 붙어 있는 바코드를 입력한다. 상품에 바코드가 없으면 여기서는 그냥 비워두고 다음의 '로켓그로스 물류 입고 정보' 항목에서 쿠팡자동바코드를 생성할 수 있다. 입고 시 바코드를 인식할 수 없으면 상품이 회송되며, 이때 발생한 배송비는 모두 판매자가 부담한다.

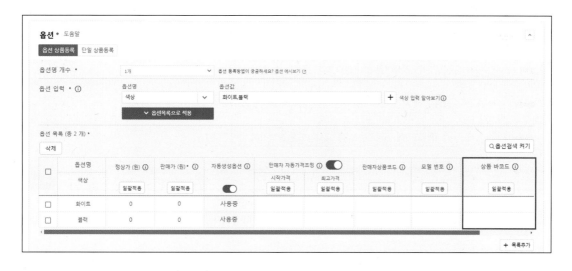

6. 상품이미지, 상세설명, 상품 주요 정보, 검색어, 검색필터, 상품정보제공고시, 구비서류 등 나머지 상품정보를 입력한다.

옵션별로 외관(포장, 색상, 용량 등)이 다른 경우 반드시 각각 다른 옵션 이미지를 업로드해야 한다.

대표이미지는 물류센터 입고 시 확인 절차로 활용된다. 반드시 상품의 실물과 동일한 이미지를 등록해야 한다.

상품페이지에 노출되는 상세 이미지 또는 텍스트를 입력한다.

상품 관련 검색어를 최대 20개까지 등록할 수 있다.

상품 검색 시 필터로 사용되는 옵션. 고객이 상품을 찾아보는 검색필터로 활용된다.

각 카테고리에 해당하는 상품 고시정보를 선택하여 입력한다.

상품의 적법성을 입증하는 증빙서류 업로드. 상품필수 서류는 반드시 첨부해야 한다.

7. '로켓그로스 물류 입고 정보'를 입력한다.

로켓그로스 물류 입고 정보 *

물류입고용 상품명 *   여성 클러치백 미니백   11 / 34

> 노출상품명이 자동으로 등록된다.
> 라벨 출력 시 해당 상품명이 출력된다.

물류센터 입고 시 실제 상품 포장에 있는 상품명과 대조용으로 사용됩니다.

입고 시 물류용으로 표시될 상품명은 아래와 같습니다. 상품명에 같은 단어가 중복되지 않는지 확인해주세요.

· 여성 클러치백 미니백, 화이트 록록 더보기(1)

상품 바코드 *

이 제품의 상품 표준 바코드를 입력해주세요.
상품을 관리하기 위한 고유 번호로 표준 바코드는 대부분 제조사에서 상품 포장지에 표기하고 있습니다. 바코드 예) GTIN-8, 13, 14, UPC-A, ISBN 자세히 알아...

ⓘ **물류센터 입고 후 검수 단계에서 회송될 수 있으니 반드시 확인해요!**
· 세트(묶음) 상품의 경우 세트(묶음) 단위의 바코드를 입력해주세요.
· 표준 바코드가 없어 쿠팡 바코드를 사용한 경우, 꼭 상품조회/수정 또는 입고 생성하기 메뉴에서 바코드 라벨을 출력해서 개별 판매 상품 단위에 부착해주세요.

[상품 표준 바코드란?]

> 입고 시 옵션별로 실물 상품에 바코드와 상품명(물류 입고 상품명 + 옵션명)이 반드시 부착되어야 한다.

🔍 옵션검색 켜기

옵션명	옵션이미지	상품 바코드 * ⓘ	표준 바코드가 없나요? 전체 선택 해제
화이트		❶ 상품 표준 바코드 입력	☐ 쿠팡 바코드 사용
블랙		쿠팡 바코드 자동 생성	❷ ☑ 쿠팡 바코드 사용

❸ **물류 추가 정보** *

상품의 사이즈/중량/유통기간 등의 정보를 입력해주세요.
사이즈/중량 기준은 개별 판매 단위 1개의 상품을 측정해주세요.

ⓘ **물류센터 입고 후 검수 단계에서 회송될 수 있으니 반드시 확인해요!**
· 상품 무게와 크기는 개별 포장된 상품 1개 단위로 입력해주세요.
· 입력하신 사이즈/중량이 실제 측정치와 오차가 있을 경우, 판매자에게 모두 회송 처리되므로 유의해주세요.
· 개별 포장된 상품 크기가 가로, 세로, 높이의 합이 250cm 이하이고, 무게가 30kg 이내인 상품만 로켓그로스로 판매 가능합니다.

[무게 측정 예시보기] [크기 측정 예시보기]

[기본등록] 옵션별 등록

취급주의 여부 *   ○ 예(Y)   ● 아니오(N)

개별포장 상품 무게 *   [g]

개별포장 상품 사이즈 *   [mm] X [mm] X [mm]

유통기간   상품의 라벨(포장지)에 유통기간이 표시되어 있습니까?
   ○ 유통기간 있음   ● 해당없음

① **상품 바코드:** 상품 표준 바코드가 있으면 반드시 표준 바코드를 직접 입력한다. 표준 바코드는 상품 관리 고유 번호로, 대부분 상품 포장지에 있다.(바코드 형식: GTIN-8, 13, 14, UPC-A, ISBN)

② **쿠팡 바코드 사용:** 표준 바코드가 없다면 '쿠팡 바코드 사용'을 체크한다. 그러면 'S'로 시작하는 쿠팡 바코드가 자동 생성된다. 생성된 바코드는 상품등록을 마친 후 'WING → 상품관리 → 상품 조회/수정 → 등록상품 ID'를 클릭하여 '옵션' 항목에서 확인할 수 있다.

옵션 목록 (총 1 개) *

[옵션수정] [삭제]   🔍옵션검색 켜기

☐	옵션명 색상	정상가 (원) ⓘ 일괄적용	판매가 (원) * ⓘ 일괄적용	판매상태	판매자 자동가격조정 ⓘ 시작가격 일괄적용	최고가격 일괄적용	판매자상품코드 ⓘ 일괄적용	모델 번호 ⓘ 일괄적용	상품 바코드 ⓘ 일괄적용
☐	다크블루	50,000	29,900	판매중지					S00 **********

③ **물류 추가 정보:** 개별 포장된 상품 1개의 무게와 사이즈를 입력한다. 상품 크기가 가로, 세로, 높이의 합이 250cm 이하이고, 무게가 30kg 이하인 상품만 로켓그로스로 판매가 가능하다.

8. 로켓그로스 판매 불가 상품에 대한 안내를 읽어보고 '위 사항을 확인하였습니다.'에 체크한 후
판매요청 버튼을 클릭한다.

9. 쿠팡 WING에서 **상품관리→상품 조회/수정**을 클릭하여 해당 상품을 확인한다. '승인상태'에
'검수중'으로 되어 있는 것을 확인할 수 있다. '판매방식'은 '로켓그로스'로 되어 있다.

10. 상품등록 후에는 쿠팡에서 상품 검수가 이루어진다(약 24시간 소요). 검수가 승인되면 '승인상태'가 '승인완료'로 바뀌고 '판매중' 상태가 된다. 이때부터는 입고 요청이 가능하다.

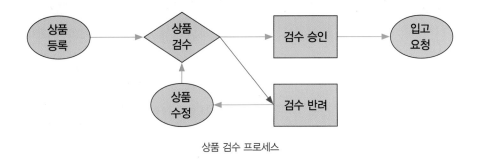

상품 검수 프로세스

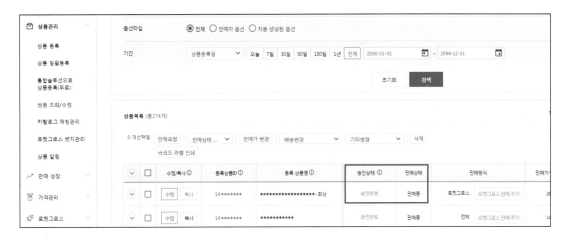

11. 만일 검수에서 반려되면 '승인반려', '판매중지' 상태가 된다. 이때 '등록상품 ID'를 선택하여 반려사유를 확인할 수 있고 수정 후 다시 판매요청을 할 수 있다.

3　바코드 발급하기와 부착하기

　쿠팡 물류에 입고되는 모든 상품은 바코드로 인식하기 때문에 정확한 바코드 작업이 필요하다. 바코드 인식에서 오류가 나면 상품은 회송처리 되고, 발생하는 물류 비용은 판매자가 부담하게 된다.
　다음 사항에 유의하여 정확한 바코드 작업을 하도록 하자.

① 상품 자체에 바코드가 있어도 상품 포장에 바코드와 상품명이 있어야 한다.
② 포장 외부에는 1개의 바코드만 있어야 한다.
③ 바코드는 쿠팡 판매 단위별로 부착한다. 옵션별(중량 및 크기, 포장 형태, 색상, 맛, 향, 포장 단위 등) 상품은 모두 다른 상품이므로 각각의 바코드를 발급받아야 한다.
④ 묶음상품 박스 외부에 낱개 상품 바코드 노출은 불가하다.
⑤ 유통기한, 제조일자, 생산일자 관리 대상 상품은 해당일자를 표기하여 붙여야 한다.
⑥ 쿠팡물류센터에 이미 동일 바코드로 등록된 상품이 있어도 판매자가 다르면 해당 바코드로 입고 가능.
⑦ 동일 판매자가 동일 상품을 동일 바코드로 로켓배송과 로켓그로스로 동시에 등록 및 입고할 수 없다.

1) 폼텍에서 바코드 만들기와 출력하기

　앞서 상품등록 시 바코드가 없는 상품은 '로켓그로스 물류 입고 정보' 항목에서 '쿠팡 바코드 사용'을 체크하였을 것이다. 그리고 상품등록 완료 후 **WING** → **상품관리** → **상품 조회/수정**을 클릭한 후 해당 상품의 '등록상품 ID'를 클릭하여 들어가면 '옵션' 항목에서 바코드 번호를 확인할 수 있다.
　이 바코드 번호를 이용하여 바코드를 생성하고 출력하여 상품에 부착하면 된다.

1. 폼텍 사이트(https://www.formtec.co.kr/)에서 **다운로드** → **폼텍 디자인 프로9**를 클릭하여 소프트웨어를 다운로드하여 설치한다.

2. 폼텍에서 '제품 구분 – 바코드용 라벨', '제품 코드 – 3102'를 선택하고 **확인**을 클릭한다.

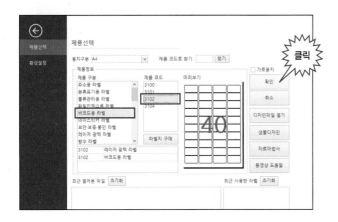

3. 상단 메뉴 중 **삽입 → 바코드**(또는 빠른 메뉴의 바코드 버튼)를 클릭하면 '바코드 등록 정보' 팝업창이 뜬다. 바코드 종류를 선택하고 바코드 번호를 입력한 후 **확인**을 클릭한다.

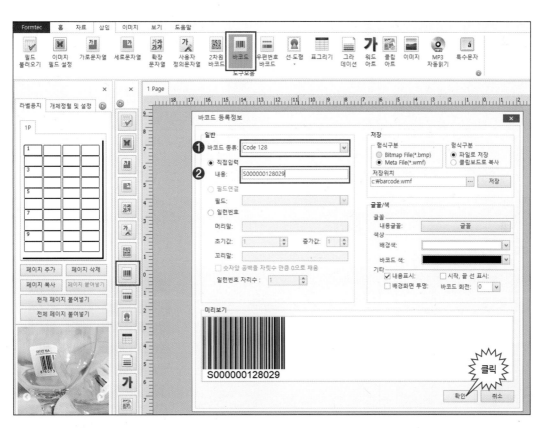

① **바코드 종류**: 'Code 128'을 선택한다.

② **직접입력**: 쿠팡 등록상품의 '옵션' 항목에서 확인한 '쿠팡 바코드 번호'를 입력한다. 공백 없이 입력한다. 특히 복사하여 붙여넣기 한 경우 숫자 맨 뒤에 공백이 생기지 않았는지 주의한다.

4. 바코드가 생성되었다. 바코드의 크기와 위치(90% 크기, 중앙 정렬)를 조정한다.

5. 바코드를 복사한 후 다른 빈칸을 클릭하여 붙여넣기할 수 있다. '현재 페이지 붙여넣기', '전체 페이지 붙여넣기' 버튼을 이용하여 페이지 전체에 붙여넣는다.

  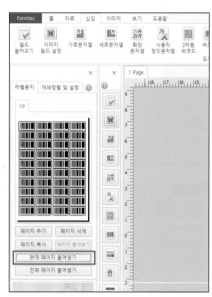

6. 이제 인쇄를 하기 위해 상단 메뉴에서 **홈**→**인쇄 미리보기**를 클릭한 후 **인쇄** 버튼을 눌러 인쇄를 한다.

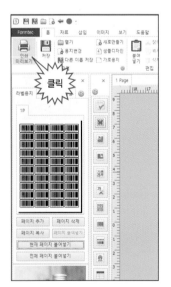 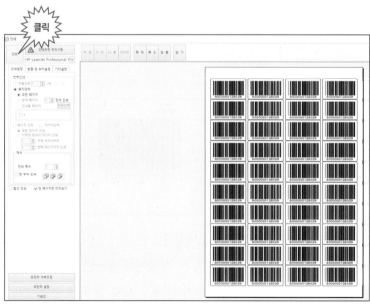

7. 인쇄 후 스캐너나 스마트폰의 바코드 스캔 어플을 이용해 바코드가 잘 스캔되는지 확인한다.

※ 최종 체크 사항

- 바코드가 제대로 인식되는지 확인
- 스캔한 상품이 판매하려는 상품과 일치하는지 확인
- 스캔한 바코드가 쿠팡 WING에 상품등록한 바코드와 일치하는지 확인(다르면 쿠팡 담당자에게 수정 요청)
- 포장 외부에 한 개의 바코드만 있는지 확인

2) 상품명 출력하기

로켓그로스 입고 상품에는 바코드와 함께 상품명도 부착해야 한다. 상품명 미부착 시 회송처리 될 수 있다. 상품명은 '등록상품명 + 구매옵션' 정보로 만들면 된다. 출력 양식은 따로 없다.

1. 폼텍에서 적당한 크기의 라벨용지를 선택한다.

2. 상단 메뉴에서 **삽입 → 가로문자열**을 클릭한 후 상품명을 입력한 후 위치를 조절한다.
이후의 과정은 바코드 만들기의 과정과 동일하게 작업하여 프린트하면 된다.

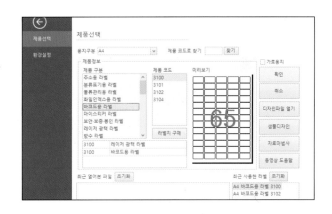

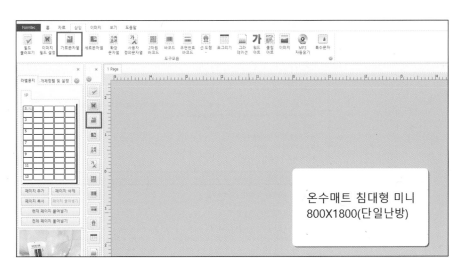

▶ 바코드와 상품명은 따로 출력하여 붙이거나 바코드와 상품명을 같이 출력하여 붙여도 된다.

상품등록 후 수정 요청하기

로켓그로스 상품의 판매가격은 판매자가 WING에서 직접 수정할 수 있다. 쿠팡 WING → **상품 조회/수정** → 수정을 원하는 상품 목록의 **수정** 버튼을 클릭하여 각 항목별로 수정할 수 있다. 수정 후 **수정 및 검수 요청** 버튼을 클릭하면 된다. 카테고리, 옵션명 수정과 판매방식 선택 해제는 할 수 없다.

기타 다른 상품 정보의 수정을 원하는 경우 '온라인 문의'를 통해 수정 요청을 하면 된다.

1. 쿠팡 WING → 온라인문의 → 로켓그로스 → 로켓그로스 상품관리 → '로켓그로스 상품 수정은 어떻게 하나요?'를 클릭한다.

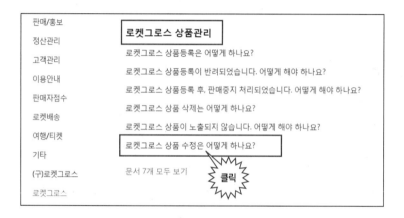

2. 화면에 나오는 '로켓그로스 상품 수정 요청'에서 원하는 수정 요청의 '바로가기 링크'를 클릭하여 수정 요청을 진행한다.

3. 유형은 '[마켓플레이스/로켓그로스] 상품 정보를 수정해주세요'를 선택하고 제목, 설명을 입력한다.

상품 수정에 필요한 상세 내용, 상품 Type, 물류 입고 여부를 선택하고, 판매자 코드를 입력한 후 **제출**을 클릭하면 된다.

5 상품 입고 생성하기

등록한 로켓그로스 상품을 쿠팡 물류센터에 입고하려면 '입고 생성'을 해야 한다. 그전에 '로켓그로스 상품등록 체크리스트'를 통해 문제가 없는지 점검하자.

	체크리스트	○	×
1	상품명은 [브랜드명 + 제품명 + 상품군]순으로 정확히 기재했나요?		
2	[공식 상품명 및 모델명 + 옵션명]이 실제 상품에 부착되어 있는 정보와 같은가요?		
3	브랜드명은 한글로 정확하게 기재되어 있나요?		
4	판매가격은 경쟁력 있는 가격으로 설정했나요?(가격 경쟁력 등 내부 기준에 따라 노출 순위가 결정됩니다.)		
5	쿠팡 상품등록 가이드와 일치하는 대표이미지를 등록했나요?(깨끗한 흰색 배경, 판매 상품과 동일한 옵션 등)		
6	이미지와 상세페이지에 프로모션성 문구 등 지저분한 홍보 요소가 들어 있다면 제거했나요?(예: 1+1 이벤트 등)		
7	고시 정보 내 정보는 누락 없이 모두 기입했나요?		
8	바코드는 옵션별로 실물 바코드와 정확히 일치하도록 등록했나요?		
9	판매자전용시스템(WING) 상품등록에 입력한 바코드가 쿠팡 바코드 기준에 일치하나요?		
10	실물 바코드와 판매자전용시스템(WING)에 등록한 바코드가 정확히 일치하나요?		
11	상품의 바코드 중간에 공백이 있는 경우, 판매자전용시스템(WING)에도 동일하게 등록하였나요?		
12	필수 인증 서류는 가이드에 따라 누락 없이 첨부했나요?(예: KC 인증, 캐릭터 라이선스 등)		

(출처: 로켓그로스 서비스 이용 가이드_230525.pdf)

로켓그로스 상품 입고생성은 다음의 과정을 거쳐 이루어진다.

① 상품선택 ② 입고 정보 입력 ③ 물류센터/일정 확정 ④ 배송 구성 ⑤ 배송 정보 입력

1. 쿠팡 WING → **로켓그로스** → **입고관리** → **입고생성하기**를 클릭한다.

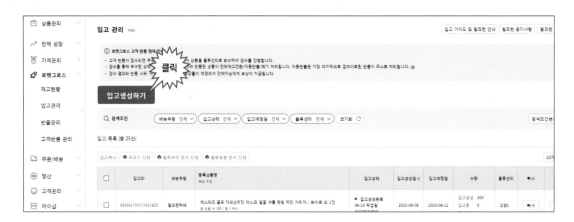

2. [상품선택] 입고할 상품을 선택한다. 승인상태가 '승인완료', 판매상태가 '판매중'인 상품만 선택할 수 있다. **다음**을 클릭한다.

3. [입고 정보 입력] 상품 정보를 확인하고 입고에 필요한 정보를 입력한다. '배송유형'은 **쿠팡에서 픽업(밀크런), 택배, 트럭** 3가지가 있다. 원하는 배송유형을 선택하여 진행하면 된다.

■ 밀크런 진행

'배송 유형'에서 **쿠팡에서 픽업(밀크런)**을 선택한다. '밀크런 출고지', '밀크런 타입', '회송지'를 선택한다. '선택 상품의 입고 수량 및 물류정보 입력'에서 입고 수량을 입력하고 **다음**을 클릭한다.

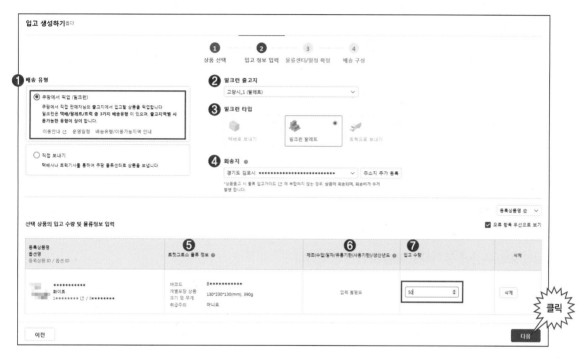

① **배송 유형:** '쿠팡에서 픽업(밀크런)'은 쿠팡에서 직접 판매자의 출고지로 와서 상품을 픽업해가는 배송 유형으로, 택배/팔레트/트럭 총 3가지 유형이 있다.

② **밀크런 출고지:** 상품 출고지이다. 미리 등록된 밀크런 전용 출고지만 선택할 수 있다. **[주소지 추가 등록]**을 통해 새 주소지를 등록할 수 있다.

③ **밀크런 타입:** 미리 등록한 출고지에 연동된 배송 타입이다.

④ **회송지:** 물류센터에서 판매자에게 상품을 회송할 때 사용될 주소이다.

⑤ **로켓그로스 물류 정보:** 바코드, 개별포장 상품 크기 및 무게, 취급주의 등 입고 시 활용되는 필수 정보.(잘못 등록되어 있는 경우 쿠팡 WING → 상품관리 → 상품 조회/수정에서 수정 후 입고를 생성한다.)

⑥ **제조(수입)일자/소비기한(유통기한)/생산년도:** 해당 사항이 있다면 필수로 입력한다.
  - 실물 상품의 정보와 다를 경우 회송될 수 있다.
  - 상품마다 제조(수입)일자, 소비기한(유통기한), 생산년도가 다른 경우 가장 빠른 날짜를 입력한다.

⑦ **입고수량:** 입고할 수량을 입력한다.(1~5000 사이 정수)

4. [물류센터/일정 확정] '입고예정일'과 '물류센터'를 선택하고 **다음**을 클릭한다.(배송 유형에 따라 일부 항목이 다르다. 택배와 밀크런은 입력 및 확인 사항이 동일하다.)

5. [배송 구성] '총 박스수', '총 중량', '상품 적재 사이즈', '상품종류' 등을 입력하고 이용 유의사항, 개인정보 수집에 동의하고 **제출하기**를 클릭한다.

■ 택배 진행

[입고 정보 입력] '배송 유형'에서 '택배로 보내기'를 선택한 후 '출고지', '회송지'를 선택하고, 입고 수량을 입력한 후 **다음**을 클릭한다.

[물류센터/일정 확정] '입고예정일'과 '물류센터'를 선택한 후 **다음**을 클릭한다.(밀크런과 동일함.)

[배송 구성] 박스 수, 상품 수량을 입력한 후 **다음**을 클릭한다.

[배송 정보 입력] 택배사를 선택하고 송장번호를 입력한 후 **제출하기**를 클릭한다. (※ 배송 유형이 '밀크런'과 '트럭'은 이 단계가 생략된다.)

■ 트럭 진행

[입고 정보 입력] '배송 유형'에서 '트럭으로 보내기'를 선택한다. '출고지', '회송지'를 선택하고, 입고 수량을 입력한 후 **다음**을 클릭한다.

[물류센터/일정 확정] 입고예정일과 물류센터를 선택한 후 **다음**을 클릭한다.

[**배송 구성**] **엑셀 다운로드** 버튼을 클릭하여 엑셀 파일을 다운로드한 후 내용을 입력한 후 저장한다. 그리고 **엑셀 업로드** 버튼을 클릭하여 엑셀 파일을 업로드한다. **제출하기**를 클릭한다.

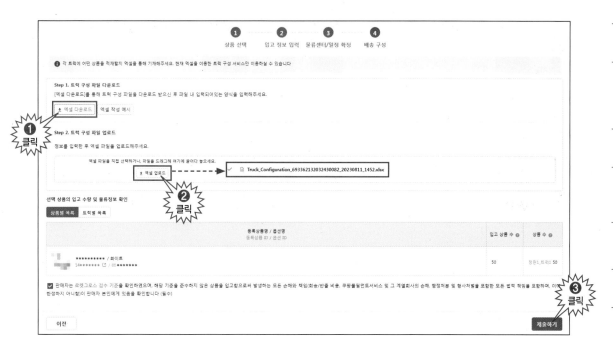

6. 입고생성을 제출하고 나면 현재 입고 상태값을 확인할 수 있고, 생성이 완료되면 입고 ID를 확인할 수 있다. 쿠팡 WING → **로켓그로스** → **입고관리**에서 생성된 입고목록을 확인할 수 있다.

7. 생성한 입고를 선택하고 **바코드 인쇄, 물류부착 문서 인쇄, 물류동봉 문서 인쇄** 버튼을 클릭하여 문서를 출력할 수 있다.

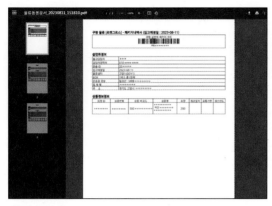

물류동봉 문서

물류부착 문서

6 상품 입고 수정과 취소하기

생성이 완료된 입고는 수정할 수 없다.

생성된 입고의 취소는 쿠팡 WING → **로켓그로스** → **입고관리** → **입고 ID**를 클릭하여 '입고 상세' 페이지에서 **입고 취소** 버튼을 클릭하여 할 수 있다.

- 입고 상태가 '입고생성완료'인 입고만 취소할 수 있으며, 취소된 입고는 복구할 수 없다.
- 택배는 입고예정일 D-1, 밀크런은 픽업예정일 D-1까지 쿠팡 WING에서 취소할 수 있다.

입고 상세				입고 취소
입고정보				
입고ID	69***********	입고생성일시	2023-08-09	
요청ID	64*****	운송ID	41*****	
입고타입	밀크런 택배	입고상태	● 입고생성완료	
입고예정일	2023-08-11	픽업일	2023-08-10 픽업정보확인	
출고지	경기도 고양시 **************	회송지	경기도 고양시 **************	
물류센터	고양1경기도 고양시 덕양구 원흥동 701, 쿠팡 고양센터 ******			
상품적재정보				
박스/팔레트/트럭 수	박스 1개	총 중량	8	
상품종류	********	상품하자정보	취급주의 아니오 수작업하자 예지게자렌탈 여부 아니오	
팔레트 렌탈사	해당없음	상품적재 사이즈/수	1호 1개	
상품목록 (총 상품수 1, 상품수량 200)				10개씩 보기 ∨
상품단위 박스단위				

7 상품 입고 진행하기

(1) 택배입고 진행하기

입고 생성 후 택배로 입고할 때는 다음과 같이 진행한다.

1. 상품명과 상품 바코드를 출력하여 각 상품에 부착한다.

▶ 실물 상품에 바코드가 없거나 판매자전용시스템(WING)의 바코드와 다르다면 바코드를 출력하여 각 상품에 부착한다.

▶ 바코드와 함께 상품명(물류입고 상품명 + 옵션명)을 부착해야 한다.

▶ 실물 바코드와 쿠팡 시스템에 등록한 정보가 정확하게 일치해야 한다.

▶ 바코드 스캔에 문제가 없어야 한다.

2. 박스 구성 내역서를 출력하여 동봉한다.

▶ WING → **로켓그로스** → **입고 관리**에서 해당 상품을 선택하고 **물류동봉 문서 인쇄** 버튼을 클릭하여 출력한 후 '쿠팡 물류 [로켓그로스] – 패키지내역서'와 '거래 명세서'를 박스에 넣어 포장한다.

3. 박스 라벨을 출력하여 박스 겉면에 부착한다.

〈택배 박스 준비 기본 사항〉

▶ 택배 박스에는 출력한 '물류부착 문서' 및 운송장이 부착되어야 한다. WING → **로켓그로스** → **입고 관리**에서 해당 상품을 선택하고 **물류부착 문서 인쇄** 버튼을 클릭하여 '쉽먼트 라벨'과 '로켓그로스 표기'를 출력한다. 택배 박스에 각 출력물을 부착한다.

- 쉽먼트 라벨: 택배 박스 우측 상단에 부착
- 로켓그로스 표기: 송장과 라벨을 가리지 않는 곳에 1면 이상 부착 (5장 권장)

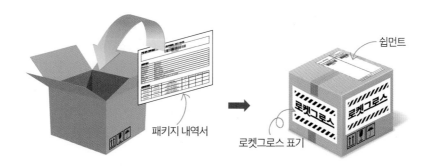

패키지 내역서　／　쉽먼트　／　로켓그로스 표기

▶ 박스 내 상품 혼재 시 상품별로 구분 가능하게 적재하되, 반드시 세로 파티션으로 구분해야 한다.

▶ 판매되는 상품의 박스에는 택배 송장을 붙일 수 없다. 별도 외부 박스를 사용하거나 박스 외부를 랩핑해야 한다.

▶ 포장된 내용물과 혼동될 수 있는 다른 상품의 박스 포장을 금하며, 불가피한 경우 무지 박스로 포장해야 한다.

▶ 박스가 파손, 오염되어서는 안 되며, 입고 시 박스 개봉 또는 손을 댄 흔적이 있어서는 안 된다.

▶ 로켓그로스 상품은 세 변(가로, 세로, 높이)의 길이 합이 250cm 이하이고 무게가 30kg 이하인 상품만 입고할 수 있다.

  • 쿠팡친구 배송 기준: 세 변의 길이 합 220cm 이하, 무게 21kg 이하
  • 일반 배송(3PL) 기준: 세 변의 길이 합 250cm 이하, 무게 30kg 이하
  • 예시) 230cm, 24kg 상품은 로켓그로스로 물류센터 입고는 가능하지만 일반 배송된다.

(2) 트럭입고 진행하기

1. 상품명과 상품 바코드 출력 후 각 상품에 부착한다.

2. 팔레트 라벨을 부착한다.

▶ 밀크런 부착리스트와 팔레트 적재리스트를 모두 출력하여 각각 팔레트 4면 중 2면에 부착한다.

  (팔레트 적재리스트는 출력 후 직접 작성 필요)

3. 기사님께 기사님전달 문서를 전달한다.

▶ 기사님전달 문서(거래명세서)를 출력하여 팔레트 이동전표와 함께 기사님께 전달한다.(팔레트 이동전표는 팔레트사에 문의)

(3) 밀크런입고 진행하기

〈밀크런 택배〉

1. 상품명과 상품 바코드 출력 후 각 상품에 부착한다.

2. 물류동봉 문서를 출력한 후 박스 안에 넣고 포장한다.

3. 물류부착 문서를 출력한 후 박스 겉면에 부착한다.

〈밀크런 팔레트, 밀크런 트럭〉

1. 상품명과 상품 바코드를 출력한 후 각 상품에 부착한다.

2. 팔레트 라벨을 부착한다.

▶ 밀크런 부착리스트와 팔레트 적재리스트를 모두 출력하여 각각 팔레트 4면 중 2면에 부착한다.

  (팔레트 적재리스트는 출력 후 직접 작성 필요)

3. 기사님께 기사님전달 문서 전달

▶ 기사님전달 문서(거래명세서)를 출력하여 팔레트 이동전표와 함께 기사님께 전달한다.(팔레트 이동전표는 팔레트사에 문의)

8 상품 입고 확인하기

쿠팡 WING → **로켓그로스** → **입고관리** → **입고 목록**에서 상품의 '입고상태'를 확인할 수 있다.

입고상태	내용
입고 생성중	제출한 입고서가 생성 중인 상태
입고생성완료	제출한 입고서가 생성완료된 상태
입고완료	물류센터로 발송한 상품이 입고완료된 상태
부분입고 완료	물류센터로 발송한 상품의 일부 상품의 입고가 완료된 상태. 입고 ID를 눌러 상세 페이지에서 입고오류내역을 확인할 수 있다.
입고거부 – 회송	물류센터로 발송한 상품에 입고오류가 발생하여 회송 예정 및 완료 상태. 입고 ID를 눌러 상세 페이지에서 입고오류내역을 확인할 수 있다.
입고생성실패	제출한 입고서의 생성이 실패한 상태

상품별 입고 상세 현황은 쿠팡 WING → **로켓그로스** → **입고관리** → **입고 ID**를 클릭하여 '입고 상세' 페이지에서 확인할 수 있다.

★ 상품의 회송

로켓그로스 입고 기준이 맞지 않을 경우 회송될 수 있다.

▶ 입고 상품의 회송이 결정되면 판매자 대표메일로 회송 여부 및 사유에 관한 메일이 온다.

▶ 쿠팡 WING → **로켓그로스** → **입고관리** → **입고 ID**를 클릭하여 '입고 상세' 화면의 '입고오류 목록'에서 회송 여부 및 사유를 확인할 수 있다.

9 재고 관리하기

판매자는 물류센터의 상품 재고 상황을 체크하고, 필요에 따라 상품을 추가로 입고하거나 반출할 수 있다. 쿠팡 WING) → **로켓그로스** → **재고현황**에서 상품별 재고현황을 확인할 수 있다.

10 반출요청 생성하기

1. 쿠팡 WING → **로켓그로스** → **반출관리** → '반출목록'에서 반출 현황을 확인할 수 있다. 반출을 진행하려면 **신규 반출요청 생성** 버튼을 클릭한다.

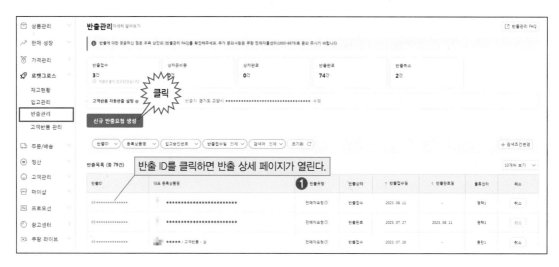

① 반출유형

- 반품 자동반출: 고객 반품 상품에 대해 일정 주기로 자동반출하는 경우
- 판매자 요청: 물류센터에 남아있는 보관 재고를 판매자가 직접 반출요청하는 경우

2. [기본 정보 입력] '반출방법', '반출지', '연락처', '반출사유' 등을 입력하고 **다음**을 클릭한다.

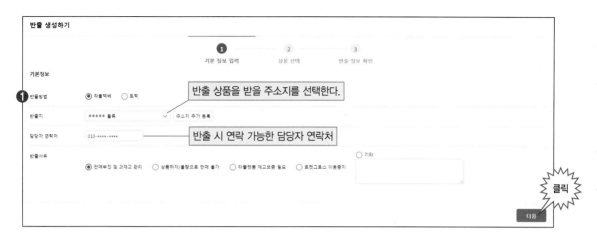

① 반출방법

- 착불택배: 쿠팡 물류센터에서 상품을 집품하여 착불 택배로 발송.
- 트럭: 쿠팡 물류센터와 트럭 배차 및 일정을 협의하여 진행. 보통 업체에서 직접 배차한 트럭으로 회수하며, 업체 요청에 따라 쿠팡 물류센터에서 착불로 트럭을 배차하기도 한다.

3. [상품 선택] 반출 상품을 선택하고 반출요청 수량을 입력한 후 **다음**을 클릭한다.

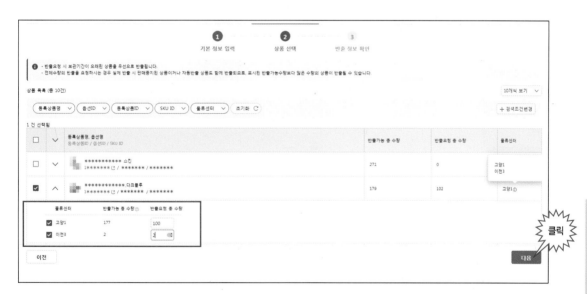

▶ 상품 단위로 물류센터별 반출요청 수량을 입력한다.

▶ 다수 상품, 다수 물류센터의 재고를 반출요청할 수 있다.

- 반출요청 시 보관기간이 오래된 상품이 우선으로 반출된다.
- 전체수량의 반출을 요청하는 경우, 실제 반출 시 판매중지된 상품이나 자동반출 상품도 함께 반출되므로, 표시된 반출가능 수량보다 많은 수량의 상품이 반출될 수 있다.

4. [반출 정보 확인] 반출 정보를 확인하고 **제출하기**를 클릭한다.

11 로켓그로스 정산

1. 쿠팡 WING → **정산** → **로켓그로스 정산현황**을 클릭하여 정산현황을 확인할 수 있다.

항목		마켓플레이스 상품	로켓그로스 상품
매출 인식일		배송완료일 D+7일(또는 구매확정 시점)	판매수수료: 결제완료일 기준 입출금요금, 배송요금: 배송완료일 기준
지급일	주정산	주 판매마감일(일요일) D+15 영업일(70%) 판매마감일 해당 월의 익익월 1일(30%)	주 판매마감일 D+20 영업일(70%) 판매마감일 해당 월의 익익월 1일(30%)
	월정산	월 판매마감일 D+15 영업일	월 판매마감일 D+20 영업일
공제항목		다운로드 쿠폰, 즉시할인 쿠폰, 스토어 할인, 판매자서비스이용료 등	다운로드 쿠폰, 즉시할인 쿠폰, 밀크런 이용액, 광고비, 쿠팡풀필먼트서비스 요금 등

상세보기 버튼을 클릭하면 상세내역을 확인할 수 있다.

정산 리포트 목록 (총 22건)　　　　　　　　　　　　　　　　　　　　　　　최근 업데이트: 2023-08-11 05:41:36

정산월	청산유형	지급비율	매출인식일	최종지급액 ⓘ	상세 리포트
2023-09-11	주별	70	2023-08-07~2023-08-13	1,367,392	상세보기 ∧　엑셀 다운로드 ⋮

매출 상세내역

매출금액 (A)	판매액 (a)		3,163,020
	취소액 (b)		254,700
	소계 (a-b)		2,908,320
판매수수료 (B)			323,058
상계금액 (C)	판매자할인쿠폰		0
	ㄴ즉시할인쿠폰		0
	ㄴ다운로드쿠폰		0
	소계		0
판매기준 매출액 (A-B-C=D)			2,585,262
지급액 (H)정산대상액의 70%			1,809,701
추가 상계금액 (I)	밀크런 이용액 (c)		0
	광고비 (d)		0
	정산 차감 (e)		0
	소계 (c+d+e)		0
쿠팡 물풀먼트서비스 요금 (J)	* 본 요금은 '쿠팡물풀먼트서비스'에서 청구하는 요금입니다		
	전체 요금 (f)		442,309

1) 로켓그로스 가상계좌 정산 대금 인출하기

로켓그로스는 정산일에 정산 대금이 로켓그로스 가상계좌로 지급되며, 지급된 정산 대금은 언제든지 판매자가 등록한 대표 정산 계좌로 인출할 수 있다.

1. 화면에서 인출 가능한 금액을 확인한 후 **인출하기** 버튼을 클릭한다. 인출할 금액을 입력하고 **인출** 버튼을 클릭하면 등록된 판매자 대표 정산 계좌로 이체된다.

2. 인출 내역은 로켓그로스 가상계좌 **내역보기** 버튼을 클릭하여 확인할 수 있다.

2) 자동인출 설정하기

자동인출을 클릭하여 **ON**으로 설정하면 로켓그로스 가상계좌 잔액을 자동인출 할 수 있다.

▶ 가상계좌 잔액에 대해 자동인출을 희망하는 경우 자동인출을 설정할 수 있다.

　• 지급일(=정산일) D − 1일 전까지 신청한 건에 대해서는 지급일에 자동인출 실행

　• 지급일(=정산일) 당일에 신청한 자동인출 건에 대해서는 다음 정산주기 정산금에 대해 실행

　• 정산일 당일에 자동인출을 해제한 경우 다음 정산주기부터 자동인출이 해제

▶ 자동인출로 설정 시 정산일에 가상계좌 잔액 전체에 대해 판매자 대표 정산 계좌로 입금된다.

▶ 특정 일자 및 이체 금액은 별도로 설정할 수 없다.

▶ 자동인출을 설정하였더라도 인출 가능 금액 확인 후 '인출하기'를 통해 수동인출을 할 수 있다.

14장

쿠팡 아이템위너
파헤치기

01 쿠팡은 아이템마켓이다

1 아이템위너만이 살길이다

쿠팡의 판매자는 같은 상품이라면 하나의 아이템페이지(공동 상품 상세페이지)에서 판매할 수 있다. 아이템페이지에서는 아이템위너가 페이지를 차지하게 된다. 아이템위너란 아이템페이지 내에서 **가격과 고객 경험이 가장 뛰어난 판매자의 상품**으로 대표 노출 상품을 말한다. 쿠팡은 가격과 고객 경험이 뛰어난 아이템위너를 가장 먼저 노출한다.

아이템위너는 동일한 순위의 상품일 경우, 판매자 간 공정성을 위해 페이지 랜딩 시 무작위로 노출되며, 실시간 경쟁에 의해 지속적으로 변경된다.

고객은 아이템페이지를 통해 가장 좋은 고객 경험과 가격을 제공하는 판매자의 상품만을 보게 되어, 빠르고 쉽게 구매를 결정할 수 있게 된다.

또한 좋은 고객 경험과 가격을 제공하는 판매자는 아이템페이지 내에서 최상위 노출이 보장되어 많은 매출을 올릴 수 있다. 아이템위너가 되면 트래픽 집중으로 매출이 많이 일어난다.

아이템위너가 아닌 상품은 아이템 상세페이지에서 '다른 판매자 보기'(PC), '이 상품의 모든 판매자'(모바일) 버튼을 통해 판매될 수 있다. 그런데 이렇게 아이템위너가 되지 못하고 '다른 판매자 보기' 버튼을 눌러야 내 상품이 노출된다면 판매를 기대하기 어렵다. 쿠팡은 같은 상품인 경우 가격이나 상품정보 등을 고려해 고객이 가장 구매하기에 좋은 상품을 아이템위너로 선정해 보여주기 때문에 대부분의 고객들은 별 망설임 없이 아이템위너의 상품을 구매한다. 따라서 내 상품이 다른 판매자의 상품과 함께 아이템페이지에 묶여있다면 반드시 아이템위너가 되어야 판매를 기대할 수 있다.

아이템페이지에서는 로켓배송 상품과 일반상품이 같이 경쟁을 할 수도 있는데, 일반상품이 로켓배송 상품을 제치고 아이템위너가 되는 경우도 있다. 하지만 그런 경우는 로켓배송 상품이 품절이라든지 하는 극히 드문 경우에 일어난다. 그렇지만 그런 잠깐의 경우라도 쿠팡은 아이템위너가 되면 높은 판매량을 기대할 수 있다.

아이템위너가 되기 위해서 판매자는 고객에게 지속해서 좋은 쇼핑 경험을 제공해야 한다. 쿠팡은 고객 경험과 가격 등을 종합적으로 고려하여 순위를 결정한다.

2 아이템마켓의 장점

① 상품등록이 쉽다.

쿠팡에 다른 판매자가 이미 등록하여 판매하고 있는 상품이라면 가격 등 몇 가지 추가 정보만 입력하는 것만으로 쉽게 상품등록을 할 수 있다.

② 고객들이 가장 많다.

쿠팡은 국내 이커머스 모바일 1위, 트래픽 1위를 자랑하는 플랫폼이다. 그만큼 고객이 많이 찾는 곳이다. 고객이 많이 찾는 이유는 로켓배송이라는 빠른 배송의 장점 때문이기도 하겠지만, 아이템페이지에서 고민 없이 최상의 상품을 쉽게 구매할 수 있다는 것도 하나의 이유일 것이다. 판매자의 입장에서 보면 고객이 많으니 팔릴 확률이 높은 곳이다.

③ 광고비에 대한 비중이 덜하다.

기존 오픈마켓이 광고 상품 위주로 전시하기 때문에 광고 여부에 따라 매출이 많은 영향을 받는다. 하지만 쿠팡은 광고를 하지 않아도 좋은 고객 경험을 제공한다면 충분히 판매를 일으킬 수 있다. 그 이유는 쿠팡은 원하는 상품과 검색결과가 얼마나 일치하는지, 고객이 얼마나 많이 클릭하는지, 상품정보가 얼마나 충실한지, 판매가 잘되는 상품인지 등 다양한 검색 알고리즘을 통해 상품을 노출해주기 때문이다.

또 쿠팡의 광고는 타 마켓에 비해 저렴한 비용으로 할 수 있으며, 여러 지면에 노출된다는 장점이 있다. 쿠팡의 광고는 고객이 들어오는 다양한 길목에 광고를 노출시켜 준다.

④ 매출을 다 가져간다.

쿠팡의 아이템마켓에서는 아이템위너가 되면 많은 판매를 올릴 수 있다. 아이템마켓은 거의 승자독식 구조라 할 수 있기에 매출을 거의 다 가져간다고 볼 수 있다.

3 아이템마켓의 단점

① 가격 책정에 대한 부담감이 있다.

아이템마켓은 같은 상품은 판매자가 달라도 하나의 페이지에서 운영된다. 그러다 보니 아이템위너가 되기 위한 경쟁이 치열하다. 타 판매자가 나보다 10원이라도 싸게 팔면 그 사람이 아이템위너가 된다. 그야말로 쿠팡은 아이템위너를 뺏고 뺏는 싸움이다. 아이템위너를 결정짓는 요소 중 가장 중요한 것이 가격이다 보니 판매자는 아이템위너가 되기 위해서 가격을 내릴 수밖에 없다. 그러다 보면 마진은 점점 줄어들고, 판매자마다 제살깎기식의 판매로, 시장은 치킨게임에 빠져들 수 있다. 어느 시장이나 마찬가지겠지만, 쿠팡은 특히 내가 가격을 컨트롤할 수 없는 상품이면 살아남기가 힘들다.

쿠팡은 아이템위너가 되는 가격을 쿠팡 판매관리 페이지인 쿠팡 WING에서 직관적으로 보여주면서 가격 인하를 유도하고 있다. 쿠팡은 판매자 간의 과도한 경쟁을 부추기는 면이 없지 않아 있다고 볼 수 있다.

② 내가 만든 상품페이지를 빼앗길 수 있다.

아이템페이지에서는 판매자의 **대표이미지, 추가이미지, 리뷰** 등을 공동으로 이용하게 된다. 쿠팡은 '판매자가 등록한 대표이미지(기타 이미지 포함)는 동종 상품의 대표 콘텐츠로서, 쿠팡 내에서 공동으로 사용될 수 있다'고 명시하고 있다. 즉 내가 만든 대표이미지, 추가이미지, 리뷰 등을 다른 사람이 이용할 수 있다는 뜻이다.

예를 들어 A 판매자가 정성을 들여 대표이미지와 상세페이지를 만들어 상품등록을 했다고 치자. 상품 품질도 좋고 배송도 빨라 좋은 고객 경험으로 많은 판매가 일어나면서 좋은 리뷰가 많이 달렸다. 그런데 같은 제품을 파는 B 판매자가 가격을 내리면서 아이템위너를 차지하게 되면 A 판매자가 만들었던 대표이미지와 그동안 고객으로부터 받았던 리뷰까지 가져간다.

고객들은 좋은 리뷰가 많이 달린 것을 보고 상품을 구매하지만 실상은 B 판매자의 리뷰가 아니라 A 판매자의 리뷰인 것이다. 실제로는 B 판매자의 상품은 질도 떨어지고 배송도 느리고 한데 그것을 모르고 구매하는 것이다.

이러한 아이템위너 시스템은 고객이 상품을 구매할 때 일일이 상품을 비교해보지 않아도 바로 최상의 상품을 선택할 수 있기에 고객의 시간을 줄여준다는 장점이 있지만, 이것은 아이템페이지에 묶인 모든 판매자가 진짜 같은 상품을 판매하고 있을 때만이 가능한 것이다. 실제로는 품질이 떨어지는 유사 상품이나 가품을 판매하는 사람이 의도적으로 가격을 낮춰 아이템위너가 되는 경우가 있으며, 그 피해는 고스란히 고객과 선량한 판매자의 몫으로 돌아간다.

아이템위너는 '상품이 우수하고 좋은 평가를 받는 판매자에게 판매의 기회를 더 제공하자'는 취지에서 운영되는 제도이다. 판매자의 입장에서 보면 경쟁력만 잘 갖춘다면 판매를 많이 할 수 있다는 장점도 있지만, 그보다는 내가 만든 페이지를 타 판매자에게 뺏길 수 있다는 두려움과 함께 아이템위너가 되지 못하면 판매가 아예 되지 않는다는 단점이 더 많은 시스템이다.

쿠팡 아이템위너의 승자 독식 구조는 아이템위너가 되지 못하면 하루 아침에 매출이 100에서 0으로 떨어지는 결과를 초래한다. 쿠팡의 의도와는 달리 아이템위너 제도는 현재 판매자에게 많은 피해를 주고 있는 실정이다.

실제로 쿠팡의 많은 판매자들이 아이템위너 때문에 힘들어하고 있다. 멀쩡히 잘 팔고 있는 내 상품에 어느 날 다른 판매자가 묶이면서 나를 제치고 아이템위너가 되는 경우가 많다. 규모가 큰 판매자가 가격으로 후려치면 소규모의 판매자는 역부족일 수밖에 없다. 애써 만든 내 상품페이지를 도둑맞았다는 느낌마저 든다. 저자의 교육생들과 나누는 카톡방에도 가장 많이 올라오는 것이 이 아이템위너 관련 문제들이다. 더 큰 문제는 같은 상품이 아닌데도 판매자가 카테고리 매칭을 통해 아이템페이지로 묶을 수 있다는 것이다.

③ 악성 셀러에게 아이템위너를 뺏길 수 있다.

2021년 11월에 방송된 MBC 〈PD수첩〉에 의하면 중국에서는 프로그램을 이용하여 클릭 몇 번으로 아이템위너를 뺏는 법을 교육하는 학원이 번성하고 있다고 한다. 쿠팡의 아이템위너가 되면 타 판매자가 이미 확보한 같은 제품의 상품평도 차지할 수 있다. 이런 제도의 허점을 노려 짝퉁 상품을 정품인 것처럼 속여 최저가로 올리면 아이템위너가 된다. 중국 셀러는 이것을 '껀마이(따라 팔기)'라고 부른다. 많이 팔리는 상품을 찾아 무조건 최저가로 올리고 짝퉁을 판매하는 수법이다. 그러면 고객은 그 전에 좋은 판매자가 얻은 베스트 상품평과 높은 별점을 보고 샀다가 고스란히 피해를 보는 것이다. 이런 껀마이 수법을 가르쳐주는 학원이 중국에는 여럿 있다고 한다.

쿠팡에서 정확하게 밝히지는 않지만 쿠팡에서 중국 셀러가 차지하는 비중이 상당할 것으로 예상된다. 쿠팡 WING 화면이 중국어 버전을 지원하는 것만 봐도 짐작이 가는 대목이다.

쿠팡은 중국 셀러의 껀마이 판매로 인한 문제가 많다는 것을 알면서도 이들 판매자로 인한 수수료 수익이 많기 때문에 손을 놓고 있다. 이러한 일부 악성 셀러들의 아이템위너 제도를 악용하는 행위로 인해 선의의 판매자가 피해를 보는 데도 쿠팡은 아직까지 별 뾰족한 수를 내놓지 못하고 있는 실정이다. 네이버쇼핑은 이런 피해를 막기 위해 중국 업자의 가입을 제한하고 있다.

02 아이템위너 문제 해결하기

1 아이템위너 묶기와 뺏기

(1) 아이템위너에 묶이는 경우

쿠팡은 고객 경험(가격, 배송, 응대, 만족)을 점수화하여 이를 토대로 아이템위너라는 시스템을 운영하고 있다. 실시간 경쟁으로 점수가 더 높은 판매자의 상품이 아이템위너로 선정되어 노출된다.

쿠팡에서는 실시간 모니터링을 통해 **동일한 상품의 동일한 옵션 구성**으로 판단될 경우 하나의 카탈로그로 상품을 묶는다.

보통 동일한 상품의 동일한 옵션 구성으로의 판단은 쿠팡 AI가 자동으로 하여 매칭한다. 따라서 상품의 섬네일이나 상품명, 옵션명 등이 어떻게 쓰여 있냐에 따라 매칭 시기가 달라질 수 있다.

카탈로그에 매칭이 되면 이를 '아이템위너에 묶였다'라고 한다.

(2) 아이템위너 뺏기

아이템위너를 차지하기 위해서는 뺏고자 하는 상품과 하나의 카탈로그로 상품이 묶여야 한다.

가장 쉬운 방법은 동일한 상품이미지와 상세페이지의 옵션 구성을 같게 하면 쿠팡 AI가 빠르면 1일 내로 상품을 자동 결합시킨다.

쿠팡 AI의 자동이 아닌 수동으로 상품 결합을 원하는 경우, 상품등록을 할 때 노출상품명 하단에 있는 '카탈로그 매칭하기'를 이용하면 된다. '매칭할 상품 찾기' 버튼을 눌러 상품의 상품명, 브랜드명, 상품 URL, 상품 ID 등을 통해 매칭하고자 하는 상품을 검색하고 원하는 옵션을 선택 완료하면 된다.

매칭이 완료된 이후 아이템위너를 뺏기 위해서는 위너시스템의 점수 체계를 이해해야 하는데, 기본적으로 상품의 판매가격, 배송비, 할인쿠폰, 재고, 옵션의 활성화, 출고소요기간이 있다. 신규로 등록한 상품의 경우 이중 가장 큰 비중을 차지하는 요소는 단연 판매가격이다.

따라서 초반에는 위너보다 훨씬 저렴한 가격으로 판매가를 설정하여 위너를 쟁취한 이후 나머지 점수 요소들을 관리하여 동일 가격에서도 위너가 될 수 있도록 운영을 해 나가야 한다.

이 아이템위너 제도는 하나의 카탈로그에는 동종의 상품이 묶여야만 본래의 취지에 맞게 '상품이 우수하고 고객 경험이 좋은 판매자의 상품을 고객이 쉽게 구매'할 수 있다.

그런데 일부 판매자들은 이런 제도의 허점을 이용하여 유사상품이나 가품을 카탈로그에 묶어 아이템위너를 차지하는 경우가 있다. 가품이니 가격을 싸게 판매할 수 있을 것이고, 쉽게 아이템위너를 차지할 수 있게 된다.

2 아이템위너 내보내기

(1) 유사품이나 가품 판매자 신고하기

유사상품이나 가품으로 아이템위너를 차지하는 판매자의 경우는 쿠팡에 신고하여 카탈로그에서 내보내면 된다.

아이템위너의 상품 상세페이지에서 '신고하기'를 클릭하여 해당 상품이 현재 카탈로그 아이템과 다른 상품이라고 신고하면 된다. 가격이 비싸지 않은 상품이라면 실제로 상품을 하나 구매하여 살펴본 후 유사품이거나 가품이라고 판단되면 사진을 찍어 신고 시 첨부하면 빨리 해결된다.

(2) 정상 판매자와 결합 분리하기

정상적인 방법으로 경쟁업체가 동일한 상품을 저렴하게 판매한다고 해서 해당 업체를 카탈로그에서 내보낼 수는 없다.

이럴 때는 하나의 방법으로, 처음 상품을 등록한 초기 등록자에게만 부여되는 섬네일과 상세페이지 수정 가능 권한을 활용하여 경쟁사가 진행할 수 없는 사은품 또는 추가 구성품 증정 등의 이벤트를 진행하면 된다.

그런 후 동일 제품이 아니라고 쿠팡에 내 상품의 결합 해지(분리)를 요청하면 된다. 결합 해지는 온라인 문의를 통해 진행 가능하며 영업일 기준 수일 내로 해결된다.

쿠팡 WING → **온라인문의** → **상품관리** → **상품수정요청**에 있는 '**상이한 상품과 잘못 결합되어 있으니, 분리해주세요.**'를 클릭하여 '온라인 문의하기'를 진행하면 된다.

3 상표권을 확보하라

쿠팡에서는 지식재산권(상표권, 디자인권, 저작권, 특허권, 실용신안권 등)을 침해하는 상품의 등록, 판매를 허용하지 않는다. 따라서 판매자가 자신만의 브랜드를 가지고 특허청에 상표등록을 한다면, 상표권을 보유함과 동시에 해당 상품 판매에 대한 고유 권한을 갖게 되고 아이템위너의 문제를 해결할 수 있다.

상표등록의 절차는 크게 4단계로 나누어져있다.

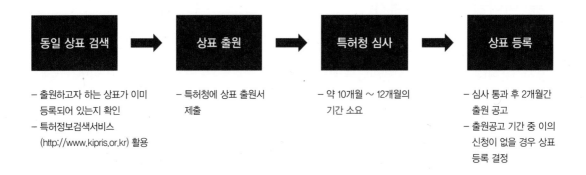

이렇게 통상적으로 상표등록이 완료되는 데까지 약 1년 정도 소요된다. 하지만 급하게 상표등록이 필요한 경우라고 한다면, '우선심사청구'라는 제도를 활용할 수 있다. 우선심사청구 제도를 이용할 경우 빠르면 5개월~6개월 이내에도 상표등록이 가능하다.

위와 같이 설명한 상표등록 절차를 판매자가 직접 진행하기 위해서는 관련 법과 제도에 대한 이해를 바탕으로 많은 준비 시간이 필요하다. 따라서 전문가의 도움을 받아서 진행하는것이 보다 효율적일 수 있다.

03 아이템위너가 되는 법

1 아이템위너를 결정짓는 요소

쿠팡에서 아이템위너를 선정하는 정확한 로직은 공개하고 있지 않지만, 주요 요소로는 **판매가격, 배송비, 적용 가능한 할인, 재고 현황, 옵션 유효성, 출고소요기간** 등이라고 밝히고 있다. 따라서 아이템위너가 되기 위해서는 이런 요소들에서 좋은 점수를 얻을 수 있도록 상품 관리를 해야 한다. 또한 고객 경험 향상을 위해 **판매자점수**를 관리해야 한다. 아이템위너는 실시간 경쟁에 따라 언제든 바뀔 수 있으며, 하나의 상품 안에서 옵션별로 아이템위너가 다를 수 있다.

1) 판매가격

가격은 아이템위너 선정 시 가장 중요한 요소 중 하나이지만 유일한 요소는 아니며, 최저가라고 해서 반드시 아이템위너가 되는 것은 아니다.

판매가 선정은 누구에게나 고민이다. 경쟁사보다 높으면 안 팔릴 것이고, 그렇다고 최저가를 따라가자니 마진이 안 남을 것 같다. 특히 특별한 아이템이 없는 초보 판매자나 위탁 판매자는 최저가를 맞추기가 쉽지 않다. 그렇다고 팔릴지 안 팔릴지도 모르는 상품을 공급 단가를 낮추자고 대량으로 사입할 수도 없는 노릇이다. 이것은 판매자의 어쩔 수 없는 딜레마이다. 그래서 판매자는 자신만이 팔 수 있는 아이템을 발굴해야 하지만 제조사가 아닌 이상 그것 또한 쉬운 일이 아니다.

판매자마다 상황은 다르겠지만 초보 셀러들에게 저자가 추천하는 것은, '판매가를 낮추고 어떻게든 팔아라'는 것이다. 우리가 상품을 판매하는 목적은 수익을 남기기 위해서인데, 그러기 위해서는 판매가 되는 것이 우선이다. 어떻게든 팔아야 한다. 가격이 높으면 판매 자체가 일어나지 않는다. 최소 마진을 보면서 가격을 책정하면(아이템위너가 되면) 많은 판매가 일어나고, 어떤 상품이 잘 나가고, 어떤 연령대, 성별, 지역의 사람들이 구매를 하는지 등 판매 데이터가 쌓이게 된다. 판매가 많이 되면 이것을 가지고 공급사에 공급 단가를 낮춰달라고 협상을 해볼 수 있다. 공급사 입장에서도 많이 팔아주니 단가를 낮게 해줄 것이다. 그러면 마진 폭은 점점 늘어나고 판매에 비례해서 수익도 늘어나게 될 것이다.

2) 배송비

아이템위너 선정 시 유료배송인지, 조건부 무료배송인지를 고려한다.(묶음배송 기준은 고려하지 않는다.) 즉 무료배송이 아이템위너 선정에 유리하게 적용된다.

당연한 얘기겠지만 고객은 무료배송→조건부 무료배송→묶음배송→유료배송 순으로 선호한다. 쿠팡은 무료배송을 하는 판매자가 많다 보니 유료배송을 하면 고객들은 괜히 속는다는 느낌을 받게 되고 구매를 망설이게 된다. 저렴한 가격을 확인하고 상세페이지로 들어갔는데, 배송비가 2500원이면 고객은 괜히 기분이 안 좋아진다. 이러한 것은 저가의 상품일 때는 더욱 그렇다. 5000원짜리 상품을 사려고 배송비로 2500원을 지불한다면 기분이 별로일 것이다.

아이템위너를 선정할 때의 가격 기준은 고객이 결제하는 최종 결제가격이다. 여기에는 배송비도 포함된다. 예를 들어 A 판매자는 '판매가 10,000원+배송비 2500원'에 판매하고, B 판매자는 배송비에서 100원을 손해 보고 이것을 상품가에 녹여내어 '판매가 12,400원+무료배송'으로 판매한다면 다른 조건이 같다면 최종 결제가격이 낮은 B가 아이템위너가 된다. 배송비의 유무가 아이템위너를 결정하는 것은 아니지만, 무료배송을 하면서 배송비를 상품가에 녹여내어 최저가 전략을 쓰면 아이템위너가 되는 데 도움이 된다.

3) 적용 가능한 할인

아이템위너를 선정할 때는 즉시할인/쿠폰이 있는 상품인지를 먼저 확인한다. 판매가격에서 할인이나 쿠폰 금액만큼을 뺀 실제 결제금액이 아이템위너 선정의 기준이 된다. 예를 들어, A 상품이 '20,000원 이상 구매 시 5000원 할인' 쿠폰이 제공되고 상품가격이 30,000원이라면 아이템위너를 선정할 때의 판매가격은 25,000원으로 확인된다. 또 다른 B 상품은 판매가격 27,000원에 즉시할인이나 쿠폰이 없다면 판매가격은 그대로 27,000원으로 적용되어, 판매가격이 낮은 A 상품이 아이템위너 선정 시 유리하게 적용된다.

다운로드 쿠폰을 발행하면 '추가할인 쿠폰'이라는 문구가 검색결과 페이지에 붙게 되고, 상세페이지에 '쿠폰받기'라는 배너가 생기게 된다. 즉시할인 쿠폰은 직관적으로 할인된 가격을 보여준다.

이렇게 쿠폰을 발행하여 결제가격을 낮추게 되면 아이템위너 선정 시 도움이 된다.

4) 재고 현황

아이템위너는 유효한 옵션은 매진이라도 모두 고려한다. 하지만 가격, 할인 등에 상관없이 재고가 있는 옵션은 재고가 없는 옵션보다 언제나 높은 순위를 차지한다. 따라서 품절이 되면 아이템위너가 되기에 불리하기에 옵션 상품의 재고에도 신경을 써야 한다. 상품의 모든 옵션이 매진이라면 순위가 가장 높은 아이템(즉 아이템위너)까지도 매진일 것이다.

5) 옵션 유효성

아이템위너는 유효한 옵션 중 판매일이 활성화된 것만 포함한다. 옵션이 유효할지라도 블랙리스트에 있는 판매자의 해당 옵션들은 아이템위너에서 제외된다.

6) 출고소요기간

'출고소요기간'이 짧을수록 순위가 높다. 출고소요기간은 주문이 접수될 때부터 상품을 발송할 때까지 걸리는 기간을 일 단위로 표시한 것을 말한다.

현재 출고소요기간은 아이템들이 동점일 때 순위를 나누는 요소로 사용된다. 두 아이템의 가격, 배송비 등이 비슷한 경우 배송이 더 빠른 옵션이 더 높게 평가된다.

출고소요시간은 1일로 하면 가장 좋다. 하지만 무턱대고 짧게 잡을 수는 없는 일이다. 만일 출고소요기간 내에 출고하지 못하면 페널티를 먹게 된다. 따라서 판매자의 상황을 잘 고려하여 정하도록 한다. 창고에 입고 되어 있는 상품은 1일 또는 2일, 위탁배송 상품은 3일 정도로 설정하는 것이 좋다.

7) 판매자점수

아이템위너가 되려면 가격은 물론, 고객 경험 향상을 위해 '판매자점수'에 신경을 써야 한다.

나의 판매자점수는 **쿠팡 WING → 판매자정보 → 판매자점수**에서 확인할 수 있다.

판매자점수는 판매자가 제공하는 고객 경험을 점수로 나타낸 지표로, 고객 경험에서 가장 중요한 주문, 배송, 서비스 활동을 기반으로 측정한다. '**주문이행**', '**정시출고완료**', '**정시배송완료**', '**24시간 내 답변**' 이 4가지 요소에서 판매자를 평가해 점수를 부여한다.

이 판매자점수는 아이템위너를 선정하는 하나의 요소이므로, 판매자는 항상 이 점수를 살펴보고 관리해야 한다. '우수', '주의', '경고'의 단계로 나누어지는데, 경고 단계가 되면 상품 판매가 제한될 수 있다.

(1) 평가항목

지난 7일 동안의 **주문이행**, 지난 7일 동안의 **정시출고완료**, 지난 7일 동안의 **정시배송완료**, 지난 30일 동안의 **24시간 내 답변**을 측정해 점수로 환산한다. 각 항목의 점수가 일정 기준 이하로 떨어질 경우 주의 또는 경고 조치한다.

① 주문이행

취소되지 않고 배송을 완료한 주문. 판매자 귀책으로 취소 접수된 주문 건이 '취소완료'되면 점수가 낮아진다.

- 상품등록 시 허위로 재고를 입력해서는 안 되며, 품절, 불량, 입고지연, 상품 오등록 등으로 주문을 취소하지 않도록 해야 한다.
- 고객이 주문한 상품은 반드시 기한 내 발송해야 하며, 만약 발송이 어렵다면 그 사유를 고객에게 빠른 시일 안에 알려야 한다.

② 정시출고완료

출고예정일 내에 출고한 주문. 상품에 입력한 출고소요기간보다 지연되어 출고되었거나 출고지연 중인 주문이 있으면 점수가 낮아진다.

- 상품 출고기간을 정확하게 설정하고, 휴가로 출고가 어려운 경우 휴무일 설정을 한다.
- 송장번호 입력 시 오류가 없도록 택배사와 송장번호를 정확하게 입력한다.

③ 정시배송완료

배송예정일 내에 배송을 완료한 주문. 고객에게 안내된 배송예정일보다 지연되어 배송되거나 지연 중인 주문이 있으면 점수가 낮아진다.

- 판매자는 실제 약속 가능한 출고소요기간을 입력하고, 배송이 지연되지 않도록 안정적인 택배사와 거래해야 한다. 휴무일 및 도서산간 미설정이나 배송직원 착오, 스캔 누락 등의 사유는 모두 점수에 반영된다.

④ 24시간 내 답변

고객의 상품문의를 24시간 이내 답변한 수. 24시간 이내에 상품문의 답변이 이루어지지 않을 경우 점수가 낮아진다.(주말, 공휴일, 판매자 휴무일 제외)

- 모든 고객 문의에 최대한 빠른 시간 내 답변해야 하며, 24시간 내에도 답변이 완료되지 않으면 고객 경험이 낮아진다. 주말, 공휴일, 판매자 휴무일은 계산되지 않는다.
- 고객이나 쿠팡 CS는 주문이나 서비스 문의를 위하여 등록된 연락처로 연락하게 되며, 지속적인 연락 불가는 정상적인 서비스 제공이 어려우므로 '판매정지' 조치될 수 있다.

■ 판매자점수 평가항목

판매자점수 평가항목	배송방법별 구분	
	국내배송	해외배송
정시출고완료	○	×
정시배송완료	× (점수 하락으로 인한 페널티는 부과되지 않음)	○
주문이행	공통 평가 항목	
24시간 내 답변	* 페널티 평가 항목은 아니지만 24시간 내 답변이 완료되지 않을 경우, 판매에 영향이 있을 수 있으므로 관리가 필요하다.	

■ 평가단계 및 조치

	우수	주의	경고
등급 설명	• 고객에게 최고의 서비스를 제공하고 있다. • 훌륭하다.	• 출고지연 / 배송지연 / 취소가 고객 경험에 부정적인 영향을 주고 있다. • 상품 노출 우선순위 및 매출이 하락할 수 있다.	• 지속되는 출고지연 / 배송지연 / 취소가 고객 경험에 심각하게 부정적인 영향을 주고 있다. • 언제든지 판매 중인 전체 상품 혹은 일부 상품의 노출이 제한될 수 있다.
판매자점수 관리 유의사항		• 판매자의 대표 메일 주소로 메일이 발송된다.(메일: 판매자점수 관리 요청) • 판매자점수 〉[판매자점수 높이는 법]을 참고하여 점수 개선에 노력해야 한다.	• 출고지연 / 배송지연 주문에 대해 고객에게 배송지연 안내를 해야 한다. • 품절된 상품은 재고수량 조절 등 관리가 필요하다. • 상품 노출 정지 시에는 대표 메일 주소로 메일이 발송된다.(메일: 노출 재개 기준)

등급 / 항목별 점수	우수	주의	경고
정시출고완료	98점 이상	85점 이상	85점 미만
정시배송완료	95점 이상	75점 이상	75점 미만
주문이행	98점 이상	85점 이상	85점 미만
24시간 내 답변	95점 이상	50점 이상	50점 미만

■ **평가점수를 높이는 방법**

주문이행	① 실제로 출고 가능한 수량을 입력한다. ② 재고를 규칙적으로 업데이트한다. ③ 발송할 수 없는 상품은 등록하지 않는다. ④ 충분한 재고를 확보한다.
정시출고완료	① 휴가나 부재로 출고가 어려울 경우 휴무일을 설정한다: WING → 판매자정보 → 배송달력 관리에서 휴무일을 지정해준다.(최소 1일 이전) ② 실 재고수량 조정 시 일일 출고 가능한 소화량을 고려한다: 판매자와 택배사가 매일 소화할 수 있는 물량을 고려하여 출고 가능 수량을 조절하고, 출고가 지연되지 않도록 한다. ③ 송장번호 업데이트 시 다시 한번 확인한다: 택배사를 정확하게 선택했는지, 송장번호를 정확히 입력했는지 다시 한번 확인한다.
정시배송완료	① 고객에게 약속한 배송일자를 지키기 위해 상품 출고기간을 정확히 맞춰준다: 빠른 출고로 배송 약속을 꼭 지킨다. ② 재출고 송장번호는 꼭 변경해준다: 상품분실 등으로 재출고를 했다면 재발송한 송장번호로 수정해준다. ③ '배송중' 단계의 주문건을 주기적으로 확인한다: 배송 중 발생할 수 있는 상황에 대비해 자주 확인한다. ④ 정확한 배송방법(일반배송, 주문제작, 해외배송 등)을 설정한다. ⑤ 택배사를 신중히 선택한다: 배송 지연이 자주 일어나는 택배사 사용은 지양한다.
24시간 내 답변	① 상품문의에 빠르게 답변한다. ② WING → 고객관리 → 고객 문의에 인입되어 있는 고객 문의 글에 24시간 내 답변하도록 한다. ③ WING → 고객관리 → 고객센터 문의 메뉴에서 고객센터를 통해 접수된 문의를 확인하고 24시간 내 답변하도록 한다. ④ 쿠팡 고객센터(1577-7011)에서 오는 연락을 꼭 받는다: 쿠팡 고객센터는 고객의 문의를 대신하는 것으로, 고객의 문의와 동일한 것으로 간주한다. ⑤ 연락 가능한 번호를 노출해준다: 정당한 이유 없이 장기간 연락 부재 시, 정상적인 고객서비스가 불가하여 '계정 휴면처리' 혹은 '상품 노출 정지'될 수 있다.

(2) 고객별점

고객별점은 판매자에 대한 고객들의 서비스 만족도를 1~5개의 별점으로 나타낸 것이다. 긍정적(4~5별점), 중간적(3별점), 부정적(1~2별점) 평가로 나누어 검색해볼 수 있다. 부정적 평가에 대해서는 더욱 신경을 써 고객들이 어떤 불만이 있는지를 캐치하고 개선하도록 노력해야 한다.

2 아이템마켓에서 매출을 올리는 법

① 아이템위너가 되어야 한다.

쿠팡 아이템마켓에서 매출을 올리기 위해서는 무조건 아이템위너가 되어야 한다. 판매자는 대부분 상품 상세페이지에서 '바로 구매'를 눌러 아이템위너의 상품을 구매한다. 가격이나 판매자 신뢰도에서 앞서는 판매자를 놔두고 굳이 '다른 판매자 보기'를 눌러 구매하는 경우는 별로 없기 때문이다.

쿠팡은 '판매자점수'로 각 상품별 고객 경험을 수치화한 후, 가장 좋은 고객 경험을 주는 상품을 그 아이템의 아이템위너로 선정한다.

상품의 순위가 동일할 경우에는 판매자 간 공정성을 위해 페이지 랜딩 시 무작위로 노출된다.

② 고객이 상품을 쉽게 찾을 수 있도록 해야 한다

판매가 잘되려면 고객이 내 상품을 쉽게 찾을 수 있어야 한다. 고객이 내 상품을 쉽게 찾도록 하려면 내 상품의 정보를 정확하게 입력해야 한다. 즉 상품등록 시 **상품명, 카테고리, 검색어, 구매옵션, 검색옵션** 등 고객의 검색에 매칭되는 항목들을 정확하게 입력해야 한다.

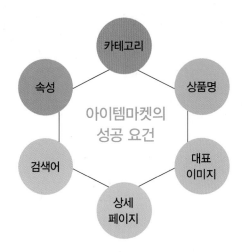

- 상품명: 어떤 상품인지 바로 알아볼 수 있는 상품명을 입력한다.
- 카테고리: 상품에 맞는 적절한 카테고리를 지정해준다. 카테고리가 맞지 않으면 검색어를 잘 설정했더라도 검색에 노출되지 않는다.
- 검색어: 고객이 내 상품을 잘 찾을 수 있는 검색어를 등록해야 한다. 고객이 내 상품을 찾을 때 실제로 입력할 것 같은 단어를 사용한다.
- 구매옵션: 고객이 상품을 구매할 때 선택하는 정보인 구매옵션을 정확하게 설정하면 고객 검색에 내 상품이 노출된다.
- 검색옵션: 검색옵션은 고객이 상품을 검색할 때 검색엔진의 정보나 필터로 쓰이는 정보로, 검색옵션을 풍부하게 넣으면 검색결과에 내 상품이 잘 노출된다.

③ 보기만 해도 사고 싶도록 해야 한다.

상품은 고객이 보기에 일단 좋아 보여야 한다. 즉 상품 이미지가 좋아야 한다. 좋은 이미지를 사용하여 고객이 사고 싶은 마음이 들도록 해야 한다.

▶ **대표이미지:** 섬네일은 간판과 같다. 고객이 내 상품을 인식하는 첫 이미지이다. 지저분하지 않게 상품을 정확하게 이해할 수 있도록 만들어야 한다. 가장 멋진 이미지를 사용한다. 개성과 스토리를 갖춘 눈에 띄는 이미지를 만든다. 좋은 섬네일은 고객의 유입을 유도하고, 유입률 상승은 곧 구매 상승으로 이어진다. 도매몰의 상품을 위탁 판매할 때는 도매몰의 섬네일을 그대로 사용하지 말고 변형해서 사용해야 한다.

▶ **추가이미지:** 추가이미지 9개를 다 넣어주면 좋다.

▶ **상세설명:** 모바일에서 잘 보이게 만들어야 한다. 이미지는 크게 한 장씩, 텍스트는 모바일에서도 잘 보이도록 18pt 이상의 큰 포인트로 작성한다.

15장

쿠팡 마켓플레이스 성공을 위한 4계명

1. 쿠팡 로직에
충실하라

쿠팡은 2021년 매출 22조 2257억을 달성하며 명실상부 대한민국 전자상거래 1위에 등극했다. 하지만 로켓급의 초고속 성장에는 참으로 말도 많고 탈도 많았다.

쿠팡은 2010년 8월 소셜커머스 서비스로 사업을 시작한 후 2014년에는 로켓배송 시스템을 도입하였고, 2015년에는 기존 공동구매의 사업 모델에서 지금의 오픈마켓 형태인 마켓플레이스로 사업형태를 180도 전환하였다. 2018년부터는 기존에 문제점이 많았던 직매입을 통한 오픈마켓 판매 방식에서 벗어나 셀러 중심의 판매로 영업 체질을 바꾸었다.

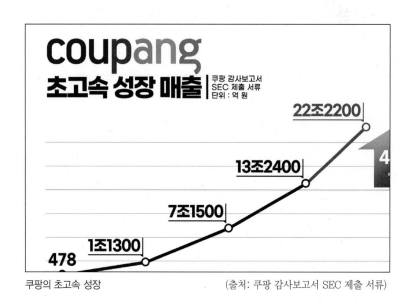

쿠팡의 초고속 성장 　　　　　　　　　　　(출처: 쿠팡 감사보고서 SEC 제출 서류)

2021년 MBC는 쿠팡 물류센터의 열악한 근무환경이나 아이템위너 제도의 문제점들을 제기하며 쿠팡 플랫폼에 부정적인 시각의 방송을 보도하였다. 저자의 주변에서도 아이템위너 제도에 불평하며 쿠팡 셀러 활동을 그만두는 셀러들을 종종 보게 되는데, 대한민국 최고의 쇼핑 플랫폼 쿠팡에서 제대로 열매를 따 먹지 못하는 것을 생각하면 참으로 안타깝다.

방송에서 소개한 대로 현재 아이템위너의 운영방식은 판매자들에게 일부 불리하게 운영되는 부분이 있는 것이 사실이다. 하지만 판매자들이 상품과 브랜드 관리를 잘하고, 쿠팡도 아이템위너 매칭방식을 신청이 아닌 허가 방식의 승인 제도로 바꾸어 동일한 상품만 매칭되도록 운영한다면 크게 문제가 되지 않을 것이라 본다.

온라인 최저가를 비교해주는 네이버쇼핑의 카탈로그 제도처럼 쿠팡의 아이템위너는 쿠팡 마켓플레이스에서 없어서는 안 되는 제도이기에, 쿠팡은 절대 아이템위너 방식을 없애지는 않을 것이다.

쿠팡은 오픈마켓의 장단점을 누구보다 정확하게 파악하고 있다.

"절이 싫으면 중이 떠나야 한다"는 속담이 있지만, 아이템위너 제도가 마음에 들지 않는다고 쿠팡을 떠나는 순간 매출은 없다. 쿠팡 셀러로서 성공하기 위해서는 철저하게 쿠팡의 룰에 따르면서 생존 방식을 찾아야 한다.

네이버는 검색 서비스를 메인으로 하면서 쇼핑 플랫폼은 부수적으로 운영한다고 할 수 있다. 따라서 조금은 보수적으로 쇼핑 플랫폼을 운영하지만, 쿠팡은 쇼핑 플랫폼이 사업의 모태이기 때문에 소비자와 판매자의 니즈를 끊임없이 파악하여 공격적으로 플랫폼을 업그레이드하고 있다. 그렇기에 쿠팡에서는 변화하는 쿠팡의 룰에 철저하게 충실하여야 성공하는 셀러가 될 수 있다.

2. 성공 셀러,
   로켓그로스에 올라타라

쿠팡은 마켓플레이스 판매자 대상 풀필먼트 서비스인 '제트배송'을 쿠팡의 성장 동력으로 육성하면서 서비스를 해오다가, 2022년 8월 8일부터 서비스 명칭을 '로켓그로스(Rocket Growth)'로 변경하여 서비스하고 있다. 로켓그로스로 판매되는 상품에 사용되던 '제트배송' 명칭은 2023년 8월부터 '판매자로켓'으로 변경되었다.

 ▶

기존 쿠팡에서 물건을 파는 방식은 판매자의 제품을 쿠팡이 직매입하여 판매하는 '로켓배송'과 셀러가 직접 운영하며 배송하는 '일반판매 방식'으로 진행되어왔다.

로켓배송은 쿠팡이나 판매자 모두에게 불리한 방식이다. 쿠팡 입장에서는 물건을 직매입하는 리스크를 안아야 하기에 판매예측이 잘못되면 모든 재고가 고스란히 적자로 남을 수밖에 없다. 판매자 입장에서는 판매하는 물건을 쿠팡 로켓배송에 입점하게 되면 다른 온라인 사이트의 가격 결정권에 제약을 받게 되고, 그나마 물건이 좀 팔리면 가격 인하 요구와 광고 집행 등의 부당함을 겪어야 한다. 또 인기가 없는 로켓제품을 입점시킨 판매자는 과도한 광고비를 부담해야 하는 문제점도 있다.

쿠팡에서 일반판매 방식의 가장 큰 문제점은 로켓배송처럼 빠른 배송이 안 된다는 것이다. 쿠팡 고객의 대부분은 무료배송 또는 당일배송을 선호하고 있기에 일반판매 제품은 아무리 마케팅을 잘한다 하더라도 특별한 이슈가 없는 한 네이버처럼 극적인 판매를 올리기가 어렵다는 단점이 있다.

로켓그로스는 판매자가 자신의 상품을 로켓 물류센터에 입고하여, 쿠팡풀필먼트서비스(CFS)의 물류 인프라와 쿠팡의 배지를 활용할 수 있는 서비스이다.

로켓그로스는 쿠팡과 판매자 모두에게 윈윈(win-win)이 되는 최적의 모델이다.

쿠팡 입장에서는 로켓배송 상품처럼 직매입을 하지 않고도 소비자에게 당일배송 서비스를 할 수 있고, 판매자 입장에서는 로켓배송과 달리 판매가격에 대한 권리를 가지면서, 로켓와우 회원들에게 당일배송 서비스를 함으로써 매출의 증가를 꾀할 수 있다.

로켓그로스는 미국 아마존의 '풀필먼트 바이 아마존(FBA, Fulfillment by Amazon)'의 한국형 방식이라고 이해하면 된다.

🚀 판매자로켓			
	🚀 로켓와우	🚀 로켓배송	🚀 판매자로켓	판매자배송
도착 날짜	오늘,새벽	내일	내일	
무조건 무료배송	와우회원	와우회원	와우회원	
무료반품	와우회원	와우회원	와우회원	
쿠팡 책정가	✓	✓		
배송	쿠팡	쿠팡	쿠팡	일반택배

현재 유통업계는 코로나 시대를 겪으면서 퀵커머스(빠른 배송) 전쟁을 하고 있다.

로켓배송을 통해 빠른 배송 전쟁의 서막을 알린 쿠팡은 전사적으로 전국에 물류센터를 확충하면서 2025년까지 전국을 쿠팡 물류센터로부터 10km 이내에 두려 하고 있다.

쿠팡의 판매 플랫폼은 물류센터가 완성되면 어떠한 형태로든 당일배송과 무료배송 제품 위주로 판매될 것이기에, 일반제품이 상위노출 되어 판매되기 위해서는 막대한 마케팅 비용과 가격인하 압박을 받을 수밖에 없을 것이다.

성공 가도를 달리고 있는 쿠팡이라는 말에 올라타려면 판매자 입장에서는 로켓그로스가 답이다.

3. 고객에게 팔지 말고
   사게 하라

쿠팡 플랫폼에서 성공하는 셀러가 되기 위해서는 좋은 제품을 고객에게 전달한다는 기본을 절대 명심해야 한다.

저자는 많은 셀러들이 고객이 좋아하고 필요로 하는 상품이 아니라 자기가 좋아하고 마음에 드는 제품을 팔려고 하는 이상한 버릇을 가지고 시작하여, 낭패를 보는 경우를 종종 보아왔다.

물건을 판다는 것은 판매자의 이익만을 위한 생각이고, 물건을 사게 한다는 것은 품질 좋은 제품을 기획하여 고객의 이익을 통해 판매자의 이익을 취한다는 뜻이다.

저자는 이제껏 쿠팡에서 1000개 이상의 제품을 통해 상위노출 로직을 테스트해보았다.

쿠팡의 상위노출 로직은 '검색 유입', '사용자 선호도 구매', '지속적인 리뷰'가 일정한 패턴을 보이는 상품페이지에 상위노출 우선 권한을 주도록 설계되어 있다.

쿠팡에서 물건을 많이 팔려면 상위노출보다 더 중요한 게 상위유지인데, 쿠팡 쇼핑 플랫폼은 철저하게 고객이 만족하는 상품페이지에 상위노출과 유지의 영광을 주고 있다. 따라서 판매자에게 있어 좋은 아이템을 고르는 안목은 반드시 지녀야 하는 최고의 마케팅 무기이다.

판매자는 어떻게 팔 것인가를 고민하고 소비자는 어떻게 좋은 제품을 살 것인가를 고민한다.

스마트 시대를 맞이하여 그 어떤 시기보다도 똑똑해진 고객을 상대로 성공 셀러가 되기 위해서는 '고객의 고객에 의한 고객을 위한' 자세로 아이템을 소싱하고, 상세를 기획하고, 마케팅을 해야 한다.

저자는 항상 상위노출 후 판매가 되면 실제 고객의 상품평을 초조한 마음으로 기다린다. 고객의 상품평이 좋으면 하루 종일 힘이 나고 소싱한 보람을 느끼지만, 반대로 상품평이 좋지 않으면 도공이 흠결 있는 도자기를 깨부수는 마음으로 어렵게 상위노출이 되었어도 미련 없이 과감히 제품을 교체하거나 포기한다.

성공하는 셀러는 나무가 아닌 숲을 완성하는 마음으로, 팔려고 하지 말고 고객들이 사게 해야 한다.

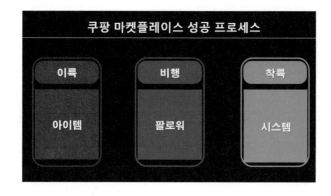

4. 느리더라도
   멈추지 말라

단언컨대 온라인 사업은 하루아침에 자리가 잡히는 것이 아니다.

아마존의 최고경영자(CEO) 제프 베이조스는 주주들에게 "우리 아마존이 특출나게 잘하는 것이 있다면 그것은 실패라고 생각한다(One area where I think we are especially distinctive is failure)."라고 말할 정도로, 2022년 3월 현재 시총 1조 6400억 달러에 직원 130만 명을 거느린 세계 최대 전자상거래 기업 아마존도 화려한 성공 뒤에는 수없이 많은 실패 사례가 있었다.

Jeff Bezos

2010년에 창업한 쿠팡도 지난 12년 동안 누구도 겪어보지 않은 최고의 쇼핑 플랫폼을 완성하기 위해, 지금까지 주위의 온갖 비아냥과 시기, 질투, 염려에도 아랑곳하지 않고 느리더라도 천천히 가고 있다.

그럴진대 하물며 우리 같은 스몰비즈니스 셀러들이야 두말할 필요도 없다. 실패를 통해 성공하는 마음으로 느리더라도 지속적으로 좋은 아이템을 찾아 고객에게 선보여야 한다. 그렇게 정신을 초집중하여 끊임없이 실행하다 보면 성공한 셀러가 되어 있을 것이다.

실패를 딛고 일어서기 위해서는 3가지 법칙이 있다.

첫 번째, 파레토 2:8의 법칙 터득하기
두 번째, 1만 시간의 법칙 실행하기
세 번째, 함께 멀리 가기

첫 번째, 파레토의 2:8 법칙

'이탈리아 인구의 20%가 이탈리아 전체 부의 80%를 가지고 있다'고 주장한 이탈리아 경제학자 빌프레도 파레토(Vilfredo Federico Damaso Pareto)의 소득분포의 불평등도에 관한 법칙이다.

이 법칙을 온라인 사업에 적용해보면, 세상의 모든 물질에는 성질과 구조를 바꾸는 임계점이 있는 것처럼, 10번의 아이템 소싱과 상위노출 판매 중 8번의 실패를 통해 2번의 성공을 거둔다는 것이다. 그러니 8번의 실패에 개의치 않는 멘탈(mental)을 가져야 한다.

세상 그 어떤 사람도 시작하기 전 실패를 좋아할 사람은 없다. 하지만 불완전한 지구의 로직은 2:8의 법칙이다. 8번의 실패를 성공의 밑거름이라 철석같이 믿으면서, 일희일비를 하더라도, 절대 좌절해서는 안 된다.

두 번째, 1만 시간의 법칙

새로운 분야에 성공한 전문가가 되기 위해서는 1만 시간의 노력과 훈련이 필요하다.

유튜브 채널에 보면 짧은 성공을 자랑하는 셀러들이 많은데, 그 어떤 분야보다도 변화무쌍하게 움직이는 온라인 유통 세계에서 섣부른 지식 자랑은 참으로 어리석은 행동이다.

저자도 지난 수년 동안 크고 작은 성공을 하였지만, 아직도 온라인 사업의 시스템을 갖추느라 불철주야하고 있다.

하루 3시간, 10년을 집중하여 1만 시간을 채우면 누구나 나름의 시스템을 만들어 성공한 셀러가 될 수 있다. 작은 성공에 취하지 말고 느리더라고 끊임없이 1만 시간을 채우도록 해야 한다. 이 법칙은 지구 70억 인구 중 단 한 명도 예외일 수 없다.

세 번째, 함께 멀리 가기

현재의 세상은 IT(Information Technology) 정보화 시대를 넘어 DT(Date Technology) 정보 공유 시대이다.

유튜브와 SNS 등 온라인의 수많은 채널을 통해 하루에도 셀 수 없이 많은 정보가 쏟아지지만 정작 내 삶에 실속 있는 정보를 찾기란 초보 셀러에게는 참으로 어려운 일이다.

그 어떤 시대보다도 정보가 중요해진 시대에 사는 현대인에게 최고의 정보는 각자의 실천으로 얻어낸 경험이다. 각자가 부단한 노력을 통해 가치 있는 정보를 생산하여 상생의 마음으로 하나 되어 서로 얻은 귀한 정보를 공유한다면 보다 멀리 높게 성공할 수가 있다.

한 치 앞을 알 수 없는 세상에서 평범한 개인이 거대한 부를 이룰 곳은 이커머스(E-Commerce)라고 저자는 확신한다.

'천 리 길도 한 걸음부터'라는 옛 선인들의 말씀을 가슴에 새기고, 오늘도 각자에 컨디션에 맞는 속도로 오직 앞만 보고 최선을 다해야 한다.

혼자 가면 빨리 가지만 함께 가면 멀리 갈 수 있다.

찾아보기 Index

쿠팡 판매의 신, 스마트스토어 총사령관 김도균의
초보셀러 구하기 https://cafe.naver.com/vivachae

★ 카페에서 쿠팡, 스마트스토어와 관련된 다양한 정보와 교육, 혜택을 만나보세요.